Dieter Dohmen | Klaus Hurrelmann (Hrsg.)
Generation Corona?

W0046212

Dieter Dohmen | Klaus Hurrelmann (Hrsg.)

Generation Corona?

Wie Jugendliche durch die Pandemie
benachteiligt werden

Dieses Buch ist erhältlich als:
ISBN 978-3-7799-6546-6 Print
ISBN 978-3-7799-6547-3 E-Book (PDF)

1. Auflage 2021

© 2021 Beltz Juventa
in der Verlagsgruppe Beltz · Weinheim Basel
Werderstraße 10, 69469 Weinheim
Alle Rechte vorbehalten

Herstellung und Satz: Ulrike Poppel
Druck und Bindung: Beltz Grafische Betriebe, Bad Langensalza
Printed in Germany

Weitere Informationen zu unseren Autor_innen und Titeln finden Sie unter: www.beltz.de

Inhalt

Vorwort

Im März 2020 wurden wegen der schnellen Ausbreitung des Covid-19-Virus Kitas und Schulen weitgehend geschlossen. Nach einer sommerlichen Lockerungsphase folgte ab Dezember erneut ein Lockdown, der bis in das Frühjahr 2021 bestehen blieb. Beim Erscheinen dieses Buches müssen die Kinder und Jugendlichen in Deutschland schon deutlich über ein Jahr lang ganz oder teilweise geschlossene Erziehungs- und Bildungseinrichtungen hinnehmen. Das Fachpersonal in den Kitas und Schulen stieß abrupt auf völlig neue Herausforderungen, die Eltern mussten zum Teil ihre Berufstätigkeit von zu Hause und zusätzlich die Betreuung der Kinder übernehmen.

Für alle Beteiligten war es eine riesige Umstellung, die tief in ihren normalen Lebensrhythmus einschneiden sollte. Am härtesten traf es aber die Kinder und Jugendlichen selbst, die für einen ungeahnt langen Zeitraum auf die für sie zentral wichtigen Bildungsinstitutionen neben der Familie verzichten mussten. Trotz der unglaublichen Herausforderungen gelang es der Mehrheit von ihnen erstaunlich gut, durch die Zeit zu kommen.

Eine erschreckend große Minderheit der Kinder und Jugendlichen aber ist mit der großen Belastung durch Kontaktbeschränkungen und Schließungen von Kita und Schule, Clubs und Vereinen und dem Wegfall der freien Kontakte mit Freunden und Gleichaltrigen in der Freizeit nicht gut zurechtgekommen. Viele von ihnen bekamen Probleme mit ihrer Leistungsentwicklung, ihrer sozialen Entfaltung und ihrer körperlichen und psychischen Gesundheit. Viele von ihnen gingen durch ein tiefes Tal, in dem sie sich möglicherweise immer noch oder schon wieder befinden.

In diesem Buch versuchen wir herauszuarbeiten, welche Kinder und Jugendlichen besonders betroffen sind und welche Art von Beeinträchtigung sie hinnehmen müssen. Des Öfteren schon tauchte in der öffentlichen Diskussion mit Blick auf die schwierige Ausgangslage der besonders benachteiligten Gruppe von Kindern und Jugendlichen die Metapher von der „Generation Corona" am Horizont auf. Es wurde zum fast schon inflationär genutzten Schlagwort, das wie eine drohende schwarze Wolke über der Zukunft dieser Kinder und Jugendlichen hängt und ihnen das Leben noch schwerer macht, als es ohnehin ist.

Es ist daher an der Zeit, genauer nachzufragen, ob das Schlagwort von der „Generation Corona" eine empirische Grundlage hat und wer gegebenenfalls davon betroffen sein könnte. Wir haben verschiedene Wissenschaftlerinnen und Wissenschaftler angesprochen, die sich in empirischen Untersuchungen mit unterschiedlichen Facetten der Corona-bedingten Herausforderungen und

Belastungen für die junge Generation befasst haben. Wir haben sie gebeten, ihre Forschungsberichte in einer überarbeiteten, aktualisierten Form für diesen Band zur Verfügung zu stellen. Trotz der kurzen Zeitspanne waren alle bereit, unserer Bitte nachzukommen. Wir danken allen Kolleginnen und Kollegen, dass sie sich an diesem Vorhaben beteiligt haben.

In der Zusammenschau wird einerseits deutlich, dass es eine eingrenzbare Gruppe von besonders benachteiligten Kindern und Jugendlichen gibt, die überproportional von den Auswirkungen der Pandemie betroffen ist. Andererseits ist es dennoch nicht zwingend, dass sie zu einer „Generation Corona" wird. Denn die vorliegenden Untersuchungen machen auch dieses deutlich: Sofern es der Politik im Zusammenspiel mit Kitas, Schulen und anderen Einrichtungen gelingt, einen Rahmen für gezielte Unterstützungsmaßnahmen zu schaffen, kann möglicherweise noch verhindert werden, das ein Viertel oder sogar ein Drittel der jungen Generation den Anschluss an die Entwicklung verliert und in eine schwierige Lage am Ausbildungs- und Arbeitsmarkt gerät.

Dieter Dohmen, Klaus Hurrelmann
Berlin, im Februar 2021

EINLEITUNG UND ÜBERBLICK

Kinder und Jugendliche in Zeiten der Corona-Pandemie

Dieter Dohmen, Klaus Hurrelmann

Wenn der vorliegende Sammelband erscheint, hat sich das Leben in Deutschland seit über einem Jahr dramatisch verändert. Nachdem Ende Januar 2020 erste Berichte über Krankheitsfälle mit dem sogenannten „Corona-Virus" in Deutschland erschienen, entwickelte sich das Infektionsgeschehen so dynamisch, dass die Bundes- und Landesregierungen – vor dem Hintergrund der Erfahrungen in anderen Ländern – Mitte März 2020 konsequente Schritte einleiteten und die Menschen aufforderten, sich möglichst nur noch in der eigenen Wohnung aufzuhalten und Kontakte zu Dritten, nicht im Haushalt lebenden Personen weitgehend zu reduzieren. Hotels und Gaststätten wurden ebenso geschlossen wie Kitas und Schulen, es wurden Veranstaltungen und Messen abgesagt, ein sogenanntes „Kontaktverbot" erlassen.

Diese Schritte führten zu einer Dreiteilung von Wirtschaft und Arbeit: Ein Teil der Betriebe agierte mehr oder weniger weiter wie gewohnt, die Beschäftigten kamen weiterhin ins Büro, Geschäft, Krankenhaus etc. Hierzu zählen auch die sogenannten „versorgungsnotwendigen Bereiche". In einem zweiten Segment konnten Unternehmen und Selbstständige die Anforderungen durch eine Umstellung der Arbeitsprozesse realisieren, und insbesondere im Dienstleistungsbereich tätige Unternehmen, Freiberufler*innen, Selbstständige und Unternehmen, aber auch der öffentliche Dienst stellten großenteils auf Homeoffice um und hielten den Betrieb so weit wie möglich aufrecht. In beiden Fällen mussten Eltern nun ihre beruflichen Anforderungen mit Kinderbetreuung und Lernbegleitung verbinden.

Eine dritte Gruppe von Unternehmen und Personen, z. B. in den Bereichen personennaher Dienstleistungen, Kunst und Kultur, musste den Betrieb einstellen und wurde arbeitslos oder ging in Kurzarbeit. Der beträchtliche Einsatz öffentlicher Finanzmittel zugunsten von Unternehmen wie Beschäftigten zeigte folgende Zwischenergebnisse:

Auf der einen Seite hatten

- 25% der Unternehmen (ca. 34.000) liquiditätsbedingt KfW-Kredite beantragt (Kantar[1]), am 13.5.2020 waren fast 20 Mrd. Euro bewilligt worden.
- Etliche Großunternehmen hatten staatliche Hilfen beantragt.
- Fast ein Fünftel der Unternehmen, die Liquiditätshilfen beantragt haben, hielten es für (sehr) wahrscheinlich, dass diese Engpässe zur Insolvenz führen könnten. Bezogen auf alle Unternehmen rechnete Kantar mit einem Anteil von 11% (ebd.).
- Kleine und mittlere Unternehmen sowie Freiberufler*innen, („kleinere") Selbstständige etc. erhielten Zuschüsse in unterschiedlicher Höhe, häufig zur Finanzierung von Betriebskosten. Zum Teil mussten sie aber auch die Grundsicherung in Anspruch nehmen.

Betrachtet man die Folgen für Individuen, dann

- sank die Zahl der Beschäftigten innerhalb weniger Monate um rund 650.000 gegenüber dem entsprechenden Vorjahresquartal.[2]
- hatten bis Ende April 2020 fast eine Mio. Betriebe für bis zu 10 Mio. Menschen Kurzarbeit angemeldet, wobei die tatsächliche Inanspruchnahme im März bei 2,5 Mio. und im April bei 6,8 Mio. lag.[3]
- hatte sich die Zahl der Arbeitslosen allein zwischen April und Juni 2020 um rund 500.000 erhöht (BA) und lag beispielsweise auch im Januar 2021 in einer entsprechenden Größenordnung gegenüber Januar 2020.[4]
- lag die Unterbeschäftigung im Januar 2021 mit 3,68 Mio. Personen um rund 354.000 höher als im entsprechenden Vorjahresmonat (ebd).
- sahen sich 2,1 Mio. Menschen in ihrer Existenz bedroht, weitere 3,6 Mio. verwiesen auf deutlich geringere Einnahmen (Kantar ebd.).
- hatten darüber hinaus (Solo-) Selbstständige, Freiberufler*innen etc. in größerem Umfang Grundsicherungsleistungen beantragt, aber zur genauen Größenordnung liegen bisher keine Daten vor.

---

1 https://www.kantardeutschland.de/deutsche-unternehmen-von-der-corona-krise-stark-betroffen-staatliche-hilfen-und-unterstuetzungsmassnahmen-kommen-an/ (abgerufen am 20.02.2021)
2 https://www.destatis.de/DE/Presse/Pressemitteilungen/2020/11/PD20_457_13321.html (abgerufen am 02.02.2021).
3 https://www.arbeitsagentur.de/presse/2020-34-der-arbeitsmarkt-im-juni-2020 (abgerufen am 02.02.2021).
4 https://www.arbeitsagentur.de/news/arbeitsmarkt-2021 (abgerufen am 02.02.2021).

Wenn wir hier den Bogen etwas weiterspannen, dann dient dies insbesondere dazu, das Ausmaß der Verwerfungen aufzuzeigen, das sich im letzten Jahr ergeben hat. Auch wenn die Bundes- und Landesregierungen im Zusammenspiel mit der Bundesagentur für Arbeit, der KfW und anderen in beträchtlichem Umfang versucht haben, diese Verwerfungen möglichst in Grenzen zu halten, hat das nicht verhindert, dass viele Menschen verunsichert wurden und mit einer stark veränderten Situation umgehen lernen mussten. Auch jenseits dieser genannten Zahlen sind vor dem Covid-19-Virus nicht alle Erwerbstätigen gleich, wie ein DIW-Bericht (Schröder et al. 2020) zutreffend, wenngleich wenig überraschend, titelte. Bereits Ende März 2020 zeigte eine Analyse der Mannheimer Corona-Studie, dass ein Viertel der Erwerbstätigen im Homeoffice arbeitete, während es laut DIW gut ein Drittel sein gewesen sein sollen.[5] Beide Studien kamen zu dem Befund, dass es überwiegend Besserqualifizierte bzw. Besserverdienende seien, die ins Homeoffice wechseln konnten, während zwischen 10 und 17% in Kurzarbeit gingen, meist eher geringer qualifizierte Gruppen. Unter den bis zu 60% Prozent „normal" am Arbeitsplatz tätigen waren niedrig und mittel qualifizierte Berufsgruppen stärker repräsentiert. Es kam somit zu einer partiellen Spaltung des Arbeitsmarktes: Personen der unteren und mittleren Qualifikationsgruppen waren – sofern beschäftigt und nicht in Kurzarbeit – eher beim Arbeitgeber, Personen mit höheren Qualifikationen etwa zur Hälfte im Homeoffice.[6] Laut Mannheimer Corona-Studie unterschied sich die Erwerbssituation von Eltern nicht von der der Nicht-Eltern.

Mit Blick auf die Frage einer möglichen Verstärkung von Bildungsbenachteiligungen standen und stehen insbesondere die Eltern und deren Erwerbs-, finanzielle und psychische Situation im Fokus, die sowohl einzeln als auch zusammen von Bedeutung sein können.

Wenn die Kinder nicht in die Kita oder die Schule gehen können, sondern ganztätig zuhause sind und möglichst keinen bzw. einen sehr eingeschränkten Kontakt mit anderen (haushaltsexternen) Personen haben sollen, dann ist in einem ersten Schritt die Betreuungsfrage zu stellen. Hierfür kommen unter diesen Voraussetzungen fast nur Eltern und/oder Geschwister in Betracht, sofern die Kinder nicht in die Notbetreuung der Kita oder Schule gehen können.

Wer regulär am Arbeitsplatz sein muss, um dem Arbeitsvertrag nachzukommen, kann nicht gleichzeitig zuhause sein und sich um die Kinder küm-

---

5 Unterschiede in den Anteilswerten können auf unterschiedliche Zeitpunkte der Befragung, aber auch unterschiedliche Zusammensetzung der Teilnehmenden zurückzuführen sind.

6 Bis Mitte April 2020 war der Anteil an Arbeitslosen vergleichsweise gering, es ist aber nicht auszuschließen, dass diese Zahlen noch ansteigen werden, auch wenn Anfang Mai wesentliche Schritte Richtung (Wieder-)Ausweitung der geschäftlichen Aktivitäten beschlossen und umgesetzt wurden.

mern, d. h. die Betreuungsarbeit müsste der/die (Ehe-)Partner/in übernehmen – vorausgesetzt, es handelt sich nicht um eine/n Alleinerziehende/n oder eine ebenfalls am Arbeitsplatz unabkömmliche Person. Nach Angaben des Statistischen Bundesamtes waren im Jahr 2018 700.000 Alleinerziehende mit Kindern im Alter von unter 13 Jahren erwerbstätig,[7] davon 400.000 in Vollzeit und knapp 300.000 in Teilzeit[8] sowie 450.000 in sogenannten „system- bzw. versorgungsrelevanten Berufen", d. h. als Krankenpfleger/in, Erzieher/in, Ärztin etc. Insbesondere Alleinerziehende sahen sich somit vor die Wahl gestellt, die Kinder während der Arbeitszeit allein zuhause zu lassen und/oder ihre Arbeitszeit zu reduzieren. Dies galt zumindest so lange, wie es keine Notbetreuung gab bzw. Alleinerziehende nicht automatisch Anspruch darauf hatten. Dabei ist zu berücksichtigen, dass sich Alleinerziehende bereits in normalen Zeiten stark beansprucht fühlen.

Das Viertel bzw. Drittel der Eltern, das im Homeoffice arbeitete, konnte sich – zumindest im Grundsatz: auch – um die Kinderbetreuung kümmern, selbst wenn dies in den meisten Fällen eine ziemliche Herausforderung oder sogar Überforderung darstellte.

Nachdem der harte Lockdown ab Mitte Mai 2020 wieder schrittweise gelockert wurde und auch die Kitas und Schulen wieder peu-à-peu in den Präsenzunterricht zurückkehrten, führte die zweite Welle im Herbst dazu, dass ab Anfang November 2020 zunächst ein Teil des öffentlichen Lebens wieder eingeschränkt wurde und ab Mitte Dezember auch die Kitas und Schulen wieder in den Distanzmodus zurückkehrten. Abgesehen von einer Notbetreuung bzw. aufgehobenen Präsenzpflicht, die in unterschiedlichem Umfang dazu führte, dass Kinder in die Kita oder Schule gingen und in der überwiegenden Mehrheit zuhause blieben, kam es somit zu einer weitgehenden Wiederholung der ersten Lockdown-Situation im Bildungswesen. Spannend ist dabei die Frage, in welchem Umfang sich die Unterrichts- und Lernsituation gegenüber dem Frühjahr 2020 verbessert hat. Auf diese Frage kann der vorliegenden Band zwar nicht umfänglich, jedoch zumindest ansatzweise eingehen (siehe den Beitrag von Klein).

Mit Blick auf die – potenzielle – Lernbegleitung in Phasen eingeschränkter Präsenz in Kita und Schule stellen sich dabei aber auch weitergehende systemische und einzelfallbezogene Fragen, auf die die nachfolgenden Beiträge ausführlicher eingehen werden:

---

7   https://www.destatis.de/DE/Presse/Pressemitteilungen/2020/05/PD20_N023_132.html (abgerufen am 13.05.2020).
8   https://www.destatis.de/DE/Presse/Pressemitteilungen/2020/03/PD20_N012_122.html; jsessionid=7192A2E2DD7943422719B84351EF4A20.internet8741 (abgerufen am 13.05.2020).

- Wie sind Kita und Schule grundsätzlich aufgestellt?
- Wie digital affin sind sie?
- Wie digital affin sind die Lehrkräfte?
- Wie sind die familiären Rahmenbedingungen?
- Wie ist digitale Ausstattung zuhause?
- Wie sind die digitalen Kompetenzen von Eltern und Schüler*innen?
- Wie sind die Sprachkompetenzen von Eltern und Schüler*innen?
- Wie sind die pädagogischen und fachlichen Kompetenzen von Eltern?
- Welche Benachteiligungen ergeben sich hieraus für welche Gruppen von Kindern und Jugendlichen?

Vor diesem Hintergrund sind die nachfolgenden Einzelbeiträge systematisch in unterschiedliche Themenbereiche unterteilt worden.

Die ersten drei Beiträge gehen aus unterschiedlichen Blickwinkeln sowie Datengrundlagen der Frage nach, wie sich das häusliche Umfeld und die familiären Rahmenbedingungen auf die Lernmöglichkeiten und damit indirekt auch die Teilhabechancen am Lernprozess der Kinder auswirken.

Den Anfang macht Wido Geis-Thöne, der auf die Rahmenbedingungen vor Beginn der Corona-Pandemie eingeht und das familiäre und häuslichen Umfeld von Kindern in den Blick nimmt. Sein Fokus liegt dabei auf fünf Gruppen, die überproportional häufig mit einer ungünstigen Ausgangslage einhergehen: Familien von Alleinerziehenden, mit Migrationshintergrund, mit bildungsfernen Eltern sowie Mehrkindfamilien und Familien im Sozialleistungsbezug. Er zeigt auf, dass Kinder, die in diesen Konstellationen aufwachsen, bereits vor der Corona-Pandemie tendenziell ungünstigere Rahmenbedingungen vorfanden als andere Kinder. Bei ihnen ist die Gefahr groß, dass sie besonders ungünstige Voraussetzungen haben, wenn der Unterricht nicht, wie gewohnt, in der Klasse, sondern im Distanzmodus erfolgt. Es liegt zudem die Vermutung nahe, dass sich diese ungünstigen Voraussetzungen noch weiter verstärken, wenn es nicht bei einer „Risikolage" bleibt, sondern es gleich mehrere gibt.

Auf diesen Aspekt gehen auch Alexandra Langmeyer, Thorsten Naab, Ursula Winklhofer, Angelika Guglhör-Rudan und Marc Urlen in ihrem Beitrag ein, der die Kernergebnisse der Studie „Kind sein in Zeiten von Corona" zusammenfasst. Die Antworten der befragten Eltern von drei- bis fünfzehnjährigen Kindern verdeutlichen, dass und wie verschiedene Rahmenbedingungen die Teilhabechancen beeinflussen. So wird unter anderem aufgezeigt, dass höhere Belastungs- bzw. Risikosituation häufig einen ungünstigen Einfluss auf das Zusammenleben, gemeinsame Aktivitäten, die Freizeitgestaltung und auch Konflikte haben. Andererseits kann eine andere Gestaltung der Lebensumstände wie etwa der größere Umfang an gemeinsamen Aktivitäten positive Auswirkungen auf Kinder haben.

Elisa Oppermann, Franziska Cohen, Magdalena Stacheder und Yvonne Anders untersuchen auf Basis eigener Erhebungen das Zusammenwirken von Kita-Schließung und familiärer Verhaltensanpassung für kleinere Kinder im Kita-Alter. Sie zeigen, dass im Schnitt Eltern mehr mit ihren Kindern machten und somit zumindest partiell die wichtige Rolle der Kita versuchten zu kompensieren. Die Kita-Schließung führte insgesamt gesehen zu deutlich geringerer Interaktion zwischen Erzieher*innen und Eltern bzw. Kinder.

Im zweiten Block geht es um den wahrgenommenen Einfluss der Pandemie auf Unterricht, Freizeitbeschäftigung und Lernverhalten, was in sieben Beiträgen aus unterschiedlichen Blickwinkeln untersucht wird.

Im ersten Beitrag schauen Nele McElvany, Chantal Lepper, Ramona Lorenz und Thomas Brüggemann auf den Unterricht während der Corona-Pandemie aus der Perspektive der Lehrkräfte. Sie zeigen, dass weder Schulen noch Lehrkräfte in ausreichendem Umfang über die technischen wie pädagogischen und didaktischen Voraussetzungen für digitalen Unterricht verfügen. Diesen Befund bestätigt Werner Klein auf der Grundlage von zwei Lehrkräfte-Befragungen, die einmal im ersten und einmal im zweiten Lockdown durchgeführt wurden. Beide Studien kommen zudem zu der Einschätzung, dass die Schüler*innen im Distanzunterricht weniger gelernt haben, als dies sonst im Präsenzunterricht der Fall ist. Klein kann zugleich aufzeigen, in welchem Umfang sich die technischen und didaktischen Voraussetzungen seit Beginn der ersten Phase der Schulschließungen verändert haben. Die Gegenüberstellung zeigt, dass es zwar Verbesserungen in unterschiedlichen Bereichen gibt, diese bisweilen aber etwas – und manchmal: erstaunlich – gering sind.

Stephan Gerhard Huber, Christoph Helm, Marianne Mischler, Paula Sophie Günther, Julia A. Schneider, Jane Pruitt, Nadine Schneider und Marius Schwander haben im Rahmen des Schul-Barometers die Einschätzung der 15- bis 20-jährigen Schüler*innen zu ihrem Lernverhalten wie auch den Rahmenbedingungen, die sie vorgefunden haben, erhoben. Dadurch liefern sie ein interessantes Spiegelbild zur Perspektive der Eltern und Lehrkräfte. Dieser Beitrag ergänzt andere Befunde auch durch qualitative Interviews, in denen die Schüler*innen die Fragen beantworten, was sie positiv und was sie weniger gut fanden.

Demgegenüber haben Ludger Wößmann, Vera Freundl, Elisabeth Grewenig, Philipp Lergetporer, Katharina Werner und Larissa Zierow die Eltern befragt, wie Schulkinder die Zeit der Schulschließungen verbracht haben und zeigen, dass insgesamt deutlich weniger Zeit mit Lernen und mehr Zeit mit anderen Aktivitäten verbracht wurde. Sie zeigen dabei auch auf, wie sich Freizeitaktivitäten und Lernverhalten in Abhängigkeit verschiedener familiärer oder schulischer Variablen verändern.

Die konkreten Auswirkungen von Schulschließungen und Distanzunterricht untersuchen Marc-Andre Chénier, Joana Elisa Maldonado und Kristof De Witte anhand einer Auswertung von Schulleistungstests in Flandern/Belgien.

Ihre Studie zählt zu den wenigen, die Testergebnisse auswerten konnten und damit Auskunft über die tatsächlichen Effekte des Distanzunterrichts in unterschiedlichen Fächern sowie auf unterschiedliche Gruppen von Schüler*innen geben können. Der Befund bestätigt grundsätzlich die Erwartungen, dass längere „Schulschließungen" bzw. längere Phasen ohne Präsenzunterricht die schulischen Leistungen ungünstig beeinflussen, es dabei jedoch auch Unterschiede zwischen den Fächern sowie dem sozio-ökonomischen Hintergrund der Schüler*innen gibt. Es wird interessant sein, den Befund dieser und anderer internationaler Studie mit vergleichbaren Analysen für Deutschland abzugleichen.

Im folgenden Beitrag untersuchen Mathias Huebener, Laura Schmitz, C. Katharina Spiess und Sabine Zinn den Einfluss von familialen, individuellen und institutionellen Einflussfaktoren auf Bildungsungleichheiten durch die Corona-Pandemie. Ihre Analysen können dabei auf SOEP-Daten rekurrieren, die in einen Vergleich zu vorherigen Erhebungen ermöglichen. Neben den erwarteten Wirkungsrichtungen auf der grundsätzlicheren Ebene liefern sie eine Reihe von Detailergebnissen, die das Bild weiter ausdifferenzieren.

Burghard Jungkamp und Kai Maaz runden diesen Block ab, indem sie die Empfehlungen der Friedrich Ebert Stiftung (FES) zusammenfassen und darlegen, was Bildungspolitik und Schulsystem tun sollten, um die zu beobachtenden Lernlücken kurz- und auch längerfristig zu reduzieren bzw. zu schließen.

Auswirkungen der Corona-Pandemie auf Fachkräftesicherung und Übergangschancen in Ausbildung

In zwei Beiträgen werden die zu erwartenden Auswirkungen der Corona-Pandemie auf den Übergang in Ausbildung sowie die Fachkräftesicherung in den Blick genommen.

Zunächst nehmen Christina Anger und Axel Plünnecke die möglichen Auswirkungen auf Chancengleichheit und Fachkräftesicherung genauer in den Blick. Insbesondere befürchten sie, dass sich die zu erwartenden schwächeren schulische Leistungen ungünstig auf die Fachkräftesicherung auswirken.

Daran anschließend zeichnet Dieter Dohmen auf, welche Auswirkungen die Corona-Krise auf das Ausbildungssystem im kommenden Jahrzehnt haben könnte und welche Folgen sich für die Übergangschancen junger Menschen in Ausbildung daraus ableiten lassen. Sollte sich dieses Szenario bewahrheiten, dann sind beträchtliche negative Auswirkungen auf sogenannte „benachteiligte" Jugendliche zu befürchten.

Der Einfluss der Pandemie auf Gesundheit und Wohlbefinden

Welche Auswirkungen hat die Pandemie auf Gesundheit und Wohlbefinden ist das Thema des Beitrags von Ulrike Ravens-Sieberer, Anne Kaman, Christiane Otto, Adekunle Adedeji, Janine Devine, Michael Erhart, Ann-Kathrin Napp, Marcia Becker, Ulrike Blanck-Stellmacher, Constanze Löffler, Robert Schlack und Klaus Hurrelmann, die die Ergebnisse der sogenannten „Copsy-Studie" wiedergibt.

Abschließend fragen Simon Schnetzer, Klaus Hurrelmann und Martina Leibovici-Mühlberger, wie eigentlich junge Menschen auf den Lockdown reagieren und stellen damit ein Gegengewicht zu verschiedentlich geäußerten Vorwürfen dar, wonach sich Jugendliche rücksichtslos gegenüber Risikogruppen verhalten würden.

Zusammenfassung und übergreifende Einordnung

Dieter Dohmen und Klaus Hurrelmann fassen abschließend die zentralen Befunde der verschiedenen Beiträge zusammen und ergänzen diese partiell durch weitere Befunde aktueller Beiträge. Sie beantworten dabei auch die Frage, ob es eine „Generation Corona" gibt und wer gegebenenfalls dazu gehören würde.

DER EINFLUSS DER PANDEMIE
AUF FAMILIE UND KITA

Das häusliche Umfeld determiniert den Problemdruck im Lockdown

Wido Geis-Thöne

1 Einleitung

Zum Zeitpunkt der Erstellung dieses Beitrags Ende Dezember 2020 befand sich Deutschland im zweiten Lockdown in Folge der Corona-Pandemie. Dieser verlief bis dahin völlig anders als der erste Lockdown im Frühjahr. Wurden die Kitas und Schulen im März sehr abrupt vollständig geschlossen und erst nach Wochen wieder langsam Schritt für Schritt geöffnet, wurde im Herbst der Regelbetrieb über lange Zeit aufrechterhalten und erst im Dezember kam es zu erneuten Schließungen. Anders als im Frühjahr sollten diese dem Bekunden der zuständigen Ministerien zufolge nur von kurzer Dauer sein und bis Mitte Januar wieder aufgehoben werden. Damit hätten sie vorwiegend den Charakter verlängerter Weihnachtsferien gehabt und es wäre nicht in großem Maße Homeschooling notwendig geworden. Zudem wurden für diese Zeit in viel größerem Maße Notfallbetreuungsangebote eingerichtet als in der Anfangsphase des ersten Lockdowns den Familien zur Verfügung standen. Vor diesem Hintergrund unterscheiden sich auch die absehbaren Auswirkungen der beiden Lockdowns auf die Lebensbedingungen der Kinder und Jugendlichen stark, sodass bei einer Betrachtung der Bedeutung des häuslichen Umfelds in diesen Phasen eine entsprechende Differenzierung notwendig ist.

Da der vorliegende Beitrag auf Arbeiten aus der Zeit des ersten Lockdowns basiert, liegt sein Fokus primär auf diesem. Ein großer Teil der hier dargestellten Ergebnisse entstammt dem IW-Report „Häusliches Umfeld während der Krise: Ein Teil der Kinder braucht mehr Unterstützung" aus dem April (Geis-Thöne, 2020a). Dieser betrachtet auf Basis einer Auswertung des Sozioökonomischen Panels (SOEP, Goebel et al. 2019), was für ein Lebens-, Lern- und soziales Umfeld die Kinder und Jugendlichen in Deutschland vorfinden und diskutiert, welche Problempunkte sich hier während des Lockdowns ergeben haben dürften. Dabei nimmt er die Kinder aus den fünf (potenziell) besonders belasteten Familienformen der Alleinerziehenden, der Familien mit Migrationshintergrund, der bildungsfernen Familien, der Mehrkindfamilien und der Familien im Transferleistungsbezug jeweils besonders in den Blick. Alle dort, wie auch im vorliegenden Beitrag, präsentierten Statistiken beziehen sich auf die Zeit vor der Corona-Pandemie. Dies ist nicht nur der Datenverfügbarkeit geschuldet, sondern hat auch den Vorteil, dass sie keine Momentaufnahme während des Lockdowns bilden, in dessen Verlauf sich an vielen Stellen Veränderungen ergeben haben können. Ergänzt wird die Darstellung um die Ergebnisse der beiden ebenfalls während des ersten Lockdowns erschienenen Kurzberichte „Der Lockdown trifft die Alleinerziehenden besonders hart" (Geis-Thöne, 2020b) und „Corona hemmt die Integration" (Geis-Thöne 2020c).

Daher wurde hier auch ein anderer der Aufbau des Texts als im IW-Report gewählt und nicht anhand der drei Bereiche Lebensumfeld, Lernumfeld und soziales Umfeld, sondern entlang der fünf genannten, (potenziell) besonders belasteten Familienformen gegliedert. Sind Themen bei mehreren dieser Familienformen relevant, wurden sie dort dargestellt, wo die Betroffenheit der Kinder und Jugendlichen tendenziell am stärksten ist. So wird Größe und Gestaltung des Wohnraums etwa bei den Mehrkindfamilien betrachtet.

2   Kinder von Alleinerziehenden

Eine Alleinerziehung ist in der Regel die Folge ungünstiger Entwicklungen in der Paarbeziehung der Eltern und nicht das Ergebnis einer bewussten Entscheidung des entsprechenden Elternteils. Daher sind viele Alleinerziehende mit diesem Zustand auch außerhalb des Lockdowns unzufrieden und sehen ihn mit Blick auf die Entwicklung ihrer Kinder kritisch. So stimmten in der SOEP-Befragung im Jahr 2018 nur 50 Prozent der alleinerziehenden Mütter der Aussage „Ein alleinstehender Elternteil kann sein Kind genauso gut großziehen wie beide Eltern zusammen" voll und ganz zu und 14 Prozent verneinten das. Bei den Müttern in Paarfamilien stellt sich das Verhältnis mit 23 Prozent Zustimmung und 30 Prozent Ablehnung zwar noch deutlich negativer dar. Dennoch ist die Positionierung der Alleinerziehenden beachtlich, da sie mit dieser Zuordnung letztlich ihre eigenen Möglichkeiten, ihren Kindern ein optimales Entwicklungsumfeld bieten zu können, kritisch bewerten. Betrachtet man nur die Mütter mit jüngeren Kindern, ändert sich an diesem Befund wenig. Dass ein bedeutender Teil der Alleinerziehende an sich ein eher klassisches Familienbild hat, zeigt sich sogar noch deutlicher daran, dass 25 Prozent von ihnen der Aussage, dass ein Kind unter sechs Jahren darunter leiden wird, wenn seine Mutter arbeitet, zustimmen, im Vergleich zu 22 Prozent der Mütter in Paarfamilien (Geis-Thöne 2020b).

Um den fehlenden Partner zu kompensieren, greifen Alleinerziehende zu normalen Zeiten in weit stärkerem Maß als Paarfamilien auf institutionelle Betreuungsangebote zurück. Den im SOEP erhobenen Betreuungszeiten von Fünf- bis Sechsjährigen in den Jahren 2016 bis 2018 zufolge, besuchten rund 61 Prozent der in Betreuung befindlichen Kinder von Alleinerziehenden mindestens 35 Stunden in der Woche eine Kita oder eine Kindertagespflege, wohingegen es bei den Kindern aus Paarfamilien nur 43 Prozent waren. Werte von 45 Stunden und mehr fanden sich für 23 Prozent der Kinder von Alleinerziehenden und 6 Prozent der Kinder aus Paarfamilien in diesem Alter. Bricht die institutionelle Betreuung nun vollständig weg, wie dies zu Beginn des ersten Lockdowns der Fall war, müssen die Alleinerziehenden ein viel größeres Maß an Betreuungszeiten neu organisieren als die Paarfamilien (Geis-Thöne 2020b).

Hinzukommt, dass viele nicht-institutionelle Betreuungsarrangements außerhalb des Haushalts, wie die Betreuung durch die Großeltern, vor dem Hintergrund der Corona-Pandemie für die Alleinerziehenden im Frühjahr auch nicht infrage kamen und sie zusätzlich auch noch wegfallende Betreuungszeiten in diesem Bereich kompensieren mussten. In diesen Kontexten wurden in den Jahren 2016 bis 2018 rund 52 Prozent der fünf- bis sechsjährigen Kinder von Alleinerziehenden zehn Stunden und mehr in der Woche betreut, wohingegen dies nur auf 17 Prozent der Kinder von Paarfamilien zutraf. Lässt man die Betreuung durch nicht im Haushalt lebenden Elternteile außer Acht, reduziert sich der Anteil bei den Alleinerziehenden deutlich auf 27 Prozent, liegt damit aber immer noch fast doppelt so hoch wie bei den Paarfamilien mit 15 Prozent. Nimmt man nur die Betreuung durch die Großeltern in den Blick, liegt diese im betrachteten Zeitraum bei 16 Prozent der Kinder von Alleinerziehenden und 12 Prozent der Kinder von Paarfamilien bei zehn Stunden und mehr in der Woche (Geis-Thöne 2020b).

Während die Paarfamilien die Betreuung immer noch zumindest auf zwei Erwachsene aufteilen konnten, fehlte den Alleinerziehenden zu Beginn des ersten Lockdowns häufig jegliche Unterstützung. Dies führte bei vielen von ihnen zu einer starken Überlastung, da fast alle anderen Zeitbedarfe weiterhin Bestand hatte. So lief etwa die Erwerbstätigkeit meist im bisherigen Umfang weiter, obschon die Arbeitgeber bei Arbeitszeit und -ort den Alleinerziehenden in der Regel soweit möglich entgegenkamen. Dabei fühlen sich Alleinerziehende auch ohne Lockdown bereits häufig alleingelassen und überfordert. So stimmten in der Befragung zum SOEP im Jahr 2018 rund 36 Prozent der alleinerziehenden Mütter der Aussage „Ich fühle mich oft einsam" zu, im Vergleich zu nur 12 Prozent der Mütter in Paarfamilien zu. Ein Gefühl von Überforderung, das sich an der Aussage „Die Verhältnisse sind so kompliziert geworden, dass ich mich fast nicht mehr zurecht finde" festmachen lässt, hatten 18 Prozent der alleinerziehenden Mütter und neun Prozent der Mütter in Paarfamilien (Geis-Thöne 2020b).

Damit einhergehend treten bei den Alleinerziehenden auch unter normalen Umständen bereits verstärkt psychische Probleme auf. So gaben 22 Prozent der alleinerziehenden Mütter im Jahr 2018 an, sich in den vorangegangenen vier Wochen oft oder immer niedergeschlagen und trübsinnig gefühlt zu haben, im Vergleich zu nur 12 Prozent der Mütter in Paarfamilien. Betrachtet man nur Mütter mit kleineren Kindern ist die Lage noch problematischer. Bei Alleinerziehenden mit Kindern unter acht Jahren lag der Anteil sogar bei 27 Prozent, wohingegen er bei den Müttern in Paarfamilien auch in diesem Fall 1 Prozent betrug. Gleichzeitig gaben 29 Prozent aller alleinerziehenden Mütter und 36 Prozent der alleinerziehenden Mütter mit ältestem Kind unter acht Jahren an, sich in den vorangegangenen vier Wochen nie oder fast nie ruhig und ausgeglichen gefühlt zu haben, was nur bei jeweils 19 Prozent der Mütter in Paarfamilien der Fall war (Geis-Thöne 2020b).

Dies schlägt sich auch auf die Beziehungen in der Familie nieder. So wenden sich Kinder und Jugendliche bei Sorgen sehr viel seltener an alleinerziehende Eltern als an Eltern in Paarfamilien, wie Abbildung 1 zeigt. Während sich ihren eigenen Angaben im SOEP zufolge in den Jahren 2017 und 2018 rund 86 Prozent aller Zwölfjährigen bei Sorgen oft oder sehr oft an die Eltern gewandt hatten, traf dies nur 77 Prozent der Kinder von Alleinerziehenden in diesem Alter zu. Bei den Vierzehnjährigen war der Unterschied mit 64 Prozent bei den Alleinerziehenden gegenüber 70 Prozent bei allen ebenfalls sehr groß. Daraus lässt sich zwar nicht unbedingt schließen, dass die alleinerziehenden Eltern weniger in der Lage oder bereit sind, ihren Kindern im Konfliktfall Hilfestellungen zu geben oder zumindest Trost zu spenden. Dennoch deutet es darauf hin, dass es für einen substanziellen Teil der Kinder von Alleinerziehenden in der Situation des Lockdowns, die für sie teilweise sehr belastend war, eher schwierig gewesen sein dürfte, in der Kernfamilie den an sich notwendigen emotionalen Beistand zu erhalten. Dabei kommt erschwerend hinzu, dass auch der Zugang zu den Freunden, an die sich gerade die Jugendlichen bei Sorgen häufig lieber als an ihre Familienglieder wenden, wie die Unterschiede zwischen den Zwölf- und Vierzehnjährigen deutlich machen, sehr eingeschränkt war (siehe Abb. 1).

Ein ähnliches Bild zeigt sich bei den Vierzehnjährigen auch bei der im Kontext des Homeschoolings sehr wichtigen Motivation zum Lernen, die im SOEP anhand der Frage „Wie oft sagen Dir folgende Personen, dass es wichtig ist, dass Du in der Schule gut bist, viel lernst?" erfasst wird. Auf diese antworteten in den Jahren 2017 und 2018 rund 89 Prozent aller Vierzehnjährigen, aber nur 85 Prozent der Kinder von Alleinerziehenden, dass die Eltern dies oft oder sehr oft täten. Bei den Zwölfjährigen waren die Anteile hier mit 90 Prozent und 91 Prozent allerdings sehr ähnlich.

Auch wenn andere Eltern ebenfalls überfordert waren, war die Problemlage für die Kinder von Alleinerziehenden insbesondere während des ersten Lockdowns an dieser Stelle besonders kritisch, da die gesamte Organisation des Familienlebens nur von einer Person abhing. Dabei konnten insbesondere die alleinerziehenden Eltern mit jüngeren Kindern die von diesen noch kontinuierlich benötigte Beaufsichtigung häufig nur schwer mit ihren anderen Zeitbedarfen vereinbaren. Um hier größere Schäden zu vermeiden, war die im April sukzessive erfolgte Öffnung der Notbetreuung in den Kitas für die Alleinerziehenden letztlich unumgänglich. Allerdings stellt sich die Frage, ob dieser Schritt

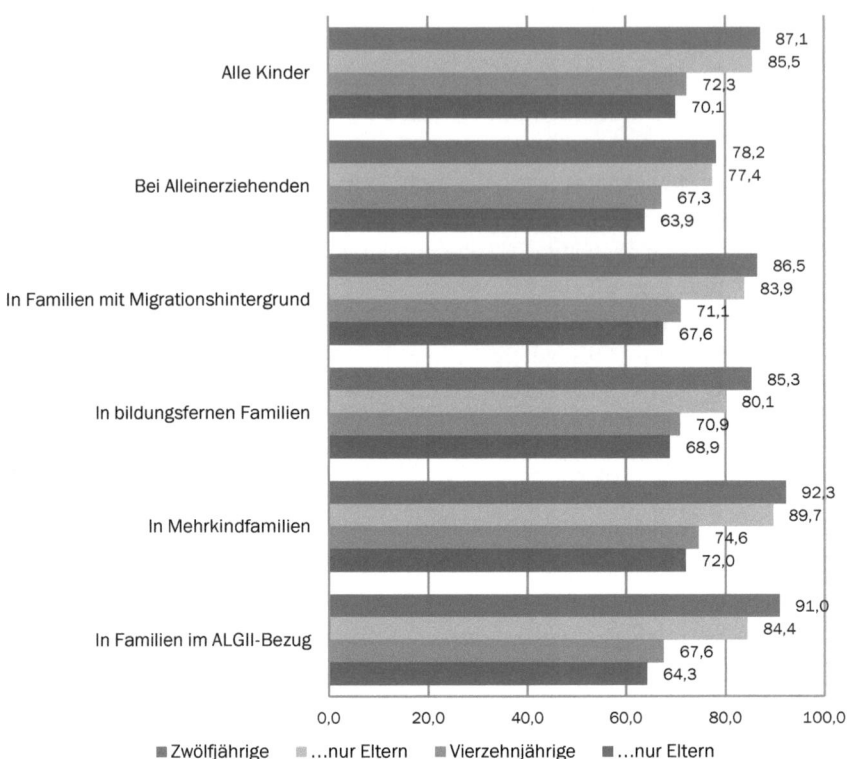

Abbildung 1: Zuwendung bei Sorgen in der Kernfamilie
Angabe oft oder sehr oft bei Mutter, Vater oder Geschwistern, Kinder im Alter von 12
und 14 Jahren, Anteile in Prozent in den Jahren 2017 und 2018 (Geis-Thöne, 2020a)

allein ausgereicht hat, um den besonderen Herausforderungen der Familien mit
nur einem Elternteil gerecht zu werden oder ob die Lockdowns insbesondere
im Bereich der psychischen Verfassung der Eltern und der Beziehungen in den
Familien negative Spätfolgen haben und die Familien auch über das Ende der
Pandemie hinaus eine gezielte Unterstützung erhalten sollten. Daher sollte
spätestens, wenn die Einschränkungen des öffentlichen Lebens weitgehend
aufgehoben sind, eine detaillierte Analyse der Lage der Familien in diesen Bereichen erfolgen, um passgenaue Maßnahmen auf den Weg zu bringen.

3 Kinder mit Migrationshintergrund

Die Familien mit Migrationshintergrund in Deutschland sind häufiger bil-
dungsfern, auf staatliche Transferleistungen angewiesen und haben drei und
mehr Kinder, sodass auch die in den Abschnitten zu diesen Familienkonstella-

tionen diskutierten Problemlagen bei ihnen verstärkt auftreten. Die zentrale Herausforderung ist bei ihnen allerdings die Integration, die aus soziologischer Sicht die „Verbindung einer Vielheit von einzelnen Personen oder Gruppen zu einer gesellschaftlichen und kulturellen Einheit" (Duden 2020) darstellt. Ob sie gelingt, entscheiden letztlich die Beziehungen zwischen den Zuwanderern und den Einheimischen. Wie diese gelebt werden können, hat sich im Zuge der Corona-Pandemie auch über die Schul- und Kitaschließungen hinaus drastisch verändert. So waren die meisten gemeinsamen Freizeitaktivitäten, wie das Ausüben von Mannschaftssportarten und der Besuch von Konzerten, lange Zeit nur sehr stark eingeschränkt möglich. Intensivere soziale Interaktionen zwischen Zuwanderern und Einheimischen fanden insbesondere während der Lockdowns fast nur noch statt, wenn diese gemeinsam eine Familie oder einen sehr engen Freundeskreis bilden. In besonderem Maße betrifft das die kleineren Kinder, die die digitalen Kommunikationsmittel noch nicht sinnvoll einsetzen können.

Durch das Wegbrechen der sozialen Kontakte außerhalb des eigenen Haushalts hatten viele Zuwanderer auch kaum Gelegenheit, Deutsch zu sprechen und ihre Sprachfähigkeiten zu verbessern. Letztlich betraf dies alle Personen, in deren Haushalt überwiegend eine Fremdsprache gesprochen wird, was einer Auswertung des Sozio-oekonomischen Panels zufolge im Jahr 2017 auf rund 7,8 Millionen Personen in Deutschland zutraf, von denen 2,1 Millionen minderjährig waren. Dies entspricht Bevölkerungsanteilen von insgesamt 10 Prozent und 16 Prozent bei den Kindern und Jugendlichen. Fasst man die Altersgruppen noch enger, findet sich mit 19 Prozent ein besonders hoher Anteil bei den unter Sechsjährigen. Zu diesem Wert ist allerdings anzumerken, dass auch die meisten Kinder in Haushalten, in denen überwiegend eine andere Sprache gesprochen wird, von ihren Eltern an das Deutsche herangeführt werden. So bekamen im Jahr 2017 rund 24 Prozent der Fünf- bis Sechsjährigen in diesen Haushalten täglich und nur 21 Prozent nie Geschichten auf Deutsch vorgelesen oder erzählt (Geis-Thöne 2020c).

Auch ist darauf hinzuweisen, dass eine nichtdeutsche Haushaltssprache keinesfalls mit schlechten Deutschkenntnissen gleichgesetzt werden kann. So gaben nur 38 Prozent der in diesen Haushalten lebenden Personen zwischen 18 und 64 Jahren an, nicht gut deutsch sprechen zu können. Insgesamt lag die Zahl der Personen ohne gute deutsche Sprechfähigkeiten in dieser Altersgruppe im Jahr 2017 bei 2,7 Millionen, was 5 Prozent der Bevölkerung entspricht. Für die Lesefähigkeiten finden sich sehr ähnliche Werte, wohingegen die Lage beim Schreiben etwas schlechter ist. Betrachtet man nur die Eltern von Kindern im Alter unter 12 Jahren, war der Anteil der Personen ohne gute Sprechfähigkeiten mit 9 Prozent allerdings deutlich höher. Wechselt man die Perspektive, hatten 1,0 Millionen Kinder im Alter unter 12 Jahren Mütter, die nicht gut deutsch sprechen, was einem Anteil von 12 Prozent entspricht (Geis-Thöne, 2020c).

In diesen Familien ist ein Homeschooling bei jüngeren Schüler*innen kaum zu realisieren. So verstehen die Eltern nicht nur den Lernstoff der Kinder nicht und können diese bei seiner Erarbeitung kaum begleiten, sondern wissen häufig auch gar nicht, welche Aufgaben die Kinder haben, da nur eine sehr eingeschränkte Kommunikation mit den Lehrer*innen möglich ist. Ersetzen andere Familienangehörige, wie ältere Geschwister, die Eltern hier nicht und weisen die betroffenen Kinder kein sehr hohes Maß an Eigeninitiative auf, kommen die Schulschließungen für sie letztlich meist einem vollständigen Verlust der Unterrichtszeit gleich. Dies ist umso problematischer, da bei Kindern mit funktionierendem Homeschooling der Erwerb der schulischen Kompetenzen auch während des Lockdowns voranschreitet und die Lücken größer werden. Ähnliche Probleme können sich auch bei den noch nicht schulpflichtigen Kindern ergeben. Fehlt ihnen längere Zeit der Kontakt zu Personen, die gut Deutsch sprechen, kann dies ihren Spracherwerb sehr negativ beeinflussen. So können sich beim Schuleintritt Defizite ergeben, die es den Kindern schwer machen, dem Unterricht zu folgen und ihre langfristigen Bildungschancen beeinträchtigen.

Anders als bei den Alleinerziehenden reicht es hier nicht aus, gezielte Unterstützungsangebote für die betroffenen Familien zu machen, sondern diese müssen auch gezielt für ihre Inanspruchnahme sensibilisiert werden. Obschon die frühkindliche Bildung für Kinder, deren Eltern nur über beschränkte Deutschkenntnisse verfügen, besonders wichtig ist, besuchen Kinder mit Migrationshintergrund unter normalen Umständen meist erst spät und mit geringem Stundenumfang eine Kita, (Anger/Geis-Thöne 2018). Daher steht zu befürchten, dass viele zugewanderte Familien ihre Kinder aus Angst vor einer Ansteckung auch weit über die Zeiträume der Schließungen hinaus nicht in die Kitas schicken. Ähnliches gilt auch für Förderangebote für Schulkinder außerhalb des regulären Unterrichts. Daher sollte nach dem Abklingen der Pandemie eine detaillierte Analyse des Kompetenzstands der Kinder mit Migrationshintergrund erfolgen und, wo sich hier Defizite zeigen, mit gezielten Fördermaßnahmen nachgesteuert werden. Da diese unter Umständen einen sehr großen Zeitbedarf aufweisen, kann es gegebenenfalls sinnvoll sein, einen Teil von in die Schulferien zu verlagern. Unabhängig davon, ob dies der Fall ist, sollte die Förderung, soweit möglich, im Rahmen der Schulpflicht erfolgen, damit sichergestellt wird, dass sie auch tatsächlich alle betroffenen Kinder nutzen.

4   Kinder aus bildungsfernen Elternhäusern

Bei den Kindern aus deutschsprachigen bildungsfernen Elternhäusern ergeben sich beim Homeschooling ähnliche Schwierigkeiten, wie bei den Kindern der zu bedeutenden Teilen ebenfalls bildungsfernen, nicht deutschsprechenden Eltern. Allerdings ist die Lage etwas weniger problematisch, da die Kommunikation mit den Lehrkräften in der Regel uneingeschränkt möglich ist und die Eltern, auch wenn sie die Kinder inhaltlich nicht unterstützen können, zumindest wissen, welchen Lernstoff diese bewältigen sollten. Auch ist in ihrem Fall sichergestellt, dass die Kinder auch im Lockdown in ausreichendem Maße deutsch sprechen.

Dennoch kann dieser auch für ihre Kompetenzentwicklung ein großes Hemmnis darstellen, da sie zu Hause häufig ein Umfeld vorfinden, das nur beschränkt lernförderend ist. So verfügten in den Jahren 2017 und 2018 rund 37 Prozent der Zwölfjährigen mit Müttern ohne berufsqualifizierenden Abschluss über kein eigenes Zimmer, wohingegen dies nur auf 14 Prozent aller Kinder in diesem Alter zutraf (Geis-Thöne 2020a). Damit stellt sich die Lage hier auch noch etwas schlechter als bei den Mehrkindfamilien dar, bei denen auf das Thema der Verfügbarkeit von Wohnraum etwas detaillierter eingegangen wird. Zur definitorischen Abgrenzung ist anzumerken, dass sich die Bildungsstände beider Elternteile nur schwer zu einem einzelnen, auch für Alleinerziehende aussagekräftigen Indikator zusammenfassen lassen. Daher wurde im IW-Report als Abgrenzungskriterium für die bildungsfernen Familien lediglich verwendet, dass die Mütter über keinen berufsqualifizierenden Abschluss verfügen. Alle in diesem Beitrag dargestellten Statistiken zu bildungsfernen Familien sind ebenfalls so zu verstehen.

Da bildungsferne Eltern ihre Kinder bei der Erarbeitung des Schulstoffs häufig nur beschränkt unterstützen und ihnen auch zu weiteren Wissensthemen nur schwer Auskunft geben können, sind für diese lernunterstützende Medien besonders hilfreich. Insbesondere gilt dies, wenn ihnen die Lehrer im Kontext des Homeschoolings nur sehr beschränkt als Auskunftgeber zur Verfügung stehen. Im SOEP werden Zwölfjährige konkret nach Lernsoftware (z. B. für Computer, Tablet, Konsole) und Büchern, „die bei Hausaufgaben hilfreich sind" (außer den Schulbüchern) befragt, die im Folgenden vereinfachend als Bücher zum Schulstoff bezeichnet werden. Im den Jahren 2017 und 2018 gaben 66 Prozent aller Kinder in diesem Alter an, dass bei ihnen zu Hause Lernsoftware vorhanden sei, und 75 Prozent sagten, dass dies auf Bücher zum Schulstoff zuträfe. Über mindestens eins von beiden konnten mit 87 Prozent fast neun Zehntel verfügen. Bei den Kindern aus bildungsfernen Familien stellt sich die Lage, wie Abbildung 2 zeigt, jedoch deutlich ungünstiger dar. So hatte nur 57 Prozent von ihnen Bücher zum Schulstoff und 60 Prozent Lernsoftware. Allerdings ist darauf hinzuweisen, dass sich entsprechende Materialien auch in zunehmendem Maße im Internet finden, sodass sie nicht unbedingt physisch in den Haushalten vorliegen müssen. Auch könnten die Familien ihre Ausstattung während der Corona-Pandemie deutlich verbessert haben. Überdies ist anzumerken, dass das Fehlen von Büchern zum Lernstoff keineswegs impliziert, dass die Familien gar keine kindgerechten Bücher besitzen. So gaben in den Jahren 2017 und 2018 rund 83 Prozent der Zwölfjährigen aus bildungsfernen Familien an, außer ihren Schulbüchern noch weitere Bücher zu haben, die ihnen allein gehören.

Dennoch lässt sich festhalten, dass der Bereich der Lernbegleitung durch die Eltern und des lernförderlichen häuslichen Umfelds bei den Kindern aus bildungsfernen Milieus einen besonderen Problempunkt darstellt. Daher sollte auch bei ihnen nach Abklingen der Pandemie untersucht werden, wo durch die Lockdowns Lücken in der Kompetenzentwicklung entstanden sind und mit gezielten Fördermaßnahmen nachgesteuert werden. Auch sollte die Entwicklung für die Familien kostenfreier lernunterstützender Inhalte in der digitalen Welt gefördert werden. Wichtig ist dabei, dass sie so gestaltet werden, dass sie die Familien, bei denen die Eltern nur über ein beschränktes Allgemeinwissen verfügen, ansprechen und von diesen leicht gefunden werden.

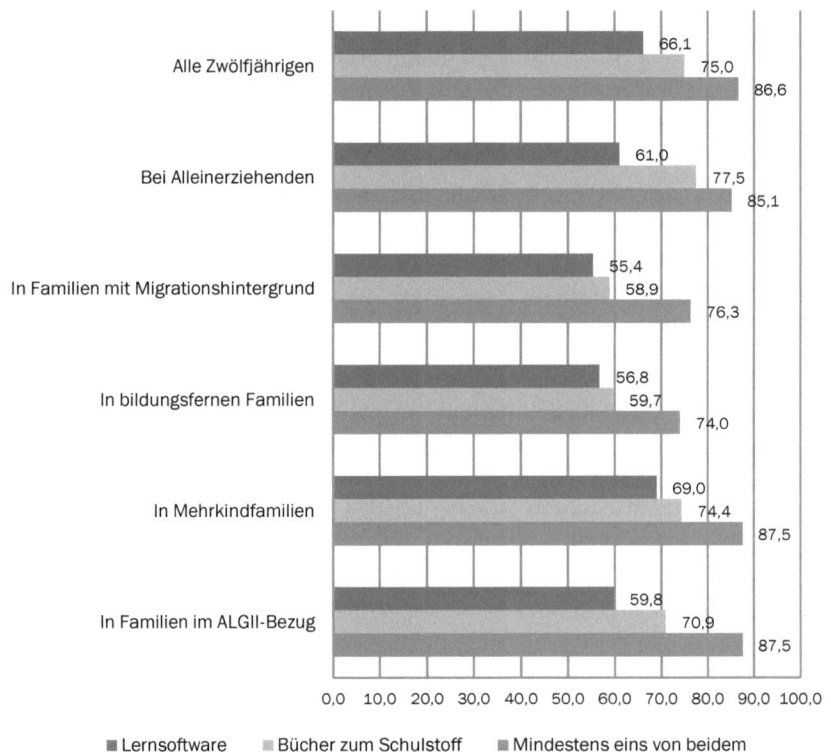

Abbildung 2: Lernsoftware und Bücher zu Schulstoff im Haushalt Kinder im Alter von 12 Jahren, Anteile in Prozent in den Jahren 2017 und 2018 (Quelle: Geis-Thöne 2020a)

5 Kinder aus Mehrkindfamilien

In den Zeiten von Kita- und Schulschließungen und strengen Kontaktbeschränkungen brachte das Leben in einer Mehrkindfamilien mit zwei und mehr

Geschwistern für die Kinder große Vorteile mit sich. So verfügten sie auch weiterhin über Spielgefährten in einem ähnlichen Alter, wohingegen sich die Einzelkinder vielfach nur noch allein oder mit ihren Eltern beschäftigen konnten und in ihrer kindlichen Lebenswelt damit viel stärker eingeschränkt waren. Gleichzeitig konnten die Geschwister beim Fehlen ruhiger Rückzugsräume jedoch insbesondere im Kontext des Homeschoolings auch eine große Belastung darstellen. Diese Problematik besteht allerdings nicht per se bei allen Mehrkindfamilien, sondern vorwiegend bei den einkommensschwächeren unter ihnen und stellt bei den im Folgenden betrachteten Familien im Sozialleistungsbezug ebenfalls ein Thema dar.

Die Größe der elterlichen Wohnung ist hier der entscheidende Faktor. Einerseits sind für die Kinder ruhige Plätze wichtig, wo sie konzentrierten Beschäftigungen nachgehen können, ohne von jüngeren Geschwistern gestört zu werden. Andererseits benötigen sie, um sich frei entfalten allerdings auch Orte, wo sie sich im Spiel ausbreiten und gegebenenfalls etwas lauter werden können, ohne damit andere Familienangehörige, wie Eltern im Homeoffice, zu stören. Vor diesem Hintergrund wurde mit dem SOEP zunächst ausgewertet, über wie viele Zimmer (ohne Bad, Küche usw.) die Familien im Verhältnis zur Zahl der Haushaltsangehörigen verfügen. Neben einem Zimmer wurden dabei auch 0,66 und 1,5 Zimmer je Person als Grenzen verwendet. Beim Wert von 0,66 kommen nur zwei Zimmer auf drei Familienangehörige, was es, wenn sich alle Familienangehörigen zu Hause aufhalten, wie dies während der Lockdowns vielfach der Fall war, sehr schwer möglich macht, dass sich die Kinder längere Zeit allein in einem Raum aufhalten. Bei 1,5 können hingegen zwei Familienmitglieder über drei Zimmer verfügen, sodass die Kinder unter Umständen für eine gewisse Zeit auch mehrere Räume in Beschlag nehmen können.

Wie Abbildung 3 zeigt, stand im Jahr 2018 mit 51 Prozent mehr als der Hälfte der Familien mehr als ein Zimmer je Haushaltsmitglied zur Verfügung und mindestens ein Zimmer hatten mit 81 Prozent sogar rund vier Fünftel. Bei den Mehrkindfamilien verfügte mit 28 Prozent jedoch weniger als ein Drittel über mehr Räume als Familienangehörige und nur 50 Prozent hatten genauso viele Zimmer wie Familienangehörige. Niedrige Anteile finden sich hier auch bei den bildungsfernen Familien mit 60 Prozent und bei den Familien mit Migrationshintergrund mit 61 Prozent. Bei diesen drei Familientypen finden sich mit Anteilen von 19 Prozent, 13 Prozent und 11 Prozent auch häufiger Konstellationen, bei denen das Verhältnis zwischen Zimmern und Personen bei zwei zu drei und weniger liegt, sodass, wenn alle Familienmitglieder während des Lockdowns zu Hause waren, eine entsprechend starke Raumnot geherrscht haben dürfte.

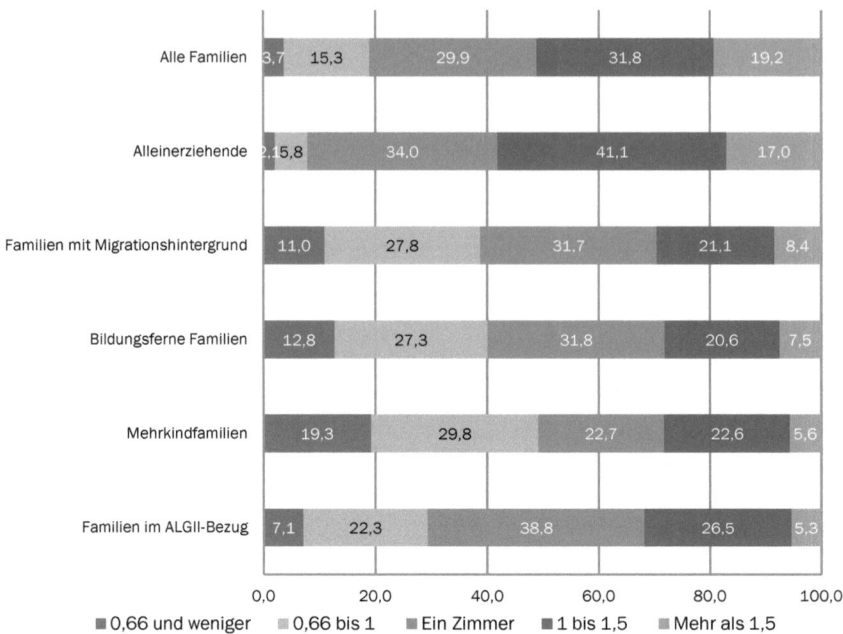

Alle Familien	3,7	15,3	29,9	31,8	19,2
Alleinerziehende	2,1	5,8	34,0	41,1	17,0
Familien mit Migrationshintergrund	11,0	27,8	31,7	21,1	8,4
Bildungsferne Familien	12,8	27,3	31,8	20,6	7,5
Mehrkindfamilien	19,3	29,8	22,7	22,6	5,6
Familien im ALGII-Bezug	7,1	22,3	38,8	26,5	5,3

0,0   20,0   40,0   60,0   80,0   100,0

■ 0,66 und weniger   ■ 0,66 bis 1   ■ Ein Zimmer   ■ 1 bis 1,5   ■ Mehr als 1,5

Abbildung 3: Zahl der Zimmer je Haushaltsangehörigen
Ohne Bad, Küche usw., Familien mit Kindern unter 16 Jahren, Anteile in Prozent
im Jahr 2018 (Quelle: Geis-Thöne 2020a)

Dabei richten es auch bei beengten Wohnverhältnissen die meisten Familien so ein, dass zumindest die älteren Kinder ein Zimmer für sich haben. Wie Abbildung 4 zeigt, gaben in den Jahren 2017 und 2018 in der SOEP-Befragung 86 Prozent aller Zwölfjährigen und 49 Prozent der Kinder, die in Haushalten mit weniger Zimmern als Personen lebten, ein Zimmer für sich allein haben. Allerdings stellt sich die Lage bei den Kindern im ALGII-Bezug und in bildungsfernen Familien mit Anteilen von unter zwei Dritteln deutlich ungünstiger. Die Mehrkindfamilien schneiden hier mit 71 Prozent vergleichsweise gut ab, was sich damit erklären könnte, dass sich hier vielfach eher die jüngeren Kinder ein Zimmer teilen.

Welche Aktivitäten in den Kinderzimmern und anderen Räumen der Wohnung möglich sind, hängt stark von ihrer Größe ab. Daher spielt auch die Wohnfläche für die häuslichen Lebenswelten der Kinder eine Rolle. Allerdings lässt diese sich für verschiedene Haushaltskonstellationen nur schwer vergleichbar machen, da Räume, wie Bad und Küche, gemeinsam genutzt werden können und Personenzahl und Raumbedarf somit nicht in einem linearen Zusammenhang stehen. Vor diesem Hintergrund wurde in Abbildung 5 nicht die Quadratmeterzahl, sondern die Einschätzung der Eltern über die Wohnungsgröße dargestellt. Die Frage lautet dabei konkret „Wie beurteilen Sie insgesamt

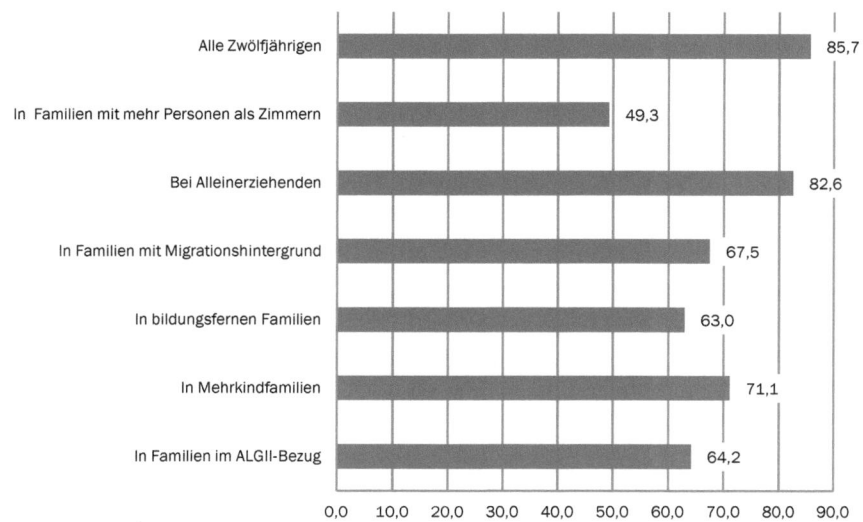

Abbildung 4: Eigenes Zimmer
Kinder im Alter von 12 Jahren, Anteile in Prozent in den Jahren 2017 und 2018
(Quelle: Geis-Thöne 2020a)

die Größe Ihrer Wohnung? Ist sie für Ihren Haushalt viel zu klein, zu klein, genau richtig, zu groß, viel zu groß?" und wird jeweils nur dem Elternteil gestellt, der den Haushaltsfragebogen beantwortet. Mit 65 Prozent beurteilten im Jahr 2018 fast zwei Drittel ihre Wohnung als genau richtig und 72 Prozent empfanden sie zumindest nicht als zu klein. Bei den Mehrkindfamilien lagen die entsprechenden Anteile allerdings nur bei 60 Prozent und 64 Prozent. Noch niedriger waren die Werte bei den Familien im ALG-Bezug mit 58 Prozent und 61 Prozent.

Während des ersten Lockdowns, als die Spielplätze gesperrt waren, war es insbesondere für die kleineren Kinder auch von großem Vorteil, wenn sie Zugang zu einem Garten hatten. Welche Aktivitätsmöglichkeiten sich ihnen hier konkret bieten, ist allerdings individuell sehr unterschiedlich. Während manche Gärten mit einer Vielzahl verschiedener Spielgeräte ausgestattet sind, sind in anderen noch nicht einmal alle Arten an Bewegungsspielen möglich. Im SOEP werden die Eltern allerdings nur gefragt, ob zu ihrer Wohnung ein eigener Garten oder eine Gartenbenutzung gehört, sodass hier keine Differenzierung nach Nutzungsmöglichkeiten möglich ist. Wie Abbildung 6 zeigt hatten mit 66 Prozent zwei Drittel der Familien Zugang zu einem Garten. Bei den Familien im ALGII-Bezug lag der Wert mit 34 Prozent allerdings nur bei rund einem Drittel und auch bei den Alleinerziehenden, bildungsfernen Familien und Familien mit Migrationshintergrund fanden sich Anteile von unter der Hälfte. Hingegen stellt sich die Lage bei den Mehrkindfamilien mit 70 Prozent hier sogar besonders gut dar.

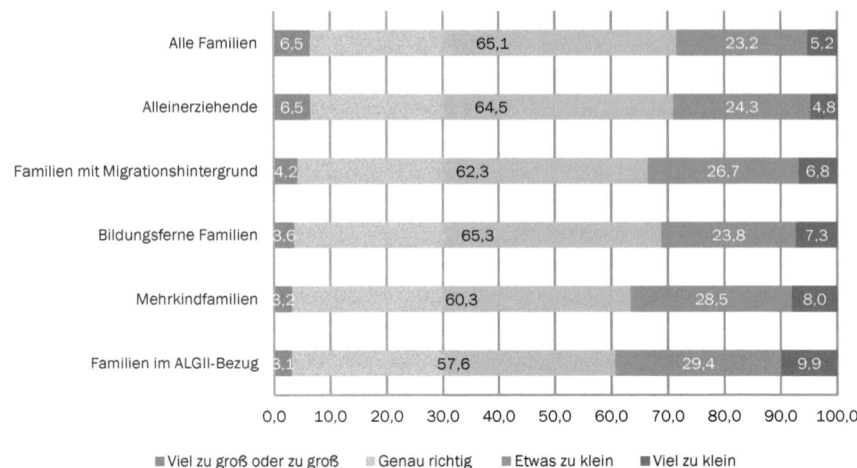

Abbildung 5: Einschätzung der Wohnungsgröße
Familien mit Kindern unter 16 Jahren, Anteile in Prozent im Jahr 2018
(Quelle: Geis-Thöne 2020a)

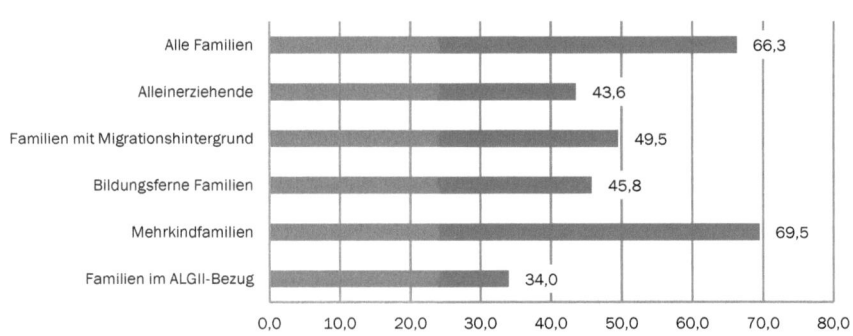

Abbildung 6: Eigener Garten oder Gartenmitbenutzung
Familien mit Kindern unter 16 Jahren, Anteile in Prozent im Jahr 2018 (Quelle: Geis-Thöne 2020a)

Eine Diskussion darüber, wie stark die Politik in den Wohnungsmarkt für Familien eingreifen kann und sollte, würde im Kontext einer Betrachtung der Belastungen durch die Lockdowns zu weit führen. Jedoch ist festzahlen, dass es für Kinder, die in der elterlichen Wohnung zu wenig Raum vorfinden, besonders wichtig ist, auch andere Orte aufsuchen zu können. Dies hätte bei der Ausgestaltung der Lockdowns deutlich stärker berücksichtigt werden und etwa statt der Spielplatzschließungen, wenn überhaupt, nur eine maximale Besucherzahl festgesetzt werden sollen. Da sich nicht ausschließen lässt, dass es in Zukunft wieder zu einer Pandemie und Lockdowns kommt, sollte auf längere

32

Sicht darauf hingewirkt werden, dass Orte entstehen, wo sich Kinder auch in einem derartigen Fall aufhalten können.

Ein mit beengtem Wohnraum in Verbindung stehendes Problem sind Konflikte in der Familie, die eskalieren können, wenn es den Familienmitgliedern nicht möglich ist, sich aus dem Weg zu gehen, wie dies während der Lockdowns der Fall war. Im SOEP werden die Zwölf- und Vierzehnjährigen gefragt, wie häufig sie mit verschiedenen Personengruppen in ihrem sozialen Nahfeld streiten, wobei hier die Angaben zu Müttern, Vätern und Geschwistern von Interesse sind. Aus diesen wurde ein Indikator gebildet, ob die Kinder mit mindestens einem Angehörigen der Kernfamilien oft oder sehr oft Streit haben. Dies traf, wie Abbildung 7 zeigt, in den Jahren 2017 und 2018 auf 62 Prozent der Zwölfjährigen und 63 Prozent der Vierzehnjährigen zu. Bei den Mehrkindfamilien waren es sogar 63 Prozent der Jüngeren und 68 Prozent der Älteren. Eine hohe Konfliktintensität ist in den Familien also die Regel und nicht die Ausnahme. Allerdings betrifft dies in den meisten Fällen nur das Verhältnis der Geschwister untereinander und nicht der Kinder zu den Eltern. Dennoch hatten mit 24 Prozent auch rund ein Viertel der Zwölfjährigen und mit 36 Prozent über ein Drittel der Vierzehnjährigen oft oder sehr oft Streit mit den Eltern.

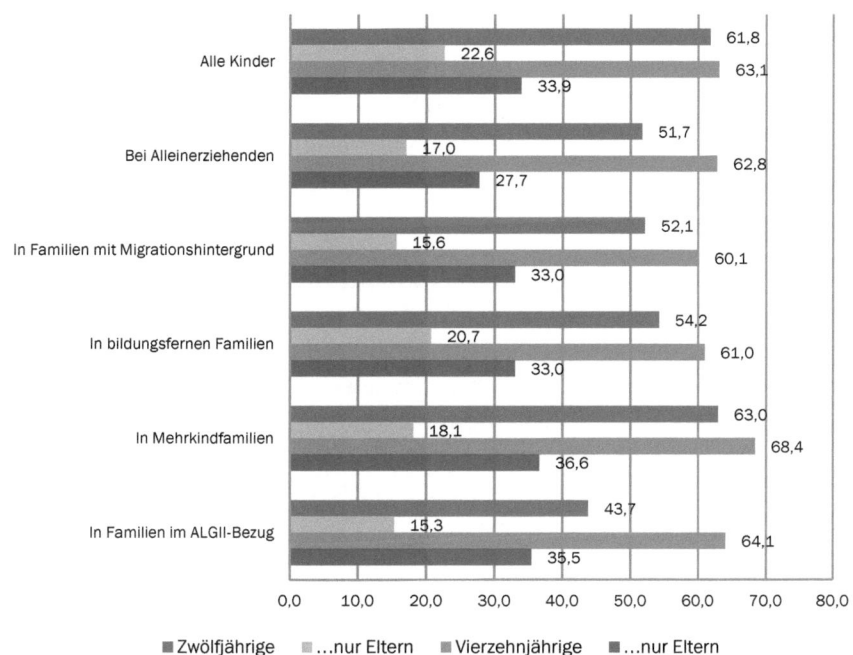

Abbildung 7: Streit in der Kernfamilie
Angabe oft oder sehr oft bei Mutter, Vater oder Geschwistern, Kinder im Alter von 12 und 14 Jahren, Anteile in Prozent in den Jahren 2017 und 2018 (Quelle: SOEP_V35; eigene Berechnungen)

Auch wenn es nicht zum Streit kommt, können in den Familien ungünstige Verhaltensmuster vorherrschen. Im SOEP werden die Zwölf- und Vierzehnjährigen hierzu noch gefragt, wie häufig sie von den anderen Personen herumkommandiert werden. Betrachtet man wieder, ob das im Hinblick auf mindestens ein Mitglied der Kernfamilie oft oder sehr oft der Fall ist, ergibt sich für die Zwölfjährigen insgesamt in den Jahren 2017 und 2018 ein Anteil von 62 Prozent und für die Vierzehnjährigen von 67 Prozent. Bei den Mehrkindfamilien liegen die Werte sogar bei 64 Prozent und 71 Prozent. Dabei handelt es sich hier in den meisten Fällen um die Eltern (Geis-Thöne 2020a). Allerdings ist darauf hinzuweisen, dass das Durchsetzen von Regeln, die für das Gelingen des Familienalltags notwendig sind, von den Kindern auch bereits als Herumkommandieren wahrgenommen werden kann, sodass die Ergebnisse nicht überinterpretiert werden sollten. Dennoch ist dies ein Hinweis auf eingeschränkte Entfaltungsmöglichkeiten der Kinder im häuslichen Umfeld, die gerade während der Lockdowns zu verstärkten Konflikten führen können.

Eskalieren Streitigkeiten in den Familien, ist es wichtig, dass die betroffenen Kinder schnell und unbürokratisch Hilfe erhalten können. Daher waren entsprechende Angebote gerade während der Lockdowns von besonderer Bedeutung. Dennoch sollte die Familienbegleitung auch nach Abklingen der Pandemie weiter gestärkt werden, da viele der Konflikte, die sich während der Lockdowns verstärkt haben, fortbestehen dürften. Auch dürften die im Abschnitt zu den Alleinerziehenden angesprochenen psychischen Probleme der Eltern, die durch die Überlastung während der Lockdowns ausgelöst oder verstärkt werden können, die Familien längerfristig belasten und zu einem erhöhten Konfliktpotenzial führen.

5 Kinder aus Familien im Sozialleistungsbezug

Neben der im vorangegangenen Abschnitt bereits dargestellten Problematik beschränkten Wohnraums, stellte bei Familien im Sozialleistungsbezug vielfach auch die Ausstattung der Wohnungen während der Lockdowns ein substanzielles Problem dar. So haben viele der Kinder aus diesen Familien keinen eigenen Schreibtisch. Gaben, wie in Abbildung 8 dargestellt, in den Jahren 2017 und 2018 im SOEP insgesamt 89 Prozent der Zwölfjährigen an, einen eigenen Schreibtisch zu haben, lag der entsprechende Wert bei den Kindern aus Familien im ALGII-Bezug nur bei 70 Prozent. Zwar können andere Plätze, wie der Esstisch für die Erledigung der Hausaufgaben unter normalen Umständen eine Alternative darstellen, sofern die Kinder sie entsprechend nutzen können und hier die notwendige Ruhe finden. Im Kontext des Homeschoolings ist dies jedoch aus ergonomischer Sicht sehr ungünstig, da die Höhenverhältnisse hier nicht zur Körpergröße des Kindes passen.

Dass ein substanzieller Teil der Familien im Sozialleistungsbezug über keine für das Homeschooling geeigneten Plätze verfügen dürfte, lässt sich aus daraus ableiten, dass die Kinder ihre Hausaufgaben normalerweise nicht zu Hause erledigen. In diesem Fall ist es für die Familien vor dem Hintergrund der begrenzten Budgets und Wohnraumkapazitäten nämlich folgerichtig auf die Einrichtung solcher Lernorte zu verzichten. In den Jahren 2017 und 2018 gaben, wie Abbildung 9 zeigt, nur 73 Prozent der Zwölfjährigen aus Familien im ALGII-Bezug an ihre Hausaufgaben normalerweise zu Hause zu erledigen, im Vergleich zu 80 Prozent aller Kinder in diesem Alter. Hier lässt sich auch nur schwer kurzfristig nachsteuern, da die Einrichtung eines für das Homeschooling geeigneten Lernorts häufig nur im Rahmen umfangreicher Anpassungen des Wohnraumkonzepts möglich ist. So nützt den Familien ein Schreibtisch für die Kinder wenig, wenn sich in der Wohnung kein geeigneter Platz findet, an dem sie ihn aufstellen können.

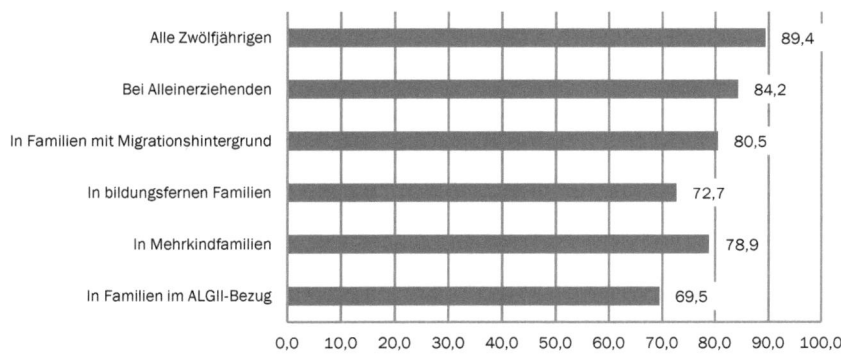

Abbildung 8: Eigener Schreibtisch
Kinder im Alter von 12 Jahren, Anteile in Prozent in den Jahren 2017 und 2018 (Quelle: Geis-Thöne 2020a)

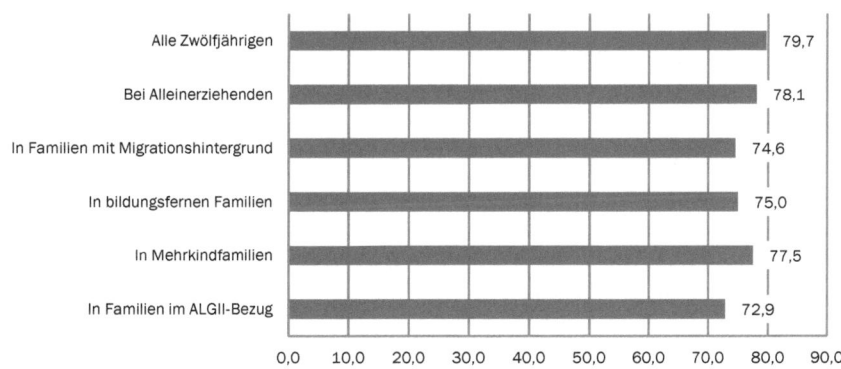

Abbildung 9: Erledigung der Hausaufgaben normalerweise zu Hause
Kinder im Alter von 12 Jahren, Anteile in Prozent in den Jahren 2017 und 2018 (Quelle: Geis-Thöne 2020a)

Anders gelagert ist die Situation beim Zugang zu Computern und Internet, bei dem die Politik während des ersten Lockdowns sehr stark angesetzt hatte. Daher sind hier ältere Befunde aus dem SOEP für die aktuelle Lage auch nur begrenzt aussagekräftig. Dennoch ist darauf hinzuweisen, dass die Familien im Sozialleistungsbezug vor Beginn der Pandemie auch hier deutliche Defizite aufwiesen. So hatten in den Jahren 2017 und 2018 nur 75 Prozent der Zwölfjährigen und 72 Prozent der Vierzehnjährigen aus diesem Familien Zugang zu einem Computer im Vergleich zu 87 Prozent und 90 Prozent aller Kinder in diesen Altersgruppen (Geis-Thöne 2020a). Zu beachten ist an dieser Stelle auch, dass der Besitz eines Computers allein nicht ausreicht, um ihn sinnvoll nutzen zu können und die entsprechenden Kompetenzen von Schüler*innen in einem sehr engen Zusammenhang mit ihrem sozialen Status stehen (Eickelmann et al. 2019). Um die Grundlagen für ein erfolgreiches Homeschooling zu schaffen, reicht es also nicht aus, dafür zu sorgen, dass alle Familien über entsprechende Zugangswege zur digitalen Welt verfügen, sondern es muss auch sichergestellt werden, dass Eltern und Kinder über die notwendigen Anwenderfähigkeiten verfügen, um diese nutzen zu können.

6 Resümee

Während der weit überwiegende Teil der Kinder in Deutschland zu Hause ein gutes Lebens-, Lern- und soziales Umfeld vorfindet, existieren bei den Kindern von Alleinerziehenden, aus Familien mit Migrationshintergrund, aus bildungsfernen Familien, aus Mehrkindfamilien und aus Familien im Sozialleistungsbezug an verschiedenen Stellen besondere Problempunkte. Diese können sich auch überlagern, da auf die Familien vieler Kinder mehrere dieser Eigenschaften zutreffen. Dies hat die Politik während des ersten Lockdowns erst sehr spät in den Blick genommen und entsprechend etwa mit einer Notbetreuung für die Alleinerziehenden nachgesteuert. Vor diesem Hintergrund können in dieser Zeit auch längerfristig wirkende Probleme bei der Kompetenzentwicklungen der Kinder und den Beziehungen in den Familien entstanden sein, die erst in den nächsten Jahren offensichtlich werden. Im zweiten Lockdown war der Grundtenor hingegen zumindest bis zum Zeitpunkt der Verfassung dieses Beitrags, dass die Kinder und Jugendlichen möglichst wenig belastet werden sollten. So wurden auch die Schulen und Betreuungseinrichtungen erst spät geschlossen. Damit dürfte es in dieser Zeit bei den Kindern, bei denen im Lern-, Lebens- und sozialen Umfeld zu Hause Defizite bestehen, zu etwas weniger schwerwiegenden Problemen gekommen sein. Dennoch dürften sich auch in dieser Zeit aus dem ersten Lockdown fortwirkende Belastungssituationen der Familien, wie sie etwa aus psychischen Problemen der Eltern resultieren, weiter verstärkt haben. Zudem ist im Blick zu behalten, dass es auch in der Zeit zwischen den Lockdowns zu keiner vollständigen Normalisierung der Situation der Familien gekommen ist und etwa viele Freizeitaktivitäten nur beschränkt möglich waren.

Vor diesem Hintergrund sollte nach Abklingen der Pandemie unbedingt eine gezielte Erhebung des Entwicklungs- und Lernstands der Kinder in Deutschland erfolgen. Zeigt sich hierbei, dass einzelne Gruppen von ihnen gegenüber ihren Altersgenossen deutlich zurückgefallen sind, sollte mit einer gezielten Förderung darauf hingewirkt werden, die entstanden Lücken möglichst zeitnah zu schließen, um langfristige Nachteile zu vermeiden. Dabei sollten auch zeitlich sehr umfangreiche Maßnahmen nicht gescheut werden, da sich einmal aufgetretene Lücken mit der Zeit immer weiter verstärken können. Ebenso sollten die Kinder und Eltern bei Bedarf auch nach der Pandemie gezielte Unterstützungsangebote erhalten, die ihnen helfen, während dieser Zeit entstandene Konflikte und psychische Probleme zu bewältigen. Zudem sollten auf längere Sicht Strukturen geschaffen werden, die es den Familien leichter machen Pandemien, die auch in Zukunft auftreten können, gut zu überstehen. Ein zentrales Thema ist hierbei das Homeschooling, das auch außerhalb der Lockdowns eine gewinnbringende Ergänzung zum regulären Präsenzunterricht darstellen könnte. Etwa ließe sich auf diese Weise Sprachunterricht in der Herkunftssprache für kleinere Zuwanderergruppen realisieren. Ein zweiter wichtiger Punkt ist die Schaffung von Orten außerhalb der elterlichen Wohnung, an denen sich die Kinder insbesondere bei Konflikten in der Familie auch im Pandemiefall aufhalten können.

Literatur

Anger, C./Geis-Thöne, W. (2018): Integration von Kindern und Jugendlichen mit Migrationshintergrund – Herausforderungen für das deutsche Bildungssystem, IW-Analyse Nr. 125, Köln.

Duden (2020): Wörterbuch: Integration, https://www.duden.de/rechtschreibung/Integration (abgerufen am 06.05.2020).

Eickelmann, B., Bos, W./Gerick, J./Goldhammer, F./Schaumburg, H./Schwippert, K./Senkbeil, M./ Vahrenhold, J. (2019): ICILS 2018, Computer- und informationsbezogene Kompetenzen von Schüler*innen n im zweiten internationalen Vergleich und Kompetenzen im Bereich Computational Thinking. Münster/New York.

Geis-Thöne, W. (2020a): Häusliches Umfeld in der Krise: Ein Teil der Kinder braucht mehr Unterstützung – Ergebnisse einer Auswertung des Sozio-oekonomischen Panels (SOEP), IW-Report Nr. 15/2020, Köln.

Geis-Thöne, W. (2020b): Der Lockdown trifft die Alleinerziehenden besonders hart, IW-Kurzbericht, Nr. 58, Köln.

Geis-Thöne, W. (2020c): Corona hemmt die Integration, IW-Kurzbericht, Nr. 61, Köln.

Goebel, J./Grabka, M./Liebig, S./Kroh, M./Richter, D./Schröder, C./Schupp, J. (2019): The German Socio-Economic Panel Study (SOEP), in: Jahrbücher für Nationalökonomie und Statistik, Nr. 239 (2), S. 345–360.

Kind sein in Zeiten von Corona

Alexandra Langmeyer, Thorsten Naab, Ursula Winklhofer,
Angelika Guglhör-Rudan, Marc Urlen

1 Veränderter Alltag für Kinder und die Studie „Kind sein in Zeiten von Corona"

Die Coronavirus-Pandemie hat unsere Gesellschaft im Frühling 2020 vollkommen unvorbereitet getroffen und stellte das Familienleben von heute auf morgen auf den Kopf: Kindergarten- und Schulschließungen für die Kinder, Homeoffice für die Eltern und mangelnder Zugang zu Freizeitangeboten führten zu einer Auflösung bestehender Routinen im Tagesablauf von Eltern und Kindern. Für Kinder entfiel der gewohnte Tagesablauf, der Kontakt zu Gleichaltrigen war extrem eingeschränkt und vor allem Jugendliche hatten kaum die Möglichkeit die für die persönliche Entwicklung wichtigen Freiräume jenseits des familialen Wohnumfeldes zu nutzen. Für Eltern stellte diese Situation nicht nur besondere Anforderungen an die Vereinbarkeit von Beruf und Familie, sie mussten zusätzlich die Aufgaben der Erzieher*innen und Lehrer*innen übernehmen.

Vor diesem Hintergrund hat das Deutsche Jugendinstitut mit der Studie „Kind sein in Zeiten von Corona" untersucht, wie Eltern und Kinder im Alter von drei bis 15 Jahren die Corona-Krise erleben und bewältigen (Langmeyer et al. 2020). Dank des breiten Studienaufrufs nahmen in der Zeit vom 22. April bis 21. Mai 2020 insgesamt 12.628 Personen aus allen Bundesländern an der Onlinebefragung teil. Wie in vielen anderen aktuellen Online-Umfragen (z. B. Cohen/Oppermann/Anders 2020) haben auch hier vor allem Eltern mit einem hohen formalen Bildungsabschluss (74% der Eltern haben einen Hochschulbzw. Fachhochschulabschluss) teilgenommen, sowie Familien, die finanziell gut zurechtkommen (51%). Die Auskunftspersonen sind im Durchschnitt 40 Jahre und drei Monate alt; bei 89 Prozent handelt es sich um die Mütter der Kinder. Die Kinder sind im Durchschnitt 7 Jahre und 11 Monate alt; 44 Prozent sind im Kindergartenalter, 32 Prozent im Grundschulalter und 25 Prozent sind im Sekundarstufenalter. In der Zeit erster Lockerungen der Maßnahmen vom 26. Mai bis 8. Juni 2020 wurde zusätzlich eine qualitative Interviewstudie telefonisch durchgeführt, die die Ergebnisse der Online-Elternumfrage um die Stimmen von 22 Kindern und 21 Eltern ergänzt.

2 Nur wenige Kinder in der Notbetreuung, Großeltern und Geschwister helfen auch

Vor den Corona-bedingten Einschränkungen verbrachten die meisten Kinder einen nicht unerheblichen Teil des Tages in institutionellen Settings, wie Kindertageseinrichtungen, Schule oder Nachmittagsbetreuung (vgl. z. B. Alt et al. 2020). Durch deren Schließung im Kontext der Ausgangs- und Kontaktbeschränkungen standen Familien vor der Herausforderung, die Betreuung und Bildung ihrer Kinder neu zu organisieren und mit den ggf. ebenfalls veränderten Bedingungen der elterlichen Erwerbstätigkeit zu vereinbaren. In nahezu allen Familien (98%) hat einer der Elternteile die Betreuung der Kinder übernommen. Bei Kindern im Alter von über 14 Jahren steigt der Anteil derer auf sieben Prozent, die nicht von einem Elternteil betreut wurden. Dies ist der steigenden Selbstständigkeit der Kinder in dieser Altersgruppe geschuldet. Neben der Betreuung durch die Eltern haben Familien die Betreuung der Kinder zum einen über institutionelle Angebote der Notbetreuung (12%) oder auf privatem Weg (24%) organisiert.

Wenngleich Schulen und Kindertageseinrichtungen während der Ausgangs- und Kontaktbeschränkungen grundsätzlich geschlossen waren, bestand für Eltern die Möglichkeit eine Notbetreuung für ihre Kinder in Anspruch zu nehmen. Dieses Angebot war zu Beginn auf Eltern in systemrelevanten Berufen begrenzt; die Kriterien wurden anschließend schrittweise erweitert, sodass nach und nach mehr Familien das Angebot nutzen konnten.

Insgesamt haben zwölf Prozent der befragten Familien die Möglichkeiten der Notbetreuung genutzt. Erwartungsgemäß zeigen sich deutliche Unterschiede in Abhängigkeit des Befragungszeitpunkts, denn mit einer Lockerung der Bestimmungen zur Inanspruchnahme nutzen mehr Eltern das institutionelle Betreuungsangebot. Waren zu Beginn der Untersuchung etwa vier Prozent der Kinder in der Notbetreuung, so betrug der Anteil in der vierten Woche 16 Prozent. Wenig überraschend ist ebenfalls, dass sich Unterschiede mit Blick auf das Alter der Kinder zeigen (Abbildung 1). Familien mit Kindern im Kindergartenalter nutzen deutlich häufiger Angebote der Notbetreuung (12%) als dies Familien mit älteren Kindern tun (Grundschulalter: 6%, Sekundarstufenalter: 2%).

Es verwundert nicht, dass der Anteil der Familien, die Notbetreuung in Anspruch nehmen, höher ist, wenn das Kind in einem Alleinerziehenden-Haushalt aufwächst (12% vs. 7%). Für Alleinerziehende konnten die Ausgangs- und Kontaktbeschränkungen eine besondere Herausforderung darstellen, wenn Anforderungen von Beruf und Kinderbetreuung miteinander vereinbart werden mussten.

Obwohl die Notbetreuung zunächst vor allem für Familien gedacht war, bei denen die erwachsenen Familienmitglieder in systemrelevanten Berufen arbeiten, zeigt sich eine deutliche Differenz zwischen Berechtigung und Inanspruchnahme des Angebots: So nutzen nur 16 Prozent der Familien, in denen alle im Haushalt lebenden Elternteile in systemrelevanten Berufen arbeiten die Notbetreuung. In den vertiefenden Interviews mit den Eltern wurde deutlich, dass die Nutzung der Notbetreuung nicht immer reibungslos funktionierte, sei es, dass Eltern mit Homeoffice die Berechtigung nicht gewährt wurde oder dass die Kindertageseinrichtung sich nicht in der Lage sah, das entsprechende Angebot vorzuhalten, weil das Personal zur Risikogruppe gehörte. Es zeigten sich auch Vorbehalte der Eltern, z. B. die Befürchtung, dass sich die Kinder nicht wohl fühlen könnten in neuen Gruppenkonstellationen. Für diejenigen Eltern, die nach den ersten anstrengenden Wochen der Kita- und Schulschließungen ein Angebot der Notbetreuung nutzen konnten, bedeutete die Nutzungsmöglichkeit der Notbetreuung zumeist eine deutliche Entspannung (vgl. Winklhofer/ Urlen 2020). Darüber hinaus zeigen die quantitativen Daten, dass Familien, bei denen alle Erwachsenen in systemrelevanten Berufen tätig sind, häufiger auf privat organisierte Unterstützung bei der Betreuung zurückgreifen (27%) als dies bei anderen Familien der Fall ist (20%) (Abbildung 1).

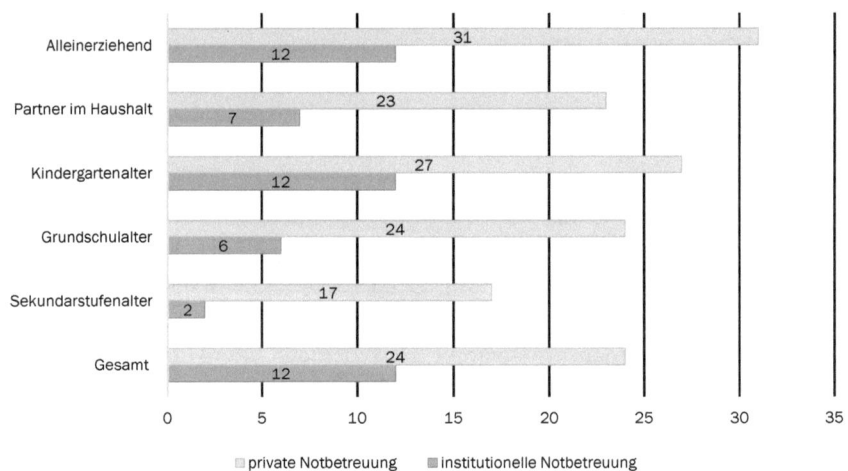

Abbildung 1: Kinder, die während der Corona-Krise in den 14 Tagen vor der Befragung in institutioneller oder privater Betreuung waren nach Alter der Kinder, Erhebungszeitpunkt und Partner/in im Haushalt (in%)
Anmerkungen: n = 1.113 – 12.628. Frage: Wie wurde Ihr Kind in den vergangenen 14 Tagen während der Corona-Krise betreut? Antwort: in einer Kindertageseinrichtung (z. B. Krippe, Kindergarten, Kindertagesstätte), in einer Schule oder einer Betreuungseinrichtung für Schulkinder, von einer Tagesmutter bzw. einem Tagesvater (Tagespflege), den Großeltern, Geschwistern, Freunden/Nachbarn, Au-Pair/bezahlten Helfern
Quelle: DJI-Studie „Kind sein in Zeiten von Corona", Stand 01.2021.

Nimmt man die von den Familien privat organisierte Betreuung der Kinder insgesamt in den Blick, zeigt sich, dass knapp ein Viertel der Kinder auch von Großeltern, Geschwistern Freunde und Nachbarn oder bezahlten Helfern betreut wurde (Abbildung 1). Dabei deuten die Ergebnisse darauf hin, dass Familien bei der Bewältigung der Herausforderungen des Lockdowns auf die Ressourcen ihres sozialen Netzwerks im Nahbereich zurückgreifen. So übernehmen bei 15 Prozent der Familien die Großeltern trotz gegenteiliger Empfehlung zeitweise die Betreuung der Kinder. Ebenfalls bedeutsam ist die Unterstützung durch Geschwister (12%) oder Freunde bzw. Nachbarn (9%). Bezahlte Helfer sind hingegen von untergeordneter Bedeutung (3%).

Analog zur Notbetreuung zeigen sich deutliche Altersunterschiede, wobei Eltern von Kindergartenkindern häufiger angeben (27%), dass sie private Unterstützung bei der Betreuung ihrer Kinder in Anspruch nehmen, als dies bei Eltern von Kindern im Grundschul- oder Sekundarstufenalter der Fall ist (24% bzw. 17%; Abbildung 1).

Hervorzuheben ist ebenfalls, dass der Bedarf für private Betreuung im Zeitverlauf zunimmt. So steigt der Anteil der Familien, eine privat organisierte Unterstützung bei der Betreuung ihrer Kinder nutzen von 14 Prozent in der ersten Woche auf durchschnittlich 22 Prozent in der vierten Erhebungswoche. Der Grund dafür ist sicherlich in einem tatsächlich gestiegenen Bedarf aufgrund kumulierter Lockdown-Belastung zu suchen. Damit einher geht möglicherweise auch, dass Eltern die Situation im Zeitverlauf differenzierter einschätzen konnten und vorhandene Urlaubstage aufgebraucht waren, sodass insbesondere jüngere und agilere Großeltern dann doch zum Einsatz kamen.

Schließlich zeigen sich Unterschiede in der Nutzung privater Betreuungsunterstützung mit Blick auf die Familienform (Abbildung 1). Es verwundert dabei nicht, dass der Anteil derer, die private Betreuung in Anspruch nehmen bei Alleinerziehenden höher ist als bei Zwei-Eltern-Familien (31% vs. 23%).

3 Verändertes Freizeitverhalten: Vermehrtes Spiel zu Hause und Anstieg der Mediennutzung

Mit Blick auf die Lockdown-Situation wurden die teilnehmenden Eltern geben anzugeben, inwiefern sich das Freizeitverhalten ihrer Kinder verändert hat. Dabei wird deutlich, dass vor allem das Spielen in der Wohnung oder im Haus zugenommen hat (vgl. Abbildung 2).

Die Beschäftigung mit digitalen Medien spielte hierbei eine bedeutsame Rolle: Fernsehen bzw. Streamingdiensten oder YouTube nutzen (69%) und Musik, Radiosendungen oder Hörspiele hören (69%) waren Tätigkeiten, die bei vielen Kindern häufiger geworden sind. Knapp die Hälfte der Eltern (49%) gab an, dass ihre Kinder sich häufiger mit Spielen am Computer oder Smartphone beschäftigten, mehr als ein Drittel der Kinder (38%) war auch mehr im Internet. Dieser Befund steht im Einklang mit aktuellen Studien, die ebenfalls einen Anstieg der Mediennutzung verzeichnen (vgl. z. B. mpfs 2020). Deutlich zugenommen hatten aber auch kreative Tätigkeiten wie basteln und malen (53%).

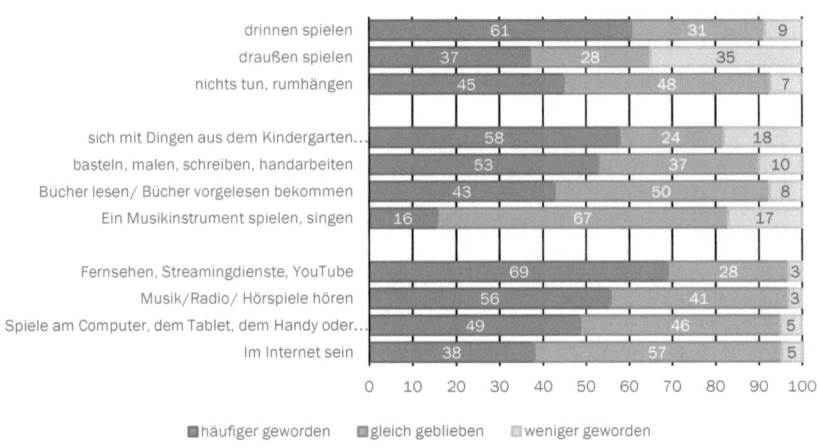

	häufiger geworden	gleich geblieben	weniger geworden
drinnen spielen	61	31	9
draußen spielen	37	28	35
nichts tun, rumhängen	45	48	7
sich mit Dingen aus dem Kindergarten...	58	24	18
basteln, malen, schreiben, handarbeiten	53	37	10
Bücher lesen/ Bücher vorgelesen bekommen	43	50	8
Ein Musikinstrument spielen, singen	16	67	17
Fernsehen, Streamingdienste, YouTube	69	28	3
Musik/Radio/ Hörspiele hören	56	41	3
Spiele am Computer, dem Tablet, dem Handy oder...	49	46	5
Im Internet sein	38	57	5

Abbildung 2: Veränderungen im Freizeitverhalten (in%)

Anmerkungen: n = 10.760 – 12.541. Fragewortlaut: Wenn Sie im Vergleich an eine durchschnittliche Woche vor der Ausgangssperre denken, wie stark hat sich jetzt die Häufigkeit verändert, mit der Ihr Kind die folgenden Freizeitaktivitäten unternimmt? Abweichungen von 100% sind rundungsbedingt. Quelle: DJI-Studie „Kind sein in Zeiten von Corona", Stand 01.2021.

Vor allem für Schulkinder häufte sich die Zeit, in der sie sich zu Hause mit Dingen für die Schule beschäftigten (58%), aber auch Kindergartenkinder beschäftigten sich häufiger mit Dingen für den Kindergarten. 43 Prozent der Eltern gaben an, dass die Kinder häufiger Lesen bzw. häufiger vorgelesen bekamen.

Immerhin 35 Prozent der Kinder hatten nun weniger Möglichkeiten, im Freien zu spielen. Jedoch berichtet auch eine ähnliche Anzahl an Eltern, dass ihre Kinder häufiger draußen spielten (37%). Mit Blick auf die Möglichkeiten draußen zu spielen sowie Aktivitäten für Kindergarten und Schule zeigt sich am deutlichsten, dass sich für einen Teil der Kinder die vor Inkrafttreten der Ausgangsbeschränkungen bestehenden Tagesstrukturen aufgelöst hatten und eine Entgrenzung von Betreuung und Freizeit der Kinder im Corona-Alltag einsetzte.

Die Zeit, die die Kinder mit einem Musikinstrument oder Singen verbrachten, ist für die Mehrheit der Kinder gleichgeblieben (67%); eine kleine Gruppe tat dies häufiger (16%), aber etliche Kinder auch seltener (17%). Im ersten Fall könnte mehr Zeit zum Üben eine Rolle gespielt haben, im zweiten Fall kann vermutet werden, dass Musikstunden oder auch musikalische Aktivitäten zusammen mit anderen Kindern nicht stattfinden konnten. Und schließlich verbrachten auch eine Reihe von Kindern (45%) mehr Zeit mit nichts tun und „rumhängen", woraus vermutet werden kann, dass angesichts der eingeschränkten Freizeitmöglichkeiten bei vielen Kindern auch Langeweile aufkam.

Ab dem Schulalter bestimmte das Lernen zu Hause die Freizeitgestaltung

Zwar haben für alle Altersgruppen Freizeitaktivitäten zu Hause einen deutlich höheren Stellenwert gewonnen, allerdings je nach Altersgruppe mit unterschiedlichen Schwerpunkten in den Interessen und Aktivitäten. Während Kinder im Kindergartenalter die Zeit zu Hause häufig mit Malen und Basteln verbrachten sowie (Bilder-)Bücher anschauten oder vorgelesen bekamen, ist mit steigendem Alter auch ein Anstieg digitaler Mediennutzung zu verzeichnen: Während über alle Altersgruppen das Fernsehen an Bedeutung zugenommen hat, hat sich für Kinder ab dem Schulalter zusätzlich auch das Spielen von Computerspielen und die Internetnutzung erhöht. Für Kinder im Schulalter bestand eine gravierende Veränderung darin, dass sich angesichts der Schulschließungen das schulische Lernen vollständig nach Hause verlagert hatte. In der Regel erhielten die Schüler*innen Aufgaben, Arbeitsblätter, teilweise auch Wochenpläne, die sie zuhause zu bearbeiten hatten. Insofern ist es naheliegend, dass sich das Zeitbudget erhöhte, das sie mit Aufgaben für die Schule verbrachten. Dies zeigte sich bei Schüler*innen im Grundschulalter und in der Sekundarstufe für jeweils gut drei Viertel der Befragten. Es gab jedoch auch kleinere Gruppen, für die der Zeitaufwand für schulische Arbeiten gleichgeblieben oder sogar weniger geworden war. Inwieweit diese Kinder von der Schule weniger Arbeitsaufträge erhielten oder ob sie schon vor den Schulschließungen sehr viel zu Hause für die Schule gearbeitet hatten, muss an dieser Stelle offenbleiben. Abschließend galt für viele ältere Kinder und Jugendliche, dass sie unter den durch Corona bedingten Einschränkungen häufiger nichts taten oder einfach „rumhingen". Dies lässt sich als Hinweis darauf sehen, dass viele Freizeit- und Kontaktmöglichkeiten, die in dieser besonderen Situation nicht möglich waren, nur bis zu einem gewissen Grad durch andere Aktivitäten ersetzt werden konnte. Offen bleibt dabei jedoch die Qualität des Nichtstuns. Während dies vor Inkrafttreten der Ausgangsbeschränkungen ggf. eine willkommene Abwechslung zu einem engen Tagesablauf gewesen sein konnte, könnte die Verfügbarkeit von Zeit als Problem bewertet werden.

Kinder aus benachteiligten Familien nutzten mehr digitale Medien

Neben dem Alter der Kinder finden sich auch Unterschiede in der Veränderung der Freizeitaktivitäten hinsichtlich der Risikolage der Familie. In der vorliegenden Studie kann zwischen finanzieller Risikolage, gemessen mit der subjektiven Einschätzung der finanziellen Situation in der Familie, und der bildungsbezogenen Risikolage, gemessen mit dem höchsten Bildungsabschluss im Haushalt, unterschieden werden. In den Analysen wird differenziert nach keiner Risikolage, einer der beiden Risikolagen oder beide Risikolagen. Der Anteil

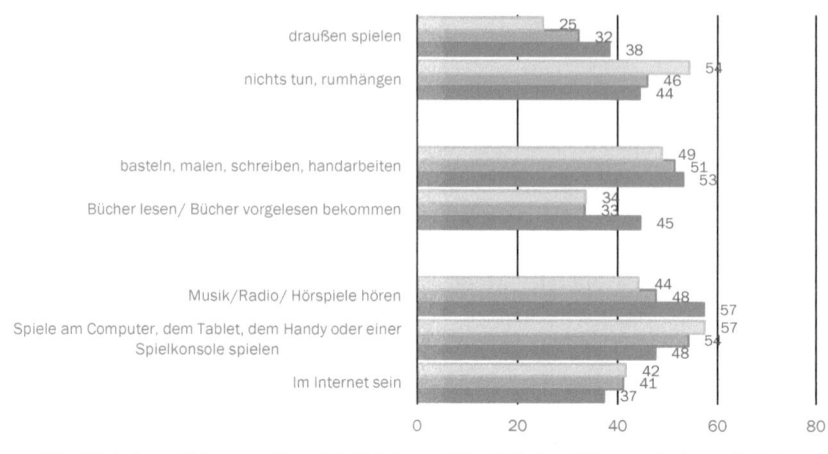

Abbildung 3: Veränderungen im Freizeitverhalten nach Risikolage der Familie, häufiger geworden (in%)

Anmerkungen: n = 10.750 – 12.592 Fragewortlaut: Wenn Sie im Vergleich an eine durchschnittliche Woche vor der Ausgangssperre denken, wie stark hat sich jetzt die Häufigkeit verändert, mit der Ihr Kind die folgenden Freizeitaktivitäten unternimmt? Quelle: DJI-Studie „Kind sein in Zeiten von Corona", Stand 01.2021.

an Kindern aus Haushalten in schwierigeren Lagen, die während des Lockdowns häufiger im Freien spielten, ist geringer (25%) als bei Kindern in besser gestellten Familien (48%, vgl. Abbildung 3). Gleiches ließ sich hinsichtlich der Beschäftigung mit Basteln, gegenteiliges mit der Nutzung (digitaler) Medien sowie dem Zeitvertreib allein ohne spezifische Beschäftigung beobachten. Während Eltern, die angegeben haben bequem mit der finanziellen Situation zurecht zu kommen und über eine höhere Bildung verfügen, seltener von einem Anstieg der Beschäftigung mit digitalen Medien berichten, ist dies bei Eltern die sehr schwer mit der finanziellen Situation zurechtkommen und eine maximal mittleren Bildungsabschluss haben häufiger: 57 Prozent (vs. 48%) berichten von einem Anstieg des Spielens am Computer, Tablet oder Smartphone und 42 Prozent (vs. 37%) von häufigerer Internetnutzung. Der Anstieg der Nutzung von Fernsehen, Streamingdiensten oder YouTube unterscheidet sich hingegen nicht hinsichtlich der familiären Risikolage. Dies zeigt, dass bei allen Kindern und Jugendlichen die Nutzung digitaler Medien zugenommen hat, dies jedoch stärker ausgeprägt ist in Familien aus schwierigeren Lebensverhältnissen. Hinsichtlich Bücher (vor)lesen, Musik, Hörbücher oder Radio hören ist es genau andersherum: Eltern von Kindern und Jugendlichen aus besser gestellten Familien berichten häufiger solche Tätigkeiten. Erfreulicherweise zeigen sich keine Unterschiede hinsichtlich der familiären Risikolage in Bezug auf die Veränderung der Aktivitäten für die Schule oder den Kindergarten.

4 Chaos und Konflikte häufiger in Familie an der Tagesordnung

Die in den vorherigen Abschnitten dargestellten Ergebnisse geben einen Einblick in die grundlegende Veränderung des Lebensalltags von Kindern und ihren Eltern, die mit den Ausgangs- und Kontaktbeschränkungen einhergingen. In der Summe hat sich der Alltagsfokus von Kindern aufgrund der Schließung von Schulen und Betreuungseinrichtungen und der Reduzierung gewohnter Freizeitmöglichkeiten auf die Kernfamilie geworfen. Die Auflösung der bestehenden Alltagsstrukturen und die Herausforderung, in der Lockdown- Situation neue Alltagsstrukturen und Routinen zu entwickeln, um berufliche und familiale Verpflichtungen zu vereinbaren, kann bei Eltern das Gefühl entstehen, dass es in der Familie zurzeit „drunter und drüber" geht. Um einen Eindruck darüber zu erlangen, wie konflikthaltig und chaotisch Eltern das Familienklima wahrgenommen haben, haben wir drei Indikatoren („In unserer Familie kommt es zu Reibereien", „Bei uns zu Hause geht es ‚drunter und drüber'" und „In unserer Familie werden Streitigkeiten mit Schimpfen und Schreien ausgetragen") zu einem Mittelwertindex zusammengefasst.

Zusammenfassend zeigt sich, dass das Familienklima in mittlerem Maße als chaotisch und konflikthaltig wahrgenommen wird. Dabei geben 43 Prozent der befragten Eltern an, dass in ihrer Familie manchmal „Land unter" herrsche; bei 22 Prozent der Familien ist dies sogar häufig oder sehr häufig der Fall. Im Vergleich mit der Situation vor der Corona-Pandemie ist die Konflikthaftigkeit des Familienklimas gestiegen (Kuger/Walper/Rauschenbach 2021). Über die an der Studie teilnehmenden Familien hinweg zeigen sich insbesondere Unterschiede mit Blick auf das Alter der Kinder sowie der Zahl der im Haushalt lebenden Kinder (Abbildung 4). Es ist wenig überraschend, dass Familien mit Kindergarten- und Grundschulkindern das Familienklima chaotischer und konflikthaltiger wahrnehmen als Familien mit Kindern im Sekundarstufenalter. Gerade jüngere Kinder fordern elterliche Aufmerksamkeit der Eltern bei der Betreuung bzw. deren Unterstützung beim Distanzunterricht ein. Die mit dieser Entwicklung neuer Alltagsroutinen verbundenen Koordinationsprozesse könnten hier zu stärkeren Reibereien zwischen den Familienmitgliedern geführt haben als dies bei Familien mit älteren und vor allem selbstständigen Kindern der Fall gewesen ist. Ähnlich plausibel erscheint, dass das Familienklima von den befragten Eltern häufiger als konflikthaltig und chaotisch eingeschätzt wird, wenn mehrere Kinder bei ihnen im Haushalt leben. Insgesamt 26 Prozent der Familien mit mehr als einem Kind geben an, dass bei ihnen häufig oder sehr häufig „Land unter" herrsche im Vergleich zu einem Anteil von 14 Prozent bei Familien mit nur einem Kind. Das Familienklima wird ebenfalls chaotischer und konflikthaltiger wahrgenommen, wenn nicht jedem Kind ein eigener Rückzugsraum zur Verfügung steht (32% gegenüber 20% mit eigenem Kinderzimmer für jedes Kind). Dieser Eindruck kann nicht nur im Kontext von Streitereien und Konflikten entstanden sein, sondern auch im Rahmen von Homeoffice und Distanzunterricht, wenn sich die Familienmitglieder mit unterschiedlichen Bedürfnissen die Räume in einem professionellen bzw. schulischen Kontext und dessen Anforderungen teilen mussten.

Weitere Unterschiede bestehen zwischen Vätern und Müttern bei ihrer Wahrnehmung der Situation. So berichten Mütter etwas häufiger als Väter (23% gegenüber 17%), dass das Klima in ihrer Familie häufig oder sehr häufig konflikthaltig und chaotisch sei. Mit Blick auf die Risikolage der Familien lassen sich nur marginale Unterschiede feststellen, ebenso wie hinsichtlich nach Inanspruchnahme von privater Unterstützung bei der Betreuung der Kinder.

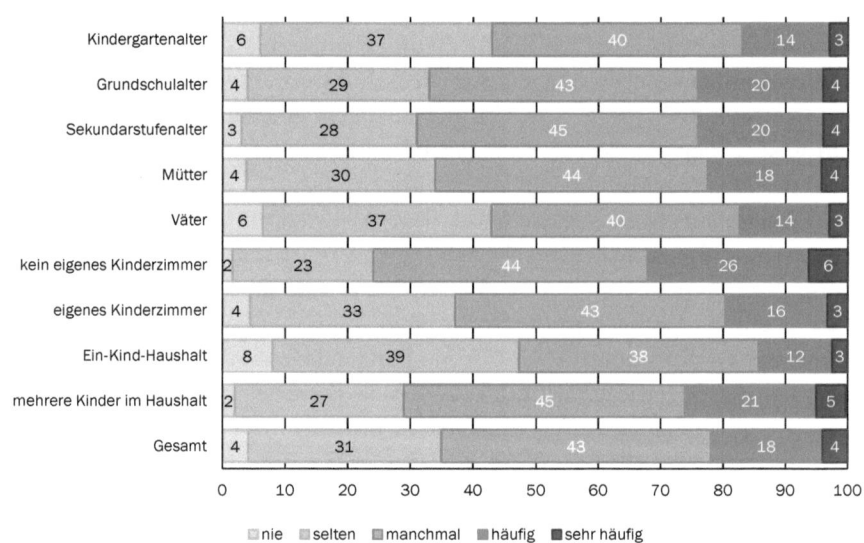

Abbildung 4: konfliktreiches Familienklima nach Alter der Kinder, Geschlecht der Eltern, eigenem Kinderzimmer, Anzahl Kinder im Haushalt (in%)
Anmerkung: n = 228 – 11.946. Fragewortlaut: Wie häufig kam Folgendes in den letzten beiden Wochen in Ihrer Familie vor? Mittelwertindex: „In unserer Familie kommt es zu Reibereien"; „Bei uns zu Hause geht es ,drunter und drüber'"; „In unserer Familie werden Streitigkeiten mit Schimpfen und Schreien ausgetragen". Abweichungen von 100% sind rundungsbedingt.
Quelle: DJI-Studie „Kind sein in Zeiten von Corona", Stand 01.2021.

5 Manchen Kindern fiel die Bewältigung der neuen Situation schwer

Wenngleich die Ausgangs- und Kontaktbeschränkungen auf den ersten Blick für Familien mit einer deutlichen Verringerung von Aktivitäten, Bildungsteilhabe und von sozialen Kontakten verbunden ist, hat sich in den Analysen an mehreren Stellen angedeutet, dass die in der Familie gemeinsam verbrachte Zeit durchaus ein Gewinn für Kinder sein kann. In den Interviews wurde deutlich, dass einige Familien, in denen weniger belastende Faktoren zusammenkamen, die Zeit als sehr viel entspannter erlebt haben als ihren normalen, eng getakteten Alltag. Dieser Effekt wird auch aus der Studie „KiCo" berichtet: Neben Familien, die unter starker Erschöpfung und Überforderung leiden, betonen auch einige Eltern den positiven Effekt von Entschleunigung ihres Familienlebens (Andresen et al. 2020). Auch aus Sicht der Kinder waren diese Aspekte bereichernd: in ihren Erzählungen gehörten gemeinsame Aktivitäten mit der Familie, gemeinsames Kochen und Mittagessen, mehr Zeit in der Familie und in einigen Fällen gerade auch mit den Vätern zu den positiven Erfahrungen dieser besonderen Situation. Dabei war es für die Familien ein großes Glück, dass keine komplette Ausgangssperre verhängt worden war und Unternehmungen außer Haus, draußen im Freien, möglich waren.

Um einen Gesamteindruck zu gewinnen, wurden die Eltern in der Online-Befragung um eine Einschätzung gebeten, wie gut ihr Kind mit der aktuellen Situation zurechtkam. Insgesamt gibt die Mehrheit (68%) der Befragten an, dass ihre Kinder die Corona-Krise eher gut oder sehr gut bewältigen. Dennoch berichtet ein nicht unbeachtlicher Anteil von knapp einem Drittel (32%), dass die Zeit der Ausgangs- und Kontaktbeschränkungen für die Kinder eine Belastung darstellte. Interpretiert man diesen Befund vor dem Hintergrund der Selektivität der vorliegenden Stichprobe, wird deutlich, dass die Corona-Zeit zumindest für einen Teil der Kinder eine größere Belastungsprobe darstellte. Dies wird besonders deutlich, wenn man das Ergebnis nochmals differenziert nach der Risikolage der Familie betrachtet (vgl. Abbildung 5): In Familien ohne Risikolage geben deutlich mehr Eltern an, dass ihr Kind die aktuelle Situation eher gut oder sehr gut bewältigt (71%), als in Familien in finanzieller und bildungsbezogener Risikolage (58%).

Zentral für die Bewältigung der Kinder ist die Situation in der Familie, mit der sie während des Lockdowns schließlich die meiste Zeit verbracht haben. Gaben die Eltern an, dass es häufig oder sogar sehr häufig Konflikte gab und generell chaotisch und unstrukturiert in der Familie zuging, so gelang es den Kindern weniger gut, mit der neuen Situation zurecht zu kommen. Mehr als die Hälfte der befragten Eltern (53%) geben in diesen Familien an, dass es dem Kind gar nicht gut gelang, mit den Herausforderungen des Lockdowns zurecht zu kommen. Gelang es den Eltern, das Familienleben zu strukturieren und Kon-

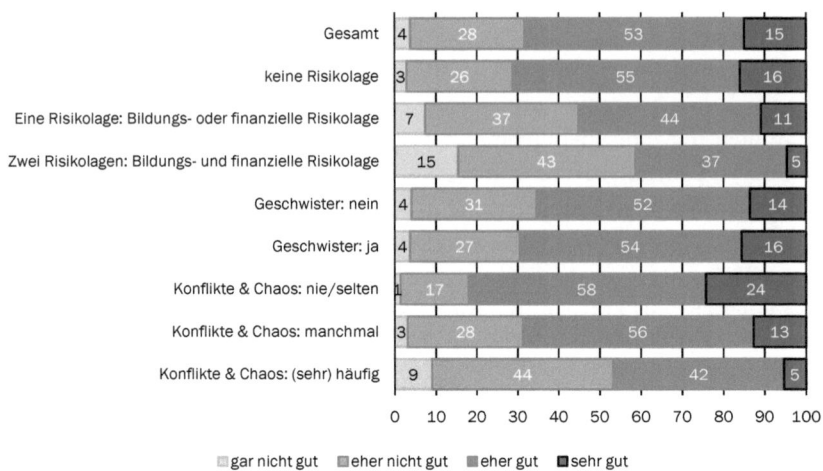

Abbildung 5: Bewältigung der Corona-Krise der Kinder nach familiärer Risikolage, Geschwistern und Familienklima (in %)
Anmerkung: n = 11.023 – 11.750. Fragewortlaut: Wie gut kommt Ihr Kind insgesamt mit der aktuellen Situation zurecht? Abweichungen von 100% sind rundungsbedingt.
Quelle: DJI-Studie „Kind sein in Zeiten von Corona", Stand 01.2021.

flikte einzudämmen, dann waren es mit 18 Prozent deutlich weniger Kinder, denen die Situation zu schaffen machte. In einer Querschnittstudie wie der vorliegenden Studie sind grundsätzlich keine Kausalitäten überprüfbar. Daher kann nicht ausgeschlossen werden, dass auch ein umgekehrter Effekt eine Rolle spielt, nämlich, dass in Familien mit Kindern, die weniger gut zurechtkommen, auch das Familienklima leidet.

In der qualitativen Studie wurde deutlich, dass die Familie eine entscheidende Ressource für die Kinder darstellt, um mit den gravierenden Einschränkungen der Corona-Situation zurecht zu kommen. Die Familie kann Freundinnen und Freunde sowie das Schulleben nicht ersetzen, aber zusammen mit Geschwistern als Spielpartnern und einem positiven Erleben von Gemeinschaft einen Ausgleich schaffen und damit entscheidend zum Wohlbefinden beitragen. In den Erzählungen von Eltern und Kindern zeigt sich, dass es einem Teil der Eltern in den befragten Familien gelang, die Kinder vor ihrer eigenen Belastung zu schützen und so mit den Kindern umzugehen, dass ihre eigenen Anstrengungen nicht allzu negativ von den Kindern erlebt wurden. Nur in wenigen Fällen nahm die Belastung so sehr überhand, dass der Stress und die Erschöpfung der Eltern das Stimmungsbild beherrschten und sich auch in den Erzählungen der Kinder deutlich spiegelten.

Durch die Kontaktbeschränkungen waren Sozialbeziehungen außerhalb des Haushalts für Kinder nur eingeschränkt möglich. Zeitweise war es für Kinder nur möglich, mit Geschwistern im selben Haushalt zu spielen – sofern denn solche vorhanden waren. Für die Bewältigung des Lockdowns durch die Kinder scheinen Geschwisterbeziehungen zumindest teilweise eine positive Ressource zu sein: So berichten Eltern, deren Kinder mit Geschwistern im Haushalt leben, etwas häufiger, dass diese gut oder sehr gut mit der Situation zurechtkommen, als Eltern von Kindern (70%), die alleine mit den Eltern leben (66%). Dieser Unterschied ist am bedeutsamsten in der Gruppe der Kinder im Grundschulalter (68% vs. 62%). Scheinbar gelang es dieser Gruppe von Kindern am besten, die fehlenden Kontakte zu Gleichaltrigen mit dem Spiel mit Geschwistern zu kompensieren. Bei Kindern im Kindergartenalter (71% vs. 67%) und Kindern im Sekundarstufenalter (70% vs. 67%) gelang dies etwas weniger gut. Für Kinder im Sekundarstufenalter spielte hingegen der Austausch mit Freundinnen und Freunden eine größere Rolle bei der Bewältigung der neuen Situation, im Gegensatz zu jüngeren Kindern. Gelang es älteren Kindern, einen häufigeren Austausch mit Freundinnen und Freunden aufrecht zu erhalten, unabhängig über welche Medien, so kamen sie auch etwas besser mit der Situation zurecht (70% vs. 66%). Selbiges gilt für die Gruppe der Sekundarstufenschüler*innen für den Austausch mit Lehrkräften: Gab es regelmäßig Kontakt, so berichteten 73 Prozent der Eltern, dass die Kinder gut oder sehr gut zurechtkamen, blieb der Kontakt hingegen aus oder war lediglich sporadisch, so waren es nur 64 Prozent. Neben dem Austausch mit Freundinnen und Freunden und Lehrkräften war für alle Kinder der Kontakt mit Großeltern relevant: Hatten die Kinder und Jugendlichen häufigen Kontakt mit ihren Großeltern, unabhängig davon über welche Wege, berichten nur 29 Prozent der Eltern, dass die Kinder nicht gut mit der Lockdown-Situation zurechtkamen. Dieser Anteil ist in Familien ohne Kontakt zu den Großeltern mit nur 44 Prozent deutlich höher. Entsprechend berichten die Kinder in den Interviews, dass sie ihre Großeltern vermissen und sich Gedanken über ihre besonderen Gefährdungen machen. Enkel und Großeltern entwickelten einige Ideen, wie sie trotz Abstand Kontakt halten können, z. B. durch Vorlesen über den Gartenzaun oder kleine Vorführungen für die Großeltern, die vom Balkon aus zusahen.

6   Fazit

Die COVID-19-Krise hat unsere Gesellschaft weitgehend unvorbereitet getroffen und das Familienleben auf den Kopf gestellt. Im Frühjahr 2020 führte die völlig neue und schwer einschätzbare Situation mit Kontaktbeschränkungen, Kita- und Schulschließungen für die Kinder, Homeoffice für die Eltern und mangelndem Zugang zu Freizeitangeboten zu merklichen Belastungen innerhalb der Familien. Mit der Herausforderung persönliche Kontakte möglichst zu vermeiden bzw. so zu gestalten, dass keine Ansteckungsgefahr bestand, haben Familien nicht nur neue Alltagsroutinen entwickelt, sondern auch neue, insbesondere medial vermittelte Räume und Möglichkeiten für außerfamiliale Kontakte und Gemeinschaft im Kontext von Bildung, Betreuung und Freundschaft erschlossen (vgl. Langmeyer et al. 2020).

Die vorgestellten Ergebnisse machen diese Veränderungen sichtbar und verdeutlichen, für welche Kinder in welchen Lebensumständen dies zu besonderen Schwierigkeiten geführt hat. Gleichzeitig konnten Bedingungen aufgezeigt werden, bei denen Kinder und Familien vergleichsweise gut durch die Krise kommen. Im Fokus des vorliegenden Beitrags standen Veränderungen in zwei für Kinder zentralen Lebensbereichen: der Kontext von Schule und Betreuung sowie den Möglichkeiten der Freizeitgestaltung. Dabei kann gezeigt werden, dass der Grad an struktureller Veränderung, den Familien in ihrem Alltag bewältigen müssen, im Kern durch ein Zusammenspiel von Notwendigkeit und Möglichkeit bestimmt wird, eine Betreuung außerhalb der Kernfamilie in Anspruch nehmen zu können.

Vor allem Familien, in denen beide Elternteile in einem systemrelevanten Beruf arbeiten bzw. der alleinerziehende Elternteil in einem solchen Beruf arbeitet, konnten häufiger als andere Familien eine institutionelle Notbetreuung in Anspruch nehmen. Interessanterweise nutzte nur ein geringer Anteil an Eltern mit systemrelevanten Berufen die Notbetreuung. In vielen Familien wurde deshalb auf die private Betreuung durch die Eltern selbst zurückgegriffen. War dies nicht möglich oder nicht ausreichend wurde im Laufe des Lockdowns ein steigender Anteil von Großeltern, trotz gegenteiliger Empfehlung, in die Betreuung der Kinder involviert. Es zeigte sich des Weiteren, dass ältere Geschwister häufig die jüngeren betreut haben. Beides zusammengenommen verdeutlicht, dass Familien die Einschränkungen im Kontext von Betreuung und Bildung durch ihr soziales Kapital im engen und erweiterten Familienkreis auffangen. Abschließend ist mit Blick auf die Betreuungssituation festzustellen, dass sich der Kontakt zu Erzieher*innen und Lehrkräften deutlich reduziert hat (vgl. Langmeyer et al. 2020). Dies betrifft vor allem Kindergarten- und auch Grundschulkinder, die viel mehr auf direkte Nähe und auf einen greifbaren Austausch, gemeinsames Spiel oder Präsenzunterricht angewiesen sind. Insofern waren die in den Familien gefundenen Strategien insbesondere bei diesen Altersgruppen auch aus Perspektive von Pädagogik und Bildung nur Notlösungen. Sowohl beim Distanzunterricht als auch in der frühkindlichen Bildung fehlen Konzepte, die an den neuen, auf die Familie zentrierten Lebensalltag angepasst sind.

Als zweite zentrale Veränderung im Lebensalltag von Kindern hat die vorgestellte Studie das Freizeitverhalten in den Blick genommen. Hier lassen sich zunächst zwei zentrale Entwicklungen aufzeigen: Zum einen verlagern sich plausiblerweise Aktivitäten ins häusliche und familiale Umfeld, weil die Möglichkeiten für Gemeinschaftsaktivitäten stark eingeschränkt wurden. Zum anderen gewinnen Medienangebote an Bedeutung als Teil der Freizeitbeschäftigung. Dies erscheint auf den ersten Blick ebenfalls wenig überraschend, denn Medien sind ein vergleichsweise kostengünstiges Freizeitangebot und ermöglichen den Kontakt auf Distanz zu Freunden und Verwandten. Bei genauerer Betrachtung bedingt jedoch die bildungsbezogene oder/und finanzielle Risikolage der Kinder, wie Medien genutzt werden. Während Kinder aus bildungsnahen und finanziell besser gestellten Familien eher bildungsnahe Medienaktivitäten unternehmen, wie Bücher lesen, Vorlesen sowie Radio, Hörbücher oder Musik hören, sind es bei Kindern in Risikolagen Computerspiele und Fernsehen. Hier ist insbesondere im Zusammenspiel mit der weitgehenden Schließung von Schulen und Kindertagesstätten zu vermuten, dass Kinder aus Familien in Risikolagen noch weniger Anregungen zu bildungsbezogenen Aktivitäten erhalten, als dies bereits in vielen Familien vor Corona-Zeiten der Fall war. Dementsprechend ist zu befürchten, dass sich bestehende Ungleichheiten in der Bildung zwischen Kindern aus unterschiedlichen Risikolagen durch eine anhaltende Schul- und Kitaschließungen verstärken, weil deren Familien dies nicht auffangen können (vgl. Hurrelmann/Dohmen, 2020). In Bezug auf die Folgen der Alltagsveränderungen wurden im Rahmen des vorliegenden Beitrags das Familienklima und das Wohlbefinden der Kinder betrachtet. Anhand der Daten wird deutlich, dass der Lockdown insbesondere bei Familien mit jüngeren Kindern und in Familien mit mehreren Kindern eine Belastung darstellt und bei ihnen häufiger „Land unter" herrsche. Mit Blick auf die Stichprobenzusammensetzung ist zu vermuten, dass die Problematik in den Ergebnissen der vorliegenden Studie unterschätzt wird, da sich vor allem Personen höherer Bildungsschichten an der Studie beteiligt haben.

Deutlicher als beim Familienklima zeigen sich durch Risikolagen bedingte Unterschiede hinsichtlich der elterlichen Wahrnehmung des kindlichen Wohlbefindens. Hier wird zum einen deutlich, dass die unmittelbaren Folgen der Ausgangs- und Kontaktbeschränkungen, die hier betrachtete Schließung von Schulen und Kindergärten sowie die Reduktion von Möglichkeiten gemeinschaftlicher Freizeitgestaltung außerhalb der Familie ein Risikofaktor für das Wohlbefinden von Kindern sind. Es wird deutlich, dass Kinder Kontakte und Sozialbeziehungen neben den eigenen Eltern für ein positives Wohlbefinden benötigen. Der positive Effekt von Geschwistern zeigt, dass der Kontakt zu Gleichaltrigen unabdingbar ist. Zum anderen sind in diesem Kontext auch die in der vorliegenden Studie betrachteten Bildungs- und finanziellen Risikolagen sowie ein konflikthaftes Familienklima relevant. Während also ein Teil der Familien die Folgen des Lockdowns vergleichsweise gut bewältigen kann, erhöht sich für Kinder und Familien in schwierigen Lebenslagen insgesamt die Belastung. Es muss an dieser Stelle offenbleiben, inwieweit Familien-, Sozial- und Bildungspolitik zukünftig gelingt, diesen Familien unter die Arme zu greifen, auch um steigender sozialer Ungleichheit entgegenzuwirken.

Literatur

Alt, C./Anton, J./Gedon, B./Hubert, S./Hüsken, K./Lippert, K./Schickle, V. (2020): DJI-Kinderbetreuungsreport 2019. 1 Inanspruchnahme und Bedarf aus Eltern- perspektive im Bundesländervergleich, München: DJI.

Andresen, S./Lips, A./Möller, R./Rusack, T./Schröer, W./Thomas, S./Wilmes, J. (2020): Kinder, Eltern und ihre Erfahrungen während der Corona-Pandemie.

Cohen, F./Oppermann, E./Anders, Y. (2020): Familien & Kitas in der Corona-Zeit. Zusammenfassung der Ergebnisse. https://www.uni-bamberg.de/fileadmin/efp/forschung/Corona/Ergebnis bericht_Corona-Studie_2020.pdf (14.12.2020).

Hurrelmann, K./Dohmen, D. (2020). Corona-Krise verstärkt Bildungsungleichheit. Das Deutsche Schulportal.

Kuger, S./Walper, S./Rauschenbach, T. (2021, in Druck): Aufwachsen in Deutschland 2019 – Alltagswelten von Kindern, Jugendlichen und Familien.

Langmeyer, A./Guglhör-Rudan, A./Naab, T./Urlen, M./Winklhofer, U. (2020): Kindsein in Zeiten von Corona. Ergebnisbericht zur Situation von Kindern während des Lockdowns im Frühjahr 2020. München: DJI.

Medienpädagogischer Forschungsverbund Südwest (mpfs) (2020b): JIM-Studie 2020. Jugend, Information, Medien. Basisuntersuchung zum Medienumgang 12- bis 19-Jähriger. Stuttgart. https://www.mpfs.de/studien/jim-studie/2020/ [14.12.2020].

Winklhofer, U./Urlen, M. (2020). Ergebnisse der Interviewstudie mit Eltern und Kindern. In: Langmeyer, A./Guglhör-Rudan, A./Naab, T./Urlen, M./Winklhofer, U. (Hrsg.), Kind sein in Zeiten von Corona. Ergebnisbericht zur Situation von Kindern während des Lockdowns im Frühjahr 2020. München: DJI, S. 71–100.

Befunde zur häuslichen und institutionellen Lernumwelt während der Schließung der Kindertageseinrichtungen

Elisa Oppermann, Franziska Cohen,
Magdalena Stacheder, Yvonne Anders

Die Corona-Krise hält die Welt seit Frühjahr 2020 fest im Griff. In Deutschland stellt die Ausbreitung des Virus und die damit verbundenen Maßnahmen der Bundesregierung nahezu alle Bereiche des öffentlichen Lebens vor eine große Herausforderung. Besonders betroffen sind und waren auch die Kinder: Bedingt durch das Ziel, die Ausbreitung des Coronavirus zu verlangsamen, mussten im März 2020 Institutionen der Kinderbetreuung für den regulären Betrieb geschlossen werden. Gleichzeitig änderte sich das familiäre Leben vieler Kinder, da Eltern neben den alltäglichen Erledigungen, Haushalt und gegebenenfalls Veränderungen in der Arbeitssituation nun auch die Betreuung der Kinder ohne zusätzliche Betreuungsunterstützung meistern mussten. Durch die Maßnahmen zur Eindämmung des Coronavirus waren sowohl die institutionellen als auch häuslichen Lern- und Entwicklungsumgebungen der Kinder betroffen. In dieser besonderen Situation entstand die vorliegende Studie, dessen Ziel es war, beide Lebenswelten der Kinder während der Schließungen der institutionellen Kindertagesbetreuung im Frühjahr 2020 in zwei Teilstudien genauer zu untersuchen. Die erste Teilstudie nahm die häusliche Lern- und Entwicklungsumgebung in den Blick, insbesondere die Betreuungssituation sowie die Veränderungen der (Bildungs-)Aktivitäten im Elternhaus. Die zweite Teilstudie untersuchte die institutionelle Kindertagesbetreuung und die Frage, inwiefern der Kontakt zu den Kindern und Familien aufrecht erhalten blieb und welche Unterstützungsangebote und Maßnahmen die Kindertageseinrichtungen und die Tagespflege geleistet haben.

1 Häusliche Lern- und Entwicklungsumgebung

Die Familie ist der erste und wichtigste Entwicklungskontext der Kinder (Bronfenbrenner, 1981). Die häusliche Lernumgebung beschreibt dabei die Verfügbarkeit von Ressourcen, z. B. Lernmaterialien oder Einkommen, die elterlichen Überzeugungen sowie die Häufigkeit und Qualität von Eltern-Kind-Interaktionen bei gemeinsamen Aktivitäten (Anders et al. 2012; NICHD Early Child Care Research Network, 2003). Insbesondere die Bedeutsamkeit im Rahmen von gemeinsamen Bildungsaktivitäten für die Entwicklung der Kinder konnte in nationalen und internationalen Studien gezeigt werden (Anders et al. 2012; Lehrl et al. 2020; Melhuish et al. 2008). Die Eltern übernehmen folglich eine zentrale Rolle für die kurz- und langfristige Entwicklung ihrer Kinder u. a. durch die Bereitstellung von alltäglichen Bildungssituationen und -aktivitäten.

Die Bedeutung der häuslichen Lernumgebung wurde im Frühjahr 2020 durch die Schließungen der institutionellen Bildungs- und Betreuungseinrichtungen besonders deutlich. Die außerhäuslichen Lern- und Entwicklungskontexte der Kinder waren weitestgehend eingeschränkt, sodass Kinder – noch mehr als sonst – auf die Anregungen und Bildungsaktivitäten im Elternhaus angewiesen waren. Im Mittelpunkt der ersten Teilstudie stand daher die Frage, inwieweit sich die Häufigkeit der häuslichen (Bildungs-)Aktivitäten durch die Schließungen der Kindertageseinrichtungen verändert hatten. Einerseits ließe sich annehmen, dass Eltern die fehlende institutionelle Bildung versuchten aufzufangen. Andererseits befanden sich viele Eltern aufgrund der Schließungen der Kindertageseinrichtungen in der prekären Situation, die Bildung und Betreuung ihrer Kinder zusätzlich zu allen anderen Verpflichtungen, insbesondere der beruflichen Tätigkeit im Homeoffice, gewährleisten zu müssen. Folglich wäre auch denkbar, dass Eltern weniger häusliche (Bildungs-)Aktivitäten anboten als vor den Schließungen der Kindertageseinrichtungen.

2 Institutionelle Lern- und Entwicklungsumgebung

Neben der Familie stellen Kindertagesbetreuungseinrichtungen eine wichtige Lern- und Entwicklungsumgebung für Kinder dar. Mit der Schließung der Einrichtungen war es für Kinder nicht mehr möglich, wichtige soziale Beziehungen zu den frühpädagogischen Fachkräften und Peers auszuleben. Die Aufrechterhaltung des Kontakts zu den Familien durch die frühpädagogischen Fachkräfte erhielt dadurch nochmals eine besondere Bedeutung. Die gemeinsame Erziehungs- und Bildungsverantwortung von Eltern und Fachkräften in der Kindertagesbetreuung ist ein zentraler Aspekt der pädagogischen Arbeit und wird über eine vertrauensvolle Elternzusammenarbeit umgesetzt. Ziel einer gewinnbringenden Zusammenarbeit ist es unter anderem, die Entkopplung von Familie und Institution zu vermeiden und eine einseitige Verantwortungsübertragung der Erziehung beiderseits zu verhindern (Olmstead 2013; Swick 2003; Textor/Blank 2004). Die Verknüpfung beider Lebensbereiche durch eine gute Elternzusammenarbeit wirkt sich sowohl positiv auf die kindliche Entwicklung (Van Voorhis et al. 2013; Wilder 2014) als auch auf die Zufriedenheit der Eltern mit der Einrichtung aus (Elicker et al. 1997; Nzinga-Johnsin et al. 2009). Aufgrund der Schließungen der Kindertageseinrichtungen im Frühjahr 2020 waren herkömmliche Formen der Elternzusammenarbeit, z. B. Tür- und Angelgespräche, Elternabende oder Entwicklungsgespräche, nicht länger möglich. Für die frühpädagogischen Fachkräfte entstand damit die Herausforderung, Lösungen zu finden, um den Kontakt und die Beziehung zu den Eltern und auch Kindern aufrecht zu erhalten. Ziel der zweiten Teilstudie war es, zu untersuchen, inwieweit dies gelang.

3   Corona-Studie der Otto-Friedrich-Universität Bamberg

Die Studie „Kindertagesbetreuung und Familien mit Kita-Kindern in der Corona-Zeit" wurde am Lehrstuhl für Frühkindliche Bildung und Erziehung der Universität Bamberg durchgeführt (vgl. Cohen/Oppermann/Anders 2020). Die Studie setzte sich aus zwei Teilstudien zusammen: der Familien-Studie und der Kita-Studie. Dies ermöglichte es, ein umfassendes Bild der Auswirkungen der Schließungen institutioneller Kindertagesbetreuung auf die häusliche und institutionelle Lern- und Entwicklungsumgebung von Kindern zu erlangen. Die Studien fanden vom 9. bzw. 10. April 2020 bis 24. Mai 2020 statt und fielen damit in den Zeitraum der strikten Einschränkungen der Betreuung in Kindertageseinrichtungen und Tagespflege.

An der *Familien-Studie* nahmen Eltern mit mindestens einem Kind im Alter von 0 bis 6 Jahren im Rahmen einer Online-Umfrage teil. Die Rekrutierung erfolgte deutschlandweit nach dem Gelegenheitsprinzip über Online-Foren, soziale Medien, Verteiler von Bundes- und Dachverbänden sowie Stiftungen. Insgesamt nahmen 9.436 Eltern an der Studie teil. Die Teilnehmenden waren zu 88% Mütter und stammten aus allen 16 Bundesländern. Der Großteil der Eltern verfügte über eine berufliche Ausbildung (60%). 81% der Eltern verfügten über die (Fach-)Hochschulreife, 19% über einen Haupt-/Realschulabschluss und 0,1% hatten keinen Schulabschluss. Die Mehrheit der Eltern gab an, mit dem/der Partner*in zusammenzuleben. 80% der Eltern gaben an, vor der Pandemie erwerbstätig gewesen zu sein, 74% waren zum Zeitpunkt der Befragung erwerbstätig. Der Anteil der Eltern, die sich in Kurzarbeit befanden, stieg von 0,4% auf 8%. Etwas mehr als die Hälfte der Eltern befand sich zum Zeitpunkt der Befragung im Homeoffice (53%). Mit Blick auf die Betreuungssituation der Kinder gaben 13% der Eltern an, dass ihr Kind/ihre Kinder in einer Kindertageseinrichtungen betreut wurde, 1% wurde in der Tagespflege betreut (Notbetreuung). Vor den Schließungen der Kindertageseinrichtung wurden 96% der Kinder außerhäuslich betreut. Zusätzlich nahmen vor den Schließungen 39% der Eltern weitere Betreuungsformen durch Großeltern und/oder Verwandte in Anspruch, was während der Corona-Pandemie lediglich 18% der Eltern taten. Insgesamt gaben 89% der Eltern an, dass ihr Kind während der Corona-Zeit von ihnen selbst beziehungsweise von ihrer Partnerin/von ihrem Partner betreut wurde.

Die Eltern wurden in einem Online-Fragebogen bezüglich der aktuellen Betreuungssituation und potenziellen Veränderungen in alltäglichen (Bildungs-) Aktivitäten mit den Kindern befragt. Hierbei gaben Eltern an, ob sie verschiedene Aktivitäten viel seltener, seltener, etwas seltener, gleich häufig, etwas häufiger, häufiger oder viel häufiger mit ihren Kindern durchführten als vor den Schließungen der Kindertageseinrichtungen. Bezüglich des Kontaktes mit den Fachkräften bzw. Einrichtungen gaben Eltern an, ob sie während der Schließzeiten Kontakt zu den Einrichtungen hatten (ja/nein), wenn ja, wie regelmäßig dieser Kontakt war (einmalig/regelmäßig/unregelmäßig) und wer den Kontakt initiiert hat (Eltern/Kita). Weiterhin wurden Eltern gefragt, wie sie gegenüber dem bestehenden Kontakt bzw. fehlendem Kontakt eingestellt waren (u. a. ablehnend, befürwortend, interessiert).

Für die *Kita-Studie* wurden Fachkräfte in Kindertageseinrichtungen und in der Kindertagespflege in einer eigenen bundesweiten Online-Querschnittstudie befragt. Die Rekrutierung erfolgte deutschlandweit nach dem Gelegenheitsprinzip über Kitalisten einzelner Bundesländer, Online-Foren, soziale Medien, Fachkraftportale, Verteiler der Bundes- und Dachverbände, Stiftungen sowie kooperierende Träger. Insgesamt nahmen 4.968 Fachkräfte aus allen Bundesländern an der Umfrage teil. 27% der Teilnehmenden waren als Tagesmutter oder -vater tätig, wogegen über die Hälfte in einer Kindertageseinrichtung beschäftigt war, entweder als Leitung (17%) oder als Erzieher*in mit (22%) oder ohne Gruppenleitungsfunktion (17%). 95% der Befragten waren weiblich. Das durchschnittliche Alter der Teilnehmenden betrug 41 Jahre. 70% der Fachkräfte verfügten über einen Ausbildungsabschluss, 18% über einen Hochschulabschluss und 9% über beides. Von den befragten pädagogischen Fachkräften aus Kindertageseinrichtungen waren 38% zum Befragungszeitpunkt in den Einrichtungen tätig, dieser Anteil lag in der Kindertagespflege bei 27%. Im Homeoffice arbeiteten in beiden Einrichtungen etwa 20% der Fachkräfte. Fachkräfte der Tagespflege waren mit 15% häufiger von der Arbeit freigestellt als Fachkräfte von Kindertageseinrichtungen mit lediglich 3%.

Mittels eines Online-Fragebogens wurden die Fachkräfte zunächst gefragt, ob sie Kontakt zu den Familien haben (ja/nein) und wer den Kontakt initiiert hat (Eltern/Kita). Zudem wurden in einer offenen Frage Gründe erfragt, die es auf Seiten der pädagogischen Fachkräfte für bzw. gegen eine Kontaktaufnahme gab.

4 Wie hat sich die familiale Lernumgebung während der Schließungen der institutionellen Tagesbetreuung verändert?

Die Ergebnisse zu den Veränderungen der (Bildungs-)Aktivitäten im Elternhaus sind Abbildung 1 zu entnehmen. Insgesamt führten die Eltern mit ihren Kindern während der Schließungen in sämtlichen Bereichen mehr Aktivitäten durch als vor der Schließung der institutionellen Kindertagesbetreuung. Hierbei zeigte sich, dass der Zuwachs an Haushaltsaktivitäten sowie Aktivitäten im Bereich Motorik und künstlerisches Gestalten besonders groß war. So gaben 80% der Eltern an, häufiger mit ihren Kindern zu basteln, zu malen bzw. künstlerisch zu gestalten, 78% waren öfter draußen in der Natur, als vor den Schließungen. Etwas geringe Zunahmen zeigten sich bei bildungsorientierten Aktivitäten, wie beim Vorlesen bzw. gemeinsamen Bilderbücher anschauen oder bei Bau- und Konstruktionsspielen. Insgesamt unternahmen Eltern durch mehr zeitliche Ressourcen und/oder die Notwendigkeit, die Betreuung der Kinder zu gestalten, mehr gemeinsame Aktivitäten mit ihren Kindern als vor der Schließung der Kindertagesbetreuung.

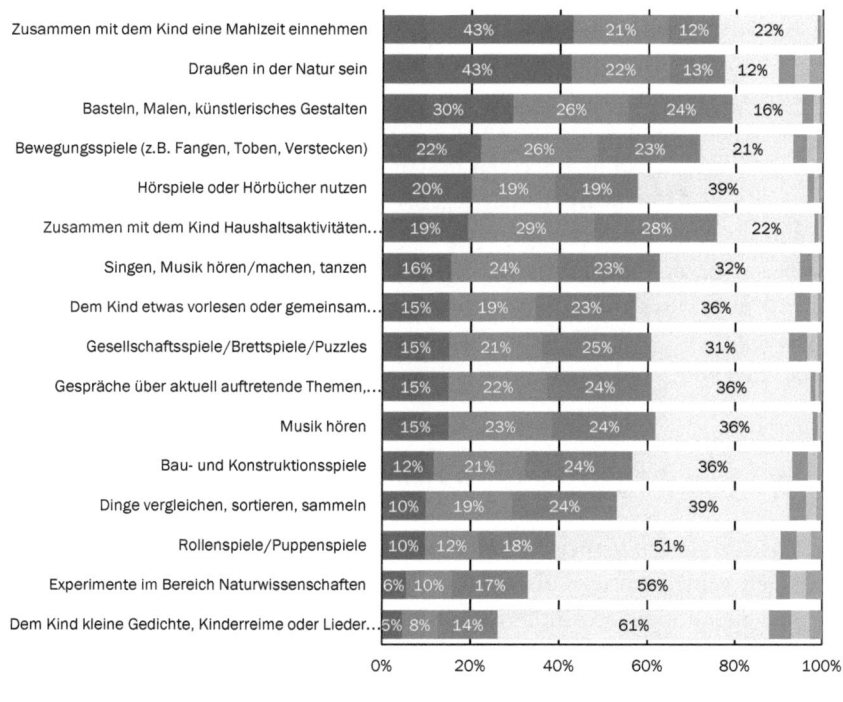

Abbildung 1: (Bildungs-)Aktivitäten im Elternhaus im Vergleich zu der Zeit vor den Schließungen der Tagesbetreuung

5 Wie gestaltet sich die Zusammenarbeit zwischen den Fachkräften und Familien?

Die Ergebnisse der Elternbefragung zum Kontakt mit den Einrichtungen zeigten, dass 80% der Eltern während der Schließzeiten zumindest einmalig Kontakt zur Kindertages- bzw. Tagespflegeeinrichtung hatten. Überwiegend wurde der Kontakt von der Einrichtung initiiert. Einen regelmäßigen Kontakt gaben davon jedoch nur 46% der Eltern an, in 8% der Fälle war der Kontakt einmalig, in 46% unregelmäßig. Den Kontakt zu den Einrichtungen bewerteten nahezu alle Eltern positiv. Zudem empfanden 85% der Eltern den Kontakt als hilfreich. Von den Eltern, die keinen Kontakt zur Einrichtung hatten, gaben 69% an, dass sie sich eine persönliche Kontaktaufnahme gewünscht hätten und es für ihr Kind schade fanden, dass es keinen Kontakt gab. Diese Eltern wünschten sich vor allem Hinweise zur Förderung des Kindes zu Hause, das Bereitstellen von Materialien oder auch Fragen nach dem Befinden des Kindes.

Die Ergebnisse aus der Befragung der pädagogischen Fachkräfte zur Häufigkeit des Kontaktes zu den Familien decken sich mit den Befunden aus der Elternbefragung: Ein Großteil der pädagogischen Fachkräfte hatte Kontakt, Fachkräfte in der Kindertagespflege mit 96% noch häufiger als Fachkräfte in den Kindertageseinrichtungen (80%). Beinahe alle Leitungen (96%) gaben an, im persönlichen Kontakt mit den Familien gewesen zu sein, was für die Fachkräfte im Gruppendienst seltener (75%) zutraf.

Die Auswertung der offenen Antworten der pädagogischen Fachkräfte brachte mehrere Gründe für einen bestehenden Kontakt zu den Familien hervor. Häufig genannt wurden die Organisation und Durchführung der Notbetreuung sowie die Erfüllung ihres pädagogischen Auftrags. Die Ergebnisse zeigten aber auch, dass die Fachkräfte durch einen Kontakt die Beziehung zu den Kindern aufrechterhalten, sich nach dem Wohlbefinden der Kinder auch im Hinblick auf eventuelle Kindeswohlgefährdung erkundigen und durch pädagogische Angebote Kinder und Familien unterstützen möchten.

6 Besonderheiten der Stichprobe

Die vorliegende Studie beruht auf einer der ersten und größten bundesweiten Umfragen von Eltern und pädagogischen Fachkräften während der Schließungen der institutionellen Kinderbetreuung im Frühjahr 2020. Die Erhebungen der Familien und Fachkräfte wurde schnell aufgesetzt und erfolgten separat, sodass sich die Daten der Eltern- und Fachkräftebefragung nicht zusammenfügen lassen. Zudem unterliegen die Ergebnisse der Studie aufgrund der Besonderheiten der Situation und der Rekrutierungsstrategie einigen Limitationen. Die Stichprobenziehung erfolgte mittels Gelegenheitsprinzip und freiwilliger

Teilnahme. Obgleich Teilnehmende aus allen Bundesländern, unterschiedlichen Bildungsschichten bzw. mit unterschiedlichen Qualifikationsleveln und Beschäftigungsverhältnissen vertreten waren, zeigten die Verteilungen, dass die Stichproben nicht bundesrepräsentativ waren. Bei einigen Fragen können soziale Erwünschtheit und ein damit verändertes Antwortverhalten zudem nicht ausgeschlossen werden.

7 Diskussion und Implikationen im Hinblick auf Forschung, Politik und Praxis

Durch die Schließungen der institutionellen Formen der Tagesbetreuung im Frühjahr 2020 waren familienexterne Bildung- und Betreuungsangebote für Kinder nicht mehr verfügbar, gleichzeitig änderte sich auch die häusliche Lernumwelt vieler Kinder. Die deutschlandweite Studie „Kindertagesbetreuung und Familien mit Kita-Kindern in der Corona-Zeit" der Universität Bamberg hatte das Ziel, beide Lernumgebungen der Kinder während der Zeit der Schließungen zu untersuchen. Eine Teilstudie fokussierte die häusliche Lernumgebung und ging der Frage nach, inwiefern sich die häuslichen (Bildungs-)Aktivitäten im Elternhaus in Zeiten der Schließungen veränderten. Die Ergebnisse zeigten, dass Eltern im Mittel mehr (Bildungs-)Aktivitäten gemeinsam mit ihren Kindern durchführten als vor den Schließungen der Tagesbetreuung. Vor dem Hintergrund der Bedeutsamkeit solcher (Bildungs-)Aktivitäten im Elternhaus für die kindliche Entwicklung (u. a. NICHD Early Child Care Research Network 2003), ist dies ein wichtiger und positiver Befund. Insbesondere in der Zeit, in der institutionelle Bildung und Betreuung nicht verfügbar war, waren Kinder auf die Anregungen im Elternhaus noch stärker angewiesen. Die Befunde der Studie deuten darauf hin, dass Eltern die Zeit mit ihren Kindern unter den schwierigen Herausforderungen nutzten und den fehlenden Kontakten und Aktivitäten in den Kindertageseinrichtungen mit mehr gemeinsamen Aktivitäten (z. B. Spielen, Basteln oder Lesen) zumindest teilweise begegnen konnten. Die fehlenden institutionellen Bildungsangebote sowie die sozialen Kontakte können Eltern – insbesondere in so einer herausfordernden Situation – aber nicht vollständig kompensieren. Hierbei ist aber zu berücksichtigen, dass die Befragungen zum relativen Beginn der Lockdown-Maßnahmen ansetzten, als viele Familien noch vielfältige Kompensationsressourcen (z. B. Urlaubstage) hatten. Die Schließung institutioneller Bildungs- und Betreuungsangebote war eine extreme Maßnahme, die Kindern zumindest kurzzeitig ein wichtiges Entwicklungs- und Lernumfeld vorenthielt und Familien dabei vor enorme Herausforderungen stellte. Dies gilt insbesondere für sozial und bildungsbenachteiligte Familien. Wichtig wäre daher, für Familien und Kinder, die keine institutionellen Formen der Tagesbetreuung besuchen können, gute Unterstützungssysteme zu etablieren. Dies könnte durch digitale pädagogische Angebote der Einrichtungen bzw. der Fachkräfte für die Kinder erfolgen, über Familienunterstützungsprogramme, sowie die Vernetzung zwischen Familien, um Austausch und gegenseitige soziale Unterstützung anzuregen.

Neben der häuslichen Lernumgebung der Kinder nahm die Bamberger Studie auch die institutionelle Lernumgebung und insbesondere die Kontakterhaltung der Einrichtungen mit den Kindern und Familien während der Schließungen der Tagesbetreuung im Frühjahr 2020 in den Blick. Fachkräfte waren in dieser Zeit gefordert, trotz der Schließungen, den weiterhin bestehenden Bildungsauftrag umzusetzen und Familien und Kinder während der Schließzeiten zu fördern und zu unterstützen. Im Mittelpunkt der Kita-Teilstudie stand daher die Frage, ob/beziehungsweise welche Maßnahmen von Fachkräften in Kindertageseinrichtungen ergriffen wurden, um den Kontakt bzw. die Beziehung zu den Kindern aufrecht erhalten zu können. Die Ergebnisse der Eltern- sowie Fachkraftbefragung decken sich darin, dass ein Großteil der Fachkräfte während der Schließzeiten Kontakt zu den Familien aufnahmen, welches von den Eltern als sehr positiv wahrgenommen wurde. Allerdings war ein regelmäßiger Kontakt im Sinne einer Bildungspartnerschaft selten. Zudem zeigten die Auswertungen der Fachkraftbefragung, dass der Kontakt oftmals organisatorischen Zwecken diente (z. B. Organisation der Notbetreuung) und weniger häufig persönliche Kontakte zu den Kindern oder gar konkrete pädagogische Angebote umfasste. Dies mag auch darauf zurückzuführen sein, dass der Kontakt häufig von den Einrichtungsleitungen ausging und seltener von den Bezugserzieher*innen der Kinder. Somit ist fraglich, ob die Kinder selbst überhaupt Kontakt zu ihren wichtigsten Bezugspersonen in den Kindertageseinrichtungen hatten. Zentral wäre daher eine Weiterentwicklung des pädagogischen Angebots in einer Form, die auch Kinder außerhalb der institutionellen Tagesbetreuung erreicht, um den Bildungsauftrag zu erfüllen und Familien auf diese Weise zu unterstützen. Hierbei sollten die Bedürfnisse und Teilhabechancen aller Kinder und Familien berücksichtigt werden. Insgesamt unterstreichen die Ergebnisse der zweiten Teilstudie die Notwendigkeit, Lösungsmöglichkeiten zu finden, um in Zeiten der Einschränkungen der institutionellen Kindertagesbetreuung Kontakt zu den Kindern und Familien zuverlässig und nachhaltig zu gewährleisten.

Literatur

Anders, Y./Rossbach, H. G./Weinert, S./Ebert, S./Kuger, S./Lehrl, S./von Maurice, J. (2012): Home and preschool learning environments and their relationship to the development of numeracy skills. Early Childhood Research Quarterly, 27, S. 231–244.

Bronfenbrenner, U. (1981): Die Ökologie der menschlichen Entwicklung: natürliche und geplante Experimente. Stuttgart: Klett-Cotta.

Cohen, F./Oppermann, E./Anders, Y. (2020). Familien & Kitas in der Corona-Zeit. Zusammenfassung der Ergebnisse. https://www.uni-bamberg.de/fileadmin/efp/forschung/Corona/Ergebnis bericht_Corona-Studie_2020.pdf.

Elicker, J./Noppe, I. C./Noppe, L. D./Fortner-Wood, C. (1997): The Parent–Caregiver Relationship Scale: Rounding Out the Relationship System in Infant Child Care. Early Education & Development, 8(1), S. 83–100. https://doi.org/10.1207/s15566935eed0801_7.

Fan, X./Chen, M. (2001): Parental involvement and students' academic achievement: A meta-analysis. Educational Psychology Review, 13(1), S. 1–22. https://doi.org/10.1023/A:1009048817385.

Lehrl, S./Ebert, S./Blaurock, S./Rossbach, H.-G./Weinert, S. (2020): Long-term and domain-specific relations between the early years home learning environment and students' academic outcomes in secondary school. School Effectiveness and School Improvement, 31(1), S. 102–124. doi:10.1080/09243453.2019.1618346.

Melhuish, E./Phan, M./Sylva, K./Sammons, P./Siraj, I./Taggart, B. (2008): Effects of the Home Learning Environment and Preschool Center Experience upon Literacy and Numeracy Development in Early Primary School. Journal of Social Issues, 64, S. 95–114. doi:10.1111/j.1540-4560.2008.00550.x.

NICHD ECCRN (2003): Does quality of child care affect child outcomes at age 4 1⁄2. Developmental Psychology, 39, S. 451–469.

Nzinga-Johnson, S./Baker, J. A./Aupperlee, J. (2009): Teacher-Parent Relationships and School Involvement among Racially and Educationally Diverse Parents of Kindergartners. The Elementary School Journal, 110(1), S. 81–91. https://doi.org/10.1086/598844.

Olmstead, C. (2013): Using technology to increase parent involvement in schools. TechTrends, 57(6), S. 28–37.

Swick, K. J. (2003): Communication concepts for strengthening family-school-community partnerships. Early Childhood Education Journal, 30(4), S. 275–280.

Textor, M. R./Blank, B. (2004): Elternmitarbeit: Auf dem Wege zur Bildungs- und Erziehungspartnerschaft.

Van Voorhis, F. L./Maier, M. F./Epstein, J. L./Lloyd, c. M. (2013): The impact of family involvement on the education of children ages 3 to 8: A focus on literacy and math achievement outcomes and social-emotional skills. MDRC.

Wilder, S. (2014): Effects of parental involvement on academic achievement: A meta-synthesis. Educational Review, 66(3), S. 377–397. https://doi.org/10.1080/00131911.2013.780009.

DER EINFLUSS DER PANDEMIE AUF UNTERRICHT UND LERNVERHALTEN

Unterricht während der Corona-Pandemie

Nele McElvany, Chantal Lepper,
Ramona Lorenz, Thomas Brüggemann

1 Hintergrund: Unterricht während der Corona-Pandemie

Die Corona-Pandemie führte im März 2020 zu einer in der Form für die Schulen der Bundesrepublik Deutschland vollkommen neuen Situation: Um die Ausbreitung des Coronavirus einzudämmen, wurden die Schulen in Deutschland, wie die Schulen in vielen weiteren Ländern, geschlossen. Es begann eine Zeit, die für alle Beteiligten neben den pandemiebezogenen Themen auch von erheblichen Herausforderungen hinsichtlich der Lehr-Lernprozesse geprägt war (vgl. Fickermann/Edelstein 2020; Voss/Wittmer 2020; Wößmann et al. 2020): Lehrkräfte sollten schulisches Lernen ohne den gewohnten Präsenzunterricht durchführen, Lernende sich zu Hause selbst organisieren und Eltern das Lernen ihrer Kinder unterstützen. Nicht nur die Kurzfristigkeit und Neuheit dieser Situation und ihre akuten Rahmenbedingungen einer Gesellschaft im Pandemie-Modus erschwerten die Ausgangslage für den auf das Zuhause der Schüler*innen verlagerten Unterricht, sondern auch der in den letzten Jahren vielfach empirisch aufgezeigte und kritisch kommentierte Nachholbedarf bei der Digitalisierung der Schulen in Deutschland (vgl. Eickelmann 2019).

Für Bildungspraxis, Bildungsadministration, Bildungspolitik und Bildungsforschung ist von erheblichem Interesse, wie der Unterricht in der Zeit nach den Schulschließungen im März 2020 realisiert wurde. So stellte sich zunächst die Frage, wie Lehrkräfte in dieser unerwarteten Situation mit ihren Schüler*innen kommunizierten. Ein weiterer zentraler Fragenkomplex betraf vor dem Hintergrund der Ausgangslage bezüglich der Digitalisierung des schulischen Lernens in Deutschland die technischen Rahmenbedingungen des Unterrichts während der Corona-Pandemie. Schließlich war es zentral zu erfahren, wie Lehrkräfte, die einen ganz anderen professionellen Alltag gewöhnt sind, Unterricht unter den veränderten Umständen praktisch gestalteten. Außerdem war zu klären, wie Eltern und Lehrkräfte in dieser außergewöhnlichen Situation miteinander interagierten. Abschließend war ebenfalls von Interesse, welche Folgen sich aus Sicht der Lehrkräfte hinsichtlich des Lernerfolgs von Schüler*innen abzeichneten.

Um diese zentralen Fragen zum Unterricht während der Corona-Pandemie zu untersuchen, führte ein Forschungsteam des Instituts für Schulentwicklungsforschung (IFS) an der Technischen Universität Dortmund eine bundesweite Befragung mit 3.632 Lehrkräften aus allgemeinbildenden Schulen aller Schulformen in Deutschland durch. Im Folgenden werden nach einem Überblick zu der Ausgangslage für digital unterstütztes Lernen (Abschnitt 2) zunächst Durchführung und Teilnehmende der Studie vorgestellt (Abschnitt 3), bevor dann die Befunde zur Kommunikation zwischen Lehrenden und Lernenden (Abschnitt 4.1), zu den technischen Rahmenbedingungen (Abschnitt 4.2), zur Gestaltung des Unterrichts (Abschnitt 4.3), der Interaktion mit den Eltern (Abschnitt 4.4) sowie den Einschätzungen der Lehrkräfte zum Lernerfolg der Schüler*innen (Abschnitt 4.5) dargelegt werden. Der Beitrag schließt mit einer Zusammenfassung und Diskussion der Befunde (Abschnitt 5).[1]

2 Ausgangslage für Unterricht während der Pandemie

Eine wesentliche Grundlage für den Unterricht während pandemiebedingter Schulschließungen stellen digitale Medien dar, mithilfe derer die Kommunikation und Vermittlung auf Seiten der Lehrenden wie auch der Lernenden erfolgen kann (z. B. Köller et al. 2020). Die zunehmende Digitalisierung aller Lebensbereiche betrifft auch die Bildung in Deutschland (z. B. McElvany 2018). Doch obgleich digitale Medien prägende Elemente von Lehr-Lern-Prozessen der Bildung des 21. Jahrhunderts sein werden, gibt es viele Hinweise darauf, dass der bisher in Deutschland erreichte Stand bezüglich der schulischen Digitalisierung suboptimal ist. So berichtete die international vergleichende International Computer and Information Literacy Study (ICILS) (Eickelmann et al. 2019) hinsichtlich der Ausstattung an weiterführenden Schulen, dass das mittlere schulische Verhältnis von Schüler*innen zu digitalen Geräten, die Ausstattung mit bereitgestellten mobilen Endgeräten (Laptop/Notebooks, Tablets) oder die unterrichtliche Nutzung von Endgeräten, die die Lernenden mitgebracht haben, in Deutschland im Vergleich zu anderen Ländern unterdurchschnittlich ist. Auch die Verfügbarkeit von Lernmanagement-Systemen oder von internetbasierten Anwendungen für gemeinschaftliches Arbeiten sowie die Ausstattung der Lehrkräfte mit eigenen digitalen Endgeräten wurde in der Studie als vergleichsweise gering herausgestellt.

Diese ausstattungsbezogenen Rahmenbedingungen sind die Grundlage dafür, dass Schulen ihre Schüler*innen in zwei Bereichen ausbilden können (vgl.

---

1   Dieses Kapitel beruht auf einer ersten Ergebniszusammenfassung des Autorenteams, die online auf der Website des Instituts für Schulentwicklungsforschung (www.ifs.tu-dortmund) veröffentlicht wurde. Verfügbar unter http://www.ifs.tu-dortmund.de/cms/de/Home/Pressemateria lien/Pressematerialien/UCP_Kurzbericht_final.pdf (abgerufen am 13.01.2021).

Eickelmann 2018): das Lernen, digitale Medien zu nutzen, und das Nutzen der digitalen Medien zum Lernen. Für Deutschland gehört die Vermittlung von Kenntnissen im Umgang mit neuen Technologien zu den Aufgaben der Schule (vgl. Kultusministerkonferenz (KMK)-Strategie „Bildung in der digitalen Welt", KMK 2016; „Bildungsoffensive für die digitale Wissensgesellschaft" des Bundesministeriums für Bildung und Forschung [BMBF] 2016). Zu den grundlegenden Anwendungskompetenzen zählen dabei unter anderem das Bedienen von Textverarbeitungsprogrammen, der Umgang mit Präsentationsprogrammen oder Kompetenzen im Bereich Recherche von Online-Informationen. Diese Kompetenzen sind im Moment digitalbasierten Lernens, wie im Kontext der pandemiebedingten Schulschließungen, essenziell für erfolgreiche Lehr-Lernprozesse ohne Präsenzunterricht. Die ICILS-Erhebung berichtete in dieser Hinsicht, dass die mittleren computer- und informationsbezogenen Kompetenzen der untersuchten Achtklässlerinnen und Achtklässler in Deutschland oberhalb des Mittelwertes der europäischen Vergleichsgruppe lagen, wobei die Kompetenzen der Lernenden an Gymnasien signifikant höher als die erreichten Kompetenzen der Lernenden anderer Schulformen der Sekundarstufe waren (Eickelmann et al. 2019).

Die zweite Perspektive ist die Nutzung digitaler Medien zur Unterstützung des fachlichen Lernens (Endberg/Lorenz 2018). Auf Basis der bundesweiten Lehrerbefragung des Länderindikators 2017 wurde die Nutzungshäufigkeit digitaler Medien durch Lehrkräfte erhoben. Etwa die Hälfte der Lehrkräfte gab an, digitale Medien im Unterricht mindestens einmal pro Woche einzusetzen, rund 21 Prozent seltener als einmal im Monat (Lorenz et al., 2017). Darüber hinaus wurde erfasst, inwiefern verschiedene Anwendungen (u. a. Textverarbeitungsprogramme, Präsentationen, Tabellenkalkulationsprogramme, Simulationsprogramme) im Unterricht integriert wurden. Für alle betrachteten unterrichtlichen Lernaktivitäten gaben jeweils weniger als 30 Prozent der Lehrpersonen an, dass die Schüler*innen mindestens einmal pro Woche die jeweiligen Anwendungen im Fachunterricht nutzten (Eickelmann et al. 2017). Eine regelmäßige, schülerzentrierte Nutzung digitaler Medien zur Unterstützung des fachlichen Lernens konnte demnach in den weiterführenden Schulen nicht gezeigt werden. In Bezug auf Schüler*innen der Grundschule zeigte eine Studie, dass ein bedeutsamer Geschlechterunterschied beim digitalen Lesen zugunsten der Mädchen vorlag, der durch eine höhere Lesemotivation der Mädchen mediiert war (McElvany/Schwabe 2019). Mit Blick auf den Einsatz digitaler Medien während der pandemiebedingten Schulschließungen für Lernende an Grundschulen ist beachtenswert, dass sich in derselben Studie weitere Unterschiede zwischen Mädchen und Jungen zeigten, wenn es um das Arbeiten mit digitalen Geräten ging: Mädchen hatten sowohl eine niedrigere Motivation an digitalen Geräten zu lesen als auch ein geringeres positives Selbstkonzept bezüglich des Arbeitens an digitalen Geräten. Neben den Fragen von Ausstattung und Kompetenzen sind daher auch solche motivationalen Merkmale und Einstellungen in Bezug auf digital gestütztes Lernen, die bedeutsam zwischen Lernenden variieren können, bei der Unterrichtsgestaltung in Zeiten von digital unterstütztem Fernunterricht zu bedenken.

3 Durchführung und Teilnehmende der Studie

Zur Untersuchung der Fragen zum Unterricht während der Schulschließungen im Frühjahr 2020 im Zuge der Corona-Pandemie wurde eine bundesweite, webbasierte Befragung von Lehrkräften durchgeführt. Die technische Umsetzung erfolgte mit dem Programm LimeSurvey. Der Befragungszeitraum war von Mitte April bis Ende Mai 2020. Lehrkräfte wurden über vielfältige Kanäle (u. a. Facebook-Werbung, E-Mails, Twitter) über die Möglichkeit zur Teilnahme an der Studie informiert. Die Teilnahme war freiwillig und erfolgte anonym. Der Fragebogen enthielt insgesamt 41 Einzelfragen und die Bearbeitung umfasste circa 15 Minuten. Die Daten wurden mit dem Programm SPSS 26 ausgewertet.

An der Befragung nahmen insgesamt 3.632 Lehrkräfte[2] aus allgemeinbildenden Schulen in Deutschland teil. Die Lehrkräfte waren überwiegend weiblich (82,1% weiblich, 17,6% männlich, 0,3% divers) und im Durchschnitt ca. 40 Jahre alt ($M = 40,2$; $SD = 9,59$). Die Teilnehmenden stammten aus allen Ländern der Bundesrepublik Deutschland, wobei Lehrkräfte aus Bayern (20,4%) und Nordrhein-Westfalen (30,5%) verstärkt repräsentiert waren. Die vertretenen Schulformen sind in *Abbildung 1* dargestellt. Im Mittel verfügten die teilnehmenden Lehrkräfte über 12,6 Jahre Erfahrungen im Schuldienst, wobei die berufliche Erfahrung als Lehrkraft individuell stark variierte ($SD = 8,91$).

Für die Auswertungen wurden neben den Gesamtergebnissen für alle befragten Lehrkräfte auch vertiefende Analysen zur Überprüfung möglicher Unterschiede zwischen einigen Schulformen vorgenommen. In der Darstellung der Ergebnisse werden nur gültige Prozente berichtet. Die fehlenden Werte lagen im Mittel bei 17,9% (von 9,2% bis 20,4%). Zudem werden Schulformunterschiede nur dann berichtet, wenn diese statistisch signifikant waren.

---

2   Die Angaben von 275 Schulleitungen wurden hier nicht berücksichtigt.

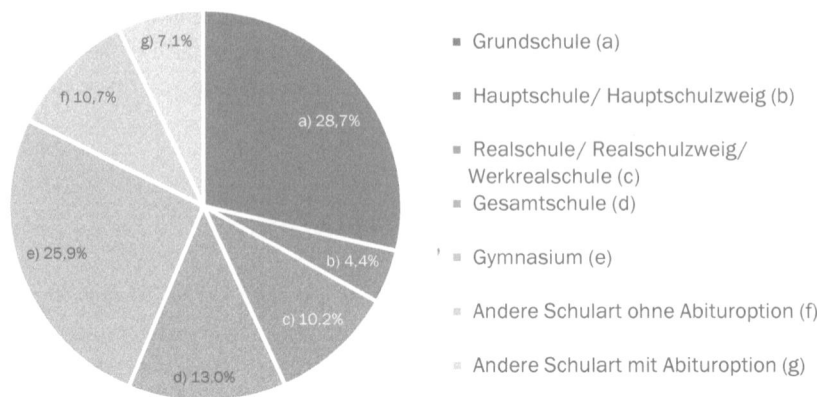

Grundschule (a)

Hauptschule/ Hauptschulzweig (b)

Realschule/ Realschulzweig/
Werkrealschule (c)
Gesamtschule (d)

Gymnasium (e)

Andere Schulart ohne Abituroption (f)

Andere Schulart mit Abituroption (g)

Abbildung 1: Prozentuale Verteilung der Lehrkräfte nach Schulform

4 Befunde zum Unterricht während der Pandemie

Die Zäsur der Corona-Pandemie betraf nicht nur die lokale Verschiebung des Unterrichts von der Schule in das Zuhause der Lehrkräfte und Lernenden, sondern auch die wesentlichen Rahmenbedingungen und die Ausgestaltung von Lehr-Lernprozessen. Im folgenden Ergebnisteil wird verstärkt auf den Einsatz und den Umgang mit digitalen Medien fokussiert, da ihnen im Zuge des Unterrichts in der Corona-Pandemie eine zentrale Bedeutung zukommt und die Digitalisierung des Bildungssystems auch zukünftig durch diese Phase mitgeprägt werden wird.

4.1 Kommunikation zwischen Lehrenden und Lernenden

Hinsichtlich der Kommunikation, die die alltägliche Interaktion im Präsenzunterricht ersetzte, wurden die Lehrkräfte im Rahmen der Befragung gefragt, auf welchen Wegen die Kommunikation mit den Lernenden stattgefunden hat und ob diese Kommunikation mit allen Schüler*innen oder spezifischen Gruppen bzw. Einzelnen über das jeweilige Medium erfolgte. Die Antworten wurden mithilfe einer vierstufigen Skala erfasst (1 = mit allen Lernenden, 2 = mit der Mehrheit, 3 = mit einigen, 4 = mit keinem). Rund zwei Drittel der Lehrer*innen gaben an, den Kontakt mit der Mehrheit der Lernenden vorwiegend über E-Mail gepflegt und dieses Medium auch für die Übermittlung von Aufgaben genutzt zu haben (vgl. *Abbildung 2*). Außerdem wurden von etwas mehr als der Hälfte der Lehrkräfte Lernplattformen (z. B. Moodle oder virtuelle Lernräume) zur Kommunikation mit der Mehrheit der Lernenden verwendet. Eine Kommunikation per Telefon, Brief oder auf sonstigen Kommunikationswegen fand nach Angaben der Mehrheit der Lehrkräfte nur mit einzelnen Lernenden statt. Ein wichtiger Hinweis ist auch, dass vergleichbar selten Software für virtuelle Treffen (z. B. Skype und Zoom) eingesetzt wurde, anhand derer neben der Übermittlung von Informationen und Aufgaben auch gemeinsamer Unterricht und persönliche Interaktion umgesetzt werden könnten.

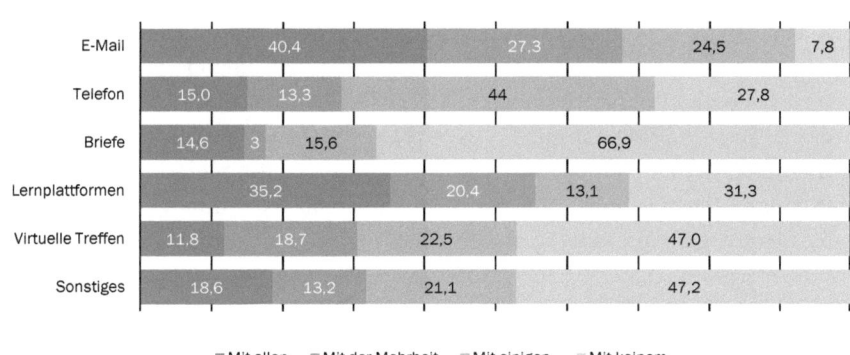

Wie haben Lehrkräfte mit Lernenden kommuniziert und Aufgaben übermittelt?

Abbildung 2: Verteilung der Antworten zur Kommunikation der Lernenden in Prozent

Die vertieften Analysen für den Vergleich der Schulformen zeigten allerdings, dass es bedeutsame Unterschiede bei der Verwendung unterschiedlicher Kommunikationsmedien, insbesondere hinsichtlich der Medien Briefe, Lernplattformen und Telefon gab. Während in Grundschulen die Nutzung von Telefon und Briefen eher verbreitet war als in anderen Schulformen, nutzten Schulformen des Sekundarschulbereichs beispielsweise verstärkt Lernplattformen. Software für virtuelle Treffen mit Lernenden wurde überwiegend von Lehrkräften an Gymnasien und an Schulformen mit Abituroption zur Kommunikation mit Lernenden eingesetzt. Weitergehende Analysen verdeutlichten zudem, dass vor allem diejenigen Lehrkräfte auf Lernplattformen und Software für virtuelle Treffen zugrückgegriffen, die zuvor bereits häufig digitale Medien für den Unterricht genutzt hatten und die technische Ausstattung ihrer Schule positiver beschrieben.

4.2 Technische Rahmenbedingungen

Neben der Kommunikation sind die technischen Rahmenbedingungen eine zentrale Grundvoraussetzung für das Lernen während pandemiebedingter Schulschließungen. Die Lehrkräfte wurden daher im Fragebogen gebeten, die technischen Rahmenbedingungen des Unterrichts während der Corona-Pandemie einzuschätzen. Dazu sollten die Lehrkräfte anhand einer vierstufigen Antwortskala (1 = stimme zu; 4 = stimme nicht zu) zum einen hinsichtlich der

Schülerseite bewerten, inwiefern die technische Ausstattung der Lernenden sichergestellt war und inwieweit es Hilfsangebote zur Ausleihe durch die Schulen gab. Zum anderen wurden Lehrkräfte um die Einschätzung gebeten, ob die Medienkompetenz der Lernenden genügte, um Unterricht digital gestützt fortführen zu können.

Die Ergebnisse verdeutlichten, dass die Lehrkräfte die technischen Rahmenbedingungen sowie die Medienkompetenz der Lernenden eher negativ einschätzten. So stimmten die Lehrkräfte der Aussage, dass die technische Ausstattung der Lernenden ausreichte, um den Unterricht digital gestützt fortführen zu können, insgesamt eher nicht zu (M = 2,72; SD = 0,87; stimme zu: 7,0%, stimme eher zu: 35,4%, stimme eher nicht zu: 36,7%, stimme nicht zu: 20,9%). Gleichzeitig berichteten die Lehrkräfte auch, dass es für Schüler*innen bei Bedarf kaum Hilfsangebote der Schulen in Form von Ausleihmöglichkeiten digitaler Medien gab, um sicherzustellen, dass diese zu Hause angemessen arbeiten konnten (M = 3,50; SD = 0,93; stimme zu: 7,8%, stimme eher zu: 7,3%, stimme eher nicht zu: 12,4%, stimme nicht zu: 72,6%). Der Schulformvergleich zeigte auch an dieser Stelle bestehende Unterschiede auf: So wurde bei Gymnasiallehrkräften ein positiveres Bild in Bezug auf die technische Ausstattung der Lernenden deutlich (M = 2,29; SD = 0,76). Hingegen berichteten Lehrkräfte von Grund- und Hauptschulen in geringerem Ausmaß davon, dass die technische Ausstattung der Schüler*innen ausreichend war (Grundschule: M = 2,91; SD = 0,86; Hauptschule: M = 2,99; SD = 0,88).

Wie bereits in Abschnitt 2 dargestellt, verfügten nicht alle Lernenden über wesentliche Kompetenzen im Umgang mit digitalen Geräten, sodass diese nicht selbstverständlich im digital gestützten Unterricht vorausgesetzt werden können. Hinsichtlich einer ausreichenden Medienkompetenz der Schüler*innen zeichneten viele der in dieser Studie befragten Lehrkräfte ein eher kritisches Bild (M = 2,76; SD = 0,86; stimme zu: 6,4%, stimme eher zu: 32,1%, stimme eher nicht zu: 40,1%, stimme nicht zu: 21,4%), wobei die Unterschiede zwischen den Schulformen bei dieser Frage substantiell waren: An Grundschulen waren entsprechende medienbezogene Kompetenzen gemäß der Wahrnehmung von Lehrkräften beispielsweise eher noch nicht gegeben (M = 3,12; SD = 0,79), an Gymnasien hingegen eher schon (M = 2,35; SD = 0,76; vgl. *Abbildung 3* zu Schulformunterschieden).

Für die Vorbereitung und Gestaltung des Unterrichts in den Wochen der Schulschließungen wurden schulische Vorarbeiten im Bereich der Arbeit mit digitalen Medien nur teilweise von den Lehrkräften genutzt (M = 2,64; SD = 1,00; stimme zu: 14,3%, stimme eher zu: 31,1%, stimme eher nicht zu: 30,7%, stimme nicht zu: 24,0%). Viele Lehrkräfte berichteten außerdem, dass es viele technische Herausforderungen, beispielsweise mit Hardware, Internetverbindung oder Lernplattformen, zu bewältigen galt (M = 2,13; SD = 0,93; stimme zu: 29,4%, stimme eher zu: 35,9%, stimme eher nicht zu: 26,4%, stimme nicht zu: 8,2%).

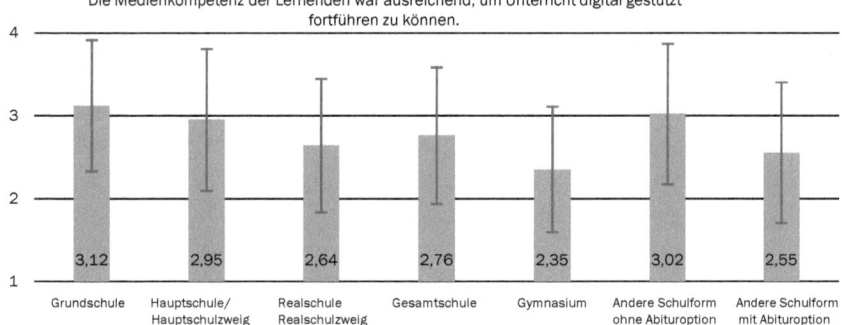

Abbildung 3: Mittelwerte und Standardabweichungen zur eingeschätzten Medienkompetenz der Lernenden, getrennt nach Schulform (1 = stimme zu bis 4 = stimme nicht zu)

Vertiefende Analysen zu Unterschieden zwischen den Schulformen für diesen Themenkomplex ergaben, dass insbesondere Lehrkräfte von Gymnasien berichteten, auf schulischen Vorarbeiten im Bereich der Arbeit mit digitalen Medien aufgebaut zu haben (M = 2,42; SD = 0,96), während Grundschullehrkräfte schulische Vorarbeiten seltener nutzten (M = 2,91; SD = 0,97). Außerdem berichteten Lehrkräfte von Hauptschulen etwas häufiger als Gymnasiallehrkräfte, dass es im Kontext der pandemiebedingten Schulschließungen vermehrt technische Probleme gab (Hauptschule: M = 1,90; SD = 0,85; Gymnasium M = 2,22; SD = 0,92).

Insgesamt zeigte sich somit, dass die technischen Rahmenbedingungen sowie die Medienkompetenz der Schüler*innen eher kritisch von den Lehrkräften eingeschätzt wurden und Unterricht unter erschwerten Bedingungen gestaltet werden musste.

4.3 Gestaltung des Unterrichts

Neben der Kommunikation und den technischen Rahmenbedingungen ermöglicht die bundesweite Befragung der Lehrkräfte auch umfassende Erkenntnisse zu der Gestaltung des Unterrichts während der (teilweisen) Schulschließungen. Dabei wurde auf die Bereiche *Ziele des Unterrichts*, *Organisation* und *Qualität des Unterrichts* im Kontext der veränderten Lehr-Lernbedingungen fokussiert.

Ziele des Unterrichts

Die Corona-Pandemie und die Schulschließungen im Frühjahr 2020 stellten eine Situation dar, für die es keine Vorerfahrungen und erprobten Vorbereitungen gab. Lehrkräfte standen vor der Aufgabe, einerseits den Erwerb der

Lerninhalte durch ihre Schüler*innen zu gewährleisten, andererseits aber auch der besonderen Situation der Lernenden und ihrer Familien Rechnung zu tragen. Hinsichtlich ihrer Ziele für den Unterricht berichteten die Lehrkräfte, sich bei der Bearbeitung von Aufgaben trotz der außergewöhnlichen Bedingungen am Lernstoff des Schuljahres zu orientieren, wobei nur etwas über ein Drittel diesem voll zustimmte (M = 1,82; SD = 0,76; stimme zu: 37,4%, stimme eher zu: 46,1%, stimme eher nicht zu: 13,9%, stimme nicht zu: 2,6%). Bereits Erlerntes durch Wiederholung zu festigen, stand durchaus eher häufig im Fokus der Aufgaben (M = 2,38; SD = 0,88; stimme zu: 17,5%, stimme eher zu: 36,6%, stimme eher nicht zu: 36,5%, stimme nicht zu: 9,5%). Die Mehrheit der Lehrkräfte lehnte es eher ab, dass das Lernen erst nach der Corona-Pandemie wieder im Mittelpunkt stehen sollte (M = 2,92; SD = 0,93; stimme zu: 9,3%, stimme eher zu: 19,9%, stimme eher nicht zu: 40,6%, stimme nicht zu: 30,1%). So verstanden die Lehrkräfte ihre Lernaufgaben auch überwiegend nicht als Lernangebote, sondern als verpflichtende Aufgaben für Schüler*innen, lehnten die Aussage daher eher ab, dass Aufgaben nur als Anregungen und nicht als Pflichtaufgaben eingesetzt wurden (M = 3,14; SD = 0,95; stimme zu: 7,5%, stimme eher zu: 16,2%, stimme eher nicht zu: 31,4%, stimme nicht zu: 44,9%). Dennoch äußerten sich die Lehrkräfte im Durchschnitt eher wenig zustimmend gegenüber dem Einbezug der in der Zeit von pandemiebedingten Schulschließungen erbrachten Leistungen in die generelle Benotung von Lernenden (M = 3,32; SD = 0,91; stimme zu: 5,6%, stimme eher zu: 13,2%, stimme eher nicht zu: 24,2%, stimme nicht zu: 57,0%).

Die Ziele für den Unterricht unterschieden sich zum Teil bedeutsam zwischen den Schulformen. Während Lehrkräfte an Gymnasien eher zustimmten, den Lernstoff des Schuljahres auch in Zeiten der pandemiebedingten Schulschließungen zu vermitteln (M = 1,60; SD = 0,65), war die Zustimmung der Lehrkräfte von weiteren Schulformen ohne Abituroption zu diesem Punkt geringer (M = 2,20; SD = 0,86). Auf Wiederholung und Festigung fokussierende Aufgaben wurden zudem häufiger von Hauptschullehrkräften (M = 2,02; SD = 0,85) und Lehrkräften an weiteren Schulformen ohne Abituroption (M = 2,01; SD = 0,88) eingesetzt als von Gymnasiallehrkräften (M = 2,72; SD = 0,81). Zudem wurde ersichtlich, dass Lehrkräfte von Gymnasien die Aussage, dass das Lernen erst nach der Corona-Pandemie wieder im Mittelpunkt stehen sollte (M = 3,13; SD = 0,88), stärker ablehnten als Grundschullehrkräfte (M = 2,81; SD = 0,93). Mit Blick auf den Einsatz von Aufgaben, die als Lernanregung dienen sollten, trafen Lehrkräfte von weiteren Schulformen ohne Abituroption optimistischere Einschätzungen (M = 2,79; SD = 1,03) als Gymnasiallehrkräfte (M = 3,25; SD = 0,86). Außerdem stimmten Lehrkräfte von Grundschulen (M = 3,66; SD = 0,65) im Mittel nicht zu, dass während der Schulschließungen erbrachte Arbeiten in die Benotung einbezogen werden, während Gesamtschullehrkräfte dies weniger stark ablehnten (M = 3,07; SD = 0,95).

Organisation des Unterrichts

Lehrkräfte waren (und sind) mit der Herausforderung konfrontiert, Unterricht den gegebenen Umständen gemäß umzudenken und anzupassen, sodass das Lernen von Schüler*innen auch außerhalb der Schule stattfinden konnte und perspektivisch geschehen kann. Damit verändern sich beispielsweise die Aufgaben und Lernformate, welche möglichst selbsterklärend und von Lernenden eigenständig zu bearbeiten sein sollten. Um herauszufinden, inwiefern die Lehrkräfte ihre Unterrichtsvorbereitungen im Zuge der Schulschließungen verändert haben, gaben die Teilnehmenden Auskünfte zu verschiedenen Aspekten auf einer vierstufigen Antwortskala (1 = stimme zu; 4 = stimme nicht zu).

Viele Lehrkräfte berichteten, dass die Lernenden von ihnen bereits vor der Schulschließung verschiedene Lernaufgaben und Materialien zur Bearbeitung erhielten (M = 2,22; SD = 1,30; stimme zu: 47,0%, stimme eher zu: 12,7%, stimme eher nicht zu: 11,1%, stimme nicht zu: 29,2%). Auch digital zu bearbeitende Aufgaben und Materialien wurden den Lernenden zur Verfügung gestellt (M = 1,35; SD = 0,78; stimme zu: 78,6%, stimme eher zu: 12,1%, stimme eher nicht zu: 4,5%, stimme nicht zu: 4,8%). Dabei stimmten Lehrkräfte eher mit der Aussage überein, dass sie mithilfe des Internets Aufgaben recherchierten und auswählten (M = 1,68; SD = 0,89; stimme zu: 55,8%, stimme eher zu: 26,4%, stimme eher nicht zu: 12,4%, stimme nicht zu: 5,4%), teilweise jedoch auch Aufgaben aus dem Internet individuell anpassten oder eigenständig neu entwickelten (M = 2,07; SD = 1,09; stimme zu: 40,3%, stimme eher zu: 28,6%, stimme eher nicht zu: 15,4%, stimme nicht zu: 15,8%). Zudem berichteten Lehrkräfte, dass individuelle Lernstände von Schüler*innen in der Auswahl bzw. Erstellung von Aufgaben berücksichtigt wurden (M = 1,98; SD = 0,87; stimme zu: 32,8%, stimme eher zu: 42,5%, stimme eher nicht zu: 19,0%, stimme nicht zu: 5,8%). Dabei zeigte die Befragung insbesondere auch, dass viele Lehrkräfte ihren Unterricht nicht digital, z. B. in Form von Videokonferenzen, durchführten (M = 3,02; SD = 1,19; stimme zu: 18,7%, stimme eher zu: 13,5%, stimme eher nicht zu: 14,8%, stimme nicht zu: 53,0%).

Hinsichtlich Schulformunterschieden wurde deutlich, dass Lehrkräfte verschiedener Schulformen den Distanzunterricht eher uneinheitlich organisierten. Während Grundschullehrkräfte angaben, bereits vor den Schulschließungen Aufgaben zur Bearbeitung an Schüler*innen übermittelt zu haben (M = 1,42; SD = 0,90), traf dies in geringerem Umfang auf Gymnasiallehrkräfte zu (M = 2,94; SD = 1,21). Hingegen wurden digitale Aufgaben und Materialien überwiegend von Lehrkräften an Gymnasien zu Verfügung gestellt (M = 1,11; SD = 0,40), während Grundschullehrkräfte seltener vom Einsatz digitaler Aufgaben berichteten (M = 1,60; SD = 0,96). Außerdem gaben Grundschullehrkräfte (M = 1,49; SD = 0,77) im Vergleich zu Gymnasiallehrkräften (M = 1,84; SD = 0,96) häufiger an, das Internet als Quelle für Unterrichtsmaterialien zu nutzen. In

Bezug auf die Anpassung der Aufgaben hinsichtlich der Berücksichtigung des individuellen Lernstandes von Schüler*innen bei der Aufgabengestaltung war die Zustimmung der Lehrkräfte an weiteren Schulformen ohne Abituroption ($M = 1,76$; $SD = 0,85$) stärker ausgeprägt als die Zustimmung von Realschullehr_kräften ($M = 2,13$; $SD = 0,90$). Außerdem führten Grundschullehrkräfte ($M = 3,34$; $SD = 1,07$) Unterricht seltener als Lehrkräfte an Gymnasien ($M = 2,67$; $SD = 1,21$) oder weiteren Schulformen mit Abituroption ($M = 2,68$; $SD = 1,29$) digital durch (z. B. durch Videokonferenz).

Qualität des Unterrichts

In Bezug auf die Qualität des Unterrichts äußerten sich die befragten Lehrkräfte auf einer vierstufigen Skala zu der Frage, ob es ihnen auch in der Situation der Corona-Pandemie gelingt, Unterrichtsinhalte gut zu vermitteln, tendenziell positiv ($M = 2,34$; $SD = 0,80$). Dennoch berichteten damit auch ca. 38,4% der Befragten, dass es ihnen eher nicht oder nicht gelingt (siehe *Tabelle 1*). Generell stellt sich daher die Frage, wie Lehrkräfte Unterricht trotz außergewöhnlicher Umstände erfolgreich gestalteten (siehe *Tabelle 1*). Fast alle Lehrkräfte gaben an, Erreichbarkeit für Lernende beispielsweise für Rückfragen zu gewährleisten ($M = 1,06$; $SD = 0,29$). Um Lernprozesse unterstützend zu begleiten und Lernergebnisse sicherzustellen, können Monitoring-Verfahren hilfreich sein. Die befragten Lehrkräfte berichteten mehrheitlich, dass sie sich während der Corona-Pandemie regelmäßig einen Überblick über die lernbezogenen Aktivitäten der Schüler*innen verschafften ($M = 1,72$; $SD = 0,80$), Musterlösungen zur Verfügung stellten ($M = 1,66$; $SD = 0,95$) sowie Feedback zu den Ergebnissen der Lernenden gaben ($M = 1,67$; $SD = 0,84$). Seltener hingegen verwendeten die Lehrkräfte Apps oder digitale Anwendungen, welche die Schüler bei der eigenständigen Organisation und Bewertung von Lernprozessen unterstützen sollen ($M = 3,01$; $SD = 1,08$). Außerdem kommunizierten die Lehrkräfte nach eigenen Angaben feste Fristen für Aufgaben ($M = 1,40$; $SD = 0,77$). Weniger deutlich, aber immer noch überwiegend gaben Lehrer*innen an, ihre Lernenden motivational zu unterstützen ($M = 1,65$; $SD = 0,65$).

Lehrkräfte an Gymnasien stimmten der Aussage, die Unterrichtsinhalte trotz der ungewöhnlichen Umstände erfolgreich vermitteln zu können, im Vergleich zu Grund- oder Hauptschullehrkräfte stärker zu (Gymnasium: $M = 2,08$; $SD = 0,69$; Grundschule: $M = 2,45$; $SD = 0,81$; Hauptschule: $M = 2,43$; $SD = 0,75$). Die Lernstände der Schüler*innen regelmäßig im Blick zu haben, bestätigten Lehrkräfte von Gymnasien ($M = 1,65$; $SD = 0,76$) häufiger als Grundschullehrkräfte ($M = 1,77$; $SD = 0,83$). Allerdings waren diese Unterschiede zwischen den Schulformen eher klein. Hingegen zeigten sich etwas größere Mittelwertunterschiede in den Angaben der Lehrkräfte verschiedener Schulformen zum Einsatz von Musterlösungen und Feedback. Gymnasiallehrkräfte

Tabelle 1: Antworten zur Qualität von Unterrichtsprozessen in Prozent.

	Stimme zu	Stimme eher zu	Stimme eher nicht zu	Stimme nicht zu
Es gelingt mir auch in der derzeitigen Situation gut, die Unterrichtsinhalte zu vermitteln.	12,9	48,7	30,2	8,2
Ich stehe für Rückfragen zur Verfügung.	94,6	4,6	0,5	0,3
Ich verschaffe mir regelmäßig einen Überblick über die Aktivitäten der Lernenden.	46,7	38,2	11,5	3,5
Ich stelle meinen Lernenden Musterlösungen bereit.	59,7	22,3	9,7	8,2
Ich gebe meinen Lernenden Feedback zu ihren Ergebnissen.	53,0	31,3	11,5	4,2
Ich nutze Apps und digitale Anwendungen, mit denen die Schüler*innen ihren Lernprozess planen, dokumentieren und/oder reflektieren.	13,1	18,3	23,3	45,3
Ich kommuniziere feste Termine, bis zu denen Aufgaben erledigt sein müssen.	74,3	15,5	6,3	3,9
Ich motiviere meine Schüler*innen.	43,6	48,9	6,6	1,0

stellten dabei häufiger Musterlösungen zu Verfügung (M = 1,31; SD = 0,63) als Grundschullehrkräfte (M = 2,01; SD = 1,10). Darüber hinaus gaben Gymnasiallehrkräften häufiger Feedback zu den Ergebnissen der Lernenden (M = 1,56; SD = 0,74) als Grundschullehrkräfte (M = 1,83; SD = 0,94). Wenngleich die Nutzung von Apps zur Unterstützung des Lernprozesses eher geringe Zustimmung unter den Lehrkräften fand, zeigte sich für Gymnasiallehrkräfte (M = 2,90; SD = 1,09) ein etwas positiveres Bild als für Grundschullehrkräfte (M = 3,15; SD = 1,04). Obwohl verbindliche Fristen für Lehrkräfte aller Schulformen von Bedeutung waren, bestätigten Lehrkräfte von Gymnasien (M = 1,23; SD = 0,58) und Gesamtschulen (M = 1,26; SD = 0,60) die Kommunikation verbindlicher Termine stärker als Lehrkräfte anderer Schulformen, welche nicht zum Abitur führen (M = 1,62; SD = 0,94). Zudem zeigten sich Schulformunterschiede in Bezug auf die Motivierung der Lernenden: Während Grund- und Hauptschullehrkräfte überwiegend zustimmten, Lernende zu motivieren (Grundschule: M = 1,54; SD = 0,65; Hauptschule: M = 1,53; SD = 0,58), fiel die Zustimmung der Gymnasiallehrkräfte geringer aus (M = 1,73; SD = 0,63).

4.4 Zusammenarbeit mit Eltern während der (teilweisen) Schulschließungen

Eltern waren beim Lernen zu Hause anstelle des Präsenzunterrichts in den Schulen in einem stärkeren Maße am Lernen, Lernaufgaben und Lernprozessen beteiligt als gewöhnlich. Im Kontext der Gestaltung des Unterrichts in der

Corona-Pandemie wurden die Lehrkräfte daher auch zu ihrer Einschätzung zu der Kooperation mit den Eltern befragt. Konkret wurden die Lehrkräfte nach der Einhaltung von Absprachen seitens der Eltern sowie deren Unterstützung beim Lernen und bei möglichen auftretenden Problemen gefragt. So schätzten Lehrkräfte auf einer vierstufigen Antwortskala ein, dass Eltern sich weitestgehend an Absprachen hielten (M = 2,11; SD = 0,69; stimme zu: 15,9%, stimme eher zu: 60,2%, stimme eher nicht zu: 20,9%, stimme nicht zu: 3,0%) und ihre Kinder in schulischer Hinsicht in dem gewünschten Maße eher unterstützten (M = 2,28; SD = 0,68; stimme zu: 8,8%, stimme eher zu: 58,5%, stimme eher nicht zu: 28,3%, stimme nicht zu: 4,3%). Außerdem stimmten Lehrkräfte eher zu, mit den Eltern bei Problemen gut zusammengearbeitet zu haben (M = 2,13; SD = 0,75; stimme zu: 18,4%, stimme eher zu: 54,2%, stimme eher nicht zu: 23,5%, stimme nicht zu: 4,0%). Insgesamt teilten die meisten Lehrer*innen nicht den Eindruck, dass die Eltern als anstrengend wahrgenommen wurden (M = 2,81; SD = 0,88; stimme zu: 9,2%, stimme eher zu: 22,9%, stimme eher nicht zu: 45,9%, stimme nicht zu: 22,1%).

Anhand einer daraus resultierenden Gesamtskala zur Einschätzung der Kooperation mit Eltern aus Sicht der Lehrkräfte zeichnete sich demnach ein eher positives Gesamtbild ab (M = 2,18; SD = 0,57). Allerdings ergaben sich auf der Grundlage der Skala zur Kooperation mit Eltern bedeutsame Unterschiede in den Einschätzungen von Lehrkräften verschiedener Schulformen. So schätzten die Lehrkräfte von Grundschulen (M = 2,04; SD = 0,52) und Gymnasien (M = 2,06; SD = 0,53) die Kooperation mit Eltern im Vergleich zu Lehrkräften von Hauptschulen (M = 2,42; SD = 0,61) oder von Schulen, die nicht zum Abitur führen (M = 2,40; SD = 0,60) insgesamt positiver ein.

4.5 Einschätzungen der Lehrkräfte zum Lernerfolg der Schüler*innen

Eine viel diskutierte Frage betrifft die Lernerfolge der Schüler*innen während des Unterrichts unter den besonderen Bedingungen der Corona-Pandemie. Die Lehrkräfte wurden daher zu ihrer Einschätzung zur Leistungsentwicklung und zu einer möglichen Verstärkung von sozial bedingten Ungleichheiten im Bildungsbereich befragt. Obwohl sie im Durchschnitt angaben, dass die Lernenden die Aufgaben eher zuverlässig bearbeiteten (M = 2,35; SD = 0,77; stimme zu: 10,3%, stimme eher zu: 52,8%, stimme eher nicht zu: 28,7%, stimme nicht zu: 8,2%), zeigten die Ergebnisse gleichzeitig, dass die Lehrkräfte den Lernzuwachs ihrer Schüler*innen in vielen Fächern insgesamt geringer als unter gewöhnlichen Unterrichtsbedingungen einschätzten (M = 1,81; SD = 0,86; stimme zu: 44,3%, stimme eher zu: 34,7%, stimme eher nicht zu: 16,9%, stimme nicht zu: 4,0%). Ein kleiner Anteil von etwa 11 Prozent der Lehrkräfte stimmte allerdings hingegen der Aussage zu, dass Lernende in vielen Fächern *mehr* als normalerweise gelernt hätten (*M* = 3,30; *SD* = 0,70; stimme zu: 1,7%, stimme eher zu: 8,9%, stimme eher nicht zu: 46,7%, stimme nicht zu: 42,6%). Auch hinsichtlich bestehender sozial bedingter Ungleichheiten im Bildungssystem berichteten die Befragten, dass sie den Eindruck einer Verstärkung dieser Ungleichheiten mehrheitlich teilten (*M* = 1,49; *SD* = 0,71; stimme zu: 62,0%, stimme eher zu: 28,5%, stimme eher nicht zu: 7,8%, stimme nicht zu: 1,7%).

Vertiefte Analysen zu Schulformunterschieden ergaben, dass Lehrkräfte von Haupt-, und Gesamtschulen seltener angaben, dass die Schüler*innen die Aufgaben im Distanzunterricht zuverlässig bearbeiteten (Hauptschule: *M* = 2,63; *SD* = 0,80; Gesamtschulen: *M* = 2,60; *SD* = 0,82) als Grundschullehrkräfte (*M* = 2,09; *SD* = 0,67). Hinsichtlich des geringeren Lernzuwachses im Distanzunterricht zeigten Grundschullehrkräfte stärkere Zustimmung (*M* = 1,76; *SD* = 0,84) als Lehrkräfte von weiteren Schulformen mit Abituroption (*M* = 2,06; *SD* = 0,99). Insgesamt sind die Unterschiede zwischen den Schulformen jedoch als eher gering einzuschätzen. Zudem vertraten Grundschullehrkräfte (*M* = 3,40; *SD* = 0,65) seltener die Meinung als Lehrkräfte an Schulformen mit Abituroption (*M* = 3,16; *SD* = 0,76), dass Lernende mehr im Distanzunterricht als gewöhnlich in der Schule gelernt hätten. Schließlich teilten Gymnasiallehrkräfte (*M* = 1,58; *SD* = 0,74) und Lehrkräfte anderer Schulformen mit Abituroption (*M* = 1,68; *SD* = 0,84) seltener als Grundschullehrkräfte (*M* = 1,40; *SD* = 0,65) den Eindruck, dass sich sozial bedingte Ungleichheiten im Zuge der Corona-Pandemie verstärkten. Zusammenfassend erwarteten Lehrkräfte bezüglich der Lernzuwächse von Lernenden demnach in vielen Fächern ungünstige Tendenzen und befürchteten einen Zuwachs an sozial bedingten Ungleichheiten im Bildungssystem.

5   Zusammenfassung und Diskussion

Die vorliegende Studie untersuchte umfassend, wie die schulischen Akteure mit der außergewöhnlichen Situation der pandemiebedingten Schulschließungen ab März 2020 umgingen, die für alle Beteiligten, die Lernenden, Lehrkräfte, Schulleitungen sowie Eltern völlig neue Anforderungen mit sich brachte. Zu den zentralen Herausforderungen gehörte dabei, dass plötzlich verstärkt digitale Kompetenzen und digitale Medien gefragt waren, die zuvor im deutschen Bildungssystem nicht ausreichend etabliert wurden (vgl. Eickelmann et al. 2019; Lorenz et al. 2017).

Die empirischen Befunde zeigten, dass die Ausstattung der Schulen mit digitalen Medien und Lernplattformen für den Distanzunterricht noch nicht ausreichend war und verbessert werden muss. Die Erfahrungen der ersten Phase der Schulschließungen im Frühjahr 2020 haben Bund, Länder und Kommunen bereits zum Anlass genommen, um Investitionsmaßnahmen zu intensivieren. Für den zweiten Lockdown zu Beginn des Jahres 2021 stehen diese digitalen Medien allerdings noch nicht in ausreichendem Maße zur Verfügung. Neben den zu schaffenden technischen Voraussetzungen sind die Kompetenzen der Lehrpersonen zur Gestaltung des Distanzunterrichts, der in dieser Form eine neue Herausforderung darstellt, weiter auszubauen. Im Rahmen der Lehrerausbildung hatte nur etwas mehr als ein Viertel (26.6%) der Lehrkräfte die Gelegenheit gehabt zu lernen, wie man digitale Medien im Unterricht verwendet (Eickelmann et al. 2019). Ohne ausreichende vorherige Vorbereitung mussten daher viele Lehrkräfte Lehr-Lernprozesse aus der Ferne begleiten und erfassen, technische Lösungen für Szenarien finden, Aspekte der sozialen Eingebundenheit von Schüler*innen neu bedenken und auch die Medienkompetenz der Schüler*innen für den Distanzunterricht berücksichtigen sowie ggf. ausbauen. Dabei zeigte die Befragung insbesondere auch, dass viele Lehrkräfte ihren Unterricht nicht digital, z. B. in Form von Videokonferenzen, durchführten. Diese Herausforderungen erfordern eine systematische Fortbildung angesichts der Relevanz für gegenwärtige und zukünftige Entwicklungen der Schule und des Unterrichts.

Die Berichte der Lehrkräfte über die Gestaltung des Unterrichts waren dennoch vielfach positiv und standen damit teilweise in Kontrast zu eher kritischen Berichten aus Elternbefragungen, in denen Unzufriedenheiten und verstärkte Unterstützungsbedarfe geäußert wurden (Huber et al. 2020; Vodafone Stiftung Deutschland 2020). Auch in der bundesweiten Lehrkraftbefragung zeichnete sich jedoch das mehrheitliche Fazit der Lehrkräfte als Expertinnen und Experten der Bildungspraxis ab, dass die Schüler*innen in der Zeit der pandemiebedingten Schulschließungen in vielen Fächern weniger als normalerweise in der Schule gelernt haben. Konkret wiesen die Angaben der Lehrkräfte auch darauf hin, dass davon auszugehen ist, dass sich die bestehenden sozial bedingten Ungleichheiten im Bildungssystem durch diese Zeit verstärkten. Hier sind wirksame Konzepte gefragt, wie Kinder und Jugendliche im Folgenden ausgleichend unterstützt werden können und wie bei entsprechenden Schieflagen zukünftig besser gegengesteuert werden kann.

Die Erfahrungen der befragten Lehrkräfte – gerade auch zu unterschiedlichen Gegebenheiten der Schulformen in Bezug auf eine Vielzahl der untersuchten Aspekte – können als zentraler Informationsbaustein für Bildungsadministration, Politik und Öffentlichkeit erachtet werden. Sie informieren über die Phase des Unterrichtens im Zuge der Corona-Pandemie und ermöglichen gleichzeitig Wertschätzung für das von Schulen Geleistete. Darüber hinaus können die bislang gemachten Erfahrungen von Lehrkräften wegweisend für die weiteren Planungen und Rahmenbedingungen des Lehrens und Lernens in schulischen Kontexten nicht nur aber auch mit Blick auf die zunehmende Digitalisierung genutzt werden.

Literatur

Bundesministerium für Bildung und Forschung (Hrsg.) (2016): Bildungsoffensive für die digitale Wissensgesellschaft – Strategie des Bundesministeriums für Bildung und Forschung. Berlin: BMBF.

Eickelmann, B. (2018): Digitalisierung in der schulischen Bildung. In: N. McElvany/F. Schwabe/W. Bos/H. G. Holtappels (Hrsg.): Digitalisierung in der schulischen Bildung. IFS-Bildungsdialoge Band 3. Münster: Waxmann, S. 11–26.

Eickelmann, B./Bos, W./Gerick, J./Goldhammer, F./Schaumburg, H./Schwippert, K./Senkbeil, M./Vahrenhold, J. (Hrsg.) (2019): ICILS 2018 #Deutschland – Computer- und informationsbezogene Kompetenzen von Schüler*innen n im zweiten internationalen Vergleich und Kompetenzen im Bereich Computational Thinking. Münster: Waxmann.

Eickelmann, B./Lorenz, R./Endberg, M. (2017): Lernaktivitäten mit digitalen Medien im Fachunterricht der Sekundarstufe I im Bundesländervergleich mit besonderem Fokus auf MINT-Fächer. In R. Lorenz/W. Bos/M. Endberg/B. Eickelmann/S. Grafe/J. Vahrenhold (Hrsg.): Schule digital – der Länderindikator 2017. Schulische Medienbildung in der Sekundarstufe I mit besonderem Fokus auf MINT-Fächer im Bundesländervergleich und Trends von 2015 bis 2017. Münster: Waxmann, S. 231–260.

Endberg, M./Lorenz, R. (2018): Schülerzentrierte Nutzung digitaler Medien im Unterricht und die Rolle der Lehrperson, merz | medien + erziehung, 62 (5), S. 67–73.

Fickermann, D./Edelstein, B. (2020): „Langsam vermisse ich die Schule ..." Schule während und nach der Corona-Pandemie. DDS – Die Deutsche Schule, Beiheft 16, S. 9–36.

Huber, S. G./Günther, P. S./Schneider, N./Helm, C./Schwander, M./Schneider, J. A./Pruitt, J. (2020): COVID-19 und aktuelle Herausforderungen in Schule und Bildung. Erste Befunde des Schul-Barometers in Deutschland, Österreich und der Schweiz. Münster: Waxmann.

KMK [Sekretariat der Ständigen Konferenz der Kultusminister der Länder in der Bundesrepublik Deutschland] (2016): Bildung in der digitalen Welt. Strategie der Kultusministerkonferenz. https://www.kmk.org/fileadmin/pdf/PresseUndAktuelles/2018/Digitalstrategie_2017_mit_Wei terbildung.pdf (abgerufen am 18.01.2021).

Köller, O./Fleckenstein, J./Guill, K./Meyer, J. (2020): Pädagogische und didaktische Anforderungen an die häusliche Aufgabenbearbeitung. DDS – Die Deutsche Schule, Beiheft 16, S. 163–176.

Lorenz, R./Endberg, M./Eickelmann, B. (2017): Unterrichtliche Nutzung digitaler Medien durch Lehrpersonen in der Sekundarstufe I im Bundesländervergleich und im Trend von 2015 bis 2017. In: R. Lorenz/W. Bos/M. Endberg/B. Eickelmann/S. Grafe/J. Vahrenhold (Hrsg.): Schule digital – der Länderindikator 2017. Schulische Medienbildung in der Sekundarstufe I mit besonderem Fokus auf MINT-Fächer im Bundesländervergleich und Trends von 2015 bis 2017. Münster: Waxmann, S. 84–121.

McElvany, N. (2018): Digitale Medien in den Schulen: Perspektive der Bildungsforschung. In: N. McElvany, F. Schwabe, W. Bos, H. G. Holtappels (Hrsg.): Digitalisierung in der schulischen Bildung. IFS-Bildungsdialoge Band 3. Münster: Waxmann, S. 99–106.

McElvany, N./Schwabe, F. (2019): Gender gap in reading digitally: Examining the role of motivation. Journal for Educational Research Online, 11, S. 145–165.

Vodafone Stiftung Deutschland (2020): Unter Druck. Die Situation von Eltern und ihren schulpflichtigen Kindern während der Schulschließungen. Vodafone Stiftung Deutschland. https://www.vodafone-stiftung.de/wp-content/uploads/2020/04/Vodafone-Stiftung-Deutschland_Studie_Unter_Druck.pdf. [abgerufen am 18.01.2021].

Voss, T./Wittwer, J. (2020): Unterricht in Zeiten von Corona: Ein Blick auf die Herausforderungen aus der Sicht von Unterrichts- und Instruktionsforschung. Unterrichtswissenschaft, 48, S. 601–627.

Wößmann, L./Freundl, V./Grewenig, E./Lergetporer, P./Werner, K./Zierow, L. (2020): Bildung in der Coronakrise: Wie haben die Schulkinder die Zeit der Schulschließungen verbracht, und welche Bildungsmaßnahmen befürworten die Deutschen? ifo Schnelldienst, 73(9), S. 25–39.

Wie gehen deutsche Schulen mit der Corona-Krise um?

Ergebnisse des Deutschen Schulbarometers

Werner Klein

1 Einleitung

Das Deutsche Schulbarometer, eine im Dezember 2020 durchgeführte Befragung im Auftrag der Robert Bosch Stiftung in Kooperation mit der ZEIT, hat zum Ziel, aktuelle Erkenntnisse zur Situation an den allgemeinbildenden Schulen im Verlauf der Corona-Pandemie zu gewinnen. Diese repräsentative Befragung von Lehrkräften knüpft inhaltlich an eine erste Erhebung des Deutschen Schulbarometers im April 2020 kurz nach dem Ende der ersten Schulschließungen an, um mit einer Folgebefragung Entwicklungen im zeitlichen Verlauf aufzeigen zu können. Die Ergebnisse können somit Auskunft zur zentralen Frage geben, ob dieser Zeitraum genutzt wurde, um die Schulen besser auf diese außergewöhnliche Situation vorzubereiten als dies noch acht Monate zuvor der Fall war.

Die Erhebung wurde vom 9. bis 15. Dezember 2020 als Online-Befragung von Forsa, Politik- und Sozialforschung, unter 1.015 Lehrer*innen durchgeführt. Die gewählte Stichprobengröße zielte darauf ab, mit einer bei repräsentativen Erhebungen üblichen Fehlertoleranz (hier +/- 3 Prozentpunkte) die Ergebnisse auf die Gesamtheit der Lehrer*innen an allgemeinbildenden Schulen in Deutschland zu übertragen. Darüber hinaus können die Ergebnisse der Erhebung für einzelne Ländergruppen (Ost, Nord, Mitte) und die größeren Länder (Baden-Württemberg, Bayern, Nordrhein-Westfalen) differenziert werden, aber nicht für alle 16 Bundesländer.

Der Befragungszeitraum fällt weitgehend zusammen mit der Verkündung der Beschlüsse für einen neuen „Lockdown" am 13. Dezember 2020. So arbeiteten zum Zeitpunkt der Befragung noch 86 Prozent der Lehrkräfte im Präsenzunterricht, 12 Prozent bereits im Hybridunterricht oder im Fernunterricht.

Der Befragung wurden neun inhaltliche Schwerpunkte zugrunde gelegt:

- Herausforderungen durch die Schulschließungen im Zuge der Corona-Krise
- aktuelle Unterrichtssituation
- Sorgen und Belastungen im Zusammenhang mit der Corona-Pandemie
- Zusammenarbeit und Erfahrungen an der Schule

- Fernunterricht und digitale Ausstattung der Schulen
- Kommunikation und Betreuung im Fernunterricht
- Erfahrungen und Konsequenzen aus den Schulschließungen im Frühjahr
- Beurteilung von Plänen und Maßnahmen im Zuge der Corona-Pandemie
- Nutzung von Online- Informationen

Dazu werden im Folgenden die wichtigsten Ergebnisse vorgestellt. Weitere Informationen zu Ländergruppen bzw. größeren Ländern sind in der Forsa-Studie auf dem Deutschen Schulportal zu finden.[1]

2 Herausforderungen durch die Schulschließungen im Zuge der Corona-Krise

Vielfältige Herausforderungen durch Maßnahmen zum Schutz vor Ansteckung, die Unterrichtsorganisation, politische Beschlüsse sowie technische und soziale Aspekte

Zu den größten Herausforderungen im Zusammenhang mit der Corona- Pandemie zählen für die befragten Lehrkräfte die Umsetzung der Corona- und Hygiene-Regeln ganz allgemein (18%), die Kälte durch das ständige Lüften (17%), das Einhalten der Abstandsregeln (16%) und das permanente Tragen einer Mund-Nasen-Bedeckung (15%). Hinzukommen neben weiteren Punkten die fehlende Akzeptanz für die Corona-Maßnahmen bei einigen Schüler*innen (6%) und die Ansteckungsgefahr (12%).

Bei der Unterrichtsorganisation werden vor allen Dingen die Versorgung und Integration der Schüler*innen im Fernunterricht als das größte Problem (22%) angesehen, hinzukommen allgemeine Probleme bei der Organisation und Koordination des Unterrichts (11%), fehlende Kollegen (10%), zahlreiche Zusatzaufgaben (8%), diverse Einschränkungen beim Fach-, Sport-, Sprach- und Musikunterricht (7%), unterschiedliche Kenntnisstände (4%) und Motivation der Schüler*innen (3%) sowie deren Benotung (2%).

Als weitere Probleme werden die schnell wechselnden politischen Beschlüsse (11%), die sich teilweise widersprechenden Maßnahmen (3%) und die damit zusammenhängende fehlende Planungssicherheit (6%) genannt.

---

1   https://deutsches-schulportal.de/unterricht/lehrer-umfrage-deutsches-schulbarometer-spezial-corona-krise-folgebefragung/
    Das „Deutsche Schulportal" ist ein gemeinsames Projekt der Robert Bosch Stiftung GmbH, der Deutschen Schulakademie und der Heidehof Stiftung in Kooperation mit der ZEIT-Verlagsgruppe. Das Portal stellt erfolgreiche Konzepte aus der Schulpraxis vor und bietet Informationen rund um aktuelle Themen der schulischen Bildung.

Etwa jede fünfte Lehrkraft (22%) nennt technische Probleme als große Herausforderung, aber auch psycho-soziale Aspekte wie die psychische Belastung von Schüler*innen und Lehrkräften (9%), Verunsicherung bzw. Ungewissheit über die kommenden Entwicklungen (5%), die fehlende soziale Nähe zu Schüler*innen und Kolleg*innen (2%) sowie die fehlende Bewegung für die Schüler*innen (2%).

3   Aktuelle Unterrichtssituation

Mehrheit für Wechsel- oder Fernunterricht

Nur eine Minderheit (39%) der befragten Lehrkräfte hält es zum Zeitpunkt der Befragung (9.–15. Dezember) für die richtige Entscheidung, den Unterricht bis zu einem Inzidenzwert von 200 Corona-Fällen pro 100.000 Einwohner weiter im Präsenzunterricht fortzusetzen. Eine Mehrheit (57%) hielte eine Umstellung auf Wechsel- oder Fernunterricht für besser. Dieses Votum ist an Grundschulen weniger eindeutig (44% zu 51%) als an anderen Schulformen.

4   Sorgen und Belastungen im Zusammenhang mit der Corona-Pandemie

Erhebliche persönliche Belastungen, große Sorge vor Ansteckung

Bei den Fragen nach den Sorgen und Belastungen zeigt sich, dass 79 Prozent der Lehrkräfte Anfang Dezember 2020 die fehlende Planbarkeit als (sehr) starke Belastung empfinden, 74 Prozent fühlen sich durch das hohe Arbeitspensum (sehr) stark belastet, 72 Prozent durch die Sorge um ihre Gesundheit oder die des Kollegiums bzw. der Schüler*innen.

Zwei Drittel der befragten Lehrkräfte (66%) nennen die zunehmende Entgrenzung von Arbeit und Freizeit als (sehr) starke Belastung, 61 Prozent den Mangel an Unterstützung bei der Organisation und Gestaltung von Hybrid- oder Fernunterricht; weniger als die Hälfte (44%) dagegen fehlende eigene Qualifikationen bei der Umsetzung neuer Aufgaben. Im Vergleich der Schulformen sehen sich besonders Lehrkräfte an Förderschulen durch eine mangelnde Unterstützung für den Hybrid- und Fernunterricht belastet (75%).

Eine Mehrheit der Lehrkräfte (56%) macht sich (sehr) große Sorgen, sich an der Schule mit dem Corona-Virus zu infizieren. Damit ist diese Angst unter Lehrkräften deutlich größer als in der Gesamtbevölkerung, von der sich zum selben Zeitpunkt etwa ein Drittel Sorgen wegen einer Ansteckung macht.

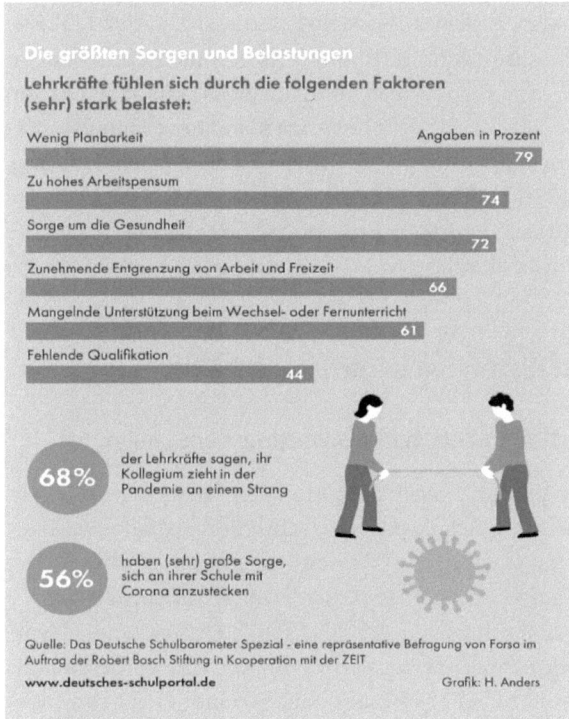

Die größten Sorgen und Belastungen

Lehrkräfte fühlen sich durch die folgenden Faktoren
(sehr) stark belastet:

Wenig Planbarkeit   Angaben in Prozent
                                                              79

Zu hohes Arbeitspensum
                                                           74

Sorge um die Gesundheit
                                                          72

Zunehmende Entgrenzung von Arbeit und Freizeit
                                                     66

Mangelnde Unterstützung beim Wechsel- oder Fernunterricht
                                                   61

Fehlende Qualifikation
                                    44

68%   der Lehrkräfte sagen, ihr
      Kollegium zieht in der
      Pandemie an einem Strang

56%   haben (sehr) große Sorge,
      sich an ihrer Schule mit
      Corona anzustecken

Quelle: Das Deutsche Schulbarometer Spezial - eine repräsentative Befragung von Forsa im
Auftrag der Robert Bosch Stiftung in Kooperation mit der ZEIT

www.deutsches-schulportal.de   Grafik: H. Anders

Abbildung 1

5   Zusammenarbeit und Erfahrungen an der Schule

Zusammenarbeit im Kollegium verbessert sich leicht

Bei den Fragen zur Zusammenarbeit antworten 68% der befragten Lehrkräfte,
dass das Kollegium während der Pandemie weitgehend an einem Strang zieht.
Gegenüber 61% im April 2020 zeigt sich hier eine leichte Verbesserung. Differenziert nach Schularten liegen die Werte für eine gute Zusammenarbeit an
Grundschulen (75%) deutlich höher als an Gymnasien (60%). Dagegen meinen
die Lehrkräfte, die sich im Dezember überwiegend im Wechsel- oder Fernunterricht befinden, häufiger als ihre Kolleginnen und Kollegen im Präsenzunterricht, dass jeder eher für sich arbeitet.

Besonders hohe Herausforderungen im Hybrid- und Fernunterricht

Um herauszufinden, worin die größten Herausforderungen und Probleme im
Hybrid- oder Fernunterricht liegen, wurden ausschließlich Lehrkräfte, die bereits Anfang Dezember 2020 davon betroffen waren, dazu befragt.

83

Dabei zeigt sich, dass es für die übergroße Mehrheit dieser Lehrkräfte (86%) eine (mittlere bis große) Herausforderung ist, die Schüler*innen emotional zu unterstützen und zu motivieren sowie ihnen individualisiert Rückmeldungen zu geben. Vergleichbar viele Lehrkräfte (83%) nennen als weitere Herausforderungen, den Schüler*innen individualisierte Arbeitsaufträge bereitzustellen, Prüfungen durchzuführen (73%) und die Schüler*innen zu erreichen (73%). Sie in Problemlagen zu unterstützen, ist für 86 Prozent der betroffenen Lehrkräfte eine mittlere bis große Herausforderung.

6   Fernunterricht und digitale Ausstattung der Schulen

Weiterhin große Mängel in der technischen Ausstattung der Schulen

Ähnlich wie im April (33%) gibt auch nach acht Monaten nur eine Minderheit (38%) der Lehrkräfte an, dass ihre Schule gut oder sehr gut mit digitalen Medien und den technischen Voraussetzungen für einen Fernunterricht ausgestattet ist. 61 Prozent sehen sich weniger gut oder sogar schlecht darauf vorbereitet.

Differenziert nach Schulformen zeigen sich hier große Unterschiede: Gymnasien (56%) sehen sich deutlich besser auf den Fernunterricht vorbereitet als Förderschulen (18%), Grundschulen (27%), aber auch Haupt-/Real- und Gesamtschulen (40%).

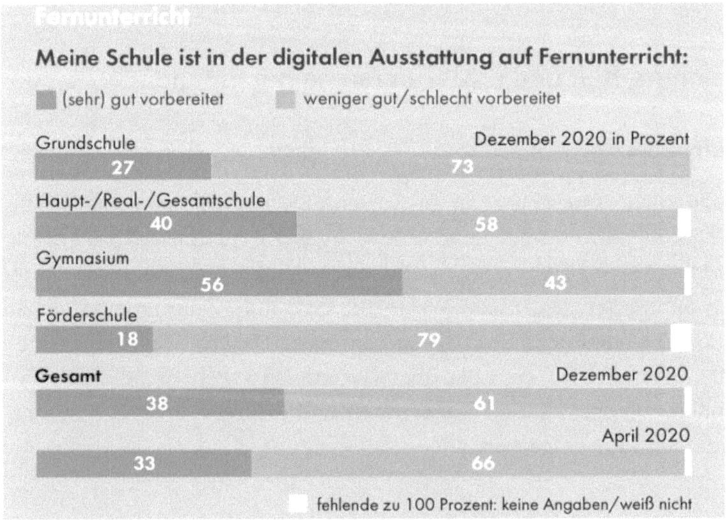

Meine Schule ist in der digitalen Ausstattung auf Fernunterricht:

(sehr) gut vorbereitet   weniger gut/schlecht vorbereitet

Grundschule — Dezember 2020 in Prozent
27 | 73

Haupt-/Real-/Gesamtschule
40 | 58

Gymnasium
56 | 43

Förderschule
18 | 79

Gesamt — Dezember 2020
38 | 61

April 2020
33 | 66

fehlende zu 100 Prozent: keine Angaben/weiß nicht

Abbildung 2

Deutlicher Verbesserungsbedarf bei der technischen Ausstattung und den eigenen Kompetenzen

Daraus leitet sich nachvollziehbar ab, dass die befragten Lehrkräfte einen erheblicher Verbesserungsbedarf bei der technischen Ausstattung für den Fernunterricht sehen. Mit Abstand am häufigsten gilt dies für die technische Ausstattung der Schüler*innen zu Hause (80%), für die Ausstattung der Lehrkräfte mit digitalen Endgeräten (58%) und die technische Ausstattung der Schule (58%). An Gymnasien wird die technische Ausstattung der Schüler*innen (65%), der Lehrkräfte (52%) und auch der Schule (48%) erkennbar weniger bemängelt als an den anderen Schulformen, was der überwiegend positiven Einschätzung an Gymnasien, gut auf den Fernunterricht vorbereitet zu sein, entspricht.

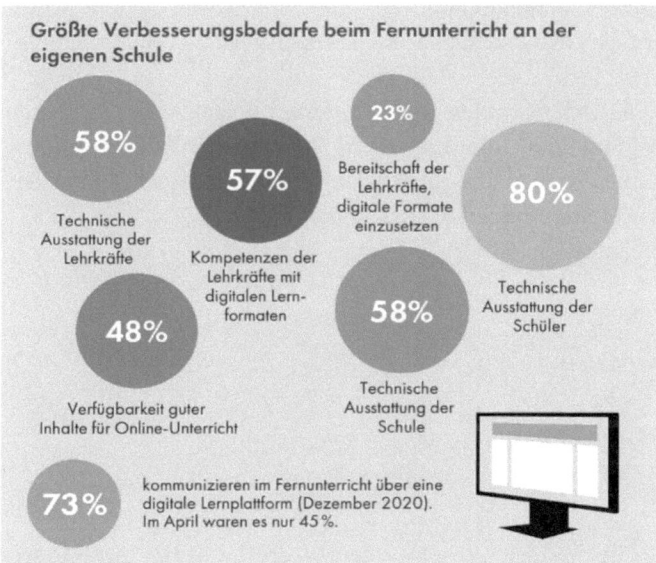

Abbildung 3

Knapp die Hälfte der Lehrkräfte (48%) sieht in der Verfügbarkeit qualitativ guter Inhalte für das onlinegestützte Lernen und mehr als die Hälfte (55%) bei der Fortbildung im Umgang mit digitalen Lernformaten den größten Verbesserungsbedarf.

Im Vergleich mit den Ergebnissen vom April 2020 lassen sich im Dezember 2020 durchgängig positive Entwicklungen hinsichtlich des Verbesserungsdarfs der eigenen Kompetenzen mit digitalen Lernformaten (69% im April gegenüber 57% im Dezember), der technischen Ausstattung der Schule (64% im April gegenüber 58% im Dezember) und der Entwicklung eines gemeinsamen Verständnisses zum Einsatz digitaler Formate im Unterricht (57% im April gegenüber 43% im Dezember), feststellen. Und nur knapp ein Viertel (23%) der

Lehrkräfte meint, dass die Bereitschaft von Lehrkräften, digitale Lernformate im Unterricht einzusetzen, noch zu verbessern wäre gegenüber mehr als einem Drittel (35%) im April.

Dies gilt auch für die Rückmeldung, dass mittlerweile eine deutliche Mehrheit der Schulen (78%) über eine Lern- und Arbeitsplattform verfügt, um mit den Schüler*innen zu kommunizieren und Aufgaben einzustellen. Aber nur knapp die Hälfte der Lehrkräfte sieht an der Schule die notwendigen technischen Möglichkeiten gegeben, um Unterricht per Videokonferenz durchzuführen (47%), und lediglich an einem Drittel (36%) der Schulen gibt es eine ausreichend starke Internetverbindung. Noch geringer ist die Anzahl von Schulen mit Laptops/Tablets für Lehrkräfte (19%) und für Schüler*innen (9%).

Auch in dieser Hinsicht sind die Gymnasien deutlich besser ausgestattet (98% Lernplattform, 60% Videokonferenzen, 43% Internet) als andere Schulformen, insbesondere die Grundschulen (58% Lernplattform, 34% Videokonferenzen, 31% Internet).

Nur knapp die Hälfte der Schulen (52%) hat nach Angaben der befragten Lehrkräfte seit dem März 2020 Mittel aus dem Digitalpakt Schule abgerufen, um Anschaffungen für den digitalgestützten Unterricht zu tätigen. Finanziert wurden damit überwiegend Endgeräte für Schüler*innen (69%) und die IT-Infrastruktur im Schulgebäude (50%).

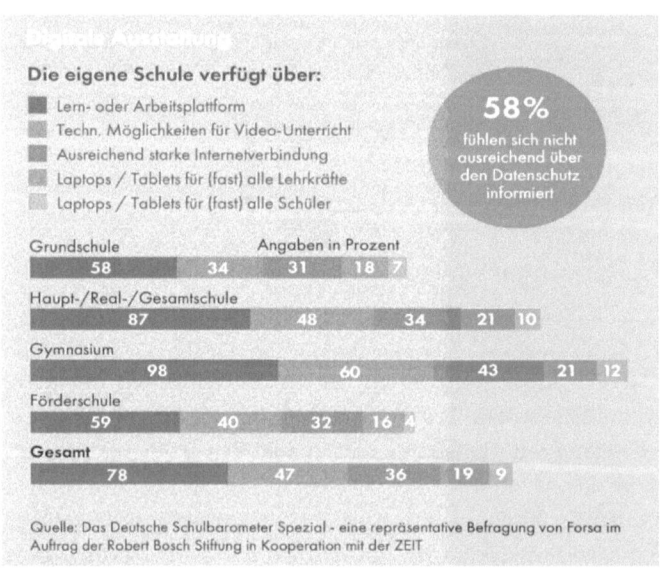

Die eigene Schule verfügt über:
- Lern- oder Arbeitsplattform
- Techn. Möglichkeiten für Video-Unterricht
- Ausreichend starke Internetverbindung
- Laptops / Tablets für (fast) alle Lehrkräfte
- Laptops / Tablets für (fast) alle Schüler

58% fühlen sich nicht ausreichend über den Datenschutz informiert

Angaben in Prozent

Grundschule: 58 · 34 · 31 · 18 · 7

Haupt-/Real-/Gesamtschule: 87 · 48 · 34 · 21 · 10

Gymnasium: 98 · 60 · 43 · 21 · 12

Förderschule: 59 · 40 · 32 · 16 · 4

Gesamt: 78 · 47 · 36 · 19 · 9

Quelle: Das Deutsche Schulbarometer Spezial - eine repräsentative Befragung von Forsa im Auftrag der Robert Bosch Stiftung in Kooperation mit der ZEIT

Abbildung 4

7 Kommunikation und Betreuung im Fernunterricht

Nutzung von digitalen Lernplattformen steigt, aber E-Mail überwiegt nach wie vor

Da die Befragung im Dezember kurz vor den Schulschließungen erfolgte, wurden die Lehrkräfte um ihre Einschätzung gebeten, auf welche Weise sie im Fernunterricht kommunizieren (würden).

Die große Mehrheit (79%) würde per E-Mail oder über digitale Lern-Plattformen (73%) mit Schüler*innen und Eltern kommunizieren, mehr als die Hälfte darüber hinaus über das Telefon (58%), mehr als ein Viertel in Papierform (29%) und/oder über die schuleigene Website (27%), etwas weniger (22%) würden soziale Medien bzw. Messengerdienste nutzen. Im Vergleich zur Befragung nach der ersten Schulschließung ist der Anteil von digitalen Lern- und Arbeitsplattformen für die Kommunikation deutlich gestiegen (von 45% auf 73%), unverändert stehen jedoch E-Mails an erster Stelle.

Verbindliche Konzepte für den Fernunterricht stehen häufig noch aus

Ein verbindliches Konzept zur Frage, wie der Kontakt zu allen Schüler*innen bzw. ihren Familien im Fern-/Hybridunterricht aufrechterhalten werden kann, gibt es nach Einschätzung der befragten Lehrkräfte an 60 Prozent der Schulen. Weniger als die Hälfte (41%) hat ein Konzept, wie Schüler*innen regelmäßiges, individuelles Feedback erhalten, ein knappes Viertel (23%), wie Schüler*innen mit Lernschwierigkeiten individuell unterstützt werden und noch weniger (22%), wie Schüler*innen ihre Lernziele und ihren Lernfortschritt selbst planen können.

8 Erfahrungen und Konsequenzen aus den Schulschließungen im Frühjahr

Knapp die Hälfte der Schulen hat Befragungen zu Schulschließungen durchgeführt

Knapp die Hälfte der Schulen (46%) hat nach der ersten Phase der Schulschließungen zwischen März und den Sommerferien Befragungen durchgeführt, um die Erfahrungen aus dieser Zeit auszuwerten. 38 Prozent der Schulen berichten von Eltern-, 36 Prozent von Schülerbefragungen. Diese Befragungen haben an Gymnasien häufiger stattgefunden als an Förderschulen und Grundschulen.

57 Prozent der Lehrkräfte, an deren Schulen Befragung(en) zu den Erfahrungen aus Schulschließungen durchgeführt wurden, geben an, dass daraus Konsequenzen für die schulische Arbeit gezogen wurden. Dies geschah an Grundschulen etwas seltener als an anderen Schulformen.

9 Beurteilung von Plänen und Maßnahmen im Zuge der Corona-Pandemie

Schutzmaßnahmen werden als unzureichend angesehen

Nur eine Minderheit (28 Prozent) der befragten Lehrkräfte hält die zum Zeitpunkt der Befragung im Dezember 2020 geltenden Corona-Schutzmaßnahmen an den Schulen ihres Bundeslandes für ausreichend, für eine deutliche Mehrheit (68%) gilt dies nicht.

Mehrheit der Lehrkräfte für Lehrplanreduzierung und mehr Eigenverantwortung

Nach Ansicht einer großen Mehrheit (74%) der befragten Lehrkräfte sollte der Lehrplan im laufenden Schuljahr 2020/2021 aufgrund der Corona-Pandemie reduziert werden, dabei würden 40 Prozent die Lehrpläne und Lernziele aller Fächer reduzieren, 34 Prozent würden diese zugunsten der Kernfächer kürzen. Nur etwa jede vierte Lehrkraft (24%) meint, dass die Lehrpläne nicht gekürzt werden sollten. Hier zeigt sich bei Grundschulen (33% alle Fächer kürzen, 41% zugunsten Kernfächer kürzen) und Gymnasien (47% alle Fächer kürzen, 23% zugunsten Kernfächer kürzen) ein entgegengesetztes Bild.

Hinsichtlich der pandemiebedingten Maßnahmen wünschen sich mehr als zwei Drittel (68%) der befragten Lehrer*innen mehr Eigenverantwortung für ihre Schule.

Unterschiedlich hohe Lernrückstände bei den Schüler*innen

An jeder zehnten Schule (11%) haben nach Angaben der befragten Lehrkräfte (fast) alle Schüler mittlerweile Lernrückstände aufgrund der pandemiebedingten Maßnahmen seit März 2020. Etwas mehr als jeder Vierte (27%) meint, dass mehr als die Hälfte der Schüler Lernrückstände aufweist; ein knappes Drittel (29%) geht davon aus, dass dies für weniger als die Hälfte der Schüler gilt und ein Fünftel (21%), dass dies nur sehr wenige Schüler*innen betrifft.

Auch hier zeigen sich deutliche Unterschiede zwischen den Schulformen: Während nur 7% der Lehrkräfte an Gymnasien bei (fast) allen Schüler*innen messbare Lernrückstände sehen, stellen dies immerhin 26% der Lehrkräfte an Förderschulen, 12% an Haupt-, Real-, Gesamtschulen und 10% an Grundschulen fest.

Schlechte Noten für die Landesregierungen

Das Corona-Management der Landesregierungen wird im Durchschnitt mit knapp ausreichend (4,2) beurteilt, nur jede dritte Lehrkraft (32%) vergibt ein Befriedigend oder besser. Fast keine Lehrkraft (1%) bewertet die Landesregierung dafür mit „sehr gut", dagegen fast jeder zweite Befragte (46%) mit mangelhaft oder ungenügend.

Positive Auswirkungen des Fernunterrichts für die Schulentwicklung: Schub für digitale Lernformate, Kommunikation und Unterrichtsentwicklung

Eine gegenüber April 2020 (59%) wachsende Mehrheit der befragten Lehrkräfte (78%) stimmt der Aussage zu, dass an ihrer Schule seit März 2020 Entwicklungen hinsichtlich digitaler Lernformate oder digitaler Kommunikation umgesetzt wurden, die ohne die Schulschließungen vermutlich erst später oder gar nicht umgesetzt worden wären.

Eine deutliche Mehrheit (69%) der Lehrkräfte hat seit März 2020 neue Methoden, Instrumente oder Ansätze im Unterricht erprobt, die sie auch in Zukunft anwenden will; fast genauso viele (64%, gegenüber 49% im April) geben an, auch im Präsenzunterricht mit Eltern und Schüler*innen stärker digital zu kommunizieren. Knapp die Hälfte (46%) setzt digitale Tools nun häufiger auch im Präsenzunterricht ein, mehr als ein Drittel (37%) stimmt der Aussage zu, dass der Austausch zwischen Lehrkräften, Schüler*innen und Eltern insgesamt intensiver ist als vor März 2020, im April waren es noch ca. ein Viertel (28%).

Bei mehr als der Hälfte (53%) der Lehrkräfte hat der Fernunterricht dazu geführt, dass sie ihre Schüler*innen jetzt stärker als vor März 2020 dazu befähigen, mehr Verantwortung für den eigenen Lernprozess zu übernehmen.

Dass die Corona-Krise insgesamt langfristig zu positiven Veränderungen an ihrer Schule führen wird, meint weniger als die Hälfte der Lehrkräfte (44%); etwas mehr (49%) gehen davon aus, dass nach der Pandemie schnell wieder zu alten Routinen zurückgekehrt wird.

Auch zur Frage möglicher Auswirkungen des Fernunterrichts auf die digitale Schulentwicklung zeigen sich deutliche Unterschiede zwischen den Schulformen: Vor allem Lehrkräfte an Grundschulen schätzen diese Möglichkeiten insgesamt deutlich zurückhaltender ein als ihre Kolleginnen und Kollegen an Gymnasien.

Auswirkungen auf die Unterrichts- und Schulentwicklung

So viele Lehrkräfte stimmen den folgenden Aussagen zu:

69%
„Ich habe seit März 2020 durch die Pandemie bedingt neue Methoden, Instrumente oder Ansätze im Unterricht erprobt, die ich auch in Zukunft anwenden werde."

53%
„Ich befähige meine Schüler jetzt stärker dazu, mehr Verantwortung für ihren eigenen Lernprozess zu übernehmen als vor März 2020."

44%
„Die Corona-Krise wird langfristig zu positiven Veränderungen an meiner Schule führen."

49%
„Ich glaube, dass wir nach der Pandemie schnell wieder zu alten Routinen und Lehr-/Lernformaten zurückkehren werden."

Abbildung 5

Möglichkeiten digitaler Medien werden stärker als jemals zuvor für den Unterricht genutzt

Insgesamt zeigt sich, dass die Möglichkeiten digitaler Medien in allen abgefragten Bereichen des Unterrichts erkennbar häufiger genutzt werden als in der Zeit vor der Corona-Pandemie:

Von den befragten Lehrkräften nutzt eine deutliche Mehrheit (64%) mittlerweile digitale Medien, um sich mit Kollegen auszutauschen und abzustimmen, sich neue Lerninhalte anzueignen (62%) oder für eigenständiges Üben der Schüler*innen (58%) gegenüber jeweils weniger als 40% vor der Corona-Krise.

Fast jede zweite Lehrkraft verwendet digitale Medien, um sich mit einem Schüler oder einer Schülerin auszutauschen (49%) und um Aufgaben zu übermitteln (48%) im Vergleich zu einer kleinen Minderheit (17% bzw. 13%) vor der Pandemie.

…wenn auch in unterschiedlichem Umfang

Für darüberhinausgehende Bereiche des Unterrichts nutzt nur eine, wenn auch wachsende Minderheit von Lehrkräften weitere Möglichkeiten der Digitalisierung:

So werden digitale Medien von ca. einem Viertel genutzt, um mit einer Lerngruppe zu interagieren (28% gegenüber 7% vor März 2020) und um Unterricht per Stream oder Videokonferenz durchzuführen (24% gegenüber 1% vor März 2020). Jeder Fünfte nutzt digitale Möglichkeiten für kooperative Lernformen (20% gegenüber 8% vor März 2020) und nur jeder Zehnte, um Tests oder Leistungserhebungen durchzuführen (11% gegenüber 6% vor März 2020).

Während an Grundschulen und Förderschulen digitale Medien häufiger für eigenständiges Üben eingesetzt werden, nutzen die weiterführenden Schulen digitale Möglichkeiten deutlich stärker, um mit Lerngruppen zu interagieren und sich mit Schüler*innen individuell austauschen sowie für kooperative Lernformen.

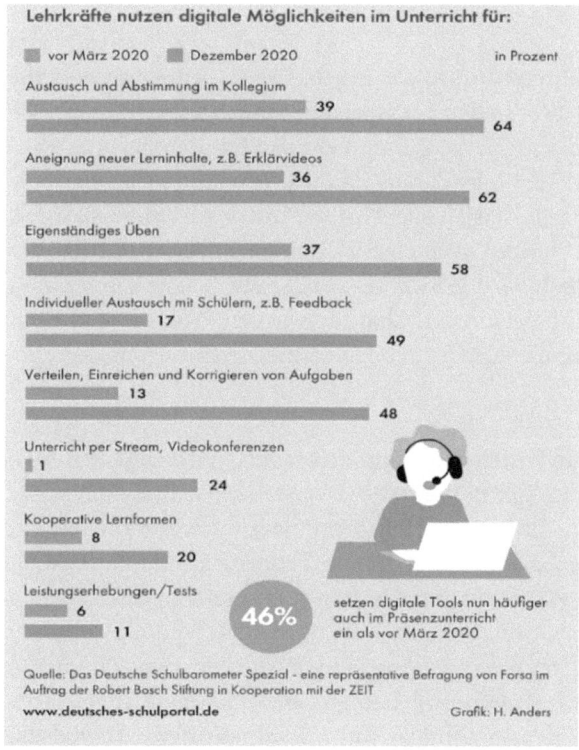

Abbildung 6

Eine deutliche Mehrheit (64%) gibt an, im Unterricht zumindest gelegentlich vorhandene Erklärvideos einzusetzen, jeder Fünfte nutzt dafür auch selbst erstellte Erklärvideos (21%). Hinzukommen Apps (41%), Video-Konferenzen (31%), Online-Lernplattformen (28%), Chats (17%) und weitere Formate. Insgesamt zeigt sich hier generell ein deutlicher Zuwachs gegenüber dem Zeitraum vor März 2020.

10 Nutzung von Online-Informationen

Verschiedene Informationsquellen stehen bereit und werden auch genutzt

Fast zwei Drittel (64%) der Lehrkräfte nutzen den jeweiligen Landesbildungsserver als Informationsquelle für schulische Themen, weitere Quellen sind Websites von Interessensverbänden oder Gewerkschaften (34%), der Deutsche Bildungsserver (33%) und News4teachers.de (28%). Das Deutsche Schulportal nutzt etwa jede zehnte befragte Lehrkraft (11%), um sich über schulische Themen fachlich zu informieren.

Fazit und Ausblick

Wie lässt sich vor dem Hintergrund dieser Ergebnisse die eingangs gestellte Frage beantworten, inwieweit es in den vergangenen Monaten gelungen ist, die Schulen auf die Herausforderungen im Zusammenhang mit der Corona- Pandemie besser vorzubereiten? Was folgt daraus für die „Generation Corona"?

Eine eindeutige Antwort lässt sich nicht geben, denn erkennbaren Fortschritten und Weiterentwicklungen steht eine Vielzahl nach wie vor ungelöster Probleme gegenüber. Deutlich wird jedoch, dass nicht alle Schulen und damit Schüler*innen in gleichem Maße von den Chancen wie den Problemen, die mit den schulischen Herausforderungen in der Pandemie zusammenhängen, betroffen sind.

Zunächst fallen die weiterhin bestehenden großen Mängel in der digitalen Ausstattung der Schulen auf, dies gilt in besonderer Weise für Grundschulen und vor allem für Förderschulen. Offensichtlich haben immerhin acht Monate nicht ausgereicht, um alle Schulen, Schüler*innen sowie Lehrkräfte mit den notwendigen technischen Voraussetzungen und Geräten auszustatten. Dass nur ein Drittel der Lehrkräfte über eine ausreichende Internetverbindung an ihrer Schule berichtet, ist kaum nachzuvollziehen und dürfte mit den komplexen Zuständigkeiten von Bund, Ländern und Gemeinden zusammenhängen. Dies scheint auch für den schleppenden Abfluss von Mitteln aus dem „Digitalpakt Schule" zu gelten. Hier lässt der dringend erforderliche Ruck nach wie vor auf sich warten und werden die besorgniserregenden Ergebnisse aus internationalen Studien (zuletzt ICILS 2018) bestätigt.

Da Gymnasien im Vergleich zu den anderen weiterführenden Schulen, den Grundschulen und Förderschulen im Durchschnitt auf eine bessere digitale Ausstattung zurückgreifen können, verfügen sie auch über mehr Möglichkeiten, die Lehr- Lernprozesse in Zeiten von Fern- und Hybridunterricht aufrechtzuerhalten. Besonders betroffen von den Ausstattungsmängeln sind augenscheinlich auch Schulen, die nicht auf eine engagierte Elternschaft setzen können, um in eigener Initiative die Mängel zu kompensieren.

Offensichtlich ist es nicht hinreichend gelungen, die in der Pandemie deutlich gewordenen unterschiedlichen digitalen Ausstattungsmängel an Schulen nach sozialen Erfordernissen auszugleichen, sondern scheint der Matthäus-Effekt einmal mehr zum Tragen zu kommen.

Auf der anderen Seite lässt sich feststellen, dass trotz der Pandemie mit einer Vielzahl von Belastungen und nie dagewesenen Herausforderungen die Lehrkräfte mit hohem Engagement dafür Sorge tragen, ihre Schüler*innen auch in dieser Situation zu erreichen und die Lehr-/Lernprozesse fortzusetzen.

Dafür nutzen Schulen in einem z. T. rasant wachsenden Umfang die Möglichkeiten digitaler Medien, auch wenn dafür sowohl die technischen Voraussetzungen als auch die eigenen Kompetenzen nicht überall in ausreichendem Maße gegeben sind. Dies geht einher mit einer wachsenden Bereitschaft, digitale Lernformate im Unterricht einzusetzen und generell digitale Medien für die schulische Kommunikation zu nutzen. Ermutigend ist auch der Befund, dass eine Mehrheit der befragten Lehrkräfte die Erfahrungen mit dem Fernunterricht dafür nutzen möchte, um die Schüler*innen stärker dazu zu befähigen, mehr Verantwortung für den eigenen Lernprozess zu übernehmen. Erfreulicherweise gilt dies, wenn auch in unterschiedlichem Maße, für alle Schulformen.

Wachsende professionelle Routinen scheint es in der gezielten Nutzung digitaler Lernmedien für Feedback, eigenständiges Üben, Interaktion mit Lerngruppen, Unterricht per Steam, Videokonferenzen, kooperative Lernformen usw. zu geben. Hier wird offensichtlich Vieles erprobt und sind weitere Entwicklungen zu erwarten, zumal anerkannte Qualitätskriterien für digitale Unterrichtsmedien und häufig auch zuverlässige Server bzw. Plattformen fehlen.

Die festgestellten z. T. großen Unterschiede zwischen den Schulformen in der Nutzung digitaler Möglichkeiten für den Unterricht dürften auf den spezifischen pädagogischen Auftrag der einzelnen Schulformen mit unterschiedlichen Altersstufen, aber sicherlich auch auf soziale Rahmenbedingungen zurückzuführen sein, wie z. B. bei den Förderschulen. Dass Grundschulen sich generell zurückhaltender zeigen, digitale Medien für Interaktion, Feedback, Bearbeitung von Aufgaben oder Streaming zu nutzen, könnte damit zusammenhängen, dass der persönlichen Beziehung zu den Kindern dort ein hoher pädagogischer Stellenwert eingeräumt wird.

Auch wenn es an vielen Schulen (noch) keine verbindlichen Konzepte zu zentralen Fragen des Hybrid- und Fernunterrichts gibt, bedeutet das nicht, dass in der täglichen Schulpraxis keine Absprachen zwischen den Lehrkräften erfolgen. Zudem ist die Abstimmung von schriftlich verfassten schulischen Konzepten mit einem gewissen Zeitvorlauf verbunden. Hier müssten weitere Befragungen zu einem späteren Zeitpunkt für mehr Klarheit sorgen.

Die Pandemie hat sich für die Lehrkräfte als plötzlicher und weitgehend unvorbereiteter Schnellkurs erwiesen, um in wenigen Monaten zu lernen, was mit digitalen Medien an Schulen möglich ist. Insgesamt hat sich dadurch innerhalb einer kurzen Zeitspanne an den Schulen sehr viel getan und scheint ein Wandel im professionellen Verständnis von Lehrkräften an allen Schulformen stattzufinden. Dies gilt nicht nur hinsichtlich des Einsatzes digitaler Medien für den Unterricht, sondern auch für die Stärkung von Kommunikation und damit Beziehungen innerhalb einer Schule.

Durchaus überraschend spielen Unterschiede im Alter der Lehrkräfte bei dieser Entwicklung offensichtlich keine besondere Rolle.

Es bleibt abzuwarten, was davon im schulischen Alltag nach der Pandemie überdauern wird, weil Lehrkräfte damit einen erkennbaren Mehrwert für ihren Unterricht verbinden. Noch ist nicht ausgemacht, ob die Schulen recht behalten werden, die wieder in alte Routinen zurückkehren möchten.

Besorgniserregend sind die von den Lehrkräften festgestellten Lernrückstände im Hybrid- und Fernunterricht. Dass die Gymnasien erkennbar geringere Lernrückstände zurückmelden als die anderen weiterführenden Schulen und insbesondere die Förderschulen dürfte auch auf die bessere technische Ausstattung und die größeren Möglichkeiten elterlicher Unterstützung in Zeiten von Schulschließungen zurückzuführen sein. Damit könnte sich die Corona-Pandemie als Beschleuniger der ohnehin großen Leistungsspreizung in Abhängigkeit von der sozialen Herkunft der Schüler*innen in Deutschland erweisen.

Daher bietet die aktuelle Situation wenig Anlass, um hoffnungsvoll in die Zukunft zu blicken. Im Gegenteil dürfte sich die bisher unbeantwortete Frage, wie diese nach Schulform und sozialer Herkunft unterschiedlich großen Lernrückstände nach Aufhebung der Schulschließungen zumindest in Teilen kompensiert werden können, als zentrale Herausforderung für die kommende Zeit erweisen.

Was bestimmt das Lernen von Jugendlichen im Lockdown als Folge der COVID-19-Pandemie?

Befunde aus dem Schul-Barometer für Deutschland, Österreich und der Schweiz[1]

Stephan Gerhard Huber, Christoph Helm, Marianne Mischler, Paula Sophie Günther, Julia A. Schneider, Jane Pruitt, Nadine Schneider, Marius Schwander

Anfang 2020 löste die weltweite Corona-Pandemie auch in den deutschsprachigen Ländern eine gesellschaftliche Krise mit weitreichenden Auswirkungen auf nahezu alle gesellschaftlichen Bereiche aus. Die Schulen wurden in Deutschland, Österreich und der Schweiz ab Mitte März 2020 geschlossen und im Mai/Juni wieder geöffnet (erster Lockdown), um dann gegen Ende des Jahres in Deutschland und Österreich wieder geschlossen zu werden (zweiter und dritter Lockdown). Je nach Bundesland/Kanton wurde Schule während und nach dem Lockdown teils unterschiedlich organisiert, beispielsweise hinsichtlich Ferienregelungen, Formen der Schülerbetreuung und der Anwesenheit von schulischen Mitarbeitenden sowie hinsichtlich der Lehr-Lern-Arrangements und der Kompensationsmaßnahmen (z. B. Sommerschule in Österreich und Sachsen). Diese für alle neue Situation führte zu neuen Herausforderungen, vielen offenen Fragen und je nach Akteursgruppe zu unterschiedlichen Informationsbedürfnissen. Ein weiterer Grund, wieso das Interesse groß ist zu erforschen, wie die Jugendlichen mit dieser neuartigen Situation, ausgelöst durch die Covid-19-Pandemie, umgehen, basiert darauf, dass der Umgang mit Unsicherheiten und die gleichzeitige Bewältigung von Entwicklungsaufgaben eine hohe psychische und soziale Anforderung an die Jugendlichen stellt, die nicht von allen gleich bewältigt werden kann (Huber/Hurrelmann 2016). Entwicklungsaufgaben einer bestimmten Gruppe entstehen aus a) der physischen Entwicklung, b) kulturellen Erwartungen und c) individuellen Werten und Zielen (Havighurst 1956).

---

1   Dies ist die Kurzfassung eines längeren Beitrags, der unter www.Schul-Barometer.net (www.Schul-Barometer.net/Generation-C) eingesehen werden kann und der zudem in Huber et al. (2021) publiziert wird. Die Ergebnistabellen können bei Interesse gerne auch separat beim Erstautor (stephan.huber@phzg.ch) angefragt werden.

Folgende Themenfelder können als Herausforderungen im Leben von Jugendlichen angesehen werden: a) Bewältigung der schulischen und berufseinmündenden Laufbahn, b) der Aufbau eigener persönlicher Beziehungen, c) der Umgang mit Freizeit- und Medienangeboten oder d) die Entwicklung einer selbstständigen Rolle. Mit diesen oder ähnlichen Themen befasst sich das vorliegende Schul-Barometer.

1 Das Schul-Barometer für Deutschland, Österreich und die Schweiz: Ziele und Teilstudien

Mit dem Ziel, diese Informationsbedürfnisse zumindest teilweise zu befriedigen, wurde das Schul-Barometer (www.Schul-Barometer.net) lanciert (Huber et al. 2020a), das sich nach und nach zu einer breiten Forschungsplattform mit unterschiedlichen Forschungszielen für unterschiedliche Inhaltsbereiche und Zielgruppen im DACH-Raum aber auch darüber hinaus (z. B. in Russland) etablierte. Anfang 2021 umfasste das Schul-Barometer 7 Teilstudien und das internationale Forschungsnetzwerk Covid-19 Education Research CovER-Network (http://www.cover.education/).

2 Erste Befragung: Survey mit qualitativen und quantitativen Elementen zu Beginn des Lockdowns im März und April 2020

Im vorliegenden Beitrag fokussieren wir auf die Teilstudie 1 des Schul-Barometers. Ziel dieser ersten Teilstudie war die Beschreibung und Einschätzung der Schulsituation während und nach den ersten Schulschließungen im Frühjahr 2020 aufgrund der Corona-Pandemie aus Sicht verschiedener Personengruppen in Deutschland, Österreich und der Schweiz. Durch die empirische Beschreibung der Auswirkungen der Krisensituation auf Schule und Bildung sollte im Sinne von „Responsible Science" ein Beitrag zum Erfahrungsaustausch geleistet werden. Damit sollten möglichst rasch handlungsrelevante Informationen für unterschiedliche Zielgruppen zur Verfügung gestellt werden. Zu diesem Zweck wurden im Schul-Barometer unterschiedliche Themen, die vor dem Hintergrund verschiedener Forschungstraditionen und -diskurse (z. B. den in diesem Beitrag zugrundeliegenden Modellen der Hausaufgabenbearbeitung, der Distance Education und der Online Education) als relevant für die aktuelle Situation gelten, untersucht. Für die unterschiedlichen Gruppen der Befragten (Schüler*innen, Eltern, Schulleitungen, Mitarbeitende der Schule, Schulverwaltung/Schulaufsicht, Unterstützungssysteme) wurden angepasste Fragebögen mit geschlossenen und offenen Items entwickelt und eingesetzt. Neben der deutschsprachigen Version existieren auch Versionen in französischer und englischer, aber auch z. B. in russischer Sprache. Das Schul-Barometer wurde vom 24. März bis Anfang April 2020 als Online-Umfrage durchgeführt. Gegenwärtig umfasst das Schul-Barometer eine Stichprobe für Deutschland, Österreich und die Schweiz von über 25.000 Personen. Auf Basis dieser Daten entstanden bereits eine Vielzahl von Publikationen (Helm et al. im Review; Huber et al. 2020a; Huber et al. 2020b; Huber/Helm 2020a; Huber/Helm 2020b), insbesondere zur Frage der Gestaltung von Lehr-Lernprozessen im Fernunterricht. Was unserem Wissen nach bisher noch selten erforscht wurde, ist die spezifische Situation der 15- bis 20-Jährigen im Lockdown. Daher gehen wir im vorliegenden Beitrag der Frage nach, wie Bildung in dieser Krise für diese spezifische Altersgruppe funktioniert(e); dabei fokussieren wir zwei zentrale Fragestellungen:

1. Welche Merkmale des Fernunterrichts, der 15- bis 20-jährigen Schüler*innen und ihrer familiären Situation, erweisen sich als bedeutsame Determinanten zentraler Schüleroutcomes wie der subjektiv wahrgenommene Lernerfolg, die für das Lernen investierte Zeit und das Wohlbefinden während des ersten Schul-Lockdowns? Zur Beantwortung dieser Fragestellung werten wir quantitative Schülerdaten aus.
2. Über welche Bedarfe, Bedürfnisse und Wünsche an Lehrpersonen, Eltern und andere Personen berichten die 15- bis 20-jährigen Schüler*innen im Lockdown? Was waren aus ihrer Sicht die besonderen Konsequenzen des Lockdowns? Wie haben sie ihren Lernerfolg in der Ausnahmesituation wahrgenommen? Was war besonders förderlich oder hinderlich für ihr Lernen? Wie stellen sie sich die Zukunft der Schule vor? ... Zur Beantwortung dieser Fragen greifen wir auf qualitative Schülerdaten zurück.

Diese Analysen erlauben uns, ein umfassendes Bild der Rahmenbedingungen von Digitalisierung und digitalen Lehr-Lern-Formen während des Lehrens und Lernens (von) zuhause zu zeichnen. Perspektivisch können daraus Einschätzungen und Empfehlungen für die „Schule von morgen" abgeleitet werden.

2.1 Theoretischer Rahmen

Zur Entwicklung eines theoretischen Rahmenmodells des Schul-Barometers wird auf folgende Forschungstraditionen Bezug genommen:

- Schuleffektivität (Teddlie/Stringfield 2007; Calman 2010; Creemers et al. 2010; Chapman et al. 2012; Moos/Huber 2007; Huber 2013),

- Schulverbesserung (Hargreaves et al. 1998; Hopkins et al. 2011; Harris et al. 2006; Huber 2018),
- Input-Throughput-Output (Cronbach 1972; Ditton 2002),
- Kooperation (Rosenholtz 1989; West/Hirst 2003; Muijs et al. 2010; Harris/Jones 2012; Huber/Ahlgrimm 2012; Huber 2014),
- Schulleitung (Robinson et al. 2008; Huber/Muijs 2010; Hallinger/Huber 2012; Huber/Spillane 2018; Tian/Huber 2019),
- Management von Krisen (Weick 1988, 2010; Schneider 1995; Rosenthal/Kouzmin 1993, 1997; Pearson et al. 2007; Johansen et al. 2012; Vardarlier 2016),
- Gesundheit/Belastung/Stress (Karasek, 1979; Lazarus/Folkman 1984; Huber 2013) und
- Arbeitsanforderungen und Ressourcen (Bakker/Demerouti 2017; Huber/Robinson 2016; Huber/Spillane 2016).

Darüber hinaus greifen wir insbesondere in der vorliegenden Studie auf Theoriemodelle der Hausaufgabenpraxis zurück. Sie postulieren, dass die Eltern im Rahmen ihrer Rolle in der Hausaufgabenbetreuung sowie die häusliche Situation/häusliche Ressourcen allgemein (z. B. sozioökonomischer Status der Lernenden, Ausstattung zuhause) starken Einfluss auf die Qualität und den Erfolg häuslicher Lernprozesse nehmen. Zwei in der Literatur prominente Modelle sind das Homework-Modell (Trautwein et al. 2006) und das Prozessmodell zur Wirkungsweise von Hausaufgaben (Kohler 2011).

Das *Homework-Modell* von Trautwein et al. (2006) basiert u. a. auf verschiedenen Motivationstheorien, insbesondere der Erwartungs-Wert-Theorie, und gängigen Lehr-Lern-Theorien, insbesondere der Angebots-Nutzungs-Logik.[2] Im Unterschied zum Angebots-Nutzungs-Modell versuchen Trautwein et al. (2006) die für die Hausaufgabenpraxis relevanten Faktorenbündel „Elternrolle", „Schülermotivation", „Qualität der Hausaufgabenpraxis" und „Hausaufgabenverhalten der Schüler*innen" konkreter zu beschreiben. So postulieren Trautwein et al. (2006), dass Merkmale der Lernumgebung, der Lehrpersonen, der Hausaufgabenpraxis, der Schüler*innen, der Eltern und der elterlichen Lernunterstützung bei der Hausaufgabenbearbeitung die Lernmotivation der Lernenden beeinflussen. Die Motivation wiederum wird als Prädiktor des Hausaufgabenverhaltens der Schüler*innen angenommen, welches mit der Schülerleistung assoziiert ist. Mit seiner starken Ähnlichkeit zum Angebots-Nutzungs-Modell bleibt das Homework-Modell mit Bezug zur Hausaufgabenpraxis notwendigerweise abstrakt.

---

2 Darüber hinaus fließen Annahmen zur Mehrebenen-Logik und zur Domänenspezifität in das Modell ein.

Kohler (2011) legt dagegen ein *Prozessmodell* vor, das – ebenfalls eingebettet in das Angebots-Nutzungs-Modell – zentrale, aufeinander aufbauende didaktische Schritte des Einsatzes und der Nutzung von Hausaufgaben stärker ausdifferenziert: Auswahl, Vergabe, Bearbeitung, Kontrolle und Auswertung von Hausaufgaben. Das Modell zeigt zwei für Lernprozesse relevante Punkte auf:

1. Es verweist auf die Gefahr, dass eine erfolgreiche Hausaufgabenbearbeitung und damit ein erfolgreicher Lernprozess nach jedem Schritt vorzeitig abgebrochen werden kann. Die Erfahrung zeigt, dass nicht jede erteilte Hausaufgabe auch von den Schüler*innen bearbeitet wird; und dass nicht jede bearbeitete Hausaufgabe auch von Lehrkräften kontrolliert (und ausgewertet) wird.
2. Unterschiedliche Prozessschritte haben unterschiedliche Funktionen und Qualitätsmerkmale. Während im Rahmen der Auswahl von Hausaufgaben die Funktion der Hausaufgabe und fachdidaktische Überlegungen im Vordergrund stehen, stehen bei Erteilung von Hausaufgaben Fragen der Klarheit und der Zeitnutzung im Fokus. Kontrolle bezieht sich auf die Überprüfung des Vorhandenseins der Ausarbeitung; während die Auswertung das inhaltliche Feedback meint.

Diese beiden für das Prozessmodell konstitutiven Aspekte sind auch für die Aufgabenpraxis im Fernunterricht wesentlich.

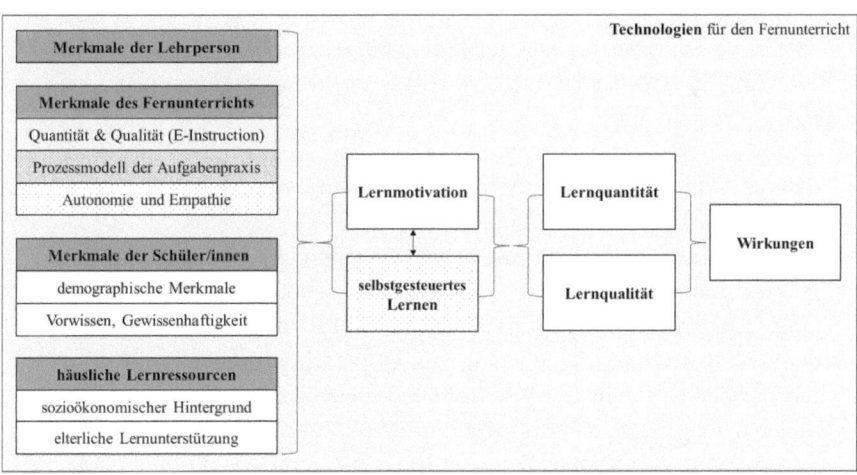

Abbildung 1: Modell zum Fernunterricht

Modelle der Hausaufgabenforschung scheinen aufgrund ihrer Angebots-Nutzungs-Logik alle wesentlichen Faktorenbündel für den Fernunterricht abzudecken. Was ihnen fehlt, ist der Blick auf die Rolle der Technik – insbesondere der digitalen Medien – im Lehr-Lern-Prozess, die erst durch die Corona-bedingten Schulschließungen zentrale Bedeutung im Schulalltag erlangt haben. Daher wird in Abbildung 1 ein integratives Modell vorgelegt, welches das Modell der Hausaufgabenpraxis nach Trautwein et al. (2006, keine Schattierung) um das Prozessmodell der Hausaufgabenpraxis (Schachfelder-Schattierung) sowie Theorien der Distance Education (punktierte Schattierung; z. B. Wedemeyer 1981; Keegan 1986; Moore 2013) und e-Education (hellgraue Schattierung; z. B. Aparicio et al. 2016; Picciano 2017) erweitert.

Vor diesem theoretischen Hintergrund gehen wir der Frage nach, welche Aspekte des Modells zum Fernunterricht sich als besonders prädiktiv für die Vorhersage der Schüleroutcomes im Fernunterricht erweisen.

2.2 Forschungsstand

Selbsteinschätzungen der Jugendlichen

Für den deutschsprachigen Raum liegen neben dem Schul-Barometer in der Zwischenzeit auch ein paar weitere Studien vor, die zentrale Schüleroutcomes wie den selbsteingeschätzten Lernerfolg (z. B. Steinmayr et al. 2020) und zentrale Aspekte des Lernens im Fernunterricht wie die Selbstregulation der Schüler*innen (z. B. Blume et al. 2020), die Veränderung der Lernzeit (z. B. Grätz/Lipps 2021) oder die Bewältigung des Distanzunterrichts (Schreiner et al. 2020) vorhersagen.

Dietrich et al. (2020) haben auf Basis von Daten aus einer Gymnasialschülerbefragung in Deutschland (N = 1.735) mehrere Regressionsmodelle geschätzt, die zeigen, dass

- tiefgreifende sozioökonomisch bedingte Unterschiede in der häuslichen Lernintensität der Schüler*innen existieren.
- Schüler*innen von Vätern mit berufsbildendem Abschluss 22% weniger in Homeschooling-Aktivitäten investieren als Schüler*innen von Vätern mit Universitätsabschluss; und dass Schüler*innen von Vätern ohne berufsbildenden Abschluss ca. 72% weniger in Homeschooling-Aktivitäten investieren als Schüler*innen von Vätern mit Universitätsabschluss.
- schlecht ausgestattete Lernumgebungen zuhause die Lernaktivität der Schüler*innen im Vergleich zu Schüler*innen mit guter Ausstattung deutlich reduzieren.
- Schüler*innen, die keine Unterstützung von Eltern und MitSchüler*innen erhalten, deutlich weniger im Fernunterricht investieren als Schüler*innen, die tägliche Unterstützung erhalten.
- die Bildungsaspirationen der Schüler*innen positiv mit dem Ausmaß an Homeschooling-Aktivitäten steigen.

- die Intensität der Lehrerunterstützung die Homeschooling-Aktivitäten der Befragten erhöht.

Blume et al. (2020) führten eine Elternbefragung durch, in der die Eltern von 535 Kindern (im Mittel rund 10 Jahre alt) einerseits die als relativ stabil angenommene Selbstregulation ihrer Kinder einschätzten und darüber hinaus an 21 aufeinanderfolgenden Tagen zusätzlich die tägliche Aufgabenschwierigkeit, den Spaß an der Aufgabe und die Lernselbstständigkeit ihrer Kinder berichteten. Die Analysen zeigen, dass die Selbstregulation der Schüler*innen positiv mit ihrer täglichen Lernselbstständigkeit korreliert. Außerdem zeigt sich, dass die tägliche Lernselbstständigkeit der Schüler*innen negativ mit der Aufgabenschwierigkeit und positiv mit der Freude an der Aufgabe assoziiert ist.

Grätz und Lipps (2021) verwenden Längsschnittdaten von 261 Schweizer Schüler*innen im Alter zwischen 14 und 25 Jahren, um die Auswirkungen der Schulschließungen auf die investierte Lernzeit zu analysieren. Die Ergebnisse zeigen, dass die Schüler*innen im Durchschnitt ihre Lernzeit von 35 auf 23 Stunden pro Woche reduzierten. Diese Reduktion war bei Schüler*innen im Sekundarschulalter stärker als bei Schüler*innen, die älter als 18 Jahre sind. Während die Reduktion der Lernzeit in absoluten Zahlen für Schüler*innen von Eltern mit höherer Schulbildung stärker ausfiel als für Schüler*innen von Eltern mit niedrigerer Schulbildung, war dieser Effekt für die relative Lernzeitreduktion nicht beobachtbar.

Schreiner et al. (2020) haben auf Basis einer kleineren Stichprobe von Schüler*innen (N = 234) der 8. Schulstufe im Bundesland Tirol eine Regressionsanalyse zur Vorhersage der Skala „Bewältigung des Distanzunterrichts" (z. B. „Ich konnte die Arbeitsaufträge, die an mich gestellt wurden, problemlos alleine bewältigen.") durchgeführt. Als moderat positive Prädiktoren erwiesen sich das weibliche Geschlecht und die Erstsprache Deutsch. Das Ausmaß der von den Schüler*innen erlebten Unsicherheit steht dagegen erwartungskonform in einem moderat negativen Zusammenhang mit der Bewältigung des Distanzunterrichts.

Steinmayr et al. (2020) haben auf Basis der Befragung von 2.647 Eltern in Deutschland den Fernunterricht in den Fächern Mathematik, Deutsch, Englisch und in den Naturwissenschaften untersucht. „Die Häufigkeit der Eltern-Lehrkraft-Kommunikation war in beiden Stichproben mit der Motivation und dem Lernfortschritt, jedoch nicht mit dem kompetenten und selbstständigen Lernverhalten assoziiert. Nur in der Grundschule hing der Lernfortschritt nicht mit der Häufigkeit der Schüler-Lehrer-Kommunikation zusammen. ... Das schulische Engagement der Kinder erklärte die meiste zusätzliche Varianz in den Schüler*innenoutcomes im Fernunterricht." (Steinmayr et al. im Review, S. 5). Die Befunde dieser Studie zeigen damit über die Schulformen (Grund- und Sekundarstufe) als auch über die Fächer (Mathematik, Deutsch, Englisch und

Naturwissenschaften) hinweg, dass der Fleiß der Schüler*innen und die Häufigkeit der Schüler-Lehrer-Kommunikation im Fernunterricht zentrale Prädiktoren für die Lernoutcomes im Schul-Lockdown darstellen.

Leistungsstudien

Unserem Recherche-Stand nach liegen aktuell vier Studien aus Belgien, den Niederlanden, Österreich und der Schweiz vor, die auf Basis von objektiven Daten aus Schülerleistungstests den Fragen nach der Lernentwicklung während des Schul-Lockdowns und dem Einfluss des sozioökonomischen Hintergrunds der Schüler*innen auf diese Lernentwicklung nachgehen.

Engzell et al. (2020) analysierten standardisierte Testleistungen von 350.000 Schüler*innen in den Niederlanden. Die Studie nutzt die Tatsache, dass die nationalen Prüfungen vor und nach den Corona-bedingten Schulschließungen stattfanden. Die so ermittelten Lernfortschritte der Primarstufen-Schüler*innen während des Lockdowns wurden im Rahmen eines sogenannten „difference-in-difference designs" mit den Lernfortschritten aus dem gleichen Zeitraum drei Jahre davor verglichen. Die Ergebnisse zeigen einen Lernverlust von etwa drei Prozentpunkten, was 0,08 Standardabweichungen entspricht. Der Durchschnitt der Lernverluste entspricht einem Fünftel eines Schuljahres, also fast genau der gleichen Periode, in der die Schulen geschlossen blieben. Dies impliziert, dass die niederländischen Schüler*innen wenig oder keine Fortschritte beim Lernen zuhause machten. Die Verluste sind bei Schüler*innen aus weniger gebildeten Familien sogar bis zu 55% höher.

Im Rahmen einer nationalen Testung in Belgien stellten Maldonado und Witte (2020) fest, dass die Primarstufen-Schüler*innen aller flämischen Schulen in allen getesteten Fächern erhebliche Lernverluste durch die Schulschließungen erlitten. Die durchschnittlichen Leistungswerte gingen – nach Berücksichtigung von Schulmerkmalen – im Vergleich zu den Leistungen aus den Jahren 2015 bis 2019 im Fach Mathematik um 0,19 Standardabweichungen und im Fach Niederländisch um 0,29 Standardabweichungen zurück. Die Ungleichheit innerhalb der Schulen stieg um 17% für die Mathematik-Leistungen und um 20% für Niederländisch-Leistungen. Die Ungleichheit zwischen den Schulen stieg für Mathematik um 7% und für Niederländisch um 18%. Die Lernverluste sind zudem mit beobachteten Schulmerkmalen korreliert. D.h., Schulen mit einer bildungsferneren Schülerklientel erlebten größere Lernverluste.

Um Leistungseffekte der Schulschließungen in der Schweiz zu untersuchen, analysierten Tomasik et al. (2020) Testdaten von 29.000 Primar- und Sekundarstufen-Schüler*innen aus der deutschsprachigen Schweiz (Kanton Zürich). Diese Schüler*innen wurden mit einem computerbasierten, adaptiven Test vor und während der Schulschließung im Frühjahr 2020 in den Bereichen Mathematik und Deutsch getestet. Für die Sekundarstufen-Schüler*innen konnten während der acht Wochen Lockdown – im Vergleich zu den acht Wochen vor dem Lockdown – keine relevanten Veränderungen im Lernerfolg beobachtet werden. Bei den Primarstufen-Schüler*innen hingegen war die Lernentwicklung vor dem Lockdown noch doppelt so hoch als während des Lockdowns. Auch stiegen die Unterschiede in den Lernzuwächsen zwischen den Schüler*innen statistisch signifikant an. Tomasik et al. (2020) zeigen damit auf, dass Jugendliche während der Schulschließung weniger Lernverluste einfuhren als Schüler*innen der Primarschulklassen. Schließlich ist in der Studie von Tomasik et al. (2020) der Befund interessant, dass gerade die leistungsstarken Primarstufen-Schüler*innen sich im Lockdown hinsichtlich ihres Lernerfolgs weniger gut entwickelten. Dies steht im Widerspruch zu der Annahme und den Befunden von Grewenig et al. (2020), wonach eher für leistungsschwache Schüler*innen geringere Lernerfolge im Schul-Lockdown zu erwarten sind.

In Österreich wurden in der Studie von Weber et al. (im Review) 550 Primarstufen-Schüler*innen aus dem Bundesland Oberösterreich mit vier kurzen internetbasierten Lesetests (www.quop.de) im Abstand von drei Wochen zwischen dem 4. November 2019 und dem 6. März 2020 getestet. Nach dem Lockdown am Ende des Schuljahres nahmen die Schüler*innen am standardisierten Leseverständnistest ELFE II teil. Weber et al. (im Review) untersuchten jeweils für den Zeitraum vor und während des Lockdowns die Effekte des familiären sozioökonomischen Status auf die Leseleistung (nach Kontrolle für frühere Leseleistungen). Die Ergebnisse zeigen für die Zeit vor dem Lockdown keine Effekte des familiären sozioökonomischen Status der Schüler*innen. Dagegen ist für die Zeit während und nach dem Lockdown ein solcher Effekt beobachtbar.

Zusammenfassend kann festgehalten werden, dass die bisher vorliegenden Befragungen darauf verweisen, dass, wie erwartet, einerseits die Schülerselbstständigkeit und andererseits der familiäre Hintergrund zentral für das Gelingen von Lernprozessen im Fernunterricht ist. Zudem bestätigen die Schülerleistungsstudien die Annahme, dass die Corona-bedingten Schulschließungen zu einer Bildungsbenachteiligung von Schüler*innen aus sozioökonomisch schlechter gestellten Familien führen.

3 Methode

3.1 Stichprobe

Die im Folgenden dargestellten Befunde basieren auf den Daten des ersten Messzeitpunktes des Schul-Barometers. Die Erhebung fand vom 24. März 2020 bis 4. April 2020 in Deutschland, Österreich und der Schweiz statt. Am Schul-Barometer nahmen zu diesem Messzeitpunkt 1 insgesamt 2.792 Schüler*innen der Sekundarstufe II teil. Das Alter der Schüler*innen beträgt im Durchschnitt 17 Jahre (Standardabweichung: 1,91 Jahre). Die Information zum Geschlecht liegt für 1.436 Schüler*innen vor: 64% der Befragten sind weiblich.

3.2 Instrument und Konstruktoperationalisierung

Tabelle 1 gibt einen Überblick über die im Schul-Barometer erfassten und im vorliegenden Beitrag analysierten Konstrukte.

Die Antwortoptionen der Items reichen jeweils von 1 (trifft nicht zu) bis 5 (trifft zu). Die Items zur Zeitnutzung und zum Lernaufwand haben Antwortoptionen von „0h" bis „25h und mehr" (in Einerschritten). Für die Schüler*innen aus den französischsprachigen Kantonen der Schweiz wurde eine Online-Fragebogenversion in Französisch erstellt und eingesetzt. Mittels einer Messinvarianzprüfung wurde getestet, inwiefern beide Sprachversionen des Online-Fragebogens dasselbe messen (siehe dazu weiter unten).

Tabelle 1: Beispielitems der Konstrukte

Konstrukt	#	Beispielitem
Schüleroutcomes		
Lernerfolg	1	Ich glaube, ich lerne jetzt mehr als im normalen Unterricht.
Lernaufwand	1	Ich verbringe derzeit mit Lernen und Aufgaben für die Schule X Stunden pro Woche.
Wohlbefinden	4	Ich finde die „Corona-Situation" belastend.
Prädiktoren der Schüleroutcomes/Aspekte des Fernunterrichts		
Qualität FU	12	Die Lehrer*innen haben Ahnung davon, wie sie mit uns digital lernen können.
Selbstständigkeit	3	Besonders herausfordernd an der Schulschließung ist für mich das Lernen zuhause.
Zeitnutzung 1	4	Ich verbringe derzeit mit Lesen X Stunden pro Woche.
Zeitnutzung 2	4	Ich verbringe derzeit mit Serien und Filme gucken X Stunden pro Woche.
Alter	1	Wie alt bist du?
tech. Ausstattung	3	Ich habe genug Möglichkeiten, am Computer/Laptop/Tablet für die Schule zu arbeiten.
Familie 1	2	Wir als Familie gehen mit der Situation gut um.
Familie 2	2	Besonders herausfordernd an der Schulschließung ist für mich, dass meine Eltern mir nicht helfen können.

Anmerkungen. # = Anzahl der Items der Skala. FU = Fernunterricht.

4 Quantitative Befunde zum Fernunterricht

4.1 Zusammenhänge zwischen den Merkmalen des Fernunterrichts und den Schüleroutcomes

Die latenten Korrelationen (eine Tabelle mit den konkreten Koeffizienten kann beim Erstautor erbeten werden) zeigen, dass alle drei Schüleroutcomes selbsteingeschätzter Lernerfolg, Lernaufwand in Stunden pro Woche, Wohlbefinden während der Zeit der Schulschließung untereinander moderat korreliert sind. Bezüglich der Beziehung zu den Prädiktorvariablen zeigt sich folgendes Bild: Alle drei Outcome-Variablen sind am stärksten mit dem Konstrukt *Selbstständigkeit* korreliert. D.h., Schüler*innen der Sekundarstufe II, die berichten, dass die selbstständige Planung des Tagesablaufes sowie ein geregelter Tagesablauf, das frühe Aufstehen und das Lernen zuhause keine Herausforderungen für sie darstellen, schildern häufiger, dass sie im Fernunterricht mehr lernen als im normalen Unterricht und mehr Stunden pro Woche für das Lernen und für Aufgaben für die Schule investieren. Zudem berichten sie seltener davon, dass sie die Zeit der Schulschließung als belastend oder langweilig empfinden und dass sie die Schule vermissen.

Nach dem Konstrukt Selbstständigkeit korreliert das Konstrukt *Familie 2* am stärksten mit den Schüleroutcomes. Schüler*innen die berichten, dass die fehlende Unterstützung der Eltern und die vielen nicht schulischen Aufgaben, die vom Lernen abhalten, für sie keine Herausforderungen darstellen, berichten von einem höheren selbsteingeschätzten Lernerfolg, höherem Lernaufwand und höherem Wohlbefinden. Dabei erweist sich die familiäre Unterstützung als besonders stark mit dem Wohlbefinden der Schüler*innen assoziiert. Dies gilt auch für das familiäre Konstrukt *Familie 1,* das Ausdruck davon ist, wie gut die Familie aus Schülersicht mit der Situation umgeht.

Darüber hinaus sind die bivariaten Korrelationen des Konstrukts *Qualität des Fernunterrichts* hervorzuheben. Die Qualität des Fernunterrichts zeigt sich darin, in welchem Ausmaß digitale Medien (z. B. digitaler Live-Unterricht) eingesetzt werden sowie in der Individualisierung (z. B. Berücksichtigung des Lernstandes der Schüler*innen, Feedback) im Fernunterricht. Höhere Qualität des Fernunterrichts geht den Korrelationen zufolge mit höherem selbsteingeschätzten Lernerfolg und höherem Wohlbefinden einher. Diese Beziehungen sind moderat. Dagegen korreliert die Qualität des Fernunterrichts nur schwach mit dem wöchentlich investierten Lernaufwand der Schüler*innen.

Schließlich zeigt sich, dass das Konstrukt *Zeitnutzung 1,* das Ausdruck von eher lernförderlichen Aktivitäten wie Lesen, Sport oder Spielen mit der Familie ist, moderat positiv mit dem Lernaufwand und dem Wohlbefinden assoziiert ist. D.h. Schüler*innen, die diesen Aktivitäten während der Schulschließung mehr Zeit widmen, berichten auch von mehr investierter Zeit für schulische

Belange (Lernaufwand) und weniger negativen Emotionen (Belastung, Langeweile) im Lockdown (Wohlbefinden).

4.2 Vorhersage der Schüleroutcomes durch Merkmale des Fernunterrichts

Die Befunde der latenten Regressionsanalyse (eine Tabelle mit den konkreten
Koeffizienten kann beim Erstautor erbeten werden) weichen – wie erwartet –
teilweise von den Befunden der bivariaten Korrelationsanalyse ab. Folgende Befunde der Korrelationsanalyse werden auch in der Regressionsanalyse beobachtet:

• Die *Selbstständigkeit* der Schüler*innen erweist sich auch nach Kontrolle
  aller anderen Konstrukte als stärkster Prädiktor aller drei Outcomes (Lernerfolg, Lernaufwand, Wohlbefinden).
• Das Konstrukt *Familie 1* (guter familiärer Umgang mit der Krise) erweist
  sich weiterhin als bedeutsamer Prädiktor des Wohlbefindens der Schüler*innen während des Lockdowns.
• Das Konstrukt *Zeitnutzung 1* ist weiterhin mit dem investierten Lernaufwand assoziiert und sagt diesen nach Kontrolle aller anderen Konstrukte
  moderat vorher. Dagegen ist Zeitnutzung 1 nun nicht länger prädiktiv für
  das Wohlbefinden der Schüler*innen im Lockdown.

Folgende Befunde der Korrelationsanalyse werden in der Regressionsanalyse
nicht beobachtet:

• Aufgrund von Multikollinearitätsproblemen wurde das Konstrukt *Familie 2*
  aus den Regressionsmodellen ausgeschlossen, weshalb die diesbezüglichen
  Effekte nicht modelliert werden konnten.
• Die Zusammenhänge zwischen der *Qualität des Fernunterrichts* und den
  Outcome-Variablen verschwinden nach Kontrolle aller anderen Variablen
  in den Modellen.

Es zeigen sich folgende schwache Effekte:

• Der Lernerfolg wird neben der Schülerselbstständigkeit auch durch die
  Konstrukte Lernaufwand und Wohlbefinden vorhergesagt.
• Der Lernaufwand wird neben der Schülerselbstständigkeit und der Zeitnutzung 1 auch durch die Konstrukte selbsteingeschätzter Lernerfolg, technische Ausstattung und Alter vorhergesagt; wobei für letzteres ein schwacher
  negativer Effekt beobachtbar ist.
• Das Wohlbefinden wird neben der Schülerselbstständigkeit und der Fami-

lie 1 auch durch die Konstrukte selbsteingeschätzter Lernerfolg, wöchentlicher Lernaufwand und der Zeitnutzung 2 vorhergesagt; wobei ein höherer Lernaufwand zu geringerem Wohlbefinden führt.

4.3 Varianzaufklärung der Schüleroutcomes durch Merkmale des Fernunterrichts

Die Befunde der Relative Weight Analyse (eine Tabelle mit den konkreten Koeffizienten kann beim Erstautor erbeten werden) zeigen, dass die in dieser Untersuchung erfassten Aspekte des Fernunterrichts (zusammengenommen) das Wohlbefinden (54% Varianzaufklärung) deutlich stärker vorhersagen als den Lernerfolg (38%) und den Lernaufwand (22%). Damit erweist sich das Theoriemodell/Homework-Modell, das diesen Analysen zugrunde liegt als weniger geeignet für die Vorhersage des investierten Lernaufwands während es sich für die Vorhersage des Wohlbefindens der Schüler*innen im Lockdown besonders gut eignet.

Darüber hinaus zeigen die RWA-Befunde, dass – wie in den bisherigen Analysen – das Konstrukt *Selbstständigkeit* am stärksten zur Erklärung der Varianz in den abhängigen Variablen/Schüleroutcomes beiträgt. Als weiteres bedeutsames Konstrukt im Fernunterricht erweist sich der *selbsteingeschätzte Lernerfolg*. Er trägt bedeutsam zur Varianzaufklärung der Outcomes Lernaufwand und Wohlbefinden bei. Schließlich erweisen sich in der latenten RWA je nach Outcome unterschiedliche weitere Konstrukte als bedeutsam für die Erklärung der Varianz in den Outcome-Variablen:

- Der selbsteingeschätzte Lernerfolg wird neben dem Konstrukt Selbstständigkeit bedeutsam durch die Konstrukte *Lernaufwand* und *Wohlbefinden* erklärt.
- Der Lernaufwand in Stunden pro Woche wird neben den Konstrukten Selbstständigkeit und Lernerfolg auch vom Konstrukt *Zeitnutzung 1* bedeutsam erklärt.
- Das Wohlbefinden der Schüler*innen im Lockdown wird neben den Konstrukten Selbstständigkeit und Lernerfolg auch von den *Konstrukten Familie 1 und 2* bedeutsam erklärt.

5 Qualitative Befunde zum Fernunterricht

In der quantitativen Analyse erwiesen sich erwartungsgemäß die Schülerselbstständigkeit, die familiäre Situation und der subjektiv wahrgenommene Lernfortschritt als besonders relevant für zentrale Schüleroutcomes im Lockdown.

Um ein noch genaueres Bild von den Bedingungen und der Funktionsweise des Lernens im Fernunterricht zu erhalten, werten wir im Folgenden Schülerantworten zu offen gestellten Fragen aus. Wie haben die 15- bis 20-jährigen Schüler*innen ihren Lernerfolg in der Ausnahmesituation wahrgenommen? Was waren aus ihrer Sicht die besonderen Konsequenzen des Lockdowns? Was war besonders förderlich oder hinderlich für ihr Lernen? Über welche Bedarfe, Bedürfnisse und Wünsche an Lehrpersonen, Eltern und andere Personen berichten sie im Lockdown? Warum sollte man auch in Zukunft mehr online und zuhause lernen?

5.1 Lernerfolg

Die Jugendlichen zwischen 15 und 20 Jahren geben sehr verschiedene Einschätzungen zu ihrem Lernerfolg und Lernzuwachs ab.

Eine Gruppe hat das Gefühl, während der Schulschließungen mehr als gewöhnlich zu lernen. Dies wird mit der freien Zeiteinteilung begründet, manche Schüler*innen erklären, dass sie durch die Wahl, welches Fach sie zu welcher Zeit und in welchem zeitlichen Umfang bearbeiten, höhere Motivation für das jeweilige Thema aufbrächten. Einerseits formulieren einige Jugendliche den Wegfall von Zwang zu leisten und ein bestimmtes Fach zu einer vorgegebenen Zeit zu erledigen, auch wenn sie dafür zu müde oder desinteressiert wären, als großen Vorteil und positiven Effekt auf ihr Lernen.

Andere Jugendliche hingegen sehen sich eben in jenem Ausbleiben eines gewissen Drucks durch die Klasse und die Lehrperson an ihrem „Höchstlevel an Prokrastination". Man habe Aufgaben nicht „innerhalb einer bestimmten Zeit zu erledigen bzw. hat es keine negativen Konsequenzen, so dass man langsamer vorankommt."

Einige Jugendliche lernen nach eigener Aussage mehr oder besser, da sie sich nur noch auf bestimmte Fächer oder Inhalte konzentrierten, es bleibe auch mal mehr Zeit, in Fächern, in denen man sonst schwerer mitkomme, die Arbeit zu intensivieren und dadurch zu verbessern, man „muss nicht auf andere warten". Und man kann sich „bspw. 2–3 Stunden am Stück der Angewandten Mathematik hingeben, ohne dabei von anderen Stunden in der Schule unterbrochen zu werden." Nicht nur die Selbstdisziplin und -organisation führen im Fernunterricht zu der Einschätzung einiger Jugendlicher, dass sie mehr lernten. Andere berichten, dass das eigenständige Recherchieren zu einer stärkeren Verinnerlichung der Lerninhalte führe, als etwas im Unterricht erklärt zu bekommen. Gegenstimmen hingegen benennen, dass im Fernunterricht ihrer Meinung nach „viel weniger Input gleichzeitig gegeben werden kann und ich besser von Gesprächen mit Lehrpersonen lerne als vom starren Lesen des Stoffes." Außerdem fehle ein Lehrer, „der gezielt und sofort helfen kann".

Wieder andere reflektieren, dass die Korrektur aller Aufgaben durch die Lehrpersonen kein Trittbrettfahren bei Mitschüler*innen mehr ermögliche, man könne nicht mehr abschreiben und müsse nun mehr selbst machen. Von wenigen wird angeführt, dass der Unterricht spannender oder interessanter durch neue Tools und Methoden wurde oder dass die Zeitersparnis durch den entfallenen Schulweg zu vermehrtem Lernerfolg führe. Einige Schüler*innen sehen keine konkrete Veränderung in ihrem generellen Lernerfolg, begründen dies damit, dass in gewissen Fächern Selbststudium individuell gewinnbringender sei, dies für andere Fächer jedoch gerade nicht zutreffe.

5.2 Herausforderungen während der Schulschließung

Als wesentliche Herausforderung, neben den auszuwählenden quantitativ erhobenen Herausforderungen, wird von den Jugendlichen zwischen 15 und 20 Jahren besonders häufig die Menge der Aufgaben angeführt.

Zudem ist die soziale Isolation herausfordernd für die Jugendlichen, ähnlich oft wird genannt, dass die Kommunikation mit Lehrkräften schwer sei und selten unmittelbar erfolgen könne. Die fehlende Einheitlichkeit hinsichtlich Lernplattformen und Kommunikationswegen ist für die Jugendlichen beschwerlich. Dadurch komme es zu einer Verwirrung und Unübersichtlichkeit, die das Bearbeiten der Aufgaben erschwere. Die Ablenkung zuhause wird ebenso wie Selbstdisziplin und Selbstorganisation als Herausforderungen dieser Altersgruppe genannt.

Weniger häufig als in anderen Altersgruppen werden Probleme hinsichtlich der Ausstattung mit Internetzugängen, mit Hardware aber auch z. B. mit Kunstmaterialien genannt. Dennoch bleibt dies in den Augen der Jugendlichen eine wesentliche Herausforderung, einige weisen zudem darauf hin: „Lehrer sollten darauf achten, dass nicht alle Schüler in denselben Umständen lernen.".

5.3 Positive Konsequenzen der Schulschließung

In den qualitativen Befunden des ersten Messzeitpunkts des Schul-Barometers zeigt sich, dass Jugendliche die Schulschließungen und deren Konsequenzen insgesamt unterschiedlich wahrnehmen. Während sich einige Jugendliche durch den Fernunterricht mit Sorgen, Ängsten und Problemen konfrontiert sehen, konstatiert ein ebenso nicht unerheblicher Anteil der Schüler*innen auch positive Konsequenzen der Schulschließungen. Zu diesen positiven Konsequenzen der Schulschließungen haben insgesamt 1.056 Schüler*innen zwischen 15 und 20 Jahren offene Angaben gemacht. Weniger als 30 Personen haben angegeben, dass es für sie keine positiven Konsequenzen gibt.

Zuwachs an Autonomie und Selbstständigkeit – Selbstständige Einteilung des Tagesablaufs nach individuellem Lernrhythmus

Ein großer Teil der Schüler*innen (über ein Drittel) gibt im Rahmen der offenen Angaben an, den Zuwachs an Autonomie und Selbstständigkeit beim Lernen zu schätzen, der durch den Fernunterricht hervorgerufen wurde. Dabei schätzt etwa jede/r siebte Jugendliche am Fernunterricht besonders, dass er oder sie die Zeit nach je individuellem Lernrhythmus selbstständig einteilen und dadurch produktive Zeiten am Tag effizienter nutzen könne: „Man kann sich seinen Tag einteilen wie man möchte; wenn man in der Früh/am Vormittag produktiver ist kann man seine Aufgaben gleich am Morgen erledigen, wenn man aber der Typ ist, der erst am Nachmittag oder Abend seine Höchstleistungen erbringt, dann kann man in dieser Zeit seine Aufgaben erfüllen" (SuS, ID 4445, v_464). „Produktive Phasen [können dadurch] effizienter genutzt werden" (SuS, ID 3946, v_464). Allerdings könne diese Möglichkeit der freien Zeiteinteilung laut der Aussage einer Schülerin bzw. eines Schülers „jedoch mit fehlender Motivation wieder zur negativen Konsequenz" (SuS, ID 3731, v_464) werden, insbesondere dann, wenn Schüler*innen Schwierigkeiten bei der Motivation und der selbstständigen Organisation des Tagesablaufs haben.

Mehr Energie und Konzentration durch einen besseren Schlafrhythmus und effektivere Zeitnutzung durch Wegfall langer Schulwege

Viele Schüler*innen betonen, dass sich der Fernunterricht positiv auf ihren Schlafrhythmus auswirke, sie mehr Schlaf bekämen und dadurch mehr Energie für die Schulaufgaben hätten: „Man kann endlich 8 [Stunden] schlafen und ist fit für die Schulaufgaben …" (SuS, ID 5239, v_464). „Man kann ausschlafen was zu besserer Konzentration führt …" (SuS, ID 5027, v_464). Des Weiteren geben viele Schüler*innen an, dass durch den Fernunterricht weite Schulwege und lange Fahrzeiten zur Schule wegfallen würden: „Ich erspare mir 12–13 Stunden Schulweg pro Woche und muss nicht um 5 Uhr morgens aufstehen. Es ist schön, nicht in Zügen und Bussen zu leben" (SuS, ID 3272, v_464).

Berücksichtigung des individuellen Lerntempos/Aufbrechen des 45-Minuten-Rhythmus

Neben den positiven Konsequenzen des Fernunterrichts auf den individuellen Bio- bzw. Lernrhythmus, äußern einige Schüler*innen in den offenen Angaben, dass das individuelle Lerntempo im Fernunterricht stärker berücksichtigt werden könne. So müssten leistungsstärkere Schüler*innen nicht mehr auf ihre Mitschüler*innen warten und leistungsschwächere Schüler*innen bekämen die Möglichkeit, sich in ihrem eigenen Lerntempo intensiver und länger (nicht im

Schulstunden- bzw. Fächerrhythmus (vgl. SuS, ID 4789, v_464) mit den Lerninhalten auseinanderzusetzen: „Die Zeit zur Bearbeitung von Unterlagen ist nicht eingeschränkt, man kann sich die Zeit nehmen, die man braucht, auch um etwas zu verstehen ..." (SuS, ID 3562, v_464).

Erweiterte Möglichkeiten im Fernunterricht, sich auf individuell besonders relevante Lerninhalte zu konzentrieren

Des Weiteren merken die Schüler*innen an, dass sie sich im Fernunterricht auf den individuell besonders relevanten Unterrichtsstoff konzentrieren könnten. Das betrifft sowohl Lerninhalte, die für die Schüler*innen individuell besonders schwierig sind und daher mehr Aufmerksamkeit benötigen, als auch den Fokus auf den Unterrichtsstoff, der für die Abschlussprüfungen relevant sei: „Ich kann die Zeit n[u]tzen, mich anderen Dingen zu widmen und Defizite aufzuholen" (SuS, ID 3836, v_464). „Ich kann [...] mich mehr auf die Fächer konzentrieren, die mir Probleme bereiten." (SuS, ID 418, v_464)

Ungestörtere und angenehmere Lernatmosphäre ohne Ablenkung durch Mitschüler*innen

Ferner geben einige Schüler*innen an, dass sie sich im Fernunterricht besser konzentrieren könnten, weil sie zuhause eine ungestörtere und angenehmere Lernatmosphäre vorfinden und Ablenkungen durch Mitschüler*innen ausbleiben würden.

Zwangsläufige Auseinandersetzung mit der Digitalisierung – Schüler*innen trainieren den Umgang mit digitalen Medien

Im Hinblick auf das digitale Lehren und Lernen äußern viele Schüler*innen in den offenen Angaben als positive Konsequenz des Fernunterrichts, dass in den Schulen eine „zwangsläufige Vorantreibung/Auseinandersetzung mit Digitalisierung" (SuS, ID 5161, v_464) angestoßen werde. Dadurch „könnte [die Schule] endlich einmal aus den alten, starr vorgegebenen Lernformen herauskommen ..." (SuS, ID 3515, v_464) und die Schüler*innen würden den Umgang mit digitalen Medien und Apps lernen, die für den späteren Berufsalltag relevant sein könnten.

Gesundheitliche Aspekte der Schulschließungen (physisch und psychisch) – Verringerung der Ansteckungsgefahr und des Stressempfindens

Weitere Schüler*innen sehen in den Schulschließungen und dem damit verbundenen Fernunterricht positive Konsequenzen für die Gesundheit. So werde dadurch nicht nur die Ansteckungsgefahr für eine Covid-19-Infektion verringert. Der Fernunterricht wirke sich unterdessen auch in einer Verringerung des Stressempfindens der Schüler*innen aus und führe dazu, dass diese weniger Leistungsdruck verspüren würden: „Psychisch geht es mir ohne den Schulstress viel besser" (SuS, ID 207, v_464). Dies sei den offenen Angaben der Schüler*innen entsprechend dadurch geschuldet, dass weniger Zeitdruck bei der Aufgabenbearbeitung herrsche und die meisten benoteten schriftlichen Tests oder Klausuren ausfallen würden. Vereinzelte Aussagen beziehen sich dabei auch auf die Verringerung der Angst vor Mobbing und Gewalt (vgl. SuS, ID 4662, v_464).

Zuwachs an Autonomie und Freiheiten, um eigenen Interessen nachzugehen und eigene Projekte zu starten; positive Effekte auf das Familienleben

Viele der befragten Schüler*innen äußern, dass sie durch den Fernunterricht einen Zuwachs an Autonomie und Freiheiten erleben, um eigenen Interessen nachzugehen etwa, weil ihnen „das Pendeln erspart bleibt" (SuS, ID 3654, v_464). So bleibe „mehr Freizeit um sich neuen Sachen zu widmen (Klavier lernen oder auch eine neue Sprache)" (SuS, ID 292, v_464) oder sich mit Lerninhalten und „eigene[n] Projekte[n]" (SuS, ID 5158, v_464) zu beschäftigen. Viele Schüler*innen schätzen darüber hinaus auch die gewonnene Zeit mit der Familie.

5.4 Negative Konsequenzen der Schulschließung aus Sicht der Schüler*innen

Zu den negativen Konsequenzen der Schulschließungen haben 1.135 Schüler*innen zwischen 15 und 20 Jahren offene Angaben gemacht. Weniger als 20 Personen haben angegeben, dass es für sie keine negativen Konsequenzen gibt.

Große Ungewissheit und Sorge vor den Abschlussprüfungen

Gerade Schüler*innen der Abschlussklassen zeichnen ein Bild großer Ungewissheit und Sorge insbesondere zum Zeitpunkt und Bestehen der Prüfungen. Sie erwähnen in diesem Zuge die schlechte Prüfungsvorbereitung durch den Ausfall des Präsenzunterrichts. „Es ist sehr schwierig, sich das Material ohne direkte Hilfe vom Lehrer beizubringen. Ich denke außerdem, dass deshalb meine MSA Prüfung ein großes Problem sein wird." (SuS, ID 565, v_463)

Probleme beim Lehrer-Schüler-Kontakt – geringe Erreichbarkeit der Lehrkräfte und erschwerte Austausch- und Kontaktmöglichkeiten mit den Lehrkräften

Allgemein scheint es Probleme beim Lehrer-Schüler-Kontakt zu geben. Viele Schüler*innen beklagen die geringe Erreichbarkeit und das Gefühl, den Lehrkräften keine Fragen stellen zu können. Stellen die Lernenden Fragen per Mail, gibt es „[o]ft stundenlang oder tagelang keine Antwort von Lehrern bei Fragen" (SuS, ID 3949, v_463). Außerdem müsse man sehr genau formulieren, damit die Lehrkräfte das Problem verstehen und gezielt darauf antworten können: „Wenn man Fragen an Lehrpersonal hat, ist es oft schwer sich über emails gut und Korrekt auszudrücken, dass der Lehrer die Frage die man hat auch versteht. Nicht jeder Lehrer duldet Anrufe bei etwaigen Fragen zu Aufgaben. In der Schule kann man den Lehrer persönlich Fragen und braucht dies nicht über mails versuchen." (SuS, ID 2607, v_463). Insgesamt wird von einem erschwerten Austausch mit den Lehrkräften berichtet.

Effekte der aktuellen Situation auf die psychische Gesundheit – fehlender zwischenmenschlicher Kontakt, Einsamkeit, Isolation und erhöhtes Stressempfinden

Die am häufigsten genannte negative Konsequenz ist der Verlust der sozialen Kontakte zu Mitschüler*innen sowie zu Freund*innen, aber auch Lehrkräften. „[...] den zwischenmenschlichen Kontakt zwischen Schüler*innen und Lehrer*innen kann niemand ersetzen und es ist einfach schwieriger, wenn du etwas nicht verstehst, weil dann musst du eine Mail etc. schreiben und eine schriftliche Erklärung ist einfach nicht so leicht zu verstehen, als wenn dir dein Lehrer es persönlich erklärt." (SuS, ID 4370, v_463). Dies mündet bei vielen Befragten in Einsamkeit und in ein Gefühl der Isolation.

Viele der Schüler*innen erleben erhöhten Stress und Überforderung durch die Fülle an Aufgaben und das selbstständige Erarbeiten der Lerninhalte. „Die Lehrer überschütten uns mit Arbeitsaufträgen." (SuS, ID 2459, v_463) Des Weiteren berichten einige der Teilnehmenden von psychischer Belastung und emotionaler Erschöpfung bis hin zu Depressionen: „Depressionen verschlimmern sich durch Isolation und keinen geregelten Alltag" (SuS, ID 3821, v_463).

Angst und Sorge, den Anschluss zu verpassen und vor einer Flut an Prüfungen bei Wiedereröffnung der Schulen

Die Schüler*innen äußern oftmals Angst, den Anschluss zu verpassen. Außerdem beschäftigen sie sich mit der Phase nach Öffnung der Schulen. Sie berichten von der Sorge, dass alle Prüfungen schnellstmöglich nachgeholt werden und keine Zeit zum Lernen bleibt. Das wiederum resultiert in der Angst vor schlechten Noten aufgrund der derzeitigen Lernsituation.

Digitales Lernen und Fernunterricht – Überforderung, fehlende Hilfestellung bei Verständnisproblemen und Entgrenzung von Schule und Freizeit

Zum digitalen Lernen und Fernunterricht berichten die Schüler*innen negative Konsequenzen mit Blick auf die alleinige Methode der Einzelarbeit, fehlende Hilfestellungen von Lehrkräften sowie Mitschüler*innen und Verständnisprobleme. Es wird berichtet, dass auch Eltern teilweise nicht unterstützen können. Zudem wird von Schulservern berichtet, die überlastet sind. Einige Befragte empfinden eine Entgrenzung von Schule und Freizeit, da die Schulaufgaben zu jeder Tageszeit eintreffen und in ihrem Umfang im Rahmen der regulären Schulzeiten nicht zu erfüllen sind. „Ich kann das Zuhause sein und die Schule nicht mehr voneinander abgrenzen und fühle mich ständig unter Druck, da jeden Moment wieder ein neuer Arbeitsauftrag hereinflattern könnte [...]“ (SuS, ID 3252, v_463). Generell benötige die Bearbeitung der Aufgaben zuhause mehr Zeit, da eine Produktivität wie in der Schule aufgrund von häuslichen Ablenkungen nicht gewährleistet werden könne. Es gibt aber auch Schüler*innen, für die es sich anfühlt „als wäre Unterricht optional“ (SuS, ID 1167, v_463).

Digitales Lernen im Fernunterricht – mangelnde Ressourcen, gestörteres Arbeitsumfeld und hohes Konfliktpotenzial in der Familie

An dieser Stelle werden von einigen Schüler*innen mangelnde Ressourcen angeführt, die ihnen in Bezug auf den digitalen Fernunterricht zur Verfügung stehen. Diese umfassen sowohl langsames und instabiles Internet, Druckerpatrone und Papier sowie (mobile) Endgeräte. Weiterhin wird häufiger die räumliche Situation als hinderlich benannt. Darunter fällt auch die direkte Nähe zu Eltern und Geschwistern und daraus resultierende Störungen und vermehrter Streit: „3-Zimmer-Wohnung mit 4 Personen ungeeignet als Lernort, hohes Konfliktpotenzial, viel Lärm“ (SuS, ID 1307, v_463). Außerdem sei eine negative Konsequenz, „dass man der Familie nicht entweichen kann um konzentriert zu lernen“ (SuS, ID 2437, v_463).

Verlust des geregelten Tagesablaufs mit festen Strukturen – Motivationsschwierigkeiten und nicht ausreichende Selbstdisziplin

Viele Befragte erleben es als negativ, keinen geregelten Tagesablauf mit festen Strukturen mehr zu haben. Ihnen falle es schwer, ausreichend Selbstdisziplin und Motivation aufzubringen. Dadurch komme es ebenfalls vor, dass Aufgaben bis zur Abgabe aufgeschoben würden. Einige Schüler*innen erleben jedoch auch Langeweile.

Weitere Schüler*innen beklagen den Ausfall von Fahrten, Veranstaltungen und Unternehmungen sowie Praktika.

5.5 Bedarfe, Bedürfnisse und Wünsche aus Sicht der Schüler*innen an die Lehrkräfte

Die Schüler*innen melden gegenüber ihren Lehrkräften vor allem einen Unterstützungsbedarf in Form von Erklärungen und Hilfestellungen zu den zu bearbeitenden Aufgaben an. Außerdem ist es ein Anliegen, die Fülle an Aufgaben zu reduzieren und den Versand sowie Abgabedaten unter den Lehrkräften besser zu koordinieren und sich, wenn möglich, auf ein gemeinsames Medium/ eine gemeinsame Plattform zu verständigen, um den gefühlten Druck seitens der Schülerschaft zu verringern. Darüber hinaus besteht ein Bedürfnis nach Erreichbarkeit und Austausch mit den Lehrkräften. Hierzu bedarf es eines Live-Unterrichts oder Erklärvideos. Mit Blick auf die (Abschluss-)Prüfungen wünschen sich die Jugendlichen insbesondere eine bessere Vorbereitung und eine Berücksichtigung der Situation bei der Verteilung und dem Umfang von Aufgaben im Sinne einer Gewichtung der Relevanz für die Prüfungen. Konkret wird das Bedürfnis geäußert, nur in den prüfungsrelevanten Fächern Arbeitsaufträge zu erhalten und zu bearbeiten. Vor allem braucht es auch ein „Verständnis […] dafür, dass wir nicht mehr abarbeiten können als in der Schule nur weil wir zuhause sind." (SuS, ID 168, v_106) Dieser Bedarf bezieht sich auch auf die häusliche Situation: „Mehr Verständnis, da wir als Schüler auch in der Familie mit schwierigen Situationen konfrontiert sind und uns nicht so auf die Schule konzentrieren können wie bisher." (SuS, ID 678, v_106) Einige Schüler*innen formulieren das Bedürfnis nach Informationen zu (Abschluss-)Prüfungen und dem generellen weiteren Vorgehen zu den Schulschließungen. Weitere Anliegen aus der Schülerschaft an die Lehrkräfte sind u. a. Engagement, Präsenz, Flexibilität, Koordination der Lehrkräfte untereinander, Medienkompetenz, Transparenz, Feedback und Zuverlässigkeit.

5.6 Bedarfe, Bedürfnisse und Wünsche aus Sicht der Schüler*innen an die Eltern

Schüler*innen äußern gegenüber den Eltern in erster Linie den Bedarf nach Unterstützung und Lernbegleitung. Dies betrifft vor allem die Hilfestellung bei der Bewältigung der schulischen Aufgaben, aber auch die Unterstützung bei der Rhythmisierung des Alltags oder dem selbstständigen Arbeiten. Einige Schüler*innen haben das Bedürfnis, dass ihre Eltern ihnen die Schulaufgaben erklären und Korrektur lesen und sie motivational und mental unterstützen.

Neben der Unterstützung bei den schulischen Aufgaben äußert ein Großteil der Schüler*innen zudem den Bedarf nach Verständnis von Seiten der Eltern. Schüler*innen geben an, dass bei ihren Eltern durch den Fernunterricht der Eindruck entstanden sei, sie hätten jetzt frei und könnten daher verstärkt im Haushalt mithelfen. „[Die] denken, dass wir frei haben. Wir müssen was für die Schule machen und können nicht überall im Haushalt helfen." (SuS, ID 168, v_107) Diesbezüglich äußern Schüler*innen gegenüber ihren Eltern den Bedarf nach Verständnis, Rücksicht und Akzeptanz für den Umfang der schulischen Aufgaben und die aktuelle Situation des Fernunterrichts. Ferner geben einige Schüler*innen an, dass ihre Eltern kein Verständnis gegenüber dem schulisch bedingten Umfang der Computernutzung zeigen würden. Sie äußern den Bedarf, dass ihre Eltern verstehen, dass sie aufgrund des digitalen Lernens von zuhause mehr Zeit am Computer verbringen würden. Weitere Schüler*innen fordern von den Eltern mehr Verständnis für die aufgrund der aktuellen Situation bedingten Motivationsschwierigkeiten und das emotionale Befinden.

Ein weiterer nicht unerheblicher Anteil der befragten Schüler*innen gibt an, sich von den Eltern beim Lernen und in der eigenen Privatsphäre gestört zu fühlen. Sie formulieren gegenüber ihren Eltern den Bedarf nach einer ungestörten Arbeitsatmosphäre und der Einhaltung der Privatsphäre.

Weitere Aussagen zu den Bedarfen der Schüler*innen gegenüber den Eltern beziehen sich auf eine Gelassenheit gegenüber der Gesamtsituation und dem Lernen, das Vertrauen in das selbstständige Lernen, eine positive Stimmung und den Zugang zu digitalen Medien.

5.7 Bedarfe, Bedürfnisse und Wünsche aus Sicht der Schüler*innen an Andere

Jugendliche äußern an die *Regierung* gerichtet die Bedarfe nach mehr Informationen. Dabei bezieht sich die Mehrheit auf klare Aussagen und Lösungen zu (Abschluss)Prüfungen.

Ähnliche Bedürfnisse lassen sich mit Blick auf *das Bildungsministerium bzw. die Bildungsdirektion* finden. Hier melden Jugendliche den Bedarf nach klaren Informationen, wie es mit der Schule, einer möglichen Schulöffnung und (Abschluss-)Prüfungen weitergeht, an. Die Mehrheit der Angaben bezieht sich dabei auf Abschlussprüfungen. Die Jugendlichen wünschen sich Klarheit, Regelungen, Fairness sowie die Berücksichtigung ihrer schwierigen Situation. Auch eine Verringerung des Erwartungshorizonts in den Abschlussprüfungen sowie eine Verschiebung dieser Prüfungen werden erwähnt. Darüber hinaus bedarf es den Schüler*innen zufolge mehr Investitionen in Schulen zur Bewältigung der

Krise und finanzieller Unterstützung zur Bereitstellung von Mitteln wie Laptops und Schulmaterialien.

Die Jugendlichen äußern an ihre *Mitschüler*innen* gerichtet einen Bedarf nach Zusammenarbeit bei Aufgaben sowie Hilfestellungen bei der Klärung von Fragen. Zudem wünschen sie sich, dass sie keine Fake-News verbreiten.

Von den *Medien* wünschen sich die Jugendlichen, dass keine Panik verbreitet wird und nur korrekte Informationen weitergeben werden.

An die *Bevölkerung* gerichtet äußern die Jugendlichen das Bedürfnis nach Einhaltung der Maßnahmen, Zusammenhalt und Verständnis, damit sich die Lage verbessert und man zum Alltag zurückkehren kann.

5.8 Künftiges Lernen der Schüler*innen: Warum sie glauben, man sollte auch in Zukunft mehr online und zuhause lernen

Die Reaktionen auf das durch die aktuelle Situation bedingte Lernen im häuslichen Umfeld, das Lernen mit digitalen Medien und die Bewertung dieser Situation sind insgesamt sehr verschieden. Auch bei der Frage, wie das Lernen in Zukunft stattfinden sollte, herrscht Meinungsvielfalt. Schüler*innen, die sich auch in Zukunft wünschen, mehr online und zuhause zu lernen, begründen das im Rahmen der offenen Antworten mit verschiedenen Aspekten. Insgesamt haben 416 Schüler*innen zwischen 15 und 20 Jahren dazu offene Angaben gemacht.

Förderung des selbstständigen Lernens im Fernunterricht

Jugendliche, die angegeben haben, auch in Zukunft mehr online und zuhause lernen zu wollen, betonen dabei insbesondere die erweiterten Möglichkeiten für das selbstständige und selbstverantwortliche Lernen im Fernunterricht. So fördere der häusliche bzw. onlinebasierte Unterricht die Selbstständigkeit gegenüber der Auseinandersetzung mit dem Unterrichtsstoff und dem eigenen Zeitmanagement. Dies wiederum führe zu einem effektiveren und besseren Lernen, da man „eher selbst nach Lösungswegen [suchen müsse], statt den Lehrer direkt zu fragen" (SuS, ID 1526, v_474).

Berücksichtigung individueller Lerntypen

Darüber hinaus schätzen die Schüler*innen die Möglichkeiten der individuellen Zeiteinteilung und der Berücksichtigung des individuellen Lernrhythmus, die mit dem häuslichen und online-basierten Lernen einhergehen würden. Sie geben an, dass man durch ein verstärktes onlinebasiertes Lernen zuhause dem eigenen Lernrhythmus gerechter werde. So sei ein Teil der Schüler*innen beispielsweise „aktiver, wenn man länger schläft als nur bis halb sieben" (SuS, ID 1056, v_474). Zudem würde das individuelle Lerntempo durch das onlinebasierte Lernen eine stärkere Berücksichtigung finden.

Ungestörtere und angenehmere Lernatmosphäre im eigenen Zuhause

Weitere Schüler*innen geben an, dass sie online im häuslichen Umfeld eine ungestörtere und angenehmere Lernatmosphäre vorfinden würden als im Klassenzimmer. Sie sind der Ansicht, dass man durch mehr onlinebasiertes Lernen im eigenen Zuhause auch in Zukunft mehr Ruhe, Konzentration und weniger Ablenkung beim Lernen erfahren würde.

Digitale Medien zeigen neue Möglichkeiten für eine abwechslungsreiche Unterrichtsgestaltung auf

Des Weiteren biete das onlinebasierte Lernen schlichtweg mehr Möglichkeiten als das ausschließliche Lernen mit analogem Lernmaterial. So habe man den Angaben der Schüler*innen zufolge z. B. mehr und zum Teil auch bessere Möglichkeiten, ein unmittelbares Feedback zu erhalten, kreativere Aufgabenstellungen zu bearbeiten und Recherchen zu tätigen. Wie die Angaben der Schüler*innen zeigen, arbeiten viele Schüler*innen zudem gerne mit digitalen oder onlinebasierten Medien. Für einige könnte das onlinebasierte Lernen zuhause daher auch in Zukunft eine zusätzliche, motivierende Abwechslung zum normalen Unterricht bieten, „vor allem in den Sommermonaten, in denen man sich in den aufgeheizten Klassenräumen kaum konzentrieren kann" (SuS, ID 687, v_474).

Vermittlung von IT-Kompetenzen als wichtiger Aspekt in der Vorbereitung auf die heutige Arbeits- und Berufswelt

Ferner erachten die Schüler*innen das onlinebasierte Lernen auch als wichtig, weil digitale Bildung die Zukunft des Lernens und ein wichtiger Aspekt in der Vorbereitung auf die heutige Arbeits- und Berufswelt sei. „Der Umgang mit digitalen Medien ist relevant fürs Berufsleben" (SuS, ID 1308, v_474), „wir sind im digitalen Zeitalter und müssen mit Computern arbeiten!" (SuS, ID 1497, v_474).

Soziale Gründe für Blended Learning Konzepte

Weitere Gründe, warum man aus Sicht der Schüler*innen auch in Zukunft mehr online und zuhause lernen sollte, sind sozialer Art, wie z. B. die Verringerung von Mobbing oder die Möglichkeit, Unterrichtsstoff nach einer Erkrankung besser und unkomplizierter nachholen zu können.

5.9 Zusammenfassung der qualitativen Befunde

Die qualitativen Befunde lassen sich folgendermaßen zusammenfassen:

Bezogen auf den *Lernerfolg* lassen sich zwei Gruppen ausmachen. Während eine Gruppe von Schüler*innen von einem höheren Lernzuwachs berichtet, empfindet die andere Gruppe einen geringeren Lernzuwachs während der Schulschließung im Vergleich zur normalen Beschulung. Der geringer erlebte Lernerfolg wird mit weniger Input durch Lehrkräfte und geringerer eigener Motivation durch fehlenden Druck und das Ausbleiben von Konsequenzen begründet. Im Gegensatz dazu steht der erhöhte Lernerfolg, der vor allem mit der freien Zeiteinteilung und der Selbstorganisation während des Fernunterrichts und damit einhergehend der Möglichkeit, nach eigenen Interessen und Fähigkeiten zu handeln, begründet wird.

Dieser Aspekt wird ebenfalls besonders häufig als *positive Konsequenz aus der Schulschließung* angeführt. Der Zuwachs an Autonomie und Selbstständigkeit führt zu einer selbstständigeren Einteilung des Tagesablaufs nach individuellem Lernrhythmus und angepasst an eigene produktive Zeiten. Darüber hinaus kann im Fernunterricht das individuelle Lerntempo durch das Aufbrechen des 45-Minuten-Rhythmus berücksichtigt werden. Weitere positive Konsequenzen aus der Schulschließung, die von den Schüler*innen berichtet werden, beziehen sich auf die Möglichkeit, den eigenen Biorhythmus zu beachten, das Entfallen langer Schulwege und den damit einhergehenden Zeitgewinn, eine ungestörtere und angenehmere Lernatmosphäre ohne Ablenkung durch Mitschüler*innen, die zwangsläufige Auseinandersetzung mit der Digitalisierung von Seiten der Schule und das Trainieren des Umgangs mit digitalen Medien, gesundheitliche Aspekte der Schulschließungen durch eine Verringerung der Ansteckungsgefahr und des Stressempfindens sowie positive Effekte auf das Familienleben durch ein Mehr an Zeit.

Eben diese Aspekte werden von einigen Schüler*innen jedoch auch als *negative Konsequenzen der Schulschließung* erlebt. So führt der Verlust des geregelten Tagesablaufs mit festen Strukturen beispielsweise zu Motivationsschwierigkeiten und dem Aufschieben der Aufgabenbearbeitung. Negative Konsequenzen des digitalen Lernens und des Fernunterrichts werden in Form einer Überforderung, fehlender Hilfestellung bei Verständnisproblemen und einer Entgrenzung von Schule und Freizeit berichtet. Darüber hinaus werden mangelnde Ressourcen, ein gestörteres Arbeitsumfeld und ein hohes Konfliktpotenzial in der Familie von den Jugendlichen angeführt.

Zudem wird von den 15- bis 20-Jährigen besonders häufig eine große Ungewissheit und Sorge vor den Abschlussprüfungen berichtet. Des Weiteren zeigen sich Probleme beim Lehrer-Schüler-Kontakt im Sinne einer geringen Erreichbarkeit der Lehrkräfte und erschwerten Austausch- und Kontaktmöglichkeiten mit den Lehrkräften als negative Konsequenzen der Schulschließung.

Berichtet werden ebenfalls Effekte der aktuellen Situation auf die psychische Gesundheit durch fehlenden zwischenmenschlichen Kontakt, Einsamkeit, Isolation sowie ein erhöhtes Stressempfinden.

Außerdem finden sich Aussagen zu Ängsten und Sorgen, den Anschluss zu verpassen und vor einer Flut an Prüfungen bei Wiedereröffnung der Schulen.

Die wesentlichen *Herausforderungen* während der Schulschließung erweisen sich bei den 15- bis 20-Jährigen überwiegend deckungsgleich mit den erlebten negativen Konsequenzen. Ergänzend kann erwähnt werden, dass die Menge der Aufgaben besonders häufig als herausfordernd angeführt wird.

Außerdem ist die fehlende Einheitlichkeit hinsichtlich Lernplattformen und Kommunikationswegen für die Jugendlichen beschwerlich.

Diese herausfordernden Aspekte spiegeln sich zum Großteil in den *Bedarfen, Bedürfnissen und Wünschen an die Lehrkräfte* wider. Es gibt vor allem einen Unterstützungsbedarf in Form von Erklärungen und Hilfestellungen zu den Aufgaben. Außerdem ist es ein Anliegen, die Fülle an Aufgaben zu reduzieren und den Versand sowie Abgabedaten unter den Lehrkräften besser zu koordinieren und sich, wenn möglich, auf ein gemeinsames Medium/ eine gemeinsame Plattform zu verständigen. Darüber hinaus besteht ein Bedürfnis nach Erreichbarkeit und Austausch mit den Lehrkräften, beispielsweise durch Live-Unterricht.

Bedarfe, Bedürfnisse und Wünsche an die Eltern betreffen vor allem eine Unterstützung und Lernbegleitung im Sinne einer Hilfestellung bei der Bewältigung der schulischen Aufgaben, aber auch die Unterstützung bei der Rhythmisierung des Alltags oder dem selbstständigen Arbeiten. Ein Großteil der Jugendlichen äußert zudem den Bedarf nach Verständnis von Seiten der Eltern für ihre aktuelle Situation und Verfassung. Des Weiteren besteht ein Bedarf nach einer ungestörten Arbeitsatmosphäre und der Einhaltung der Privatsphäre.

Jugendliche äußern an die *Regierung* und an das *Bildungsministerium bzw. die Bildungsdirektion* gerichtet die Bedarfe nach mehr Informationen. Dabei bezieht sich die Mehrheit auf klare Aussagen und Lösungen zu (Abschluss-) Prüfungen und Informationen, wie es mit der Schule weitergeht. Die Jugendlichen wünschen sich Klarheit, Regelungen, Fairness sowie die Berücksichtigung ihrer schwierigen Situation. An die *Bevölkerung* gerichtet äußern die Jugendlichen das Bedürfnis nach Einhaltung der Maßnahmen, Zusammenhalt und Verständnis, damit sich die Lage verbessert und man zum Alltag zurückkehren kann.

Bei der Frage, wie das *Lernen in Zukunft* stattfinden sollte, herrscht Meinungsvielfalt. Schüler*innen, die sich auch in Zukunft wünschen, mehr online und zuhause zu lernen, begründen das im Rahmen der offenen Antworten mit verschiedenen Aspekten. So werden hier zumeist ähnliche Punkte der positiven Konsequenzen der Schulschließung angeführt: die Förderung des selbstständigen Lernens im Fernunterricht, die Berücksichtigung individueller Lerntypen, eine ungestörtere und angenehmere Lernatmosphäre im eigenen Zuhause, eine abwechslungsreiche Unterrichtsgestaltung durch digitale Medien, die Vermittlung von IT-Kompetenzen als wichtiger Aspekt in der Vorbereitung auf die heutige Arbeits- und Berufswelt sowie soziale Gründe (z. B. weniger Mobbing).

6 Kurze Diskussion und Fazit: Jugend und junge Erwachsene in Zeiten von Covid-19

Wie die Ergebnisse des Schul-Barometers aufzeigen, erlebten die Schüler*innen den Lockdown unterschiedlich. So wird von positiven ebenso wie negativen Auswirkungen berichtet. Als positiv empfunden wurde die vermehrte Autonomie und Selbstständigkeit, da beispielsweise mehr Zeit zur Verfügung stand, weil der Schulweg wegfiel, oder ein individuelles Lerntempo gewählt werden konnten oder man die Möglichkeit hatte, sich individuell auf Lerninhalte zu konzentrieren. Jedoch hat der Lockdown auch negative Seiten mit sich gebracht. So berichten Schüler*innen von Sorgen und Ängsten betreffend Abschlussprüfungen, oder sie empfanden es belastend, dass eine Tagesstruktur fehlte und soziale Kontakte weitgehend unterbunden wurden. Die quantitativen Auswertungen des Schul-Barometers heben zudem hervor, dass die empfundene Selbstständigkeit ein wichtiger Faktor ist für das selbstständige Lernen. Des Weiteren trägt die erlebte familiäre Unterstützung stark zum Wohlbefinden der Schüler*innen bei.

In der Zwischenzeit wurden weitere Studien in der Zeit von Covid-19 durchgeführt, die Jugendlichen in den Mittelpunkt stellen. So befasst sich die Studie von Yang und Kollegen mit dem selbstständigen Lernen in Zusammenhang mit dem Lernerfolg. Es zeigt sich, dass eine hohe Ausprägung an akademische Selbstwirksamkeit („Ich habe die Fähigkeit gute Noten zu erzielen") einhergehet mit weniger empfundener Angst (Yang et al. 2020). Des Weiteren befasst sich die schon erwähnt Studie von Tomasik und Kollegen (2020) mit dem Lernerfolg. So konnten Tomasik und Kollegen anhand von Daten, die vor und während der Pandemie gesammelt wurden aufzeigen, dass das Jugendliche im Kanton Zürich (Schweiz), die im Sekundarschulalter waren, während der Schulschließung weniger Lernverluste aufzeigten als die Vergleichsgruppe in den Primarschulklassen (1.–6. Klasse). Dies steht im Einklang mit unseren Befunden, die zeigen, dass die erlebte Selbstständigkeit positiv korreliert mit vermehrtem Lernen und verminderter erlebter Belastung. Als ein Erklärungsansatz gehen Tomasik und Kollegen davon aus, dass der gefunden Unterschied teilweise mit kognitiven und motivationalen Faktoren erklärt werden kann. So ist es vorstellbar, dass die exekutiven Funktionen noch nicht vollständig ausgebildet sind, und daher die Fähigkeit zur Selbstkontrolle noch vermindert ist (Tomasik et al. 2020). Dass die Selbstkontrolle sich im Kinds- und Jugendalter noch in der Entwicklung befindet konnte beispielsweise Romer und Kollegen (2010) aufzeigen.

Es ist jedoch erwähnenswert, dass, obwohl ältere Schüler potenziell einen kleiner Lernverlust aufzeigen als jüngere Schäler, so stellen sich ihnen jedoch anderer Herausforderungen wie beispielsweise der Übertritt an eine andere Schule oder ins Berufsleben. „Die Corona-Pandemie hat mir wertvolle Zeit genommen" ist die Aussage eines jungen Erwachsenen, der an der Studie Juco2 Jugendalltag 2020 teilgenommen hat (Andresen et al. 2020). Über 40 Prozent der jungen Erwachsenen geben in dieser Befragung an Zukunftsängste zu erleben. Des Weiteren werden finanzielle Ängste ausgedrückt, weil ein Einkommen aus Nebenjobs verloren ging.

Die hier vorgestellten Befunde beziehen sich auf Jugendliche bzw. junge Erwachsene, deren Entwicklung, in Krisensituationen oder im normalen Alltag, als besonders interessant zu betrachten ist. Das Interesse basiert zu einem darauf, dass in diesem Lebensabschnitt viel passiert, was die Entwicklung der Persönlichkeit mitprägt. Befragt man Menschen ab dem 40 Lebensjahr, so zeigt sich, dass sie sich überproportional an Vorkommisse im Alter zwischen 15 und 35 Jahren erinnern. Dieses Phänomen wird in der Psychologie der Reminiszenzeffekt genannt (Jansari/Parkin 1996; Conway/Haque 1999). In diesem Lebensabschnitt ändert sich vieles in Bezug zum Selbst (Rathbone et al. 2008) und nimmt Einfluss auf die restliche Lebensspanne.

Die Lebensphase der Jugendlichen und jungen Erwachsenen wird als eigenständige Entwicklungsphase angesehen. In dieser Phase kommt es zu Veränderung wie beispielsweise in der Wohnsituation, indem junge Erwachsene das Elternhaus verlassen, das Gefühl des Erwachsenenseins entwickelt sich. Ebenso bietet der Lebensabschnitt viele Möglichkeiten Neues zu entdecken und zu erproben (Arnett 2000). Bronfenbrenner (1996) beschreibt Einflussfaktoren wie Familie, Freunde, Schule, Arbeitsplatz ebenso wie Subkulturen und soziale Schichten, die die Entwicklung von Individuen beeinflussen. Wie in jeder Lebensphase stellen sich den Jugendlichen und jungen Erwachsenen Herausforderungen, die gemeistert werden wollen.

Wie erwähnt werden diese Herausforderungen oft als Entwicklungsaufgaben bezeichnet, dies in Anlehnung an Havighurst (2003).

Laut Hurrelmann und Quenzel (2016) kann zudem davon ausgegangen werden, das Jugendliche ein stabiles Selbstkonzept benötigen mit individuellen Zielvorstellungen, um die sich stellenden Herausforderungen zu lösen. Des Weiteren werden Faktoren wie die empfundene Selbstwirksamkeit erforscht. Es ist eine grundlegende Annahme, dass Menschen nur dann erfolgreich sein können, wenn sie sich als fähig erleben eine gewisse Kontrolle über Situationen auszuüben, eine Selbstwirksamkeit empfinden (Bandura 2010). Nur wenn Menschen das Gefühl haben ein gewünschtes Ergebnis durch ihre Taten zu erreichen, werden sie die Tat ausführen. Die Selbstwirksamkeit spielt somit eine wichtige Rolle in der Motivation, Ziele zu erreichen (Bandura 2010). Wie haben sich jedoch diese Ziele und Herausforderungen der jungen Erwachsenen in der Corona Zeit verändert? Wie wichtig ist die Selbstwirksamkeit, um mit dieser neuen Situation umzugehen?

Ausblick: Um vertieft zu verstehen, wie diese Covid-19-Zeitspanne das Leben von Jugendlichen und jungen Erwachsenen beeinflusst, und was diese Generation beschäftigt, ist eine weiterführende Studie geplant, die sich spezifisch mit Veränderungen in den sozialen Kontakten, insbesondere der Qualität und Quantität im Umgang mit der Familie (im engeren und weiteren Sinne), schulischen Kolleginnen und Kollegen und persönlichen Freunden (Peers), der Ausgestaltung der weiteren Freizeit und dem Gestalten und Erleben von Kultur und dem Treiben von Sport befasst. Weitere Elemente betreffen die Bedeutung von digitalen Medien, spezielle Formen der Freizeitgestaltung wie Partys und Tanzen, aber auch die Übergänge von Schule zu weiteren Bildungsverläufen (z. B. Hochschule) und von Schule ins Berufsleben und damit verbunden die Fragen und Sorgen hinsichtlich der Qualifikation und der Bedeutung der schulischen Zertifizierung unter diesen speziellen Bedingungen, aber auch die Möglichkeit von Praktika etc.

Literatur

Andresen, S./Heyer, L./Lips, A./Rusack, T./Schröer, W./Thomas, S./Wilmes, J. (2020): „Die Corona-Pandemie hat mir wertvolle Zeit genommen" – Jugendalltag 2020. https://doi.org/10.18442/163.
Aparicio, M./Bacao, F./Oliveira, T. (2016): An e-Learning Theoretical Framework. Educational Technology & Society, 19(1), S. 292–307.
Arnett, J.J. (2000): Emerging adulthood: A theory of development from the late teens through the twenties. American Psychologist, 55(5), S. 469–480.
Bakker, A.B./Demerouti, E. (2017): Job Demands–Resources Theory: Taking Stock and Looking Forward. Journal of Occupational Health Psychology, 22 (3), S. 273–285. https://doi.org/10.1037/ocp0000056
Bandura, A. (2010): Self-Efficacy. In I. B. Weiner, W. E. Craighead (Hrsg.): The Corsini Encyclopedia of Psychology (corpsy0836). Hoboken, NJ, USA: John Wiley & Sons, Inc.
Blume, F./Schmidt, A./Kramer, A.C./Schmiedek, F./Neubauer, A. B. (2020): Homeschooling during the SARS-CoV-2 pandemic: The role of students' trait self-regulation and task attributes of daily learning tasks for students' daily self-regulation.
Bronfenbrenner, U. (1996): The ecology of human development: experiments by nature and design. Cambridge, Mass: Harvard University Press.
Calman, R.C. (2010): Exploring the Underlying Traits of High-Performing Schools. Evidence from Research Reviews. Education Quarterly and Research Office. Queens Printers, Ontario Government.
Chapman, C./Armstrong, P./Harris, A./Muijs, D./Reynolds, D./Sammons, P. (2012): School Effectiveness and Improvement. Research, Policy and Practice. Challenging the Orthodoxy? London: Routledge. https://doi.org/10.4324/9780203136553.
Conway, M.A./Haque, S. (1999): Overshadowing the Reminiscence Bump: Memories of a Struggle for Independence. Journal of Adult Development, 6(1), S. 35–44.
Creemers, B./Kyriakides, L./Sammons, P. (2010). Methodological Advances in Educational Effectiveness Research. London: Routledge. https://doi.org/10.4324/9780203851005.

Cronbach, L.J. (1972): Evaluation zur Verbesserung von Curricula. In: C. Wulf (Hrsg.): Evaluation. Beschreibung und Bewertung von Unterricht, Curricula und Schulversuchen. München: Piper & Co., S. 41–59.

Dietrich, H./Patzina, A./Lerche, A. (2020): Social inequality in the homeschooling efforts of German high school students during a school closing period. European Societies, S. 1–22.

Ditton, H. (2002): Evaluation und Qualitätssicherung. In R. Tippelt (Hrsg.): Handbuch Bildungsforschung. Opladen: Leske + Budrich, S. 775–790. https://doi.org/10.1007/978-3-322-99634-3_43.

Engzell, P./Frey, A./Verhagen, M.D. (2020): Learning Inequality During the Covid-19 Pandemic. https://doi.org/10.31235/osf.io/ve4z7.

Grätz, M./Lipps, O. (2021): Large loss in studying time during the closure of schools in Switzerland in 2020. Research in social stratification and mobility, 71, 100554. https://doi.org/10.1016/j.rssm.2020.100554.

Grewenig, E./Lergetporer, P./Werner, K./Wößmann, L./Zierow, L. (2020): COVID-19 and Educational Inequality: How School Closures Affect Low- and High-Achieving Students. München: IZA Institute for Labor Economics.

Hallinger, P./Huber, S.G. (2012): School Leadership That Makes a Difference: International Perspectives. School Effectiveness and School Improvement, 23 (4), S. 1–9. https://doi.org/10.1080/09243453.2012.681508.

Hargreaves, A./Lieberman, A./Fullan, M./Hopkins, D. W. (1998). International Handbook of Educational Change. Dordrecht: Springer. https://doi.org/10.1007/978-94-011-4944-0.

Harris, A./Jones, M. (2012): Professional Learning Communities and System Improvement. Improving Schools, 13 (2), 172–181. https://doi.org/10.1177/1365480210376487.

Harris, A./Chapman, C./Muijs, D./Russ, J./Stoll, L. (2006): Improving Schools in Challenging Circumstances: Exploring the Possible. School Effectiveness and School Improvement, 17, S. 409–424. https://doi.org/10.1080/09243450600743483.

Havighurst, R.J. (2003): Developmental tasks and education. Chicago, IL: University of Chicago Press.

Havighurst, R.J. (1956): Research on the developmental task concept. The School Review: A Journal of Secondary Education, 64, S. 215–223.

Helm, C./Huber, S.G./Loisinger, T. (im Review): Was wissen wir über Lehr- und Lernprozesse im Fernunterricht während der Corona-Pandemie? Ein Review zum Stand der quantitativen Forschung. Manuskript zur Veröffentlichung eingereicht.

Hopkins, D./Harris, A./Stoll, L./Mackay, T. (2011): School and School Improvement: State of the Art Review. Keynote Presentation Prepared for the 24th International Congress of School Effectiveness and School Improvement. Limassol, Cyprus.

Huber, S.G. (2013): Forschung zu Belastung und Beanspruchung von Schulleitung. In S. G. Huber (Hrsg.): Jahrbuch Schulleitung 2013. Befunde und Impulse zu den Handlungsfeldern des Schulmanagements. Köln: Wolters Kluwer Deutschland, S. 222–240.

Huber, S.G. (2014): Kooperative Bildungslandschaften. Netzwerke(n) im und mit System. Neuwied, Kronach & München: LinkLuchterhand & WoltersKluwer.

Huber, S.G. (2018): No Simple Fixes for Schools in Challenging Circumstances. Contextualization for Germany. In: C. Meyers/M. Darwin (Hrsg.): International Perspectives on Leading Low-Performing Schools. Charlotte, NC: Information Age Publishing, S. 243–266.

Huber, S.G./Ahlgrimm, F. (2012): Kooperation: Aktuelle Forschung zur Kooperation in und zwischen Schulen sowie mit anderen Partnern. Münster & New York: Waxmann.

Huber, S.G./Muijs, D. (2010): School Leadership Effectiveness. The Growing Insight in the Importance of School Leadership for the Quality and Development of Schools and Their Pupils. In S.G. Huber (Hrsg.): School Leadership – International Perspectives. Dordrecht: Springer, S. 57–78. https://doi.org/10.1007/978-90-481-3501-1_4.

Huber, S.G./Robinson, V. (2016): World School Leadership Study: Practices and Resilience. Symposium at the Meeting of the World Education Research Association (WERA) in Conjunction with the Annual Meeting of the American Educational Research Association (AERA), 8.–12. April 2016 in Washington, DC.

Huber, S.G./Spillane, J. (2016): World School Leadership Study – Concept and Design. Symposium at the European Congress on Educational Research of the European Educational Research Association, 23.–26. August 2016 in Dublin, Irland.

Huber, S.G./Spillane, J. (2018): Mapping the Field of Research on Education Leadership Administration and Management: Methodological, Thematical and Regional Perspective. Symposium at the European Congress on Educational Research of the European Educational Research Association, 3.–4. September 2018 in Bozen, Italien.

Huber, S.G./Günther, P.S./Schneider, N./Helm, C./Schwander, M./Schneider, J./Pruitt, J. (2020a): COVID-19 und aktuelle Herausforderungen in Schule und Bildung: Waxmann.

Huber, S.G./Helm, C. (2020a): COVID-19 and Schooling: Evaluation, Assessment and Accountability in Times of Crises—Reacting Quickly to Explore Key Issues for Policy, Practice and Research with the School Barometer. Educational Assessment, Evaluation and Accountability (32), S. 237–270.

Huber, S.G./Helm, C. (2020b): Lernen in Zeiten der Corona-Pandemie. Die Rolle familiärer Merkmale für das Lernen von Schüler*innen: Befunde vom Schul-Barometer in Deutschland, Österreich und der Schweiz. In D. Fickermann/B. Edelstein (Hrsg.): Die Deutsche Schule. Beiheft 16. (1. Auflage). Münster: Waxmann, S. 37–60.

Huber, S.G./Helm, C./Günther, P.S./Schneider, N./Schwander, M./Pruitt, J./Schneider, J.A. (2020b): COVID-19: Fernunterricht aus Sicht der Mitarbeitenden von Schulen in Deutschland, Österreich und der Schweiz. Zeitschrift für Schul- und Professionsentwicklung, 2(6), S. 27–44.

Huber, S.G./Hurrelmann, K. (2016): Die Situierung der ch-x/YASS Studie in der Jugendforschung. In S.G. Huber (Hrsg.): Young Adult Survey Switzerland. Junge Erwachsene heute. Bern, S. 25–29.

Huber, S.G./Helm, C./Schneider, N. (2021, in Druck): COVID-19 und Bildung – Nationale und internationale Perspektiven. Münster: Waxmann.

Hurrelmann, K./Quenzel, G. (2016): Lebensphase Jugend. Eine Einführung in die sozialwissenschaftliche Jugendforschung (13. Aufl.). Beltz Juventa.

Jansari, A./Parkin, A.J. (1996): Things that go bump in your life: Explaining the reminiscence bump in autobiographical memory. Psychology and Aging, 11(1), S. 85–91.

Johansen, W./Aggerholm, H.K./Frandsen, F. (2012): Entering New Territory: A Study of Internal Crisis Management and Crisis Communication in Organizations. Public Relations Review, 38 (2), S. 270–279. https://doi.org/10.1016/j.pubrev.2011.11.008.

Karasek, R.A. (1979): Job Demands, Job Decision Latitude, and Mental Strain: Implications for Job Redesign. Administrative Science Quarterly, 24 (2), S. 285–308. http://doi.org/10.2307/2392498.

Keegan, D. (1986): The foundations of distance education. London: Croom Helm.

Kohler, B. (2011): Hausaufgaben. Überblick über didaktische Überlegungen und empirische Untersuchungen. DDS – Die Deutsche Schule, 103(3), S. 203–218.

Lazarus, R.S./Folkman, S. (1984): Stress, Appraisal, and Coping. New York: Springer.

Maldonado, J.E./Witte, K. de (2020): The effect of school closures on standardised student test outcomes. Lueven: KU Lueven.

Moore, M.G. (Hrsg.) (2013): Handbook of distance education. New York: Routledge.

Moos, L./Huber, S.G. (2007): School Leadership, School Effectiveness and School Improvement: Democratic and Integrative Leadership. In T. Townsend (Hrsg.): International Handbook of School Effectiveness and Improvement. Dordrecht: Springer, S. 579–596. https://doi.org/10.1007/978-1-4020-5747-2_32.

Muijs, D./West, M./Ainscow, M. (2010): Why Network? Theoretical Perspectives on Networking. School Effectiveness and School Improvement, 21 (1), S. 5–26. https://doi.org/10.1080/09243450903569692.

Pearson, C.M./Roux-Dufort, C./Clair, J.A. (2007): International Handbook of Organizational Crises Management. Thousand Oaks, CA: Sage.

Picciano, A.G. (2017): Theories and Frameworks for Online Education: Seeking an Integrated Model. Online Learning, 21(3).

Rathbone, C.J./Moulin, C.J. A./Conway, M.A. (2008): Self-centered memories: The reminiscence bump and the self. Memory & Cognition, 36(8), S. 1403–1414.

Robinson, V.M./Lloyd, C.A./Rowe, K.J. (2008): The Impact of Leadership on Student Outcomes: An Analysis of the Differential Effects of Leadership Types. Educational Administration Quarterly, 44 (5), S. 635–674. https://doi.org/10.1177/0013161X08321509.

Romer, D./Duckworth, A. L./Sznitman, S./Park, S. (2010): Can adolescents learn self-control? Delay of gratification in the development of control over risk taking. Prevention science, 11(3), 319-330.

Rosenholtz, S.J. (1989): Teachers' Workplace. The Social Organization of Schools. New York: Longman.

Rosenthal, U./Kouzmin, A. (1993): Globalizing an Agenda for Contingencies and Crisis Management: An Editorial Statement. Journal of Contingencies & Crisis Management, 1, S. 1–12. https://doi.org/10.1111/j.1468-5973.1993.tb00001.x.

Rosenthal, U./Kouzmin, A. (1997): Crises and Crisis Management: Towards Comprehensive Government Decision Making. Journal of Public Administration Research and Theory, 7, S. 277–304. https://doi.org/10.1093/oxfordjournals.jpart.a024349Schneider 1995.

Schreiner, C./Jesacher-Rößler, L./Roßnagl, S./Berger, F./Kraler, C. (2020): Bewältigung des Distanzunterrichts während COVID-19 in der Modellregion Bildung Zillertal. Innsbruck: Institut für Lehrer*innenbildung und Schulforschung, Institut für Erziehungswissenschaft.

Steinmayr, R./Lazarides, R./Weidinger, A./Christiansen, H. (2020): Teaching and Learning During the COVID-19 School Lockdown: Realization and Associations with Parent-Perceived Students' Academic Outcomes—A study and preliminary overview.

Teddlie, C./Stringfield, S. (2007): A History of School Effectiveness and Improvement Research in the USA Focusing on the Past Quarter Century. In T. Townsend (Hrsg.): International Handbook of School Effectiveness and Improvement. Dordrecht: Springer, S. 131–166. https://doi.org/10.1007/978-1-4020-5747-2.

Tian, M./Huber, S. G. (2019): Mapping Educational Leadership, Administration and Management Research 2007–2016: Thematic Strands and the Changing Landscape. Journal of Educational Administration, 58 (2), S. 129–150. https://doi.org/10.1108/JEA-12-2018-0234.

Tomasik, M.J./Helbling, L. A./Moser, U. (2020): Educational gains of in-person vs. distance learning in primary and secondary schools: A natural experiment during the COVID-19 pandemic school closures in Switzerland. International journal of psychology Journal international de psychologie.

Trautwein, U./Lüdtke, O./Schnyder, I./Niggli, A. (2006): Predicting homework effort: Support for a domain-specific, multilevel homework model. Journal of Educational Psychology, 98(2), S. 438–456.

Vardarlier, P. (2016): Strategic Approach to Human Resources Management during Crisis. Procedia – Social and Behavioral Sciences, 235, S. 463–472. https://doi.org/10.1016/j.sbspro.2016.11.057.

Weber, C./Helm, C./Kemethofer, D. (im Review): Are Reading Inequalities Increasing During School Closure? – The Mediating Role of Parental Homeschooling Management. Frontiers in Education.

Wedemeyer, C. A. (1981): Learning at the back door: Reflections on non-traditional learning in the lifespan. Madison, WI: University of Wisconsin Press.

Weick, K.E. (1988): Enacted Sensemaking in Crisis Situation. Journal of Management Studies, 25 (4), S. 305–317. https://doi.org/10.1111/j.1467-6486.1988.tb00039.x.

Weick, K.E. (2010): Reflection on Enacted Sensemaking in the Bhopal Disaster. Journal of Management Studies, 47, S. 537–550. https://doi.org/10.1111/j.1467-6486.2010.00900.x.

West, M.A./Hirst, G. (2003): Cooperation and Teamwork for Innovation. In: M. A. West, D. Tjosvold K. G. Smith (Hrsg.): International Handbook of Teamwork and Cooperative Working. New York: Wiley, S. 297–321. https://doi.org/10.1002/9780470696712.ch15.

Yang, X./Zhang, M./Kong, L./Wang, Q./Hong, J.-C. (2020): The Effects of Scientific Self-efficacy and Cognitive Anxiety on Science Engagement with the "Question-Observation-Doing-Explanation" Model during School Disruption in COVID-19 Pandemic. Journal of Science Education and Technology. https://doi.org/10.1007/s10956-020-09877-x.

Wie haben die Schulkinder die Zeit der Schulschließungen verbracht?[1]

Ludger Wößmann, Vera Freundl, Elisabeth Grewenig,
Philipp Lergetporer, Katharina Werner, Larissa Zierow

Um die Ausbreitung des neuartigen Coronavirus zu verlangsamen, wurden im Laufe des ersten Halbjahres 2020 in vielen Ländern die Schulen für mehrere Monate geschlossen. Weltweit waren zeitweise über 1,5 Mrd. Schulkinder von den Schließungen betroffen (vgl. UNESCO 2020). Aufgrund des historisch einmaligen Ausmaßes der Corona-bedingten Schulausfälle ist unklar, wie viel die Schulkinder während dieser Zeit lernen und welche bildungspolitischen Maßnahmen ergriffen werden sollten, um Lernausfällen entgegenzuwirken.[2]

Um zu erfahren, mit welchen Aktivitäten die Schulkinder die Zeit der Schulschließungen verbracht haben, haben wir eine deutschlandweite Umfrage unter mehr als 1.000 Eltern von Schulkindern durchgeführt. Die in diesem Beitrag berichteten Ergebnisse liefern erstmals umfassende Einblicke in den Alltag von Schulkindern, Eltern und Schulen während der Schulschließungen. Sie zeigen, wie viele Stunden die Schulkinder vor und während der Schließungen mit Lernen und anderen kreativen und passiven Tätigkeiten verbracht haben, wie die Eltern das häusliche Lernumfeld und die Situation während der Schulschließungen einschätzen und welche konkreten Maßnahmen die Schulen ergriffen haben, um den Schulbetrieb aufrechtzuerhalten. Darüber hinaus ge-

---

1 Der Beitrag ist ein gekürzte Fassung des Artikels: L. Wößmann, V. Freundl, E. Grewenig, P. Lergetporer, K. Werner und L Zierow, „Bildung in der Coronakrise: Wie haben die Schulkinder die Zeit der Schulschließungen verbracht, und welche Bildungsmaßnahmen befürworten die Deutschen?", ifo Schnelldienst 73(9), 2020, S. 40–48.

2 Erste Zahlen von Schulen in den USA, die schon vor Corona eine bestimmte Online-Plattform im Mathematikunterricht verwendet haben, legen nahe, dass der Lernfortschritt der Schulkinder insbesondere in Schulen in einkommensschwachen Gegenden während Corona stark und dauerhaft eingebrochen ist (vgl. Chetty et al. 2020). In Deutschland ergab eine Befragung in acht Bundesländern Ende März/Anfang April, dass die meisten Oberstufenschüler*innen in den ersten Wochen der Schulschließungen nur wenig für die Schule getan haben (Anger et al. 2020). Erste Erkenntnisse über die Situation während der Schulschließungen Anfang April lieferten auch repräsentative Befragungen von Eltern und Lehrkräften durch die Vodafone Stiftung Deutschland (2020) und die Robert Bosch Stiftung (2020). Ergebnisse einer Befragung von Jugendlichen und Eltern Ende Mai/Anfang Juni zeigen, dass sich die psychische Gesundheit der Kinder während der Corona-Pandemie verschlechtert hat (Universitätsklinikum Hamburg-Eppendorf 2020).

ben sie auch Hinweise darauf, ob sich bestehende Ungleichheiten im Bildungssystem nach sozialer Herkunft und schulischer Leistung der Kinder durch die Coronakrise weiter verschärfen könnten.

1 Die Befragung

Die hier berichteten Daten wurden im Rahmen der Befragung des ifo-Bildungsbarometers 2020 erhoben.[3] Das ifo-Bildungsbarometer untersucht seit 2014 jährlich, was die deutsche erwachsene Bevölkerung über bildungspolitische Themen denkt. Für die diesjährige Befragung wurden im Juni 2020 insgesamt mehr als 10.000 Personen befragt. Die Stichprobe ist repräsentativ für die Bevölkerung in Deutschland zwischen 18 und 69 Jahren (siehe Kasten „Methodik der Befragung" für methodische Details).

Aus dieser Gesamtstichprobe haben wir einer Elternstichprobe von mehr als 1.000 Eltern Fragen jeweils zu ihrem jüngsten Schulkind gestellt. Dabei ging es darum, mit welchen Aktivitäten die Schüler*innen die Corona-Zeit verbracht haben, welche Aktivitäten die Schulen durchgeführt haben und wie die Eltern die Zeit der Schulschließungen insgesamt bewerten. Die Befragung der Elternstichprobe liefert neue empirische Erkenntnisse über mögliche Folgen der Coronakrise für den Bildungserfolg von Kindern in Deutschland. Dabei untersuchen wir auch die Frage, inwiefern sich die Aktivitäten zwischen Kindern von Eltern mit unterschiedlichem Bildungshintergrund sowie zwischen Schüler*innen mit unterschiedlichen schulischen Leistungen unterscheiden.

Die Befragungsdaten der Elternstichprobe liefern Erkenntnisse über die Aktivitäten von Kindern und Schulen, die in dieser Form und Breite in keinem anderen Datensatz enthalten sind. Nicht zuletzt, weil der wissenschaftliche Feldzugang zu Schulen während der Corona-Pandemie weitgehend unmöglich war, sind diese Befragungsdaten zum jetzigen Zeitpunkt die beste verfügbare Datenquelle, um die Auswirkungen der Corona-bedingten Schulschließungen auf das schulische und außerschulische Lernen von Schulkindern darzustellen.

Gleichwohl möchten wir auf eine Reihe von möglichen Messfehlern und Einschränkungen für die Interpretation dieser Befragungsdaten hinweisen. Erstens beziehen sich die hier verwendeten Befragungsinstrumente auf die zeitliche Verteilung der Aktivitäten der Schulkinder auf verschiedene schulische und nicht-schulische Aktivitäten. Damit können sie keine direkten Erkenntnisse über die Qualität oder Intensivität der Lernzeit oder über das erlangte Kompetenzniveau liefern. Zweitens könnte sozial erwünschtes Antwortverhalten die Ergeb-

---

3 Die Befragung des ifo-Bildungsbarometers fand 2020 zum siebten Mal statt. Zu den Ergebnissen früherer Befragungen siehe Wößmann et al. (2019) und www.ifo.de/ifo-bildungsbarometer.

nisse beeinflussen, etwa indem die Eltern längere Lernzeiten als die tatsächlichen angeben, weil sie diese als von der Gesellschaft gewünscht ansehen. Allerdings hat die Forschung gezeigt, dass in anonymen Online-Befragungen wie unserer, soziale Erwünschtheit in der Regel keine großen Verzerrungen hervorruft (vgl. z. B. Das/Laumann 2010). Dementsprechend geben die Eltern in unserer Befragung wie unten berichtet an, dass ihre Kinder während Corona die meiste Zeit mit passiven Tätigkeiten wie Fernsehen und Computerspielen und wenig Zeit mit Lernen verbracht haben, was vermutlich nicht dem sozial erwünschten Bild entspricht. Falls also noch verbleibende Verzerrungen vorliegen, würde die tatsächliche Diskrepanz zwischen schulischen und passiven Tätigkeiten noch stärker ausfallen als in den Daten ersichtlich. Drittens stützen sich unsere Analysen zum Teil auf retrospektive Berichte darüber, welche Aktivitäten vor den Corona-bedingten Schulschließungen durchgeführt wurden. Es kann nicht ausgeschlossen werden, dass selektive Erinnerung zu Messfehlern in den Daten führt (vgl. z. B. Zimmermann 2020). Es ist jedoch beruhigend, dass die retrospektiven Antworten plausibel sind: So entsprechen die angegebenen Schulstunden recht gut den Vorgaben der Lehrpläne. Viertens besteht die Möglichkeit von Messfehlern, weil die befragten Eltern nicht genau wissen, womit ihre Kinder ihre Zeit verbringen. Allerdings dürften die meisten Eltern die Aktivitäten ihrer Kinder während dieser Zeit einigermaßen gut einschätzen können: Nur 21% unserer Elternstichprobe geben an, dass beide Partner während der Corona-bedingten Schulschließungen zumindest halbtags außer Haus gearbeitet haben. Fünftens kann in längeren Befragungen Umfragemüdigkeit dazu führen, dass Befragte einige Fragen nicht gewissenhaft beantworten. Allerdings haben 500 der 1.099 Eltern in unserer Analysestichprobe bei der Frage zu den täglichen Aktivitäten ihres Kindes während Corona neben den zahlreichen vorgegebenen Feldern ein offenes Antwortfeld für „andere Tätigkeiten" genutzt, um zusätzliche Tätigkeiten einzutippen, was auf ein sehr gewissenhaftes Ausfüllen hindeutet.

Kasten 1: Methodik der Befragung

Die Befragung des ifo-Bildungsbarometers 2020 wurde zwischen dem 3. Juni und dem 1. Juli 2020 durch das Befragungsunternehmen Respondi durchgeführt. Die Stichprobenziehung der insgesamt 10.338 Befragten der Bevölkerungsstichprobe erfolgte mithilfe eines Online-Fragebogens über sogenannte „Online-Access-Panels". Eine ausführliche Analyse der Befragungsmodi in einer früheren Welle des ifo-Bildungsbarometers hat ergeben, dass eine solche Online-Befragung ein repräsentatives Meinungsbild der deutschen Gesamtbevölkerung zu bildungspolitischen Themen wiedergeben kann (vgl. Grewenig et al. 2018).

Aus der Gesamtstichprobe, die die erwachsene Bevölkerung in Deutschland repräsentiert, haben wir alle Eltern von Schulkindern gebeten, für ihr jüngstes Schulkind Fragen zu Aktivitäten während der Zeit der Corona-bedingten Schulschließungen zu beantworten. Insofern ist diese Elternstichprobe ein „Convenience Sample" von Eltern von Schüler*innen an allen allgemeinbildenden Schulen – Grundschulen, Haupt-, Real- und Gesamtschulen, Gymnasien und sonstigen weiterführenden Schularten –, das aufgrund der Repräsentativität der Gesamtstichprobe insgesamt ein gutes Abbild der Schüler*innen an allgemeinbildenden Schulen darstellen sollte. Die Elternbefragung beinhaltet eine Frage zu den Aktivitäten der Kinder in der Zeit vor den Schulschließungen. Fälle, in denen die Eltern in dieser Frage keine Zeit für Schulbesuch angegeben haben, werden in der Analysestichprobe nicht berücksichtigt, da die Fälle nicht als Schüler*innen zu identifizieren sind.

Die Elternstichprobe umfasst 1.099 Eltern von Schulkindern. 51% der Antwortenden sind männlich (Väter), 49% weiblich (Mütter). Von den Schulkindern besuchten 36% Grundschulen, 30% Gymnasien und 34% andere weiterführende Schularten. In tiefergehenden Analysen teilen wir die Elternstichprobe in jeweils zwei Teilstichproben auf. Zum einen unterteilen wir sie in Akademikereltern – diejenigen 27% der antwortenden Eltern, die einen (Fach-) Hochschulabschluss haben –, und Nicht-Akademikereltern, bei denen das nicht der Fall ist (73%). Zum anderen teilen wir die Schulkinder nach ihren Schulnoten in leistungsschwächere Schüler*innen, deren Durchschnittsnote in den Fächern Mathematik und Deutsch unter dem Median in ihrem jeweiligen Schultyp liegt (44%), und leistungsstärkere Schüler*innen, bei denen sie auf oder über diesem Median liegt (56%), ein.

Im vorliegenden Text und in den Abbildungen werden Prozentwerte und Zahlen genannt, die auf den jeweils nächsten Prozentpunkt bzw. auf die erste Nachkommastelle gerundet sind. Aufgrund der Rundungen kann es zu leichten Diskrepanzen zwischen den berichteten Einzelwerten und den berichteten Summen dieser Einzelwerte kommen.

Wie haben Schulkinder die Zeit der Coronakrise verbracht?

Die ab März 2020 bundesweit verhängten Schulschließungen stellten Schüler*innen, Eltern, Lehrer*innen, Schulen und Bildungspolitiker*innen vor noch nie dagewesene Herausforderungen. Um zu erfahren, ob und wie Lernen unter diesen erschwerten Bedingungen stattgefunden hat, haben wir die Eltern von Schulkindern sowohl nach den Aktivitäten in der Familie als auch nach den Aktivitäten der Schulen befragt. Die Eltern haben die Fragen jeweils für ihr jüngstes Kind, das die Schule besucht, beantwortet.

Tägliche Aktivitäten der Schulkinder

Zunächst haben wir die Eltern gefragt, welche Aktivitäten ihr Kind an einem typischen Werktag während der mehrwöchigen Corona-bedingten Schulschließungen unternommen hat. Dazu sollten die Eltern jeweils angeben, wie viele Stunden (auf halbe Stunden gerundet) ihr Kind mit mehreren vorgegebenen Aktivitäten verbracht hat. Dieselben Fragen haben wir dann auch für einen typischen Werktag vor den Schulschließungen gestellt. So lassen sich die Aktivitäten während der Corona-Zeit mit denen im regulären Schulbetrieb vergleichen.[4]

In der Zeit der Corona-bedingten Schulschließungen haben sich die Schüler*innen durchschnittlich 3,6 Stunden pro Tag mit schulischen Aktivitäten beschäftigt (vgl. Abbildung 1). Davon entfielen durchschnittlich 0,9 Stunden auf Schulbesuch, z. B. in der Notbetreuung. Mit Lernen für die Schule – also z. B. Aufgabenblätter bearbeiten, Videounterricht oder Hausaufgaben machen – haben die Schüler*innen täglich durchschnittlich 2,7 Stunden verbracht.

Womit verbrachten Schulkinder vor und während Corona ihre Zeit?
Zeit für schulische Aktivitäten halbiert, deutlicher Anstieg bei Fernsehen, Computerspielen und Handy

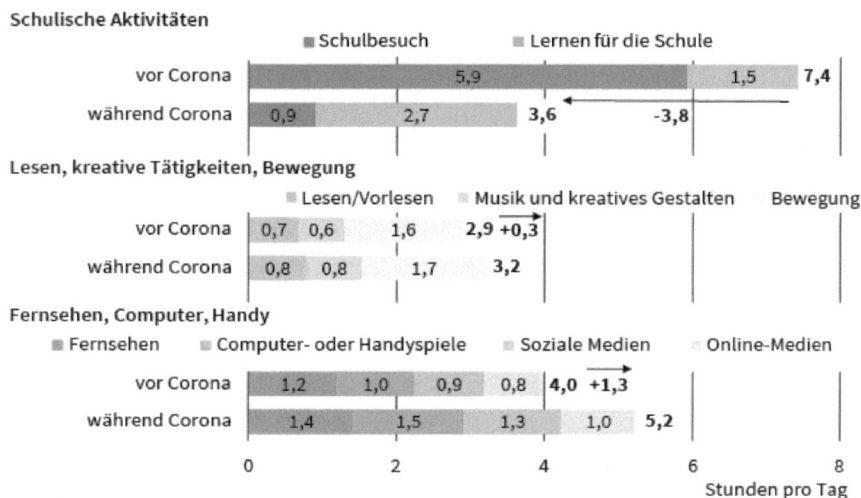

Frage (allen Eltern von Schulkindern gestellt):
Die folgenden Fragen beziehen sich auf Ihr jüngstes Kind, das die Schule besucht. Welche Aktivitäten hat Ihr Kind an einem typischen Werktag (Montag bis Freitag) vor [während] der mehrwöchigen Corona-bedingten Schulschließungen unternommen?
Kategorien: Schulbesuch, z.B. Notbetreuung; Lernen für die Schule, z.B. Aufgabenblätter bearbeiten, Videounterricht, Lernplattformen, Hausaufgaben machen; Lesen/Vorlesen (nicht für die Schule), z.B. Kinderbücher, Romane, Sachbücher; Musik und kreatives Gestalten, z. B. Instrument spielen, singen, malen, zeichnen, basteln; Bewegung, z.B. Sport, Spielen im Freien, Spaziergänge; Fernsehen; Spiele an Computer, Handy oder Spielkonsole; Soziale Medien, z.B. Facebook, Whatsapp, Tiktok, Snapchat, Instagram, Twitter; Online-Medien, z.B. Videos, Musik.

Quelle: ifo Bildungsbarometer 2020.   © ifo Institut

Abbildung 1

---

4   Die Fragebatterie zu den zeitlichen Aktivitäten enthielt neben vorgegebenen Kategorien auch ein offenes Feld für „andere Tätigkeiten". In Fällen, in denen sich die genannten anderen Tätigkeiten einer der vorgegebenen Kategorien zuordnen ließen, haben wir diese offenen Angaben in die entsprechenden Kategorien miteinbezogen. Um Verzerrungen durch übermäßig große fehlerhafte Angaben zu vermeiden, haben wir in den sehr wenigen Fällen, in denen für einzelne Aktivitäten ein Wert von über zwölf Stunden angegeben wurde, diese Werte auf ein Maximum von zwölf Stunden begrenzt.

In der Zeit vor den Schulschließungen hatten sich die Schüler*innen durchschnittlich 7,4 Stunden pro Tag mit schulischen Aktivitäten beschäftigt: 5,9 Stunden Schulbesuch und 1,5 Stunden Lernen für die Schule. Damit haben die Schüler*innen während der mehrwöchigen Schulschließungen also weniger als die Hälfte der zuvor täglich üblichen Zeit mit schulischen Aktivitäten verbracht. Die Schulschließungen haben also zu einem deutlichen Rückgang der mit Lernen verbrachten Zeit geführt. Der Ausfall des Schulbesuchs konnte nur in geringem Maße durch gesteigerte Lernaktivitäten zu Hause aufgefangen werden.

Abbildung 2 zeigt die Verteilung, wie viel Zeit verschiedene Schulkinder während Corona mit schulischen Aktivitäten – Schulbesuch oder Lernen für die Schule – verbracht haben, noch detaillierter. 38% der Schulkinder haben sich höchstens zwei Stunden pro Tag mit schulischen Aktivitäten betätigt. Bei 74% waren es höchstens vier Stunden. Zum Vergleich: In der Zeit vor Corona haben sich 89% der Schulkinder mindestens fünf Stunden pro Tag mit schulischen Aktivitäten betätigt. Während Corona traf dies nur auf 18% der Schüler*innen zu. 14% der Schüler*innen haben während Corona sogar nur maximal eine Stunde am Tag mit schulischen Aktivitäten verbracht. Insgesamt haben 60% der Schulkinder die mit schulischen Aktivitäten verbrachte Zeit während Corona im Vergleich zur Zeit vor Corona um mindestens vier Stunden verringert, 80% um mindestens zwei Stunden; bei lediglich 13% der Schulkinder haben die Eltern keinen Rückgang berichtet.

Wie viel Zeit verbrachten Schulkinder während Corona mit schulischen Aktivitäten?
38% der Schüler*innen lernten höchstens zwei Stunden pro Tag, 74% höchstens vier Stunden

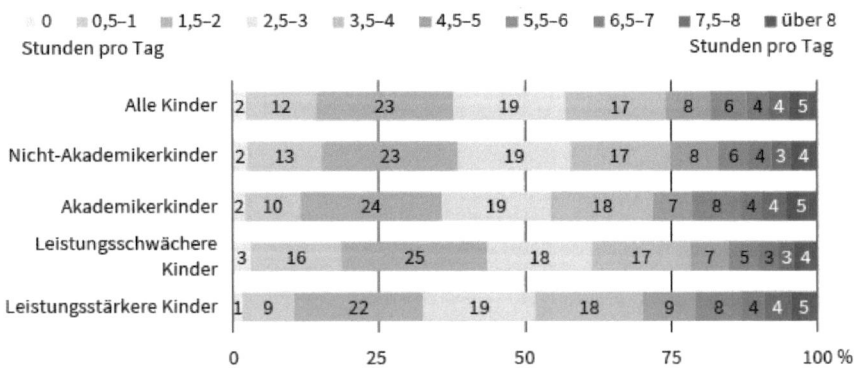

Frage (allen Eltern von Schulkindern gestellt):
Die folgenden Fragen beziehen sich auf Ihr jüngstes Kind, das die Schule besucht. Welche Aktivitäten hat Ihr Kind an einem typischen Werktag (Montag bis Freitag) während der mehrwöchigen Corona-bedingten Schulschließungen unternommen?
Summe der beiden Kategorien: Schulbesuch, z.B. Notbetreuung; Lernen für die Schule, z.B. Aufgabenblätter bearbeiten, Videounterricht, Lernplattformen, Hausaufgaben machen.

Quelle: ifo Bildungsbarometer 2020.   © ifo Institut

Abbildung 2

Neben den schulischen Aktivitäten haben wir die Eltern auch zu anderen Aktivitäten befragt, mit denen die Schulkinder ihre Zeit verbracht haben. In der Corona-Zeit haben die Schüler*innen 3,3 Stunden pro Tag mit Tätigkeiten wie Lesen, Musizieren oder Bewegung verbracht, die häufig ebenfalls als entwicklungsförderlich angesehen werden (vgl. Abbildung 1). Dies ist nur wenig (18 Minuten pro Tag) mehr als in der Zeit vor Corona (2,9 Stunden).

Demgegenüber sind relativ passive Tätigkeiten wie Fernsehen, Computer- und Handyspielen und der Konsum von sozialen Medien während der Corona-Zeit stark angestiegen. Pro Tag haben die Schüler*innen während Corona 5,2 Stunden mit diesen Aktivitäten verbracht. Das sind über eineinviertel Stunden mehr als in der Zeit vor Corona. Während der Corona-Zeit haben die Schulkinder also täglich über anderthalb Stunden mehr mit Fernsehen, Computerspielen und Handy (5,2 Stunden) verbracht als mit schulischen Aktivitäten (3,6 Stunden).

Hinter den berichteten Durchschnittswerten verbergen sich zum Teil deutliche Unterschiede nach Geschlecht und besuchter Schulart der Schüler*innen. Während es in der Zeit vor Corona kaum Unterschiede in den zeitlichen Aktivitäten zwischen Mädchen und Jungen gab (Mädchen hatten lediglich über eine halbe Stunde weniger mit Computer- und Handyspielen verbracht), sind diese Unterschiede in der Corona-Zeit zum Teil eklatant auseinandergegangen: Mädchen haben täglich eine halbe Stunde mehr als Jungen mit Lernen für die Schule verbracht (3,0 bzw. 2,5 Stunden), 20 Minuten mehr mit Lesen und kreativem Gestalten (1,7 bzw. 1,4 Stunden) und eine Viertelstunde mehr mit sozialen Medien (1,44 bzw. 1,19 Stunden), dafür aber eine ganze Stunde weniger mit Spielen an Computer, Handy oder Spielkonsole (1,0 bzw. 2,0 Stunden).

Auch zwischen den Schularten gibt es während Corona erwartbare Unterschiede. Grundschüler*innen haben im Durchschnitt etwas länger die Schule besucht (1,1 Stunden) als Schüler*innen an weiterführenden Schulen (0,8 Stunden). Gymnasiast*innen haben mit 3,2 Stunden mehr Zeit mit Lernen für die Schule verbracht als Grundschüler*innen und Schüler*innen an sonstigen weiterführenden Schularten (jeweils 2,5 Stunden). Grundschüler*innen haben mehr Zeit (3,9 Stunden) mit aktiven Tätigkeiten wie Lesen, kreativen Tätigkeiten und Bewegung verbracht als Schüler*innen auf den weiterführenden Schularten (jeweils 2,8 Stunden), aber wesentlich weniger (3,7 Stunden) mit passiven Tätigkeiten wie Fernsehen, Computerspielen und Handy. Mit diesen passiven Tätigkeiten haben Gymnasiast*innen 5,9 Stunden und Schüler*innen an anderen weiterführenden Schularten 6,3 Stunden verbracht, wobei dieser Unterschied einzig durch die Unterkategorie des Spielens an Computer, Handy oder Spielkonsole zustande kommt.

Unterschiede nach Familienhintergrund und schulischen Leistungen
In der wissenschaftlichen und öffentlichen Diskussion wird häufig die Gefahr angesprochen, dass benachteiligte Kinder besonders stark unter den Corona-

bedingten Schulschließungen leiden könnten. Daher betrachten wir im Folgenden unsere Ergebnisse separat für Kinder mit unterschiedlichen sozialen Hin-
tergründen und schulischen Leistungen.

Es ist in der Forschung immer wieder belegt, dass das Elternhaus einen
wesentlichen Einfluss auf den Bildungserfolg von Kindern hat (vgl. etwa
Björklund/Salvanes 2011). Um zu untersuchen, inwiefern sich die Coronakrise
unterschiedlich auf Familien mit unterschiedlichem Bildungshintergrund aus-
gewirkt hat, betrachten wir in Abbildung 3 die jeweiligen Aktivitäten separat
für Schulkinder, deren antwortendes Elternteil einen (Fach-)Hochschul-
abschluss hat, und Schulkinder, bei denen das nicht der Fall ist.

Womit verbrachten Schulkinder mit unterschiedlichen Familienhintergründen ihre Zeit?
Lernrückgang bei Akademiker- und Nicht-Akademikerkindern ähnlich stark, mehr passive
Tätigkeiten besonders bei Nicht-Akademikerkindern

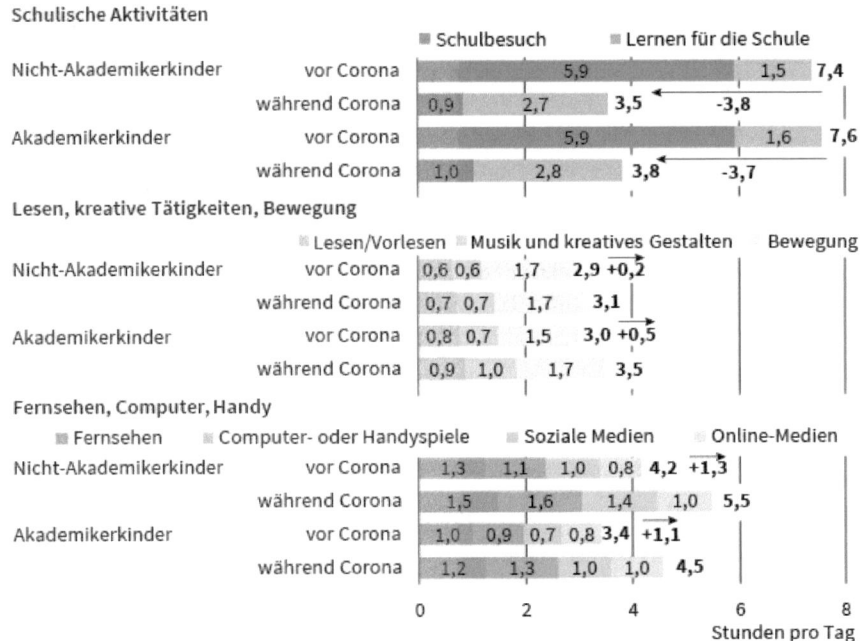

Frage (allen Eltern von Schulkindern gestellt):
Die folgenden Fragen beziehen sich auf Ihr jüngstes Kind, das die Schule besucht. Welche Aktivitäten hat Ihr Kind an
einem typischen Werktag (Montag bis Freitag) vor [während] der mehrwöchigen Corona-bedingten
Schulschließungen unternommen?
Kategorien: Schulbesuch, z.B. Notbetreuung; Lernen für die Schule, z.B. Aufgabenblätter bearbeiten, Videounterricht,
Lernplattformen, Hausaufgaben machen; Lesen/Vorlesen (nicht für die Schule), z.B. Kinderbücher, Romane,
Sachbücher; Musik und kreatives Gestalten, z. B. Instrument spielen, singen, malen, zeichnen, basteln;
Bewegung, z.B. Sport, Spielen im Freien, Spaziergänge; Fernsehen; Spiele an Computer, Handy oder Spielkonsole;
Soziale Medien, z.B. Facebook, Whatsapp, Tiktok, Snapchat, Instagram, Twitter; Online-Medien, z.B. Videos, Musik.

Quelle: ifo Bildungsbarometer 2020.   © ifo Institut

Abbildung 3

Der Rückgang der schulischen Aktivitäten war bei Kindern von Akademikern mit 3,7 Stunden fast genauso stark ausgeprägt wie bei Nicht-Akademikerkindern (3,8 Stunden). In der Corona-Zeit haben Akademikerkinder im Durchschnitt rund eine Viertelstunde pro Tag mehr mit Schulaktivitäten verbracht als Nicht-Akademikerkinder (3,8 bzw. 3,5 Stunden). Insgesamt unterscheidet sich die Verteilung der mit Schulaktivitäten verbrachten Zeit nicht wesentlich zwischen den beiden Teilgruppen (vgl. Abbildung 2). Dementsprechend gibt es bei der Dauer der schulischen Aktivitäten während Corona also gewisse Unterschiede nach dem Bildungshintergrund der Familien; diese sind aber nicht besonders stark ausgeprägt. Ob es Unterschiede in der Qualität des Lernens oder im Ausmaß der angeeigneten Lerninhalte gibt, können wir mit unserer Befragung nicht beantworten.

Der Anstieg der Aktivitäten wie Lesen, Musizieren oder Bewegung ist bei den Akademikerkindern mit einer halben Stunde stärker ausgeprägt als bei Nicht-Akademikerkindern, bei denen der Anstieg weniger als eine Viertelstunde beträgt (vgl. Abbildung 3). Demgegenüber ist der Anstieg der Aktivitäten wie Fernsehen, Computerspielen und Handy bei den Nicht-Akademikerkindern mit 1,3 Stunden etwas stärker ausgeprägt, wobei er auch bei den Akademikerkindern 1,1 Stunden beträgt. Insgesamt verbringen Nicht-Akademikerkinder während Corona eine Stunde mehr mit diesen Aktivitäten als Akademikerkinder (5,5 bzw. 4,5 Stunden). Gleichwohl stellen die passiven Tätigkeiten auch bei den Akademikerkindern die häufigste Beschäftigungsform während Corona dar.[5]

Die Schulschließungen stellen für leistungsschwächere Schüler*innen vermutlich eine besondere Herausforderung dar, da ihnen das selbstständige Erarbeiten von Lerninhalten zu Hause vergleichsweise schwerfallen dürfte. In einer weiteren Betrachtung von Teilgruppen unterscheiden wir daher in Abbildung 4 zwischen Kindern mit besseren und schlechteren schulischen Leistungen: Kinder, deren Durchschnittsnote in den Fächern Mathematik und Deutsch min-

---

[5] Betrachtet man Unterschiede nach dem Haushaltseinkommen, so haben Kinder aus Familien mit Einkommen oberhalb des Stichprobenmedians vor Corona 0,3 Stunden mehr mit schulischen Aktivitäten – insbesondere Schulbesuch – verbracht als Kinder aus Familien mit höchstens dem Medianeinkommen. Während Corona hat sich dies umgekehrt: Kinder aus Familien mit höheren Einkommen haben während Corona im Durchschnitt eine Viertelstunde weniger in der Schule verbracht als Kinder aus Familien mit niedrigeren Einkommen, was durch ein leicht längeres Lernen zu Hause (0,17 Stunden) nicht ganz aufgefangen wurde. Insofern war der Rückgang der schulischen Aktivitäten unter den höheren Einkommen deutlich stärker ausgeprägt. Kinder aus Familien mit höheren Einkommen haben vor (0,44 Stunden) und während (0,48 Stunden) Corona deutlich weniger Zeit für passive Tätigkeiten aufgewendet; dementsprechend unterscheidet sich der Rückgang der passiven wie auch der kreativen Tätigkeiten nicht signifikant nach den Einkommensverhältnissen der Familien.

destens dem Median in ihrem jeweiligen Schultyp entspricht, und Kinder, deren Note darunter liegt.

Womit verbrachten Schulkinder mit unterschiedlichen Schulnoten ihre Zeit?
Besonders die leistungsschwächeren Schüler*innen ersetzten Lernen durch passive Tätigkeiten

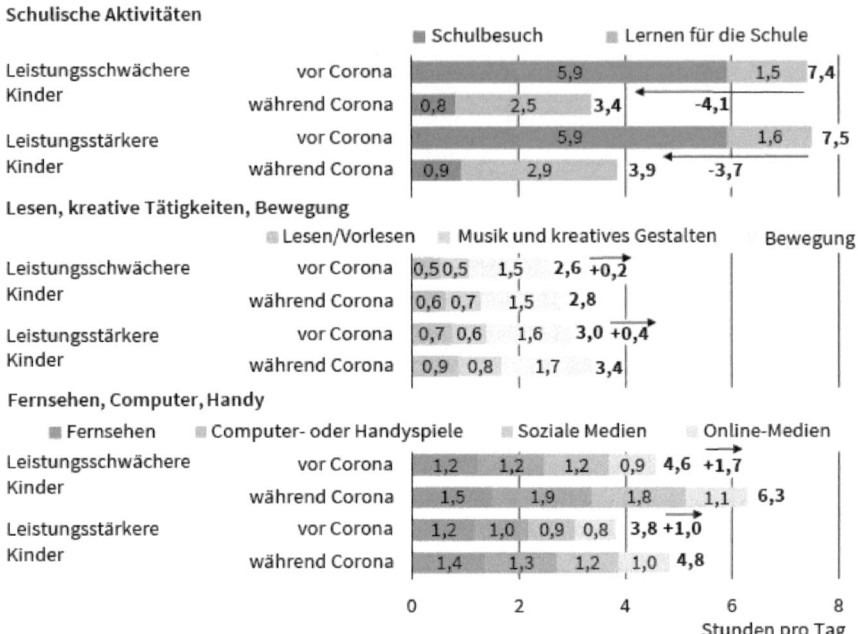

Frage (allen Eltern von Schulkindern gestellt):
Die folgenden Fragen beziehen sich auf Ihr jüngstes Kind, das die Schule besucht. Welche Aktivitäten hat Ihr Kind an einem typischen Werktag (Montag bis Freitag) vor [während] der mehrwöchigen Corona-bedingten Schulschließungen unternommen?
Kategorien: Schulbesuch, z.B. Notbetreuung; Lernen für die Schule, z.B. Aufgabenblätter bearbeiten, Videounterricht, Lernplattformen, Hausaufgaben machen; Lesen/Vorlesen (nicht für die Schule), z.B. Kinderbücher, Romane, Sachbücher; Musik und kreatives Gestalten, z. B. Instrument spielen, singen, malen, zeichnen, basteln; Bewegung, z.B. Sport, Spielen im Freien, Spaziergänge; Fernsehen; Spiele an Computer, Handy oder Spielkonsole; Soziale Medien, z.B. Facebook, Whatsapp, Tiktok, Snapchat, Instagram, Twitter; Online-Medien, z.B. Videos, Musik.

Quelle: ifo Bildungsbarometer 2020.   © ifo Institut

Abbildung 4

Im Vergleich zum Bildungshintergrund der Eltern weist die Betrachtung von Schüler*innen mit unter- bzw. überdurchschnittlichen schulischen Leistungen deutlichere Unterschiede auf. Leistungsschwächere Schüler*innen reduzierten ihre schulischen Aktivitäten um 4,1 Stunden pro Tag, während der Rückgang bei den leistungsstärkeren Schüler*innen 3,7 Stunden betrug. Während Corona verbrachten die leistungsschwächeren Schüler*innen mit 3,4 Stunden rund eine halbe Stunde weniger mit schulischen Aktivitäten als die leistungsstärkeren Schüler*innen. 43,5% der leistungsschwächeren Schüler*innen haben höchstens zwei Stunden pro Tag mit schulischen Aktivitäten verbracht; bei den leistungsstärkeren Schüler*innen waren es 32,6% (vgl. Abbildung 2). Fast ein Fünftel (19%) der leistungsschwächeren Schüler*innen hat maximal eine Stunde pro Tag mit schulischen Aktivitäten verbracht.

Der Anstieg der mit Fernsehen, Computerspielen und Handy verbrachten Zeit ist bei den leistungsschwächeren Schüler*innen mit 1,7 Stunden besonders stark ausgeprägt (vgl. Abbildung 4). Während Corona haben sie durchschnittlich 6,3 Stunden pro Tag mit diesen Aktivitäten verbracht. Bei den leistungsstärkeren Schüler*innen sind diese passiven Tätigkeiten von 3,8 auf 4,8 Stunden angestiegen. Sowohl das Niveau als auch der Anstieg der Aktivitäten wie Lesen, Musizieren und Bewegung sind bei den leistungsstärkeren Schüler*innen größer als bei den leistungsschwächeren Schüler*innen. Während Corona haben leistungsstärkere Schüler*innen über eine halbe Stunde mehr pro Tag mit diesen kreativen Aktivitäten verbracht als leistungsschwächere Schüler*innen.

Die Teilgruppenanalysen legen nahe, dass die Corona-bedingten Schulschließungen leistungsschwächere Schüler*innen besonders stark getroffen haben dürften. Bei ihnen war der Rückgang der schulischen Aktivitäten und der Anstieg der passiven Tätigkeiten besonders stark. Auch zwischen Akademiker- und Nicht-Akademikerkindern gab es gewisse Unterschiede, die aber nicht so stark ausgeprägt waren. Insgesamt deuten die Ergebnisse darauf hin, dass die Coronakrise die ohnehin schon hohe Bildungsungleichheit in Deutschland weiter verschärft haben dürfte.

Weitere Aspekte des Lernens zu Hause
Neben den mit verschiedenen Aktivitäten verbrachten Zeiten der Kinder insgesamt haben wir die Eltern auch danach gefragt, wie viel Zeit davon sie gemeinsam mit ihren Kindern verbracht haben. Vor den Schulschließungen haben die Eltern im Durchschnitt eine halbe Stunde pro Tag gemeinsam mit ihrem Kind beim Lernen für die Schule verbracht (vgl. Abbildung 5). Während Corona ist dieser Wert auf gut eine Stunde angestiegen. Das Engagement der Eltern ist im Home-Schooling also merklich angestiegen.[6] Der absolute Anstieg fiel bei Akademiker*innen und Nicht-Akademiker*innen und bei leistungsschwächeren und -stärkeren Schüler*innen ähnlich aus. Allerdings ist das Ausgangsniveau des elterlichen Engagements bei leistungsschwächeren Schüler*innen deutlich geringer. So verbrachten leistungsschwächere Schüler*innen während Corona 0,9 Stunden gemeinsam mit ihren Eltern beim Lernen, während es bei leistungsstärkeren Schüler*innen 1,2 Stunden waren.

---

6 Bezüglich der Arbeitssituation der Eltern im Zeitraum während der mehrwöchigen Corona-bedingten Schulschließungen berichten 39%, dass zumindest ein Partner nicht arbeitete; bei 21% arbeitete zumindest ein Partner weniger als 20 Stunden pro Woche; bei 19% arbeitete zumindest ein Partner weniger als 20 Stunden pro Woche außer Haus (also nicht im Homeoffice); und bei 21% arbeiteten beide Partner mindestens 20 Stunden pro Woche außer Haus.

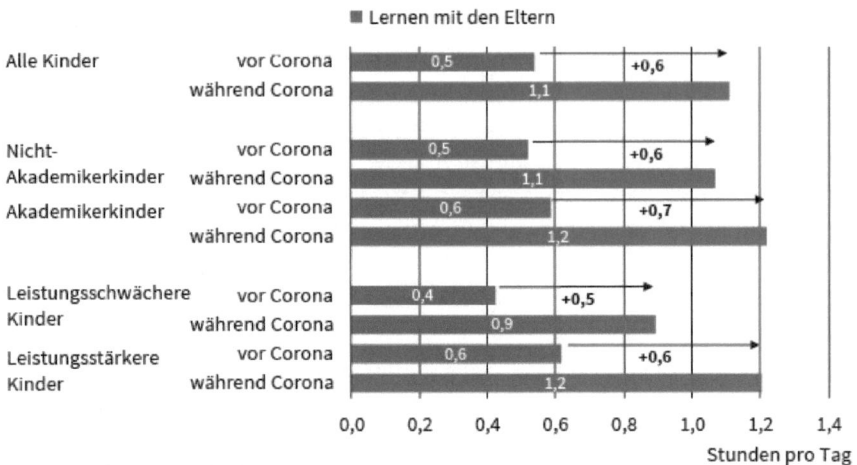

Wie lange lernten Schulkinder zu Hause gemeinsam mit ihren Eltern?
Deutlicher Anstieg während Corona

■ Lernen mit den Eltern

Alle Kinder	vor Corona	0,5 +0,6
	während Corona	1,1
Nicht-Akademikerkinder	vor Corona	0,5 +0,6
	während Corona	1,1
Akademikerkinder	vor Corona	0,6 +0,7
	während Corona	1,2
Leistungsschwächere Kinder	vor Corona	0,4 +0,5
	während Corona	0,9
Leistungsstärkere Kinder	vor Corona	0,6 +0,6
	während Corona	1,2

0,0   0,2   0,4   0,6   0,8   1,0   1,2   1,4

Stunden pro Tag

Frage (allen Eltern von Schulkindern gestellt):
Die folgenden Fragen beziehen sich auf Ihr jüngstes Kind, das die Schule besucht. Welche Aktivitäten hat Ihr Kind an einem typischen Werktag (Montag bis Freitag) vor [während] der mehrwöchigen Corona-bedingten Schulschließungen unternommen?
Kategorien: Lernen für die Schule, z.B. Aufgabenblätter bearbeiten, Videounterricht, Lernplattformen, Hausaufgaben machen – davon mit mir/meinem*r Partner*in.

Quelle: ifo Bildungsbarometer 2020.   © ifo Institut

Abbildung 5

Wir haben die Eltern auch gefragt, für wie förderlich sie die verschiedenen Aktivitäten für die Entwicklung ihres Kindes halten. Die allermeisten Eltern halten schulische Aktivitäten für (sehr oder eher) förderlich (vgl. Abbildung 6). Ganz ähnlich sieht es bei den kreativen Aktivitäten wie Lesen, Musizieren und Bewegung aus. Die eher passiven Tätigkeiten wie Fernsehen, Computer- und Handyspiele und soziale Medien halten deutliche Mehrheiten der Eltern hingegen für (eher oder gar) nicht förderlich. Interessanterweise unterscheidet sich das grundlegende Muster dieser Einschätzungen nicht wesentlich zwischen Akademiker- und Nichtakademikereltern oder zwischen Eltern von leistungsschwächeren und -stärkeren Kindern. Die berichteten Teilgruppenunterschiede in der mit den verschiedenen Aktivitäten verbrachten Zeit lassen sich also nicht auf unterschiedliche Einschätzungen darüber zurückführen, wie förderlich die jeweiligen Aktivitäten sind.

Eltern sehen schulische und kreative Tätigkeiten als förderlich an, passive Tätigkeiten nicht

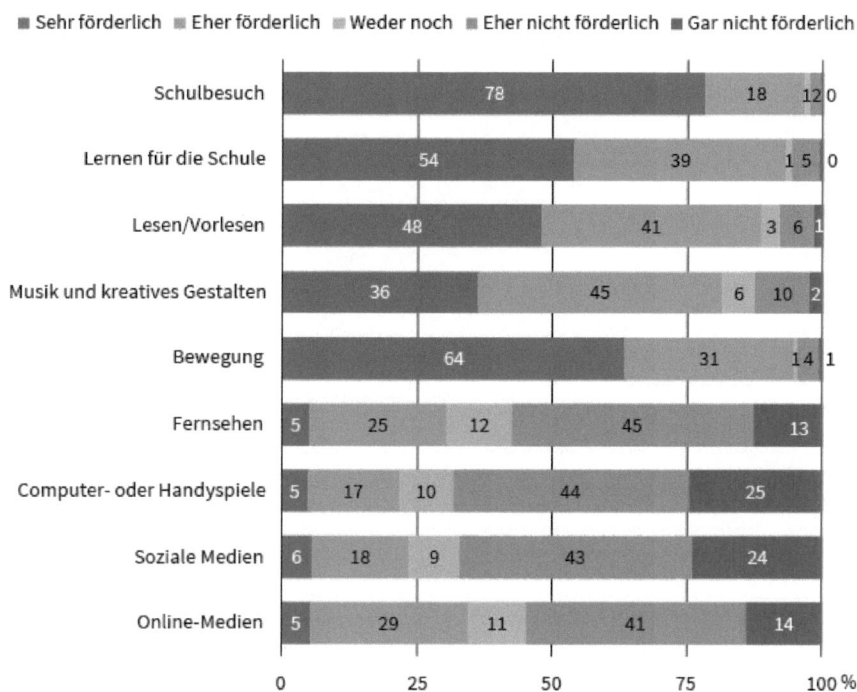

■ Sehr förderlich ■ Eher förderlich ■ Weder noch ■ Eher nicht förderlich ■ Gar nicht förderlich

Frage (allen Eltern von Schulkindern gestellt):
Die folgenden Fragen beziehen sich auf Ihr jüngstes Kind, das die Schule besucht. Was denken Sie, wie förderlich sind folgende Aktivitäten für die weitere Entwicklung Ihres Kindes?
Kategorien: Schulbesuch; Lernen für die Schule, z.B. Aufgabenblätter bearbeiten, Videounterricht, Lernplattformen, Hausaufgaben machen; Lesen/Vorlesen (nicht für die Schule), z.B. Kinderbücher, Romane, Sachbücher; Musik und kreatives Gestalten, z. B. Instrument spielen, singen, malen, zeichnen, basteln; Bewegung, z.B. Sport, Spielen im Freien, Spaziergänge; Fernsehen; Spiele an Computer, Handy oder Spielkonsole; Soziale Medien, z.B. Facebook, Whatsapp, Tiktok, Snapchat, Instagram, Twitter; Online-Medien, z.B. Videos, Musik.

Quelle: ifo Bildungsbarometer 2020.   © ifo Institut

Abbildung 6

Schließlich haben wir die Eltern auch noch zu ihrer Einschätzung der Zeit der Schulschließungen befragt. Passend zu dem Befund, dass die Schulschließungen zu großen Einbußen in den Lernzeiten geführt haben, denken fast zwei Drittel der Eltern (64%), dass ihr Kind während dieser Zeit „viel weniger" gelernt hat (vgl. Abbildung 7).

Wie bewerten Eltern die Zeit der Schulschließungen?
Viele nehmen Lerneinbußen durch Corona wahr, Bewertung der Gesamtsituation eher positiv

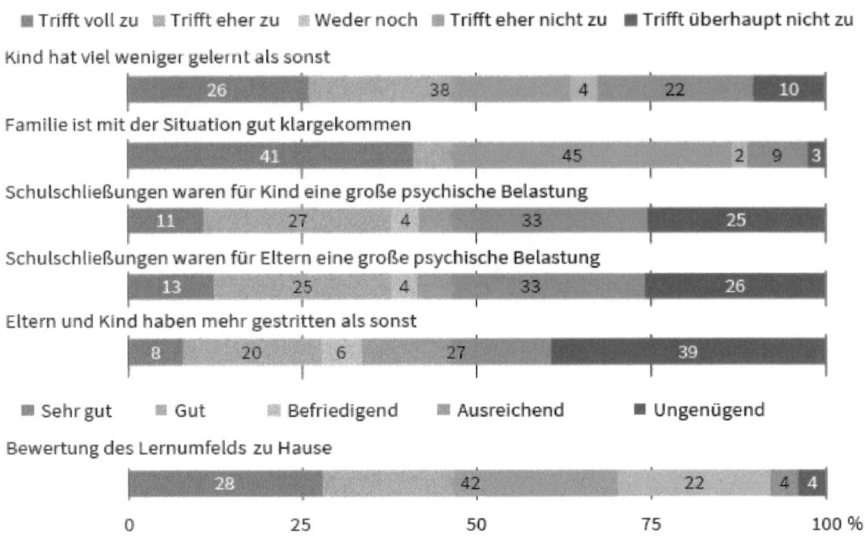

■ Trifft voll zu   ■ Trifft eher zu   ■ Weder noch   ■ Trifft eher nicht zu   ■ Trifft überhaupt nicht zu

Kind hat viel weniger gelernt als sonst

Familie ist mit der Situation gut klargekommen

Schulschließungen waren für Kind eine große psychische Belastung

Schulschließungen waren für Eltern eine große psychische Belastung

Eltern und Kind haben mehr gestritten als sonst

■ Sehr gut   ■ Gut   ■ Befriedigend   ■ Ausreichend   ■ Ungenügend

Bewertung des Lernumfelds zu Hause

Frage 1 (allen Eltern von Schulkindern gestellt):
Inwieweit treffen die folgenden Aussagen auf Sie zu?
Mein Kind hat während der Schulschließungen viel weniger gelernt als sonst in der Schule.
Unsere Familie ist mit der Situation während der Schulschließungen gut klargekommen.
Die Situation während der Schulschließungen war für mein Kind eine große psychische Belastung.
Die Phase der Schulschließungen war für mich eine große psychische Belastung.
Ich habe mich mit meinem Kind während der Schulschließungen mehr gestritten als sonst.
Frage 2 (allen Eltern von Schulkindern gestellt):
Wie würden Sie das Lernumfeld Ihres Kindes zu Hause im Zeitraum während der mehrwöchigen Corona-bedingten
Schulschließung bewerten, z.B. in Bezug auf zur Verfügung stehende Computer oder Platz zum Arbeiten?

Quelle: ifo Bildungsbarometer 2020. © ifo Institut

Abbildung 7

Gleichzeitig findet eine große Mehrheit der Eltern (86%), dass ihre Familie mit der Situation während der Schulschließungen gut klargekommen ist. Ein gutes Drittel der Eltern hat die Schulschließungen aber schon als große Belastung empfunden. So geben jeweils 38% der Eltern an, dass die Situation für ihr Kind bzw. für sie selbst eine große psychische Belastung war; 58% bzw. 59% stimmen diesen Aussagen nicht zu. Ein gutes Viertel (28%) der Eltern berichtet zudem, dass sie sich mit ihrem Kind während der Schulschließungen mehr gestritten haben als sonst. Insgesamt bewerten die meisten Eltern (70%) das Lernumfeld ihres Kindes zu Hause als „sehr gut" oder „gut", nur 8% bewerten es als „ausreichend" oder „ungenügend".

Interessanterweise unterscheiden sich einige dieser Einschätzungen zwischen Akademiker*innen und Nicht-Akademiker*innen, andere hingegen nicht (vgl. Abbildung 8). Mit 67% ist ein deutlich größerer Anteil der Nicht-Akademikereltern der Meinung, dass ihr Kind während der Schulschließungen viel weniger gelernt hat; unter Akademikereltern beträgt der Wert 55%. Leicht weniger Nicht-Akademikereltern geben an, dass sie mit der Situation gut klargekommen sind.

Auch bewerten Nicht-Akademikereltern das Lernumfeld zu Hause weniger oft mit „sehr gut" oder „gut" als Akademikereltern (68% bzw. 75%). Demgegenüber gibt es keine signifikanten Unterschiede zwischen Akademiker- und Nicht-Akademikereltern in der Einschätzung der Phase der Schulschließungen als große psychische Belastung und im Anstieg des Streitens. Ein ähnliches Muster ergibt sich bei einer Betrachtung nach den schulischen Leistungen der Kinder: Mit 72% ist der Anteil der Eltern, die angeben, dass ihr Kind während der Schulschließungen viel weniger gelernt hat, bei leistungsschwächeren Schüler*innen deutlich größer als bei leistungsstärkeren Schüler*innen mit 58%. Eltern leistungsschwächerer Schüler*innen bewerten das Lernumfeld zu Hause auch schlechter und berichten etwas häufiger von mehr Streit während der Schulschließungen.

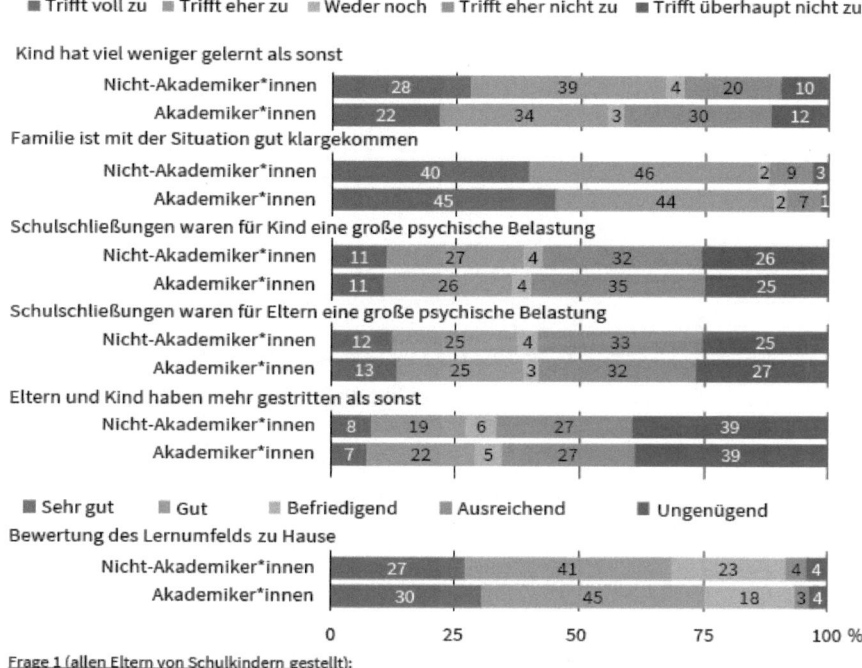

Wie bewerten Eltern mit unterschiedlichen Bildungshintergründen die Zeit der Schulschließungen?
Nicht-Akademiker sehen größere Lerneinbußen und bewerten Lernumfeld zu Hause schlechter

■ Trifft voll zu ■ Trifft eher zu ■ Weder noch ■ Trifft eher nicht zu ■ Trifft überhaupt nicht zu

Kind hat viel weniger gelernt als sonst
Nicht-Akademiker*innen: 28 | 39 | 4 | 20 | 10
Akademiker*innen: 22 | 34 | 3 | 30 | 12
Familie ist mit der Situation gut klargekommen
Nicht-Akademiker*innen: 40 | 46 | 2 | 9 | 3
Akademiker*innen: 45 | 44 | 2 | 7 | 1
Schulschließungen waren für Kind eine große psychische Belastung
Nicht-Akademiker*innen: 11 | 27 | 4 | 32 | 26
Akademiker*innen: 11 | 26 | 4 | 35 | 25
Schulschließungen waren für Eltern eine große psychische Belastung
Nicht-Akademiker*innen: 12 | 25 | 4 | 33 | 25
Akademiker*innen: 13 | 25 | 3 | 32 | 27
Eltern und Kind haben mehr gestritten als sonst
Nicht-Akademiker*innen: 8 | 19 | 6 | 27 | 39
Akademiker*innen: 7 | 22 | 5 | 27 | 39

■ Sehr gut ■ Gut ■ Befriedigend ■ Ausreichend ■ Ungenügend
Bewertung des Lernumfelds zu Hause
Nicht-Akademiker*innen: 27 | 41 | 23 | 4 | 4
Akademiker*innen: 30 | 45 | 18 | 3 | 4

0   25   50   75   100 %

Frage 1 (allen Eltern von Schulkindern gestellt):
Inwieweit treffen die folgenden Aussagen auf Sie zu?
Mein Kind hat während der Schulschließungen viel weniger gelernt als sonst in der Schule.
Unsere Familie ist mit der Situation während der Schulschließungen gut klargekommen.
Die Situation während der Schulschließungen war für mein Kind eine große psychische Belastung.
Die Phase der Schulschließungen war für mich eine große psychische Belastung.
Ich habe mich mit meinem Kind während der Schulschließungen mehr gestritten als sonst.
Frage 2 (allen Eltern von Schulkindern gestellt):
Wie würden Sie das Lernumfeld Ihres Kindes zu Hause im Zeitraum während der mehrwöchigen Corona-bedingten Schulschließung bewerten, z.B. in Bezug auf zur Verfügung stehende Computer oder Platz zum Arbeiten?

Quelle: ifo Bildungsbarometer 2020.   © ifo Institut

Abbildung 8

Aktivitäten der Schulen

Schulen und Lehrkräfte spielen auch in Zeiten der Corona-bedingten Schul-schließungen bei der Unterstützung des Lernens eine entscheidende Rolle. Gleichzeitig ist kaum etwas darüber bekannt, wie viele Schulen welche konkreten Aktivitäten in welchem Umfang durchgeführt haben. Deshalb haben wir die Eltern auch danach gefragt, mit welchen Lernangeboten die Lehrkräfte bzw. die Schulen versucht haben, die Beschulung ihrer Kinder während des Unterrichtsausfalls sicherzustellen.

Über die Hälfte der Schüler*innen (57%) hatte während der Schulschließungen seltener als einmal pro Woche gemeinsamen Unterricht für die ganze Klasse, z. B. per Videoanruf oder Telefon (vgl. Abbildung 9). 45% hatten nie gemeinsamen Unterricht. Bei lediglich 6% der Schüler*innen war dies täglich der Fall,[7] bei 29% zumindest mehrmals pro Woche. Die Möglichkeit des Online-Unterrichts wurde von den Schulen also nur vergleichsweise selten genutzt.

Welche Aktivitäten haben Schulen/Lehrkräfte während der Schulschließungen durchgeführt?
Online-Unterricht und individuelle Gespräche nur selten, Aufgabenblätter am häufigsten genutzt

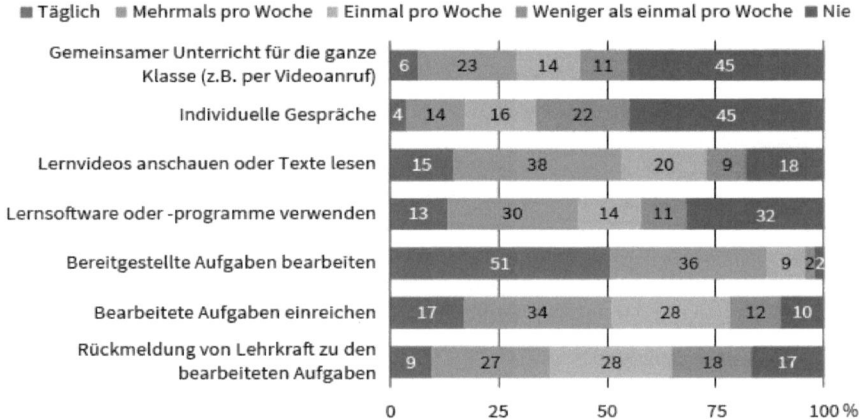

Frage (allen Eltern von Schulkindern gestellt):
Welche Aktivitäten haben die Lehrkräfte bzw. die Schule Ihres Kindes im Zeitraum während der mehrwöchigen Corona-bedingten Schulschließungen durchgeführt? Bitte denken Sie bei der Beantwortung der Fragen an die Lehrkräfte bzw. die Schule Ihres jüngsten Kindes, das die Schule besucht. Kategorien: Gemeinsamer Unterricht für die ganze Klasse (z.B. per Videoanruf oder Telefon); Individuelle Gespräche mit meinem Kind (z.B. per Videoanruf oder Telefon); Mein Kind sollte bereitgestellte Lernvideos anschauen oder Texte lesen; Mein Kind sollte Lernsoftware oder -programme verwenden; Mein Kind sollte bereitgestellte Aufgaben bearbeiten; Mein Kind musste bearbeitete Aufgaben einreichen; Lehrkräfte haben Rückmeldung zu den bearbeiteten Aufgaben gegeben.

Quelle: ifo Bildungsbarometer 2020.   © ifo Institut

Abbildung 9

---

7   Unter den wenigen, die von täglichem gemeinsamem Unterricht berichten, gibt gut die Hälfte (52%) an, dass dieser maximal zwei Stunden pro Tag gedauert hat, nur 9% (oder 0,5% der Gesamtstichprobe) berichten von mindestens fünf Stunden gemeinsamem Unterricht.

Noch seltener haben Lehrer*innen das Lernen während der Schulschließungen durch individuelle Gespräche mit den Schulkindern (z. B. per Videoanruf oder Telefon) unterstützt. Zwei Drittel (67%) der Eltern geben an, dass ihr Kind weniger als einmal pro Woche individuellen Kontakt mit einer Lehrkraft hatte, 45% hatten nie individuelle Gespräche.

Häufiger wurden Lernvideos und Lernsoftware eingesetzt. 53% der Eltern berichten, dass ihr Kind mehrmals pro Woche bereitgestellte Lernvideos anschauen oder Texte lesen sollte; bei 27% war dies weniger als einmal pro Woche der Fall. 43% geben an, dass ihr Kind mehrmals pro Woche Lernsoftware oder -programme verwenden sollte; 42% berichten, dass dies weniger als einmal pro Woche der Fall war.

Die häufigste Lehraktivität während der Schulschließungen war die Bereitstellung von zu bearbeitenden Aufgabenblättern. 96% der Schüler*innen sollten zumindest einmal pro Woche bereitgestellte Aufgaben bearbeiten.[8] 79% der Eltern berichten, dass ihr Kind mindestens einmal pro Woche bearbeitete Aufgaben einreichen musste. 64% der Schüler*innen erhielten zumindest einmal pro Woche Rückmeldungen von ihren Lehrkräften zu den bearbeiteten Aufgaben. Bei 36% war dies weniger als einmal pro Woche der Fall, bei 17% nie.

Hinter diesen Durchschnittswerten verbergen sich zum Teil deutliche Unterschiede zwischen Kindern von Akademiker- und Nicht-Akademikereltern (vgl. Abbildung 10). Beispielsweise hatten 49% der Nicht-Akademikerkinder niemals Online-Unterricht, bei den Akademikerkindern waren dies 37%. 26% der Nicht-Akademikerkinder, aber 38% der Akademikerkinder hatten mindestens mehrmals pro Woche Online-Unterricht. 49% der Akademikerkinder, aber nur 28% der Nicht-Akademikerkinder hatten mindestens einmal pro Woche ein individuelles Gespräch mit einer Lehrkraft – bei 33% bzw. 49% war dies nie der Fall. Bei den Nicht-Akademikerkindern bestand die schulische Aktivität besonders häufig in der Bearbeitung bereitgestellter Aufgaben; sie mussten diese allerdings seltener einreichen und bekamen auch seltener Rückmeldungen. Die meisten dieser Unterschiede gab es in ähnlicher Form, obgleich nicht ganz so ausgeprägt, auch zwischen leistungsschwächeren und -stärkeren Schüler*innen.

---

8   Über den Weg der Bereitstellung berichten 37%, dass die zu bearbeitenden Aufgaben hauptsächlich über digitale Lernplattformen bereitgestellt wurden, 43% geben eine andere digitale Bereitstellung (z. B. per E-Mail, WhatsApp oder Download) an und 20% eine Bereitstellung in Papierform (z. B. per Post oder Abholung).

Unterschieden sich die Aktivitäten der Schulen nach dem Familienhintergrund der Schüler*innen?
Deutlich weniger Online-Unterricht und individuelle Gespräche bei Nicht-Akademikerkindern

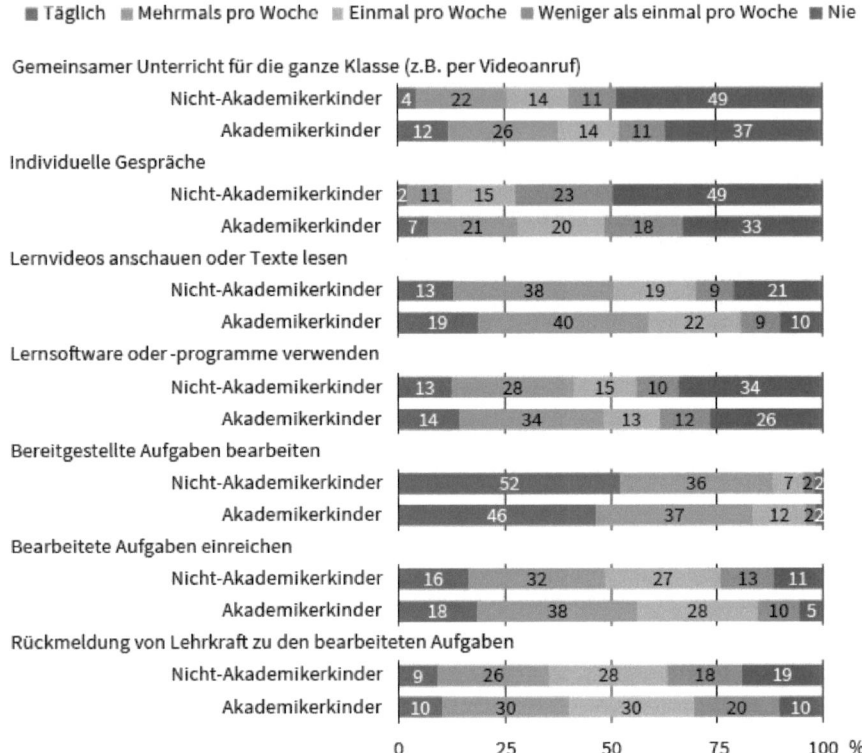

Frage (allen Eltern von Schulkindern gestellt):
Welche Aktivitäten haben die Lehrkräfte bzw. die Schule Ihres Kindes im Zeitraum während der mehrwöchigen Corona-bedingten Schulschließungen durchgeführt? Bitte denken Sie bei der Beantwortung der Fragen an die Lehrkräfte bzw. die Schule Ihres jüngsten Kindes, das die Schule besucht.
Kategorien: Gemeinsamer Unterricht für die ganze Klasse (z.B. per Videoanruf oder Telefon); Individuelle Gespräche mit meinem Kind (z.B. per Videoanruf oder Telefon); Mein Kind sollte bereitgestellte Lernvideos anschauen oder Texte lesen; Mein Kind sollte Lernsoftware oder -programme verwenden; Mein Kind sollte bereitgestellte Aufgaben bearbeiten; Mein Kind musste bearbeitete Aufgaben einreichen; Lehrkräfte haben Rückmeldung zu den bearbeiteten Aufgaben gegeben.

Quelle: ifo Bildungsbarometer 2020.   © ifo Institut

Abbildung 10

42% der Eltern geben an, dass ihr Kind während der Schulschließung regelmäßig die Möglichkeit hatte, ihre Lehrer*innen etwa für Hilfe bei den Aufgaben direkt zu kontaktieren (z. B. per Telefon, E-Mail oder WhatsApp) (vgl. Abbildung 11). Bei 44% der Schulkinder war dies in Einzelfällen der Fall, 10% hatten diese Möglichkeit nicht. Nach Angaben der Eltern wurde knapp der Hälfte (47%) der Schüler*innen während der Schulschließungen hauptsächlich neuer Unterrichtsstoff vermittelt, bei einem ähnlich großen Anteil (45%) wurde hauptsächlich bereits bekannter Unterrichtsstoff wiederholt. Dieses Muster findet sich bei allen Schüler*innen unabhängig von Bildungshintergrund und schulischen Leistungen.

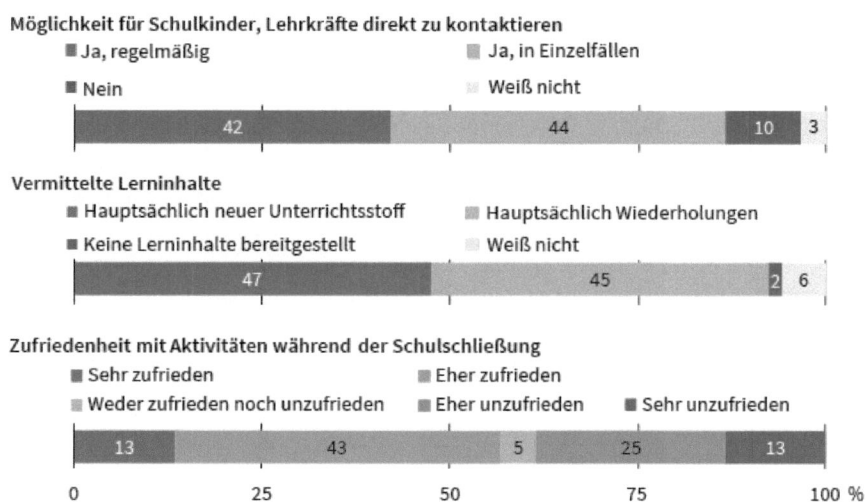

Wie schätzen Eltern die Aktivitäten der Schulen ein?
Gespaltenes Bild bei Kontakt zu Lehrkräften und Zufriedenheit mit Schulen

Möglichkeit für Schulkinder, Lehrkräfte direkt zu kontaktieren
■ Ja, regelmäßig   ■ Ja, in Einzelfällen
■ Nein   ■ Weiß nicht

| 42 | 44 | 10 | 3 |

Vermittelte Lerninhalte
■ Hauptsächlich neuer Unterrichtsstoff   ■ Hauptsächlich Wiederholungen
■ Keine Lerninhalte bereitgestellt   ■ Weiß nicht

| 47 | 45 | 2 | 6 |

Zufriedenheit mit Aktivitäten während der Schulschließung
■ Sehr zufrieden   ■ Eher zufrieden
■ Weder zufrieden noch unzufrieden   ■ Eher unzufrieden   ■ Sehr unzufrieden

| 13 | 43 | 5 | 25 | 13 |

0   25   50   75   100 %

Frage 1 (allen Eltern von Schulkindern gestellt):
Hatte Ihr Kind im Zeitraum während der mehrwöchigen Corona-bedingten Schulschließung die Möglichkeit, die Lehrkräfte direkt zu kontaktieren (z.B. per Telefon, E-Mail oder WhatsApp), etwa für Hilfe bei den Aufgaben?
Frage 2 (allen Eltern von Schulkindern gestellt):
Welche Lerninhalte wurden von der Schule im Zeitraum während der mehrwöchigen Corona-bedingten Schulschließung hauptsächlich vermittelt?
Frage 3 (allen Eltern von Schulkindern gestellt):
Wie zufrieden sind Sie insgesamt mit den Aktivitäten, die die Schule Ihres Kindes im Zeitraum während der mehrwöchigen Corona-bedingten Schulschließung durchgeführt hat?

Quelle: ifo Bildungsbarometer 2020.   © ifo Institut

Abbildung 11

Insgesamt ist die Elternmeinung zu den Aktivitäten der Schulen während der Schulschließungen gespalten: 56% sind mit den durchgeführten Aktivitäten der Schule ihres Kindes sehr oder eher zufrieden, 39% sind hingegen sehr oder eher unzufrieden. Diese Polarisierung ist bei Nicht-Akademikereltern und Akademikereltern ähnlich ausgeprägt. Bei Eltern von leistungsschwächeren Schüler*innen ist der Anteil derjenigen, die sehr oder eher unzufrieden sind, mit 46% jedoch deutlich größer als bei Eltern von leistungsstärkeren Kindern (33%).

Zusammenfassung

Die Corona-Pandemie stellt das Bildungssystem vor völlig neue Herausforderungen. Aufgrund fehlender Erfahrungswerte und der beschränkten aktuellen Datenlage ist das Ausmaß der Corona-bedingten Lernausfälle bislang kaum abzuschätzen. Ebenso ist kaum bekannt, welche bildungspolitischen Maßnahmen in Pandemiezeiten mehrheitsfähig sind. Um zur Schließung dieser Wissenslücken beizutragen, haben wir im Juni 2020 eine Stichprobe von über 1.000 Eltern von Schulkindern aus einer repräsentativen Stichprobe der Erwachsenen in Deutschland befragt. Die Ergebnisse geben erstmals umfassend Einblick in die Lernumwelten der Schulkinder während der Coronakrise in Deutschland.

Die Corona-bedingten Schulschließungen haben zu einer deutlichen Verringerung der Lernzeit geführt. So hat sich die Zeit, die Schulkinder mit schulischen Aktivitäten (Schulbesuch oder Lernen für die Schule) verbracht haben, von täglich 7,4 Stunden vor Corona auf 3,6 Stunden während Corona halbiert. Die freigewordene Zeit wurde nur in geringem Maße für zusätzliche entwicklungsförderliche Tätigkeiten wie Lesen, Musizieren oder Bewegung genutzt. Stattdessen haben die Schüler*innen vor allem mehr Zeit mit passiven Tätigkeiten wie Fernsehen, Computer- und Handyspielen oder sozialen Medien verbracht. Die tägliche Stundenzahl dieser Aktivitäten stieg von 4,0 vor Corona auf 5,2 während Corona. Nicht-Akademikerkinder und leistungsschwächere Schüler*innen verbrachten während der Schulschließungen besonders viel Zeit mit diesen Tätigkeiten, was befürchten lässt, dass die Coronakrise die Bildungsungleichheit in Deutschland verstärkt.

Eltern haben die mit ihrem jüngsten Schulkind gemeinsam verbrachte Lernzeit zu Hause von einer halben Stunde vor Corona auf gut eine Stunde während Corona ausgeweitet. Rund zwei Drittel der Eltern gehen davon aus, dass ihr Kind während der Schulschließungen viel weniger gelernt hat. Insgesamt geben sie aber an, dass ihre Familie mit der Situation während der Schulschließungen gut klargekommen ist, und bewerten das Lernumfeld zu Hause positiv. Allerdings berichtet auch ein gutes Drittel der Eltern von großen psychischen Belastungen für sich und ihr Kind, und ein gutes Viertel gibt an, häufiger gestritten zu haben.

Die Schulen konnten den Unterricht während der Schulschließungen nur in geringem Maße weiterführen. Obwohl die heutzutage weit verbreiteten digitalen Kommunikationsmöglichkeiten Online-Unterricht prinzipiell ermöglichen würden, wurde über die Hälfte der Schulkinder seltener als einmal pro Woche online unterrichtet. Noch seltener kam es zu individuellen Gesprächen zwischen Schüler*innen und Lehrkräften. Die häufigste schulische Lehraktivität während der Schulschließungen war die Bereitstellung von zu bearbeitenden Aufgabenblättern. Auch bei den Aktivitäten der Schulen zeigt sich, dass Nicht-

Akademikerkinder und leistungsschwächere Schüler*innen während der Corona-Zeit deutlich weniger beschult wurden.

Die deutsche Gesamtbevölkerung unterstützt verschiedene Maßnahmen, die helfen können, den Lernverlust durch die Schulschließungen möglichst gering zu halten (siehe Wößmann et al. 2020 für Details). So spricht sich eine große Mehrheit dafür aus, Lehrkräfte während der Corona-bedingten Schulschließungen anzuweisen, täglich Kontakt mit ihren Schüler*innen zu halten. Ebenfalls finden sich deutliche Mehrheiten für die Vorschläge, dass Schulen bei Schulschließungen verpflichtend auf Online-Unterricht umstellen müssen, dass Lehrkräfte sich zum Thema Online-Unterricht fortbilden müssen und dass Schüler*innen, deren Familien sich die technische Ausstattung nicht leisten können, mit Laptops ausgestattet werden. Auch die intensivere Betreuung von Kindern aus benachteiligten Verhältnissen während der Schulschließungen wird von klaren Mehrheiten befürwortet. Weniger einig sind sich die Deutschen darüber, welche Infektionsschutzmaßnahmen in Schulen nach den Schulöffnungen ergriffen werden sollen, aber auch hier finden sich Mehrheiten für verschiedene Vorschläge.

Die Folgekosten ausbleibenden Lernens sind immens. Die bildungsökonomische Forschung legt nahe, dass es zu Einbußen im späteren Erwerbseinkommen in Höhe von 3–4% kommen könnte, wenn aufgrund der Schulschließungen die Kompetenzentwicklung von einem Drittel Schuljahr ausbleibt (vgl. Wößmann 2020). Das Ausmaß dieser volkswirtschaftlichen Kosten gibt unseren Befunden zum umfangreichen Rückgang der Lernzeiten besonderes Gewicht. Die Erkenntnisse, welche bildungspolitischen Maßnahmen zum Umgang mit der Corona-Pandemie mehrheitsfähig sind, können die Diskussion über die für eine Eindämmung der Lernverluste umzusetzenden Maßnahmen befördern und als bildungspolitischer Wegweiser für mögliche zukünftige Schulschließungen dienen.

Literatur

Anger, S./Bernhard, S./Dietrich, H./Lerche, A./Patzina, A./Sandner, M./Toussaint, C. (2020): Schulschließungen wegen Corona: Regelmäßiger Kontakt zur Schule kann die schulischen Aktivitäten der Jugendlichen erhöhen, IAB Forum, verfügbar unter: https://www.iab-forum.de/schulschliessungen-wegen-corona-regelmassiger-kontakt-zur-schule-kann-die-schulischen-aktivitaten-der-jugendlichen-erhohen, abgerufen am 24. April 2020.
Björklund, A./Salvanes, K.G. (2011): Education and Family Background: Mechanisms and Policies. In: E.A. Hanushek/S. Machin/L. Wößmann (Hrsg.): Handbook of the Economics of Education, Vol. 3, North Holland, Amsterdam, S. 201–247.
Chetty, R./Friedman, J.N./Hendren, N./Stepner, M./Opportunity Insights Team (2020): How Did COVID-19 and Stabilization Policies Affect Spending and Employment? A New Real-Time Economic Tracker Based on Private Sector Data, verfügbar unter: https://opportunityinsights.org/wp-content/uploads/2020/05/tracker_paper.pdf (abgerufen am 22. Juli 2020).

Danzer, A. M./Danzer, N./Felfe de Ormeno, C./Spieß, C.K./Wiederhold, S./Wößmann, L. (2020): Bildung ermöglichen! Unterricht und frühkindliches Lernen trotz teilgeschlossener Schulen und Kitas, Bildungsökonomischer Aufruf, verfügbar unter: https://www.ifo.de/DocDL/2020_05_04_Wößmann_et_al.pdf, abgerufen am 24. Juli 2020.

Das, A./Laumann, E.O. (2010): "How to Get Valid Answers from Survey Questions: What We Learned from Asking about Sexual Behavior and the Measurement of Sexuality". In: G. Walford und E. Tucker (Hrsg.): The Sage Handbook of Measurement, Sage Publications, London, S. 9–26.

Grewenig, E./Lergetporer, P./Simon, L./Werner, K./Wößmann, L. (2018): Can Online Surveys Represent the Entire Population? CESifo Working Paper 7222. CESifo, München.

Robert Bosch Stiftung (2020): Das Deutsche Schulbarometer Spezial Corona-Krise, verfügbar unter: https://deutsches-schulportal.de/unterricht/das-deutsche-schulbarometer-spezial-corona-krise, abgerufen am 26. April 2020.

UNESCO (2020): COVID-19 Impact on Education, verfügbar unter: https://en.unesco.org/covid19/educationresponse (abgerufen am 25. Juli 2020).

Universitätsklinikum Hamburg-Eppendorf (2020): Psychische Gesundheit von Kindern hat sich während der Corona-Pandemie verschlechtert, verfügbar unter: https://www.uke.de/allgemein/presse/pressemitteilungen/detailseite_96962.html (abgerufen am 25. Juli 2020).

Vodafone Stiftung Deutschland (2020): Unter Druck: Die Situation von Eltern und ihren schulpflichtigen Kindern während der Schulschließungen, verfügbar unter: http://docs.dpaq.de/16200-studie_vsd_elternbefragung.pdf (abgerufen am 9. Mai 2020).

Wößmann, L. (2020): Folgekosten ausbleibenden Lernens: Was wir über die Corona-bedingten Schulschließungen aus der Forschung lernen können, *ifo-Schnelldienst* 73(6), S. 38–44.

Wößmann, L./Lergetporer, P./Grewenig, E./Kersten, S./Kugler, F./Werner, K. (2019): Was die Deutschen über Bildungsungleichheit denken – Ergebnisse des ifo-Bildungsbarometers 2019, ifo Schnelldienst 72(17), S. 27–41.

Wößmann, L./Freundl, V./Grewenig, E./Lergetporer, P./Werner, K./Zierow, L. (2020): Bildung in der Coronakrise: Wie haben die Schulkinder die Zeit der Schulschließungen verbracht, und welche Bildungsmaßnahmen befürworten die Deutschen?, ifo Schnelldienst 73(9), S. 40–48.

Zimmermann, F. (2020): The Dynamics of Motivated Beliefs, American Economic Review 110(2), S. 337–361.

Die Auswirkung von Schulschließungstagen auf standardisierte Testergebnisse[1]

Marc-André Chénier, Joana Elisa Maldonado,
Kristof De Witte

1 Einführung

Obligatorische und empfohlene Schulschließungen stehen im Mittelpunkt der Regierungsstrategien zur Begrenzung der Ausbreitung von COVID-19. Im Frühjahr 2020 kam es weltweit zu Einschränkungen des Unterrichts von noch nie dagewesenem Umfang und Dauer (Vereinte Nationen 2020). Obwohl die Vorteile von Schulschließungen in Bezug auf eine reduzierte Viruszirkulation umfassend modelliert und relativ erwiesen sind, ist weniger über die genauen Kosten solcher Schulschließungen bekannt. Die gesellschaftlichen und individuellen Kosten ergeben sich aus fehlenden Fortschritten, Lernverlusten, psychologischen Kosten für Schüler und geringerer Arbeitsmarktproduktivität der Eltern.

Schon früh in der Krise lieferten Forscher Schätzungen über die potenziellen Auswirkungen von Schulschließungen für Schüler*innen auf Grundlage früherer Situationen von Schulunterbrechungen (Bao/Qu/Zhang/Hogan 2020; Eyles/Gibbons/Montebruno 2020; Frenette/Frank/Deng 2020; Kuhfeld et al. 2020) oder basierend auf dem Verlust eines Teils des Schuljahres (Azevedo/Hasan/Goldemberg/Aroob Iqbal/Geven 2020; Di Pietro/Biagi/Costa/Karpiński/Mazza 2020; Haeck/Lefebvre 2020; Kaffenberger 2020; Psacharopoulos/Collis/Patrinos/Vegas 2020). Alle Projektionen deuten auf signifikante Abschwächungen in der Humankapitalbildung hin. Nichtsdestotrotz liefern Projektionen und Simulationen, die auf früheren Schulschließungen basieren, nicht unbedingt genaue Erkenntnisse über die Auswirkungen der COVID-19-Schulschließungen. Beispielsweise sind die Schulschließungen aufgrund von COVID-19 typischerweise landesweite Schließungen mit starken psychologi-

---

1   Die Daten für diese Studie sind durch eine Vertraulichkeitsvereinbarung geschützt und es ist uns untersagt, die Daten mit anderen zu teilen. Wir möchten uns bei Marijke De Meyst, Maarten Penninckx, Jerissa de Bilde, Anton Derks, Steven Groenez, Bieke De Fraine, Pieter Vos, Johan Geets und Teun Pauls für wertvolle Kommentare und Anregungen bedanken. Die Autoren erklären, dass sie keine relevanten oder materiellen finanziellen Interessen haben, die sich auf die in dieser Arbeit beschriebene Forschung beziehen.

schen Auswirkungen auf die Schüler (Iterbeke/De Witte 2020). Gleichzeitig bekam der Fernunterricht eine große Rolle und wurde erheblich in neue Bildungstechnologien investiert. Andererseits dauerten die Schulschließungen länger als die meisten früheren Unterbrechungen im Rahmen von Naturkatastrophen, Streiks und Sommerschließungen, auf denen Projektionen basieren.

Erste Erkenntnisse, die auf Daten aus dem Jahr 2020 basieren, stammen aus Umfragen. Diese Umfragen erfassten subjektive Folgen der Schulschließungen (Andrew et al. 2020; Champeaux/Mangiavacchi/Marchetta/Piccoli 2020; Huber/Helm 2020; Iterbeke/De Witte 2020). Diese ersten Ergebnisse deuteten auf signifikante Unterschiede im Lernfortschritt von Gruppen mit unterschiedlichem sozioökonomischem Status (SES) hin. Darüber hinaus zeigten die Erhebungen eine reduzierte Unterrichtszeit, ungleiche elterliche Betreuung und heterogene psychologische Wirkungen. Andere frühe Studien evaluierten die Lern- und Fernlernmaßnahmen, die während Schulschließungen durchgeführt wurden (Angrist/Bergman/Brewster/Matsheng 2020; Chetty/Friedman/Hendren/Stepner 2020; Clark/Nong/Zhu/Zhu 2020; Grewenig/Lergetporer/Woessmann/Zierow 2020; Parolin/Lee 2020; Tomasik/Helbling/Moser 2020). Diese Studien zeigten, dass Online-Lernen den Verlust von Schulunterrichtszeit teilweise kompensieren kann, obwohl auch hier Unterschiede zwischen den SES-Gruppen zu beobachten sind.

Mit der Verfügbarkeit von Testergebnissen am Ende des Schuljahres in Ländern wie den Niederlanden, Belgien, der Schweiz und dem Vereinigten Königreich wurden in neuen Beiträgen die Lernergebnisse im Jahr 2020 mit den Leistungen der Schüler*innen in den Vorjahren verglichen (Blainey/Hiorns/Hannay 2020; Engzell/Frey/Verhagen 2020; Maldonado/De Witte 2020). Alle diese Studien finden signifikante negative Auswirkungen auf die Testergebnisse der Schüler sowie eine Zunahme der Ungleichheit zwischen Schüler*innen oder Schulen. Beim Vergleich der flämischen Sechstklässler der Kohorte 2020 mit früheren Kohorten finden Maldonado/De Witte (2020) signifikante Lernverluste in vier von fünf Fächern sowie eine erhöhte Ungleichheit sowohl innerhalb als auch zwischen den Schulen der Kohorte 2020. In den Niederlanden beobachten Engzell et al. (2020) ähnliche Ergebnisse, obwohl der Zeitraum der Schließung kürzer war und es eine größere Verfügbarkeit von Hochgeschwindigkeitsinternet und Fernlerntools gab. Sie beobachten, dass insbesondere die niedrigen SES-Gruppen von den Schulschließungen betroffen sind. Diese Effekte könnten über mehrere Kanäle entstehen. Unter Verwendung eines strukturellen Modells des Kompetenzerwerbs zerlegen Agostinelli/ Doepke/Sorrenti/Zilibotti (2020) die beobachteten Effekte in Peer-Effekte (d. h. Schüler aus verschiedenen SES-Gruppen mischen sich in der Schule, was während der Schulschließungen nicht der Fall ist), Reaktionen der Eltern (d. h. sie geben ihren Kindern Nachhilfe) und die Auswirkungen des Online-Lernens. Ihr Modell sagt eine große und anhaltende Auswirkung der Schulschließungen voraus und zeigt den Peer-Effekt als den wichtigsten Kanal für Lernverluste.

Diese Literatur identifiziert jedoch nur den Gesamteffekt der kompletten Schulschließungsdauer des jeweiligen Landes. Während diese Belege den politischen Entscheidungsträgern einen Gesamteindruck von den Auswirkungen einer längeren Schulschließung vermitteln, fehlen detailliertere Belege für zusätzliche Schließtage. Aus politischer Sicht ist es in der Tat von großer Bedeutung, die marginalen Auswirkungen eines zusätzlichen Tages mit Schulschließungen zu kennen. Mit dem Fortschreiten der Krise entscheiden sich die Regierungen zunehmend für partielle oder lokale Schließungen sowie für begrenzte Maßnahmen, wie die Verlängerung der Schulferien. Während die Folgen solcher weniger umfangreichen Maßnahmen voraussichtlich begrenzter sind als die einer längeren Schulschließung, sollten die Auswirkungen kürzerer Schulschließungen nicht vernachlässigt werden. Unsere Quantifizierung der Auswirkungen zusätzlicher Schulschließungstage auf die Lernergebnisse ist daher für Entscheidungsträger von großer Bedeutung. Sie trägt zur Diskussion über die Auswirkungen von Schulschließungen auf die Lernergebnisse von Schüler*innen bei und liefert den Beteiligten relevante Schätzungen, um fundiertere Entscheidungen über weitere Schulschließungen zu treffen.

Wir tragen zur bestehenden Literatur über die Auswirkungen der Schulschließungen 2020 bei, indem wir die marginalen Auswirkungen von Schulschließungstagen auf standardisierte Testergebnisse in Mathematik und Sprache (Niederländisch) schätzen. Die Schätzung basiert auf einem Test in der sechsten Klasse der Grundschule in der flämischen Region Belgiens. Wir nutzen die Tatsache, dass den flämischen Grundschulen nach der Aufhebung der allgemeinen Schulsperre am 15. Mai 2020 ein gewisses Maß an Flexibilität in ihrer Wiedereröffnungsstrategie eingeräumt wurde, was zusätzliche vollständige oder teilweise Schulschließungen ermöglichte. Insbesondere erweitern wir die Arbeit von Maldonado und De Witte (2020), indem wir die Testdaten mit neuen administrativen Daten über die zusätzlichen Schulschließungstage kombinieren. Basierend auf den Anteilen der Schüler, die an bestimmten Tagen die Schule besuchen konnten, schätzen wir die marginalen Auswirkungen zusätzlicher Schulschließungstage mithilfe von einem verallgemeinerte Propensity Scores (GPS) Modell einer flexiblen Vorhersagemethode aus dem Machine Learning.

Während weder ein lineares Modell noch die gewichtete flexible Schätzung einen marginalen Effekt von Schulschließungstagen auf die Ergebnisse in Mathematik nachweist, finden wir einen signifikanten negativen marginalen Effekt von Schulschließungstagen auf die Ergebnisse in der Muttersprache, Niederländisch. Im Durchschnitt senkt ein zusätzlicher Tag Schulschließung die Testergebnisse um 1,90% einer Standardabweichung. Dieser Effekt scheint durch einen negativen Effekt im unteren Quartil der Sprachtestergebnisse getrieben zu sein, d. h. durch Schulen mit einem größeren Anteil von leistungsschwächeren Schüler*innen. Und zwar stellen wir fest, dass jeder zusätzliche Tag Schulschließung die Sprachtestergebnisse von Schulen im untersten Quartil um 5,02% einer Standardabweichung verschlechtert. Aus politischer Sicht deuten unsere Ergebnisse darauf hin, dass ein zusätzlicher Unterrichtstag einen Einfluss auf die Sprachtestergebnisse der Schüler*innen hat. Das Fehlen einer marginalen Auswirkung auf die Mathematiknoten könnte intuitiv sein, da es einfacher ist, Mathematik online zu unterrichten, und Online-Programme den Mathematik-Drill erleichtern (De Witte/Haelermans/Rogge 2015). Die Ergebnisse stimmen mit dem strukturellen Modell von Agostinelli et al. (2020) überein, das vorhersagt, das der positive Einfluss von muttersprachlichen Mitschüler*innen in einem Online-Kontext fehlt.

Im Folgenden geben wir zunächst einen Überblick über den Hintergrund der Studie und die Schulschließungen in Flandern. Zweitens erläutern wir die Methodik und die verwendeten Daten. Drittens präsentieren wir die Ergebnisse und schließen mit einer Diskussion ab.

2 Hintergrund: Schulschließungen in Flandern

Im föderalen Staat Belgien sind die drei regionalen Gemeinschaften für das Bildungswesen zuständig: Die Flämische Gemeinschaft, die Französische Gemeinschaft und die Deutschsprachige Gemeinschaft. Obwohl sich der Rest dieses Kapitels auf die nördliche, niederländischsprachige Flämische Gemeinschaft konzentriert, war der Zeitpunkt der Schulschließungen in allen belgischen Gemeinschaften derselbe. Um die Verbreitung des COVID-19-Virus zu verhindern, wurden alle belgischen Schulen vom 16. März bis zum 14. Mai 2020 durch ein Mandat der föderalen Regierung geschlossen. Dennoch gab es zwischen den Regionen praktische Unterschiede in den Regeln für Schulen während der Schulschließung und in den Modalitäten der Wiedereröffnung.[2]

Als die föderale Regierung am 16. März unerwartet die Schließung der Schulen beschloss, waren die Schulen nicht auf den Online-Unterricht vorbereitet. Daher beschränkte sich der Unterricht in den ersten drei Wochen der Schulschließungen auf die Wiederholung von zuvor behandeltem Lernstoff. Auf diesen Zeitraum folgten zwei Wochen Osterferien. In den verbleibenden Wochen der Schulschließungen wurden die Schulen vom flämischen Ministerium und den Bildungsanbietern gebeten, mit sogenanntem „Pre-Teaching" zu arbeiten, was einer Vorschau auf neues Material unter Verwendung von Fernlerntools entspricht. Die Idee war, dass die Lehrer nach der Wiedereröffnung

---

2 De Witte und Hindriks (2020) diskutieren, wie sich die Implementierung des Online-Lernens zwischen der flämischen und der französischen Gemeinschaft unterscheidet.

der Schulen schnell mit dem vorbereiteten Unterrichtsmaterial vorankommen könnten.

Angesichts des hohen Maßes an Schulautonomie in Flandern basierten die Fernunterrichtsmaßnahmen jedoch nur auf Richtlinien und unterschieden sich stark von Schule zu Schule. In den meisten Schulen bestand der Fernunterricht aus dem Unterricht über Online-Plattformen und der Verteilung von Übungsaufgaben. Obwohl die Abdeckung mit Breitbandverbindungen in Flandern sehr hoch ist, konnten nicht alle Schüler erreicht werden und war die effektive Implementierung von IKT in flämischen Schulen eher gering. Zudem war die Unterrichtszeit auf die Hälfte eines regulären Schultages begrenzt. Daher wurde der Unterricht während der Schulschließungen stark gestört.

Die Grundschulen durften ab dem 15. Mai 2020 teilweise wieder öffnen. Dies galt für die jüngsten Schüler in der ersten und zweiten Klasse, sowie für die Sechstklässler, die vor dem Übergang zur weiterführenden Schule standen. Schüler der sechsten Klasse, die in Flandern noch in der Grundschule sind, konnten maximal zwei volle Tage oder vier halbe Tage pro Woche in die Schule kommen. An Tagen, an denen die Schüler zu Hause bleiben mussten, wurden die Fernunterrichtsmaßnahmen fortgesetzt. Als zusätzliche Sicherheitsmaßnahme wurde die maximale Anzahl der Schüler pro Klassenzimmer auf 14 begrenzt. Da die Klassen im Durchschnitt etwa 18 Schüler zählen, mussten die meisten Klassen in zwei Gruppen aufgeteilt werden. Ab dem 8. Juni durften alle Klassen der Grundschule wieder ganztägig geöffnet werden.

Dennoch wurde den Schulen eine flexible Wiederöffnungsstrategie zugestanden, wobei die Schulverwaltungen den Anteil der Schüler, die an jedem Schultag in der Schule sein dürften, festlegten. Wir nutzen diese flexible Wiedereröffnungsstrategie, um den marginalen Einfluss zusätzlicher Tage der Schulschließung zu schätzen. Zu diesem Zweck verwenden wir den täglichen Anteil der Schüler der sechsten Klasse, die im Zeitraum vom 15. Mai bis 30. Juni 2020 (nicht) in der Schule erwartet wurden, wie in den Verwaltungsdaten des flämischen Bildungsministeriums angegeben. Abbildung 1 zeigt den täglichen durchschnittlichen Anteil der Schüler, die in diesem Zeitraum an potenziellen Schultagen in der sechsten Klasse der katholischen Grundschulen erwartet wurden. Dabei ist sichtbar, dass vor dem 15. Mai die Schulen tatsächlich geschlossen waren. Ab dem 15. Mai beobachten wir einen zunehmenden Trend beim Anteil der in der Schule erwarteten Schüler. Vor dem 8. Juni waren die Schulen etwa zur Hälfte geöffnet, während nach dem 8. Juni die meisten Schulen mit einer höheren Kapazität von etwa 80% geöffnet waren.

Für die Analyse summieren wir die Anteile der Schüler, die pro Tag nicht in der Schule erwartet werden, über den Zeitraum vom 15. Mai bis zum 30. Juni, d. h. vom Ende der Schulsperre bis zum Ende des Schuljahres. Diese Summen ergeben die Tage der Schulschließung nach der teilweisen Wiedereröffnung für die Schüler der sechsten Klasse der jeweiligen Schule. In den folgenden Analysen werden diese summierten Anteile als Tage der Schulschließung bezeichnet. Einer Schule, die für 30 Tage 50% der Schüler erwartet, und einer Schule, die für 15 Tage keine Schüler und an den verbleibenden 15 Tagen alle Schüler erwartet, werden also die gleiche Menge an Schließungstagen zugeschrieben, da in beiden Szenarien die gleiche Unterrichtszeit angeboten wurde. Abbildung 2 zeigt die Verteilung der Schulschließungstage für die Schulen, die in der Analyse berücksichtigt wurden. Etwa 12% der Schulen waren nach dem Ende der Schulsperre für die Sechstklässler vollständig geöffnet.

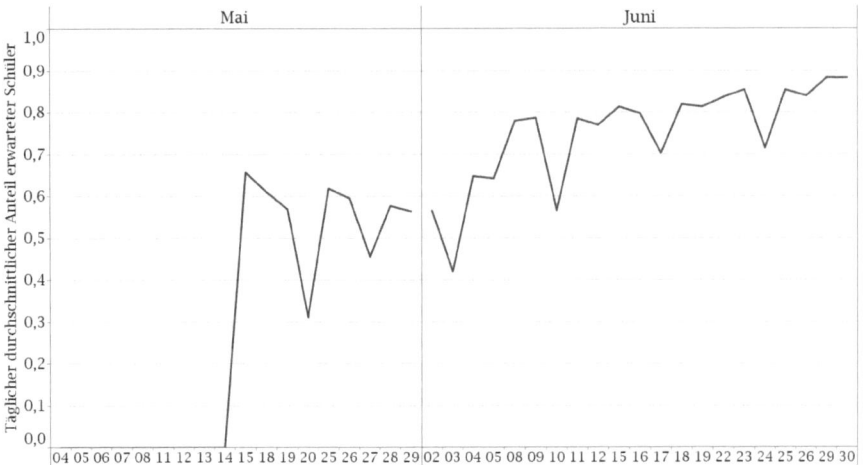

Abbildung 1: Täglicher durchschnittlicher Anteil der in der Schule erwarteten Schüler

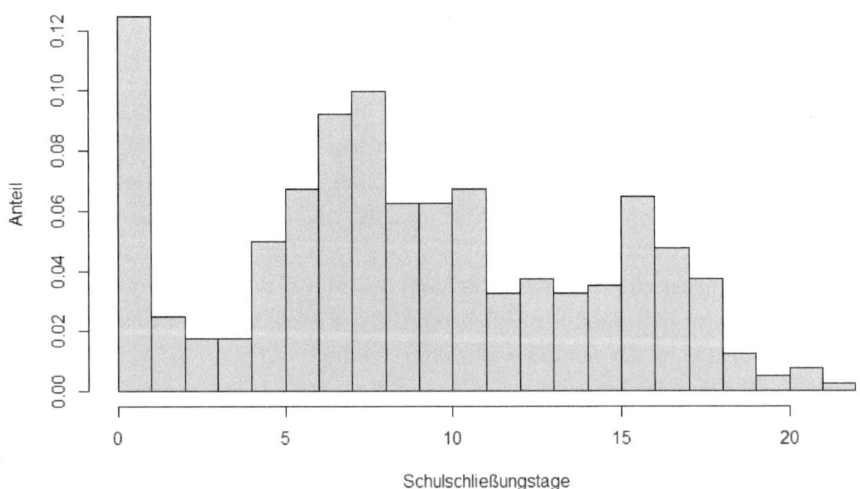

Abbildung 2: Verteilung der Schulschließungstage in der Stichprobe von Schulen zwischen dem 15. Mai und 30. Juni

3 Methodik und Daten

Um die Auswirkungen von einem zusätzlichen Schulschließungstag zu erfassen, verwenden wir sowohl ein lineares Regressionsmodell als auch eine flexible Modellierungsmethode, die auf Machine Learning Methoden beruht. Die verwendete Machine Learning Methode, das verallgemeinerte Propensity Scores (GPS) Modell, hat den Vorteil, dass es die beobachteten Merkmale so gut wie möglich angleicht. Ein weiterer Vorteil dieses Modells ist, dass die geschätzten Koeffizienten nicht abhängig sind von der dem Regressionsmodell zugrunde liegenden funktionalen Form. Das daher bevorzugte GPS-Modell erlaubt es uns, das Kovariatengleichgewicht genau zu berechnen. Kovariatengleichgewicht bedeutet, dass über den sozioökonomischen Status und die Leistungsindikatoren einer Schule nicht auf die Anzahl der Schulschließungstage geschlossen werden kann. Dank der Flexibilität des Modells können des Weiteren nichtlineare Assoziationen zwischen den Kontrollvariablen nachgewiesen werden.

Für die Analyse kombinieren wir die administrativen Daten über die Schulschließungstage mit einem Datensatz standardisierter Testergebnisse aus dem flämischen Bildungsnetzwerk katholischer Schulen (Katholiek Onderwijs Vlaanderen). Katholische Schulen sind öffentlich finanzierte, aber privat geführte Schulen, die die Mehrheit der Schulen in Flandern darstellen. Die standardisierten Tests werden am Ende der Klasse 6, Ende Juni, durchgeführt. Die Tests werden vom Netzwerk der katholischen Schulen entworfen und die Schulen nutzen die Ergebnisse als internes Instrument zur Qualitätsmessung. Die Testergebnisse werden nicht veröffentlicht und auch nicht an die Regierung weitergegeben. Daher haben die Lehrer keinen Anreiz, Schüler speziell auf den Test vorzubereiten.

Die Testdaten bestehen aus Testergebnissen in Mathematik und niederländischer Sprache auf Schülerebene, erhoben im Juni 2020. In den Analysen werden die Testergebnisse auf Schulebene aggregiert. Zusätzlich verwenden wir Schulmittelwerte ähnlicher standardisierter Tests, die in Klasse 4 in 2018, d. h. zwei Jahre zuvor in der gleichen Kohorte durchgeführt wurden. Durch die Einbeziehung dieser Testdaten der Klasse 4 können wir die schulische Wertschöpfung nachbilden.

Darüber hinaus fügen wir administrative Daten hinzu, die Informationen über Hintergrundcharakteristika der Schule und der Jahrgangsstufe 6 in der jeweiligen Schule liefern, wie z. B. den Satz offizieller Indikatoren des sozioökonomischen Status, die Anzahl der Schüler in der Schule und den Anteil der Mädchen in der Schule. Die Daten enthalten auch Informationen darüber, ob die Schule eine Förderschule ist, den Anteil der Schüler mit besonderem Förderbedarf, den Anteil der Neuankömmlinge mit Migrationshintergrund und die Anzahl der Lehrer an der Schule nach Altersgruppen. Für die sechste Jahrgangsstufe der Schule enthalten die Daten auch den Anteil der Klassenwiederholungen in der sechsten Klasse und den Anteil der Schüler mit Rückstand, die in der Vergangenheit mindestens eine Klasse wiederholt haben.

Tabelle 1 zeigt die deskriptive Statistik der Testergebnisse und Schulmerkmale. Alle Schulmerkmale, außer der Anzahl der Schüler, sind als Anteile der eingeschriebenen Schüler angegeben. Die Schulschließung wird in Tagen angegeben. Schulen, die nicht an den Prüfungen für Niederländisch oder Mathematik in Klasse 6 teilgenommen haben, sind von den jeweiligen Analysen ausgeschlossen.

Tabelle 1: Deskriptive Statistik

	Mathematik		Niederländisch	
	Mittelwert (Standard-abweichung)	N (Fehlt)	Mittelwert (Standard-abweichung)	N (Fehlt)
Niederländisch-Note			0 (1)	377 (0)
Mathematik-Note	0 (1)	169 (0)		
Tage der Schließung seit 15. Mai*	9.436 (5.71)	169 (0)	8.789 (5.371)	376 (1)
Anzahl der Schüler*innen	197.651 (86.261)	169 (0)	184.414 (83.72)	377 (0)
Anteil der Mädchen	0.503 (0.043)	169 (0)	0.495 (0.044)	377 (0)
SES - Nachbarschaft	0.238 (0.33)	169 (0)	0.198 (0.285)	376 (1)
SES- Bildung der Mutter	0.163 (0.142)	169 (0)	0.16 (0.133)	376 (1)
SES - Fördermittel	0.225 (0.175)	169 (0)	0.224 (0.164)	376 (1)
SES - Muttersprache	0.237 (0.255)	169 (0)	0.191 (0.22)	376 (1)
Schüler*innen mit besonderem Förderbedarf	0.052 (0.048)	169 (0)	0.051 (0.07)	377 (0)
Stufe 6: Anzahl der Schüler*innen	31.704 (16.367)	169 (0)	29.443 (15.262)	377 (0)
Stufe 6: Anteil der Mädchen	0.505 (0.126)	169 (0)	0.494 (0.125)	377 (0)
Stufe 6: SES - Nachbarschaft	0.234 (0.329)	169 (0)	0.193 (0.282)	376 (1)
Stufe 6: SES - Bildung der Mutter	0.144 (0.152)	169 (0)	0.147 (0.135)	376 (1)
Stufe 6: SES - Fördermittel	0.227 (0.19)	169 (0)	0.23 (0.184)	376 (1)
Stufe 6: SES - Muttersprache	0.215 (0.259)	169 (0)	0.168 (0.219)	376 (1)
Stufe 6: Sitzenbleiber	0.004 (0.028)	169 (0)	0.003 (0.019)	377 (0)
Stufe 6: Schüler mit Rückstand	0.082 (0.09)	169 (0)	0.093 (0.092)	377 (0)
Anzahl von Lehrenden	16.467 (6.223)	169 (0)	15.963 (6.016)	377 (0)
Lehrende: Anteil über 50	0.283 (0.141)	169 (0)	0.295 (0.145)	377 (0)
Stufe 4: Niederländisch- Note	0.069 (0.911)	115 (54)	0.04 (1.013)	253 (124)
Stufe 4: Mathematik-Note	0.081 (1.021)	116 (53)	0.075 (0.953)	254 (123)
Stufe 4: Erdkunde-Note	-0.061 (1.159)	117 (52)	-0.018 (1.008)	255 (122)

Anmerkungen: Die Schulschließungstage seit dem 15. Mai werden als Summe der Anteile der Schüler gemessen, die an jedem Tag nicht von einer Schule erwartet werden.

4 Ergebnisse

4.1 Marginaler Effekt von Schulschließungstagen

In diesem Abschnitt wenden wir die vorgeschlagene Methodik auf den Datensatz mit Schulschließungstagen, standardisierten Testergebnissen und administrativen Informationen auf Schulebene an. Tabelle 2 zeigt die Hauptergebnisse der Analyse für die Mathematiknote. Die erste Spalte präsentiert die Ergebnisse des linearen Modells ohne Kontrollvariablen, während die zweite Spalte die Ergebnisse des linearen Modells mit allen Kontrollvariablen enthält. Beide linearen Modelle zeigen einen kleinen negativen marginalen Effekt von -0,003 bis -0,004 Standardabweichungen eines zusätzlichen Schulschließungstages auf die Mathematiknote. Mit anderen Worten: Die Schließung der Schulen für einen zusätzlichen Tag scheint die Mathematikwerte zu senken. Die 95%-Konfidenzintervalle deuten jedoch darauf hin, dass dieser geschätzte Koeffizient nicht signifikant von 0 verschieden ist. Die dritte Spalte zeigt die Ergebnisse des verallgemeinerten Propensity-Scores (GPS)-Modells. In diesem flexibelsten Modell beläuft sich der Effekt auf -0,011 Standardabweichungen. Allerdings ist keiner dieser Effekte der Schulschließungstage auf die Mathematiknote statistisch von Null verschieden.

Tabelle 2: Auswirkung zusätzlicher Schulschließungstage auf die standardisierten Mathematik-Noten

	Mathematik-Note		
	Lineares Modell	Lineares Modell	GPS-Modell
Zusätzlicher Schließungstag	-0.003	-0.004	-0.011
	(-0.031, 0.025)	(-0.033, 0.025)	(-0.045, 0.022)
Kontrollvariablen	*Nein*	*Ja*	*Ja*
N	169	169	169

Anmerkungen: * p-Wert < 0,05. 95% Konfidenzintervall in Klammern. Die Tabelle enthält die Schätzungen des marginalen Effekts eines zusätzlichen Tages Schulschließung in den verschiedenen Modellspezifikationen.

Anders sieht das Bild für die Niederländisch-Noten aus, dargestellt in Tabelle 3. Auch hier zeigt die erste Spalte die Ergebnisse des linearen Modells ohne Kontrollvariablen, die zweite Spalte das lineare Modell mit dem Zusatz von Kontrollvariablen und die dritte Spalte das verallgemeinerte Propensity-Scores-Modell (GPS). Das lineare Modell ohne Kontrollvariablen findet einen marginalen Effekt eines zusätzlichen Tages der Schulschließung von -0,021 Standardabweichungen, signifikant auf dem 5%-Niveau. Wenn die Kovariaten in das lineare Modell einbezogen werden, ist der Effekt der Schulschließungstage auf die niederländischen Testergebnisse geringer und statistisch nicht signifikant.

Allerdings berücksichtigen die Kontrollvariablen im linearen Modell möglicherweise den Selektionsbias nur unzureichend (Rosenbaum/Rubin 1983). Der Boosting-Algorithmus, der zur Berechnung des GPS-Modells verwendet wird, maximiert hingegen das Kovariatengleichgewicht und kann nicht-lineare Assoziationen zwischen den Schulcharakteristika und den Schulschließungen nachweisen.[3] Unter Kovariatengleichgewicht und einer korrekten Wahl der Kovariaten kann der Effekt der Schulschließungstage kausal interpretiert werden. Die dementsprechend vorteilhaften GPS-Spezifikation weist einen signifikanten negativen marginalen Effekt der Schulschließungstage auf die Niederländisch-Noten von -0,019 Standardabweichungen auf, signifikant auf dem 5%-Niveau. Nach einer Schulwoche (d. h. fünf Tagen) beträgt der Effekt von Schulschließungstagen auf die Niederländisch-Noten 9,7% einer Standardabweichung. Das bedeutet, dass unter der Annahme, dass die Testergebnisse einer Normalverteilung folgen, eine Schule mit einer durchschnittlichen Punktzahl in Niederländisch (50. Perzentil) sich nach einer Woche Schließung im 46ten Perzentil der Schulen befinden würde. Eine weitere Woche Schließung würde sie ins 42. Perzentil bringen, wenn alle anderen Faktoren gleichbleiben.

Tabelle 3: Auswirkung zusätzlicher Schulschließungstage auf die standardisierten Niederländisch-Noten

	Niederländisch-Note		
	Lineares Modell	Lineares Modell	GPS-Modell
Zusätzlicher Schließungstag	-0.02*	-0.011	-0.019*
	(-0.038, -0.004)	(-0.028, 0.005)	(-0.037, -0.002)
Kontrollvariablen	*Nein*	*Ja*	*Ja*
N	377	377	377

Anmerkungen: * p-Wert <0,05. 95% Konfidenzintervall in Klammern. Die Tabelle enthält die Schätzungen des marginalen Effekts eines zusätzlichen Tages Schulschließung in den verschiedenen Modellspezifikationen.

---

3   Angesichts der Sensitivität des Modells gegenüber der Wahl der Kovariaten ist es wichtig, dass alle verfügbaren und potenziell relevanten Kovariaten in die generalisierte Propensity-Score-Schätzung einbezogen werden. In der Tat hängt die Interpretation der Assoziation von Schulschließungstagen mit Testergebnissen von der Kontrolle für ein Maximum an möglichen Confoundern ab. Variablen, die den sozioökonomischen Status (SES) und andere Schulmerkmale betreffen, könnten sowohl mit den Testergebnissen der Schüler*innen als auch mit der Anzahl der Schulschließungstage in Verbindung stehen (z. B. durch die Einhaltung von Präventionsregeln). Außerdem bläht die Einbeziehung zahlreicher Kontrollen in das GPS die Varianz des Behandlungseffekts nicht so stark auf, wie es bei einem standardmäßigen multivariaten Regressionsmodell der Fall wäre (D'Agostino 1998).

4.2 Auswirkungen auf die Verteilung

Viele Studien finden eine Zunahme der Ungleichheit bei den Lernergebnissen als Folge von Schulschließungen (Agostinelli et al. 2020; Engzell et al. 2020; Grewenig et al. 2020; Maldonado/De Witte 2020). Um zu sehen, ob Schulcharakteristika für den Effekt zusätzlicher Schulschließungstage eine Rolle spielen, schätzen wir Quantilsregressionen für die Niederländisch- und Mathematik-Noten (Koenker/Hallock 2001). Diese basieren auf dem zuvor beschriebenen GPS-Modell.

Tabelle 4 zeigt die Ergebnisse der Quantilsregression für die Durchschnittsnoten der Schulen in Mathematik und Niederländisch. In Bezug auf die Mathematiknote ist der Effekt der Schulschließungstage gering und in allen drei Schulquartilen statistisch nicht signifikant. In Bezug auf die Sprachtestergebnisse ist der Effekt der Schulschließungstage jedoch im ersten Quartil mit einem Effekt von -0,05 Standardabweichung, signifikant auf dem 5%-Niveau, größer als im zweiten und dritten Quartil. Der beobachtete durchschnittliche negative Effekt von Schulschließungstagen scheint also durch das unterste Quartil der niederländischen Sprachverteilung der Schulen getrieben zu sein. [4]

Abbildung 4 veranschaulicht den marginalen Effekt der Schulschließungstage auf die Testergebnisse in Mathematik (Panel a) und Niederländisch (Panel b) nach Quartil. In Panel (a) zeigt sich, dass sich für Mathematik die Effekte der Schulschließung über die Quartile hinweg nicht erheblich verändern, da die Linien ungefähr parallel verlaufen. Obwohl (konstruktionsbedingt) Schulen im zweiten und dritten Quartil besser abschneiden als Schulen im ersten Quartil, ist der geschätzte Effekt der Schulschließungstage über die Zeit relativ konstant. Mit anderen Worten, die Effekte sind relativ konstant über die möglichen Schulschließungstage. Dies verdeutlicht, dass das beobachtete Fehlen eines marginalen Schließtageffekts in Mathematik über die gesamte Verteilung hinweg zu finden ist. Schulen im oberen Bereich der Verteilung sind weder mehr noch weniger von zusätzlichen Schließtagen betroffen als Schulen im unteren Bereich der Verteilung.

Für die Niederländisch-Noten sind das oberste und das mittlere Quartil in Panel (b) ebenfalls parallel mit mehr oder weniger konstanten vorhergesagten Testergebnissen. In allen drei Quartilen beobachten wir einen negativen geschätzten Koeffizienten, der darauf hinweist, dass zusätzliche Schulschließungstage zu niedrigeren Niederländisch-Noten führen. Dies ist jedoch nur im ersten Quartil der Verteilung der Niederländisch-Noten signifikant von 0 ver-

---

4   Es ist zu beachten, dass die Effektgröße, die mit der Propensity-Gewichtung erhalten wurde, doppelt so groß ist wie die Effektschätzung, die aus einem linearen Modell mit Kontrollen erhalten wurde (d. h. -0,025), was zu vorsichtigen Schlussfolgerungen einlädt.

schieden. Das heißt, dass die Niederländisch-Punktzahl im untersten Quartil der Schulen mit zunehmender Anzahl der Schulschließungstage stark abnimmt. Dies zeigt, dass der beobachtete negative Effekt von Schließungstagen auf die mittlere Niederländisch-Testpunktzahl von den Schulen mit den niedrigsten Durchschnittsnoten verursacht wird. Bei diesen Schulen im unteren Bereich der Verteilung handelt es sich vermutlich um Schulen mit einem großen Anteil Schüler*innen mit einem sehr niedrigen sozioökonomischen Status.

Tabelle 4. Quantilsregression des Schulschließungseffekts

	1. Quartil	2. Quartil	3. Quartil
Mathematik-Note			
Zusätzlicher Schließungstag	0.007	-0.011	-0.020
	(-0.061,0.031)	(-0.030,0.021)	(-0.050,0.027)
N	115	115	115
Niederländisch-Note			
Zusätzlicher Schließungstag	-0.050*	-0.006	-0.005
	(-0.058, -0.028)	(-0.040, 0.013)	(-0.021, 0.010)
N	252	252	252

*Anmerkungen: * p-Wert <0,05. 95% Konfidenzintervall in Klammern. Die Tabelle enthält Schätzungen für den marginalen Schulschließungseffekt in den ersten drei Quartilen in Mathematik/Niederländisch.*

Panel a. Mathematik

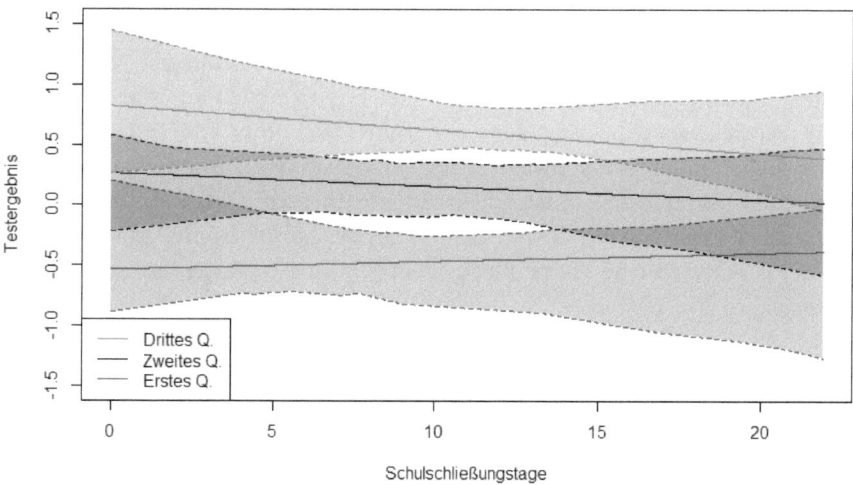

Panel b. Niederländisch

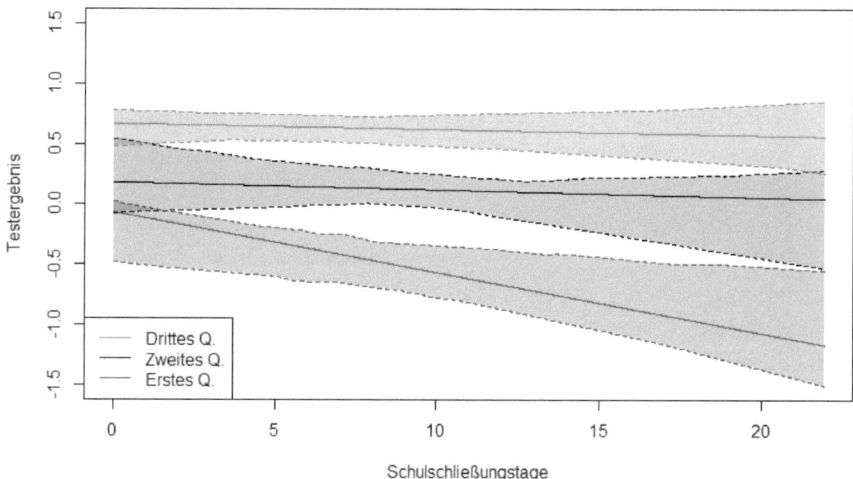

Abbildung 4. Bedingte Quartilsanalyse in Bezug auf die Schulschließungstage zwischen dem 15. Mai und 30. Juni für Mathematik (Feld a) und Niederländisch (Feld b) (mit 95% Konfidenzintervallen in gestrichelter Linie).

5 Diskussion und Schlussfolgerung

Dieses Kapitel lieferte Belege für die marginalen Auswirkungen zusätzlicher Schulschließungstage während der COVID-19-Krise 2020 auf standardisierte Tests. Die Ergebnisse basieren auf einer großen Stichprobe von Testergebnissen von Schüler*innen der sechsten Klasse in flämischen katholischen Schulen, kombiniert mit einem umfassenden administrativen Datensatz von Schulmerkmalen sowie offiziellen Informationen über effektive Schulschließungstage. Wir verwenden eine Methodik aus dem Machine Learning, um zuverlässige Vorhersagen zu schätzen.

In keiner der verschiedenen Modellspezifikationen können wir einen Effekt der Schulschließungstage auf die Mathematik-Noten feststellen. Allerdings finden wir im gewichteten flexiblen Modell, d. h. der vorteilhaftesten Spezifikation, einen signifikanten negativen Effekt von Schulschließungstagen auf die Noten in Niederländisch (d. h. der in der Schule gesprochenen Sprache). Der geschätzte Koeffizient deutet darauf hin, dass nach der obligatorischen Schulsperre jeder zusätzliche Tag der Schulschließung zu einem Rückgang der Niederländisch-Noten um durchschnittlich 0,02 Standardabweichungen führt. Dieser negative Effekt von Schulschließungen scheint durch die Schulen mit den niedrigsten Niederländisch-Noten getrieben zu sein. Und zwar finden wir, dass jeder zusätzliche Tag Schulschließung die durchschnittlichen Niederländisch–Noten im untersten Quartil der Schulen um 0,05 Standardabweichungen reduziert.

Daraus lässt sich schließen, dass zusätzliche Schulschließungstage vor allem die Schulen am unteren Ende der Verteilung betreffen. Dieses Ergebnis steht im Einklang mit früheren Studien, die größere Lernverluste für benachteiligte Schüler und eine Zunahme der Ungleichheit als Folge der Schulschließungen 2020 zeigen (Engzell et al. 2020; Grewenig et al. 2020; Maldonado/De Witte 2020). In anderen Ländern könnten die Auswirkungen kleiner sein, wenn bessere Fernunterrichtsstrategien implementiert wurden (z. B. in den Niederlanden, Engzell et al. 2020), aber größer in Ländern mit größerer Ungleichheit und weniger entwickelten Fernunterrichtsstrategien (wie in den USA, Slavin 2020) .

Kumulierte Lernverluste könnten einen erheblichen und dauerhaften Einfluss auf zukünftige Arbeitsmarktergebnisse haben, da frühere Situationen von Schulschließungen die Leistungen von Schüler*innen nachweislich dauerhaft beeinträchtigt haben (Belot/Webbink 2010; Meyers/Thomasson 2017). Hanushek und Woessmann (2020) sagen voraus, dass die Schulschließung im Jahr 2020 langfristige Auswirkungen in Form von 3% geringerem Einkommen für die Schüler im Laufe ihres Lebens haben wird, was zu einem um 1,5% niedrigeren jährlichen BIP für den Rest dieses Jahrhunderts führt. Diese Vorhersage beruht auf der Annahme, dass die Schulen sofort zu ihrem vorherigen Leistungsniveau zurückkehren. Da jedoch in vielen Ländern zusätzliche Schulschließungstage verhängt wurden, konnten die Schulen bisher nicht vollständig zu ihrem vorherigen Leistungsniveau zurückkehren.

Diese Studie bestätigt, dass sich die politischen Entscheidungsträger daher besonders der negativen Auswirkungen für benachteiligte Schüler bewusst sein müssen, die sich langfristig vermutlich noch verschärfen werden. Zusätzliche Schulschließungen müssen vermieden werden, und es bedarf korrigierender Maßnahmen, die speziell leistungsschwächere Schüler unterstützen, um einen weiteren Anstieg der Bildungsungleichheit zu vermeiden.

Zukünftige Forschung sollte die Heterogenität der Effekte von Schulschließungen weiter evaluieren, sobald Daten auf individueller Ebene über Schülercharakteristika in Verbindung mit Testergebnissen verfügbar werden.

Literatur

Agostinelli, F./Doepke, M./Sorrenti, G./Zilibotti, F. (2020): When the Great Equalizer Shuts Down: Schools, Peers, and Parents in Pandemic Times. *NBER Working Paper Series, 28264*.

Andrew, A./Cattan, S./Costa-Dias, M./Farquharson, C./Kraftman, L./Krutikova, S./Sevilla, A. (2020): Lernen während des Lockdowns: Echtzeitdaten über die Erfahrungen von Kindern beim Lernen zu Hause. *IFS Briefing Note, BN288*.

Angrist, N./Bergman, P./Brewster, C./Matsheng, M. (2020): *Stemming Learning Loss During the Pandemic: A Rapid Randomized Trial of a Low-Tech Intervention in Botswana*.

Azevedo, J. P./Hasan, A./Goldemberg, D./Aroob Iqbal, S./Geven, K. (2020). Simulating the Potential Impacts of COVID-19 School Closures on Schooling and Learning Outcomes: A Set of Global Estimates. *World Bank Policy Research Working Paper, 9284*.

Bao, X./Qu, H./Zhang, R./Hogan, T. (2020): *Literacy Loss in Kindergarten Children during COVID-19 School Closures*. https://doi.org/10.31235/osf.io/nbv79

Belot, M./Webbink, D. (2010): Do Teacher Strikes Harm Educational Attainment of Students? *Labour, 24*(4), S. 391–406.

Blainey, K./Hiorns, C./Hannay, T. (2020): *Die Auswirkungen von Schulverweigerung auf die Bildung von Kindern: eine landesweite Analyse*.

Champeaux, H./Mangiavacchi, L./Marchetta, F./Piccoli, L. (2020): Learning at Home: Distance Learning Solutions and Child Development during the COVID-19 Lockdown. *IZA Discussion Paper Series, 13819*.

Chetty, R./Friedman, J. N./Hendren, N./Stepner, M. (2020). How Did COVID-19 and Stabilization Policies Affect Spending and Employment? A New Real-Time Economic Tracker Based on Private Sector Data. *NBER Working Paper Series, 27431*.

Clark, A. E./Nong, H./Zhu, H./Zhu, R. (2020). *Compensating for Academic Loss: Online Learning and Student Performance during the COVID-19 Pandemic*.

De Witte, K./Haelermans, C./Rogge, N. (2015): Die Effektivität eines computergestützten Mathe-Lernprogramms. *Journal of Computer Assisted Learning, 31*, S. 314–329. https://doi.org/10.1111/jcal.12090

De Witte, K./Hindriks, J. (2020): Es ist dringend notwendig, dass die Kinder wieder zur Schule gehen. *La Libre*, S. 08/05/2020.

Di Pietro, G./Biagi, F./Costa, P./Karpiński, Z./Mazza, J. (2020): The likely impact of COVID-19 on education: Reflections based on the existing literature and recent international datasets. *Amt für Veröffentlichungen der Europäischen Union, Luxemburg, EUR 30275*(JRC121071). https://doi.org/10.2760/126686.

Engzell, P./Frey, A./Verhagen, M. (2020). *Lernende Ungleichheit während der COVID-19-Pandemie*.

Eyles, A./Gibbons, S./Montebruno, P. (2020). Covid-19 school shutdowns: What will they do to our children's education? *LSE CEP COVID-19 Analysis, 001*.

Frenette, M./Frank, K./Deng, Z. (2020). *School Closures and the Online Preparedness of Children during the COVID-19 Pandemic. Economic Insights* (Vol. 103).

Grewenig, E./Lergetporer, P./Woessmann, L./Zierow, L. (2020). COVID-19 and Educational Inequality: How School Closures Affect Low-and High-Achieving Students. *CESifo Working Paper, 8648.*

Haeck, C./Lefebvre, P. (2020): Pandemic School Closures May Increase Inequality in Test Scores. *Research Group on Human Capital Working Paper Series, 20–03.*

Hanushek, E. A./Woessmann, L. (2020): *Die wirtschaftlichen Auswirkungen von Lernverlusten.*

Huber, S. G./Helm, C. (2020): COVID-19 and schooling: evaluation, assessment and accountability in times of crises-reacting quickly to explore key issues for policy, practice and research with the school barometer. *Educational Assessment, Evaluation and Accountability, 32,* S. 237–270. https://doi.org/10.1007/s11092-020-09322-y.

Iterbeke, K./De Witte, K. (2020): Hilfreich oder schädlich? The role of personality traits in student experiences of the COVID-19 crisis and school closure. *KU Leuven Department of Economics Discussion Paper Series, 20.19.*

Kaffenberger, M. (2020): Modeling the Long-Run Learning Impact of the COVID-19 Learning Shock: Actions to (More Than) Mitigate Loss. *RISE Insight Series, 2020/017.* https://doi.org/doi.org/10.35489/BSG- RISE-RI_2020/017.

Koenker, R./Hallock, K. F. (2001): Quantile Regression. *Journal of Economic Perspectives, 15*(4), S. 143–156.

Kuhfeld, M./Soland, J./Tarasawa, B./Johnson, A./Ruzek, E./Liu, J. (2020). Projecting the potential impacts of COVID-19 school closures on academic achievement. *EdWorkingPaper,* S. 20–226. https://doi.org/10.26300/cdrv-yw05.

Maldonado, J. E./De Witte, K. (2020): The effect of school closures on standardised student test outcomes. *KU Leuven Department of Economics Discussion Paper Series, DPS20.17.*

Meyers, K./Thomasson, M. A. (2017): Paralyzed by Panic: Measuring the Effect of School Closures during the 1916 Polio Pandemic on Educational Attainment. *NBER Working Paper Series, 23890.*

Parolin, Z./Lee, E. (2020): *Große sozioökonomische, geografische und demografische Disparitäten bestehen bei der Exposition gegenüber Schulschließungen und Fernunterricht.*

Psacharopoulos, G./Collis, V./Patrinos, H. A./Vegas, E. (2020): Lost Wages The COVID-19 Cost of School Closures. *World Bank Policy Research Working Paper, 9246.*

Rosenbaum, P.R./Rubin, D.B. (1983): Die zentrale Rolle des Propensity Score in Beobachtungsstudien für kausale Effekte. *Biometrika, 70*(1), S. 41–55.

Slavin, R. E. (2020): Wie viel haben die Studenten durch die COVID-19-Ausfälle verloren? Abgerufen von https://robertslavinsblog.wordpress.com/2020/10/01/how-much-have-students-lost-in-the-covid-19-shutdowns/

Tomasik, M.J./Helbling, L. A./Moser, U. (2020): Educational Gains of In-Person vs. Distance Learning in Primary and Secondary Schools: A Natural Experiment During the COVID-19 Pandemic School Closures in Switzerland. *International Journal of Psychology, erscheint demnächst.*

Vereinte Nationen (2020): *Bildung während COVID-19 und darüber hinaus. Policy Brief.*

Familiale, individuelle und institutionelle Einflussfaktoren auf Bildungsungleichheiten

Mathias Huebener, Laura Schmitz,
C. Katharina Spiess, Sabine Zinn

1 Einleitung

In Deutschland wie in vielen anderen Ländern wurden zur Eindämmung der Ausbreitung des neuartigen Coronavirus im Frühjahr 2020 unter anderem alle Schulen geschlossen. Lehrer*innen, Schüler*innen und Eltern, sowie andere Akteure aus Praxis und Politik waren auf diesen Wegfall des Präsenzunterrichts weitestgehend unvorbereitet. Auch zum Ende des Jahres 2020 wurden in Deutschland Schulen nach einem erneuten Anstieg der Infektionszahlen geschlossen. Sowohl im Frühjahr 2020 als auch bei den erneuten Schulschließungen wurde zum Distanzlernen bzw. „Homeschooling" übergegangen.

Wenn Schulen aufgrund des epidemiologischen Infektionsgeschehens den Regelbetrieb einschränken müssen, oder gar vollständig geschlossen werden, sind Schüler*innen beim Lernen stärker auf sich selbst und auf die Bedingungen in ihrem familialen Umfeld angewiesen – umso mehr noch als Ausgangsbeschränkungen und Kontaktsperren ein gemeinsames Lernen von Schüler*innen in privaten Räumen weitgehend unmöglich machen und beispielsweise auch Bibliotheken und andere potenzielle Orte zum (gemeinsamen) Lernen geschlossen waren bzw. sind. Dies bedeutet, dass die „Equalizer" Funktion von Schule, als einem Akteur, der grundsätzlich Bildungsungleichheiten verringern kann, weitgehend wegfällt bzw. verringert zum Tragen kommt. Die familiale Situation und damit die unterschiedlichen familialen Voraussetzungen haben somit eine noch stärkere Bedeutung für das Lernen bzw. den Lernerfolg von Schüler*innen als im Regelbetrieb. Dabei ist u. a. an die Unterstützungsmöglichkeiten der Eltern und andere strukturelle Lernbedingungen, wie z. B. ein eigenes Zimmer und ein eigener Schreibtisch zu denken. Darüber hinaus können sich beim Distanzlernen noch stärker als im schulischen Präsenzunterricht individuelle Merkmale und Unterschiede in der Selbstwirksamkeit von Schüler*innen bemerkbar machen, was z. B. Unterschiede in der Motivation zum eigenständigen Lernen nach sich zieht.

Neben diesen Faktoren ist für den Erfolg des Distanzlernens aber auch der Kontakt und die Unterstützung mit und durch die Schulen und Lehrer*innen bedeutsam. So liegen bereits Studien vor, die zeigen, dass während des ersten

Lockdowns Schulen und innerhalb der Schulen Lehrkräfte ihre Schüler*innen beim Lernen zu Hause sehr unterschiedlich unterstützt haben: Einige Schulen und Lehrkräfte haben Teile ihres Unterrichts, Lernstandsabfragen und Unterstützung über spezielle Onlinemedien anboten, andere schickten per E-Mail Aufgaben an ihre Schüler*innen, wobei große Unterschiede in Rückmeldungen zu erledigten Aufgaben bestanden. Wieder andere verteilten am letzten Schultag Aufgaben und legten deren Bearbeitung und den Lernerfolg gänzlich in die Hände und die Selbstmotivation der Schüler*innen und im Falle jüngerer Schüler*innen damit auch der Eltern. In jedem Fall waren große Unterschiede zwischen Schulen und innerhalb von Schulen zwischen Lehrkräften auszumachen. Die Frage, inwiefern dies in der zweiten Phase der Schulschließungen ebenfalls der Fall ist, lässt sich auf der Basis von Umfragedaten gegenwärtig noch nicht beantworten.

Eine vielfach thematisierte Sorge in dieser Pandemiesituation ist, dass bereits existierende Bildungsungleichheiten noch weiter verstärkt werden. Während die tatsächlichen Auswirkungen der Pandemie auf Bildungsungleichheiten erst mittel- bis langfristig messbar sind, lässt sich anhand von Daten vor und während des ersten Corona-Lockdowns im Frühjahr 2020 aber bereits antizipieren, welche Unterschiede in den familialen, individuellen und institutionellen Rahmenbedingungen und damit auch Einflussfaktoren Bildungsungleichheiten während der Corona-Pandemie verstärken könnten.

Grundlage der empirischen Betrachtungen, um diese Unterschiede festzumachen, ist das Sozio-oekonomische Panel (SOEP), die größte repräsentative Wiederholungsbefragung von Haushalten und Personen in Deutschland, die Informationen vor und während der Corona-Pandemie erhebt.[1]

Im ersten Teil des Kapitels werden zunächst individuelle und familiale Faktoren adressiert. Dabei steht die Frage im Mittelpunkt, inwiefern die schulische Motivation, die häusliche Lernumgebung und die Unterstützung durch die Eltern mit dem Leistungsniveau von Schüler*innen in Zeiten vor der Corona-Pandemie zusammenhängen und damit sehr wahrscheinlich auch in Zeiten der Schulschließungen bedeutsam werden.[2] Bildungsungleichheiten könnten zunehmen, wenn beispielsweise leistungsschwächere Schüler*innen während der Schulschließungen bzw. während des eingeschränkten Schulbetriebs schlechtere Lernbedingungen zu Hause vorfinden und selbst weniger motiviert sind. Es kommt insbesondere dann zu größeren Bildungsungleichheiten, wenn damit einhergehende Lerndefizite in Zeiten nach der Pandemie nicht durch zusätzliche Förderangebote ausgeglichen werden.

---

1 Für weiterführende Informationen zum Datensatz, siehe Goebel et al. (2018).
2 Dieser Teil der Analyse basiert auf Huebener und Schmitz (2020).

Der zweite Teil des Kapitels richtet den Blick auf Unterschiede im Zugang zu Lernmaterial nach Merkmalen der Schulen. Dabei geht es darum, inwiefern sich der Zugang zu Lernmaterial für Schüler*innen während und nach dem Lockdown nach dem Schultyp oder dem Schulträger unterscheidet, oder ob Kinder vor der Pandemie ganztägige Schulangebote wahrgenommen haben.[3] Eine Beschreibung der unterschiedlichen Zugangswege zu Lernstoff stellt einen ersten Indikator dafür dar, wie erfolgreich Lernen in dieser Zeit überhaupt durch Schulen ermöglicht wurde. Denn die Gewährleistung des Zugangs zu Lernstoff kann als notwendige – wenn auch nicht hinreichende - Bedingung erachtet werden, um Lernen überhaupt zu ermöglichen. Die Auswertungen in diesem Teil basieren ebenfalls auf dem SOEP und zwar auf einer Sondererhebung während der Corona-Pandemie.[4]

In diesem Kapitel werden damit beispielhaft ausgewählte familiale, individuelle sowie schulische Faktoren analysiert, welche Lernen in Pandemiezeiten maßgeblich beeinflussen können ohne den Anspruch zu erheben damit ein allumfassendes Bild über die Faktoren geben zu können, welche die Lernsituation und damit auch das Lernen in Pandemiezeiten möglicherweise beeinträchtigen. Einem solchen Anspruch kann auf der Basis existierender Daten und zum heutigen Zeitpunkt noch nicht entsprochen werden. Hierzu sind eine längerfristige Perspektive und zugehörige Daten notwendig. Darüber hinaus ist darauf hinzuweisen, dass sich familiale, individuelle und auch schulische Merkmale wechselseitig beeinflussen können. Dies wird z. B. an der Entscheidung für oder gegen ein Gymnasium ersichtlich. Diese ist in Deutschland nachweislich in erheblichem Maße von familialen Faktoren abhängig. Ansatzweise wurde dies in den nachfolgenden Analysen berücksichtigt, aber keinesfalls umfassend. Auch dies muss bei der Interpretation der Befunde bedacht werden.

2 Familiale und individuelle Einflussfaktoren

Inwiefern sich familiale und individuelle Merkmale auf Bildungsungleichheiten durch die besonderen Beschulungsbedingungen während der Corona-Pandemie auswirken könnten, wird empirisch anhand der SOEP Daten der Jahre 2015 bis 2018 betrachtet.[5] Dabei werden die Informationen von Eltern, insbesondere Müttern, untersucht, die zu den schulischen Leistungen ihrer

---

3 Dieser Teil der Analyse basiert auf Huebener et al. (2020a).
4 vgl. dafür die SOEP-CoV-Studie, Details unter
   https://www.diw.de/documents/publikationen/73/diw_01.c.804515.de/20-47-1.pdf
5 Die Daten beziehen sich also auf die Zeit *vor* der Corona-Pandemie, und bilden somit noch nicht pandemiebedingte Veränderungen der häuslichen Lernsituation ab.

Kinder, deren Schulmotivation, ihrer Unterstützung bei den Hausaufgaben und zu Aspekten der häuslichen Lernumgebung befragt wurden. Den Analysen liegen Informationen von Müttern von insgesamt 2.167 neun- und zehnjährigen Kindern zugrunde. Der Fokus liegt auf dieser Altersgruppe, da im Mittel davon ausgegangen werden kann, dass hier ein größerer elterlicher Unterstützungsbedarf besteht als bei älteren Kindern. Gleichzeitig liegen im Gegensatz zu jüngeren Kindern für Kinder dieser Altersgruppe Schulnoten in den Fächern Deutsch und Mathematik vor. Anhand dieser Schulnoten werden Schüler*innen mit einer Durchschnittsnote von eins oder zwei als leistungsstärker bezeichnet; Schüler*innen mit einem Notendurchschnitt darüber werden als leistungsschwächer definiert. Diese Schulnoten sind für die untersuchte Altersgruppe in allen Bundesländern für den Übergang in die Sekundarstufe I relevant und daher von besonderer Bedeutung.

3   Schulische Motivation

Als eine wichtige Voraussetzung für Lernerfolg gilt die schulische Motivation von Schüler*innen. Dabei handelt es sich um ein dem Lernenden selbst zugeordnetes Merkmal. Es kann davon ausgegangen werden, dass die Bedeutung der schulischen Motivation weiter steigt, wenn Kinder außerhalb des schulischen Umfeldes mit einer größeren Eigenständigkeit zuhause lernen sollen (vgl. Artelt 2006). Auf der Basis der SOEP-Daten zeigt sich, dass etwa jedes zehnte neun- bis zehnjährige Kind nicht gern zur Schule geht oder Schule eher als Zeitverschwendung empfindet. Jedes siebte Kind nimmt die Arbeit in der Schule nicht ernst und fast jedes vierte Kind lernt eher ungern. Etwa sieben Prozent der Kinder kommen – nach Angaben der Mütter - im Unterricht eher schwer mit.

Wenn nun nach der schulischen Leistung der Kinder differenziert wird, zeigen sich erhebliche Unterschiede zwischen leistungsstärkeren und leistungsschwächeren Schüler*innen in der schulischen Motivation (Abbildung 1, oberes Diagramm). Während nur vier Prozent der leistungsstärkeren Schüler*innen eher nicht gern zur Schule gehen, beträgt der Anteil unter den leistungsschwächeren Schüler*innen fast 14 Prozent. Ähnlich verhält es sich mit dem Empfinden, dass Schule Zeitverschwendung sei. Während nur etwa fünf Prozent der leistungsstärkeren Schüler*innen dies so empfinden, sind es unter den leistungsschwächeren über 15 Prozent. Etwa acht Prozent der leistungsstärkeren Schüler*innen verneinen die Frage, ob sie die Arbeit in der Schule ernst nehmen. Der Anteil unter den leistungsschwächeren Schüler*innen ist mit fast 19 Prozent mehr als doppelt so hoch. Etwa 13 Prozent der leistungsstarken Schüler*innen lernen eher nicht gern, im Gegensatz zu über 38 Prozent der leistungsschwächeren. Wenn es um die Frage geht, ob Kinder Probleme haben im Unter-

Schulische Motivation nach Schulleistung

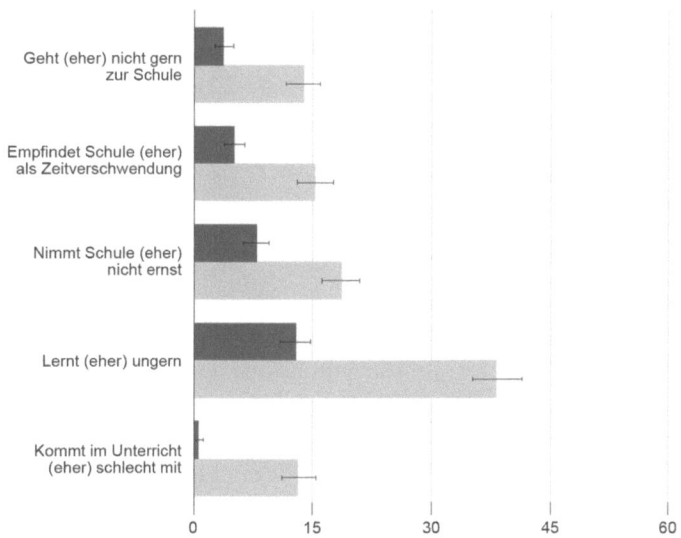

Häusliche Lernumgebung nach Schulleistung

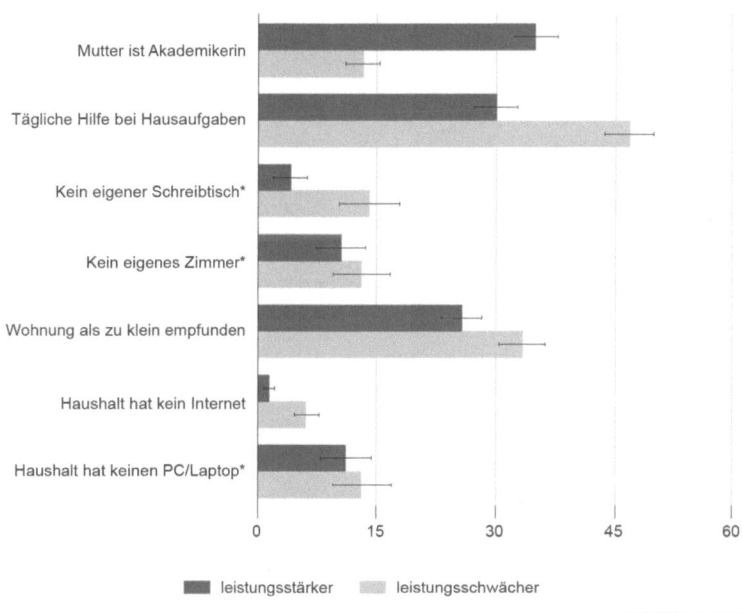

■ leistungsstärker　　■ leistungsschwächer

© DIW Berlin 2020

Abbildung 1: Schulische Motivation und häusliche Lernumgebung nach Schulleistung (Anteile in Prozent).

Anmerkungen: Dargestellt ist die Zustimmung zu Faktoren der schulischen Leistung und Motivation von neun- und zehnjährigen Kindern, sowie zu Faktoren der häuslichen Lernumgebung. Dabei wird basierend auf der durchschnittlichen Schulnote in Deutsch und Mathematik zwischen leistungsstärkeren (Note 2 und besser), und leistungsschwächeren Schüler*innen unterschieden. Merkmale, die mit * gekennzeichnet sind, basieren aufgrund der verfügbaren Informationen auf Angaben zu Kindern im Alter von elf und zwölf Jahren. Die horizontalen Linien stellen das 95-Prozent-Konfidenzintervall dar.
Quelle: Eigene Berechnungen basierend auf SOEP v35.

richt mitzukommen, stimmt fast keine Mutter von leistungsstärkeren Kinder der Aussage zu, während über 13 Prozent der Mütter von leistungsschwächeren Schüler*innen von Schwierigkeiten berichten.

Insgesamt bestehen in der schulischen Motivation signifikante Unterschiede zwischen leistungsstärkeren und leistungsschwächeren Schüler*innen, die sich auch auf den Erfolg beim häuslichen Lernen in der Pandemiesituation auswirken dürften.

3   Familiale Lernumgebung

Neben Faktoren der schulischen Motivation dürften auch Unterstützungsmöglichkeiten durch die Eltern, Rückzugsmöglichkeiten und die Ausstattung der häuslichen Lernumgebung eine wichtige Bedeutung für den Lernerfolg der Kinder in Zeiten von Schulschließungen darstellen. Diese Ergebnisse sind im unteren Diagramm der Abbildung 1 dargestellt.

Als ein möglicher Indikator dafür, ob und wie Eltern das Lernen ihrer Kinder unterstützen können, gilt die Bildung der Eltern. In den analysierten SOEP-Daten bestätigt sich der vielfach bekannte starke Zusammenhang, dass leistungsstärkere Schüler*innen häufiger auch höher gebildete Eltern haben. Während unter den leistungsstärkeren Schüler*innen 35 Prozent der Mütter einen akademischen Abschluss haben, beträgt der Anteil unter den leistungsschwächeren Schüler*innen 13 Prozent. Dabei benötigen leistungsschwächere Kinder grundsätzlich viel häufiger[6] Unterstützung bei den Hausaufgaben: Insgesamt erhalten 47 Prozent täglich von mindestens einem Elternteil Unterstützung bei den Hausaufgaben. Unter den leistungsstärkeren Kindern beträgt dieser Anteil 30 Prozent. Mit Blick auf die Ausstattung der häuslichen Lernumgebung[7] geben zehn Prozent der Mütter an, dass diese keinen eigenen Schreibtisch haben. Unter jenen ohne eigenen Schreibtisch überwiegen leistungsschwächere Kinder deutlich. Im Weiteren geben zwölf Prozent an, dass die Kinder kein eigenes Zimmer haben. Diese Kinder können somit nicht zwingend ungestört lernen, wenn entweder andere Geschwisterkinder im gleichen Raum lernen oder Eltern zu Hause arbeiten müssen. Bezüglich eines eigenen Zimmers zeigen sich jedoch kaum Unterschiede nach der Schulleistung der Kinder. Allerdings wird ein Drittel der Wohnungen, in denen leistungsschwächere Schüler*innen leben,

---

6   Die Leistungsstärke von Schüler*innen könnte auch darauf zurückzuführen sein, dass die Eltern sie stark bei den Hausaufgaben unterstützen.

7   Informationen zum eigenen Schreibtisch, Zimmer, und der Verfügbarkeit von einem PC oder Laptop im Haushalt werden zu den zuvor betrachteten Kindern im Fragebogen der elf- bis zwölfjährigen erhoben. Die dargestellten Analysen zum eigenen Zimmer und eigenen Schreibtisch schließen 733 Beobachtungen ein.

von den Eltern als zu klein oder sogar viel zu klein eingeschätzt. Unter den leistungsstärkeren Schüler*innen gilt dies „nur" für ein Viertel.

Wenn der Kontakt zur Schule und der Unterricht in Teilen online stattfindet, ist ein Internetzugang und der Zugang zu einem PC, einem Laptop oder einem Tablet eine notwendige Bedingung zum Lernen. Insgesamt verfügten 2018 über 96 Prozent der Haushalte, in denen neun- bis zehnjährige Schüler*innen lebten, über einen Zugang zum Internet. 88 Prozent der Haushalte gaben an, einen PC oder Laptop zu Hause zu haben. Allerdings ist in Zeiten von Corona nicht gesagt, dass die Schüler*innen diese Ressourcen auch nutzen können. So könnten diese Kapazitäten zumindest teilweise durch Homeoffice-Tätigkeiten der Eltern oder auch durch Home-Schooling von Geschwistern nur begrenzt zur Verfügung stehen. Auch hinsichtlich des Internetzugangs und IT-Ausstattung finden sich Unterschiede, wenn nach dem Leistungsniveau der Schüler*innen differenziert wird: Während 2018 weniger als zwei Prozent der leistungsstärkeren Schüler*innen über keinen Internetzugang zu Hause verfügten, galt dies für knapp sechs Prozent der leistungsschwächeren Schüler*innen. Gleichermaßen hatten 2018 13 Prozent der leistungsschwächeren Schüler*innen keinen PC oder Laptop im Haushalt, bei den leistungsstärkeren Schüler*innen betrug dieser Anteil hingegen elf Prozent.

Die hier beschriebenen Unterschiede beziehen sich auf einen Zeitraum vor der Corona-Pandemie. Die berichteten Unterschiede könnten sich folglich während der Pandemie verändert haben, etwa wenn finanziell bessergestellte Familien die häusliche Umgebung an die neue Situation angepasst haben und Internetzugänge oder weitere PCs erworben wurden. Allerdings könnte sich durch ein pandemiebedingtes Arbeiten der Eltern im Homeoffice der Zugang für Kinder zu Internet und IT auch verschlechtert haben. Wenn sich zudem die finanzielle Situation der Familie in der Pandemie, z. B. durch Kurzarbeit oder Arbeitslosigkeit verschlechtert hat, sind die Spielräume für weitere Anschaffungen geringer geworden. Hinzu kommt in diesen Fällen eine weitere Belastung der Familie – die auch durch andere Unsicherheiten verstärkt werden kann. Dies kann die Lernumgebung von Kindern ebenfalls signifikant beeinflussen – im Rahmen dieses Kapitels wird darauf nicht eingegangen.[8]

4   Institutionelle Einflussfaktoren

Während in der öffentlichen Diskussion um die Folgen von Schul-(teil-) schließungen immer wieder darauf hingewiesen wird, dass ein besonderes Au-

---

8   Für eine Analyse, wie sich die Zufriedenheit von Familienmitgliedern in der Pandemie verändert hat, vgl. z. B. Huebener et al. (2020b).

genmerk auf leistungsschwächere Schüler*innen und solche aus bildungsfernen Haushalten zu legen ist, finden andere potenzielle Ungleichheiten, die auf Unterschiede zwischen Schulen bzw. Schultypen basieren, sehr viel weniger Beachtung. In diesem zweiten Teil des Kapitels soll der Zugang zu Lernstoff als eine notwendige Bedingung für Lernen nach Schulmerkmalen differenziert diskutiert werden. Erkenntnisse über unterschiedliche Zugangswege zu Lernmaterial sind auch wichtig, um systematische Nachholbedarfe bei der digitalen Ausstattung bestimmter Schultypen weiterhin zu identifizieren, damit öffentliche Fördermittel zum Ausbau der Lerninfrastruktur allen Schulen und damit auch Schüler*innen zu Gute kommen. Dieser Teil des Kapitels befasst sich vor diesem Hintergrund mit der Frage, wie Schulen während des ersten Lockdowns im Frühjahr 2020 und in der unmittelbaren Zeit danach den Zugang zu Lernstoff tatsächlich gewährleistet haben, und welche Unterschiede sich nach Merkmalen der Schule festmachen lassen.

5   Ergebnisse bisheriger Studien

Neben den hier präsentierten Analysen auf der Basis der SOEP-CoV-Studie, wurden auch im Kontext anderer Studien der Zugang zu Lernmaterial für Schüler*innen erfasst. Eine retrospektive Befragung vom Juni 2020 ergab beispielsweise, dass die Möglichkeiten des Online-Unterrichts während des Lockdowns im Frühjahr 2020 vergleichsweise selten genutzt wurden. So gab es für über die Hälfte der Schüler*innen während der Schulschließungen in dieser Zeit seltener als einmal pro Woche gemeinsamen Unterricht für die ganze Klasse, z. B. per Videokonferenz. Häufiger wurden Lernvideos und Lernsoftware eingesetzt (vgl. Wößmann et al. 2020).[9] Die häufigste Lehraktivität während der Schulschließungen im Frühjahr 2020 war die Bereitstellung von Aufgabenblättern. Fast alle Schüler*innen sollten zumindest einmal pro Woche bereitgestellte Aufgaben bearbeiten (vgl. Wildemann et al. 2020).[10] Dabei gab es jedoch deutliche Unterschiede zwischen Kindern von Akademiker- und Nicht-Akademikereltern, wobei letztere signifikant weniger Unterricht über Videokonferenz hatten als Kinder von Akademikereltern. Unterschiede gab es auch

---

9   Etwas mehr als die Hälfte der Eltern berichteten, dass ihr jüngstes Kind mehrmals pro Woche bereitgestellte Lernvideos anschauen oder Texte lesen sollte.

10   Diese Elternbefragung der Universität Landau, bei der insgesamt 4.230 Eltern teilgenommen haben, erfasste auch die Form, über die Lerninhalte zur Verfügung gestellt wurden. Eine andere bundesweite Elternbefragung zum Homeschooling ergab, dass Lehrkräfte vor allem durch E-Mail-Kontakt beim Lernen unterstützen. Außerdem werden Materialien zum Download, Internetseiten, Youtube-Videos u.ä. zur Verfügung gestellt. Auch herkömmliche Wege, wie Telefonate und postalisch zugestellte Materialien, spielen eine Rolle, treten aber hinter die digitalen Nutzungsformen zurück (vgl. Eickelmann/Drossel 2020).

zwischen leistungsschwächeren und -stärkeren Schüler*innen, auch wenn diese nicht so deutlich waren.

Wieder andere Studien legen nahe, dass die beobachteten Differenzen in Bezug auf Lernmittelzugang auch damit zusammenhängen, dass sich das Lernangebot während des Lockdowns im Frühjahr 2020 nach Schularten unterschieden hat. Eine Umfrage vom April 2020 zeigt, dass Gymnasien häufiger digitale Lernangebote unterbreitet haben als andere weiterführende Schulen. So erhielt ein gutes Viertel der Gymnasiast*innen mehrmals die Woche oder sogar täglich Unterricht über Videotools. An anderen weiterführenden Schulen traf dies auf weniger Schüler*innen zu. Auch die Angebote über eine Lernplattform erhielten eher Schüler*innen an Gymnasien (vgl. Vodafone Stiftung 2020).[11]

Diese Befunde spiegeln sich auch in Befragungen von Lehrkräften wider. Während der Schulschließungen stellten vor allem Lehrkräfte an Gymnasien (83 Prozent) Lernangebote für ganze Klassen bereit. Der entsprechende Anteil war mit 78 Prozent bei Grundschullehrkräften relativ betrachtet am geringsten (vgl. Eickelmann/Drossel 2020).[12] Die meisten Lehrkräfte, die Lernangebote zur Verfügung gestellt haben, taten dies per E-Mail. Deutlich seltener wurden Lernplattformen oder Clouds genutzt. Eine Differenzierung nach Schularten zeigt, dass vor allem Lehrkräfte an den nichtgymnasialen, weiterführenden Schulformen bei der Erstellung von Lernangeboten und im Umgang mit der Technik Probleme hatten bzw. dies als belastend empfanden (vgl. Eickelmann/Drossel 2020).

Welche Zugangswege zu Lernmaterial für den Lernerfolg von Schüler*innen am besten geeignet sind, kann pauschal nicht beantwortet werden. Vielmehr lässt sich festhalten, dass digitale Lerngebote kommunikative Lehr- und Lernprozesse im Präsenzunterricht nicht vollständig ersetzen können – gleichwohl sie diese unterstützen können. Wichtig hierbei ist, dass Lehrkräfte für ein Lehren mittels digitalen Lernangeboten entsprechend didaktisch ausgebildet sein müss(t)en und eine Gesamtkonzeption für digitales Lernen an Schulen unerlässlich für dessen Erfolg ist (vgl. z. B. Arnold et al. 2015).[13] Auch aktuelle Befunde aus anderen Kontexten (wie z. B. Italien und Frankreich) deuten darauf

---

11 Die Erhebung wurde in einem Zeitraum durchgeführt, der in 14 Bundesländern ganz oder teilweise in die Osterferien fiel. Insgesamt nahmen 1.067 Eltern an der Studie teil.

12 Dies berichten 93 Prozent der Lehrkräfte an Gymnasien, während an nichtgymnasialen allgemeinbildenden Schulen der Sekundarstufe I der Anteil mit fast 84 Prozent niedriger liegt. Bei Grundschullehrkräften geben etwa nur 78 Prozent an, dass an ihrer Schule (nahezu) allen Schüler*innen Lernmaterialien zu Verfügung gestellt wurden.

13 Vielfach wird eine sinnvolle Kombination analoger und digitaler Medien und Methoden empfohlen, vgl. z. B. Huber et al. (2020). Zentral für den Erfolg der Lernmethoden ist aber weniger die Methode an sich, sondern deren Ausgestaltung und Umsetzung, vgl. z. B. Voss/Wittwer (2020).

hin, dass interaktivere Lernformate beim Homeschooling die negativen Auswirkungen von Corona-Lockdowns auf den Lernerfolg abgemildert haben (vgl.
Champeaux et al. 2020).

6 Zugang zu Lernmaterial während und kurz nach dem ersten Lockdown

Die Analysen im Folgenden vergleichen die Zugangswege zu Lernmaterial für
Schüler*innen unterschiedlicher Schultypen im ersten Lockdown im Frühjahr
2020 und kurz danach. Sie basieren auf Daten der SOEP-CoV-Studie.[14] Im
Rahmen der SOEP-CoV-Studie wurden Eltern danach gefragt, wie die Schule
ihres jüngsten Schulkindes im Haushalt die Vermittlung von Lernstoff gewähr-
leistet. Die Antworten zu dieser Frage stehen im Mittelpunkt der vorliegenden
Auswertungen. Mehrheitlich handelt es sich um Eltern von Kindern, welche die
Sekundarstufe besuchen. 30 Prozent berichteten über Grundschulkinder, 27
Prozent über Kinder, die ein Gymnasium besuchen und die anderen 43 Prozent
der Kinder besuchen andere Sekundarschulen (siehe Tabelle A.1). Die Informationen werden danach unterteilt, ob sie in der Phase des ersten Lockdowns von
April bis Ende Mai 2020, oder im Juni bis Anfang Juli 2020 erhoben wurden.
Auch in der Zeit nach dem ersten Lockdown gab es noch viele Schulen, welche
nicht sofort zum regulären Präsenzunterricht zurückkehrten und nur tageweise
oder im Schichtbetrieb unterrichteten. Insofern interessiert es auch, wie Lernmaterial in dieser Phase bereitgestellt wurde.

Etwa 52 Prozent der Eltern gaben an, dass ihr jüngstes Schulkind während
des ersten Lockdowns Arbeitsmaterialien vor der Schulschließung erhalten hat.
Etwa ein Viertel der Eltern berichtete, dass ihr Kind während des Lockdowns
über Videokonferenzen Lernstoff erhalten hat, in der Phase danach berichteten
dies etwas mehr als ein Drittel. Andere digitale Formate, wie z. B. der Versand
von Lernstoff über E-Mails oder die Bereitstellung in einer Cloud oder auf einem Server haben mit 89 Prozent während des Lockdowns eine größere Bedeutung als danach mit 73 Prozent. Andere nicht weiter spezifizierte Wege gaben
im Lockdown 15 Prozent der Eltern an und danach noch zehn Prozent. Nahezu
kein Elternteil gab an, dass die Schule nichts organisiert hatte. Nach dem Lock
down berichteten 14 Prozent der Eltern, dass ihr Kind wieder regulären Unterricht hätte, während knapp drei Viertel der Eltern angaben, ihr Kind hätte
stunden- bzw. tageweise Unterricht (Abbildung 2).

---

14 Für eine erste bildungsbezogene Studie auf der Basis dieser Daten vgl. Zinn et al. (2020).

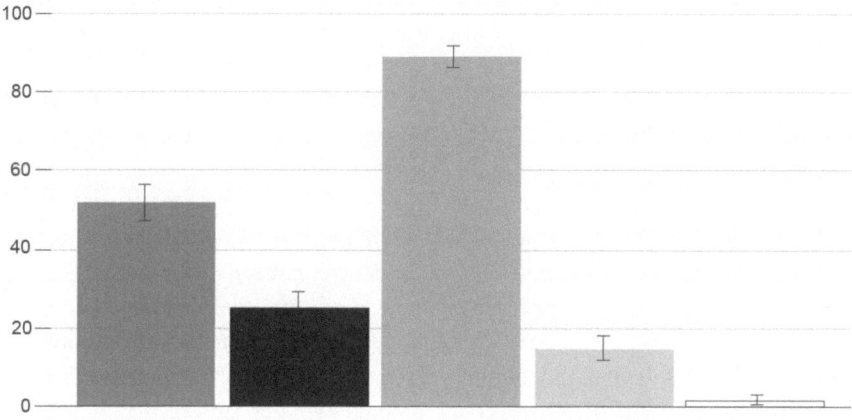

Während des ersten Lockdowns (April/Mai 2020)

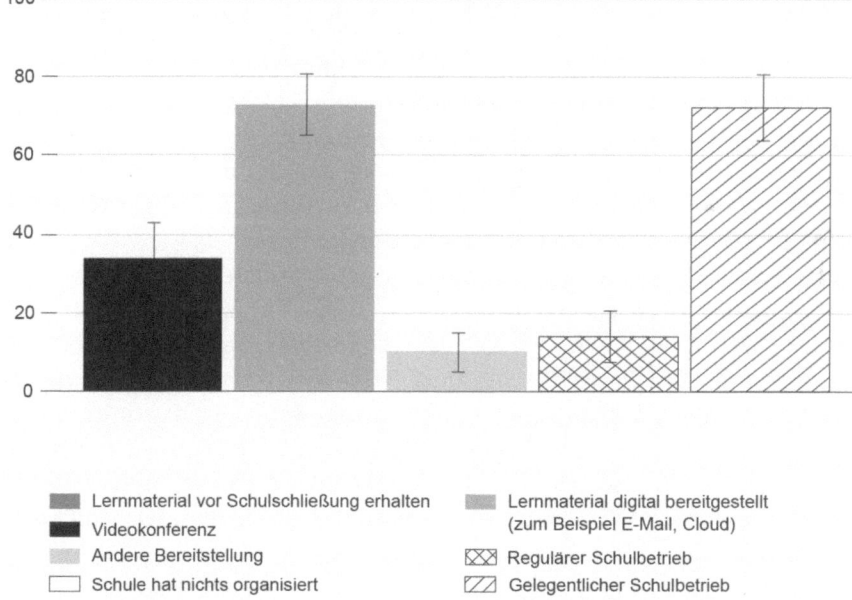

Nach dem Lockdown (Juni 2020)

Lernmaterial vor Schulschließung erhalten
Videokonferenz
Andere Bereitstellung
Schule hat nichts organisiert

Lernmaterial digital bereitgestellt (zum Beispiel E-Mail, Cloud)
Regulärer Schulbetrieb
Gelegentlicher Schulbetrieb

© DIW Berlin 2020

Abbildung 2: Zugang zu Lernmaterial während und nach dem Corona-bedingten Lockdown im Frühjahr 2020 (Anteile in Prozent).

Anmerkungen: Dargestellt sind Mittelwerte der SOEP-CoV-Stichprobe, die mit dem individuellen Hochrechnungsfaktor gewichtet wurden. Die vertikalen Linien stellen das 95-Prozent-Konfidenzintervall dar.
Quelle: Eigene Berechnungen auf Basis einer Sonderbefragung des Sozio-oekonomischen Panels während der Corona-Pandemie (SOEP-CoV).

Der Zugang zu Lernmaterial unterscheidet sich auch zwischen den Schulträgern und –typen teilweise deutlich (Abbildung 3): Es zeigt sich, dass insbesondere Grundschüler*innen Lernmaterial vor der Schulschließung erhalten haben, während dies beispielsweise bei Gymnasiast*innen weniger oft der Fall war (68 Prozent vs. 39 Prozent). Gymnasiast*innen hatten während des Lockdowns Lernmaterial eher über Videokonferenzen erhalten. Für sie ist die Wahrscheinlichkeit um 13 Prozentpunkte höher als für Schüler*innen in anderen Sekundarschularten (36 Prozent vs. 25 Prozent). Diese Unterschiede sind statistisch signifikant und bleiben auch bestehen, wenn andere sozioökonomische Faktoren und auch das Alter der Kinder in Regressionsanalysen berücksichtigt werden (siehe Tabelle 1). Noch geringer ist der Anteil bei Grundschulen, die eine 29 Prozentpunkte geringere Wahrscheinlichkeit hatten als andere Schulen, während des Lockdowns Videokonferenzen anzubieten. Dies mag sicher auch mit den unterschiedlich ausgeprägten Fähigkeiten der unterschiedlichen Altersgruppen zusammenhängen, über Videokonferenzen zu lernen. Nach dem Lockdown zeigen sich diese Unterschiede allerdings nicht mehr (Abbildung 4). Hier zeigt sich jedoch, dass Gymnasiast*innen eher Lernmaterial über Videokonferenzen erhalten – häufiger als andere Schüler*innen im Sekundarstufenbereich. Grundschulen unterscheiden sich bezüglich der Bereitstellung von Lernmaterial nach dem Lockdown nicht mehr signifikant von anderen Schulen. Dies ist bemerkenswert, da unterschiedliche Kompetenzen in den verschiedenen Altersgruppen in Hinblick auf die Lernstoffwahrnehmung offensichtlich wenig ausgenutzt wurden. Dabei ist davon auszugehen, dass ältere Kinder digital präsentierten Lernstoff besser aufnehmen können als jüngere.[15] Leider lassen die SOEP-CoV-Daten keine Aussage darüber zu, inwiefern die unterschiedlichen Lernangebote aufgrund von Teilschließungen notwendig waren.

Unterschiede in Bezug auf die Schulträgerschaft könnten damit zusammenhängen, dass Privatschulen andere Ressourcen zur Verfügung stehen und sie anderen Regelungen unterliegen als öffentliche Schulen (vgl. z. B. Weiss 2011). Hinzu kommt, dass Privatschulen in der Regel eine geringere Schülerzahl als öffentliche Schulen haben. Dies gilt insbesondere, wenn Gymnasien miteinander verglichen werden (vgl. Statistisches Bundesamt 2019, 2020).[16] Für kleinere Schulen, wie es Privatschulen zumeist sind, könnte es grundsätzlich einfacher sein organisatorische Veränderungen durchzuführen. Allerdings haben Privat-

---

15 Experten empfehlen für die Primarstufe, dass digitale Medien dezent genutzt werden. Ab Sekundarstufe I sollte es eine kluge Mischung geben aus Selbststudium und digitalem Unterricht via Videokonferenzen sowie ergänzenden digitalen Tools, wie z. B. Videos/Schulfernsehen, LernApps. Vgl. Huber et al. (2020), und die Empfehlungen der 5. Ad-Hoc Stellungnahme der Leopoldina, vgl. Nationale Akademie der Wissenschaften (2020).

16 Im Schuljahr 2018/19 hatten private Gymnasien im Mittel 206 Schüler*innen weniger als öffentliche Gymnasien.

schulen per se nicht mehr finanzielle Ressourcen, allenfalls andere Möglichkeiten die vorhandenen Mittel einzusetzen. Bei der Differenzierung nach Schulträgerschaft lässt sich feststellen, dass Schüler*innen an Privatschulen während des Lockdowns Lernmaterial häufiger über digitale Wege (z. B. eine Cloud oder E-Mail) erhalten haben als öffentliche Schulen. Inwiefern dies mit einer besseren digitalen Ausstattung von Privatschulen und deren Lehrkräften zusammenhängt, kann hier nicht untersucht werden.[17] Nach dem Lockdown im Frühjahr 2020 haben Kinder an Privatschulen eine 26 Prozentpunkte höhere Wahrscheinlichkeit regulären Unterricht zu haben als Schüler*innen an öffentlichen Schulen; entsprechend niedriger ist ihr Anteil von eingeschränkten Schulbesuchen (wie z. B. dem tageweisen Unterricht) – auch dies ist ein Befund der sich bestätigt, wenn andere sozio-ökonomische Merkmale der Eltern und Schüler*innen berücksichtigt werden. Mögliche Erklärungen dafür könnten sein, dass Privatschulen weniger Schüler*innen haben und von daher die Umsetzung von Hygienekonzepten schneller möglich war. Durch die häufigere Rückkehr zum regulären Unterricht haben Privatschüler*innen nach dem Lockdown somit vermutlich eher weniger Lernmaterial digital erhalten: Dieser Unterschied in der Zeit nach dem ersten Lockdown ist im statistischen Sinne allerdings nicht signifikant, wenn weitere Merkmale berücksichtigt werden (siehe Tabelle 1).

Für Schüler*innen, welche vor dem Lockdown ganztägige Schul- oder Hortangebote nutzten, könnten Schulschließungen gravierendere Einschnitte darstellen als für Schüler*innen, welche nur halbtags eine Schule besuchen und es gewohnt sind im privaten Umfeld zu Hause den Lernstoff zu vertiefen. In beiden Teilen Deutschlands waren im Schuljahr 2018/19 etwa 68 Prozent der Schulen Ganztagsschulen; allerdings mit einem nicht geringen Anteil von Schulen, welche diese Angebote in offener Form gestalteten, d. h. für die Schüler*innen nicht verpflichtend sind (vgl. Autorengruppe Bildungsbericht 2020).[18] Empirisch zeigen sich keine Unterschiede im Zugang zu Lernmaterial zwischen Schüler*innen, die in Zeiten vor Corona Halb- bzw. Ganztagsangebote wahrgenommen haben.

---

17 Dagegen spricht allerdings, dass es hinsichtlich des Angebots von Videokonferenzen keine statistisch signifikanten Unterschiede nach Schulträgerschaft gibt.

18 Dies führt dazu, dass der Anteil der Schüler*innen geringer ist, die tatsächlich Ganztagsschulangebote nutzen: Kinder im Grundschulalter nutzen zu 50 Prozent ganztägige Angebote (vgl. Autorengruppe Bildungsbericht 2020).

Tabelle 1: Unterschiede im Zugang zu Lernmaterial nach Schulmerkmalen und Region

	Grundschulen (Referenz: Sekundarschulen)	Gymnasium (Referenz: andere Sekundarschulen)	Privater Träger (Referenz: Öffentlicher Träger)	Ganztagsschule/Hort (Referenz: Halbtagsschule)	Ostdeutschland ohne Berlin (Referenz: andere)
	(1)	(2)	(3)	(4)	(5)
Während des Lockdowns					
Lernmaterial vor Schließung erhalten	0,57***	-0,06	-0,05	0,01	0,00
	(0,10)	(0,05)	(0,07	(0,05)	(0,06)
Videokonferenz	-0,29***	0,11**	0,08	0,00	-0,13***
	(0,08)	(0,05)	(0,07)	(0,04)	(0,05)
Lernmaterial digital bereitgestellt (E-Mail, Cloud)	-0,15	0,01	0,08***	0,00	-0,02
	(0,09)	(0,04)	(0,03)	(0,03)	(0,05)
Lernmaterial über andere Wege bereitgestellt	-0,06	0,02	-0,11***	-0,07**	0,05
	(0,10)	(0,03)	(0,03)	(0,03)	(0,05)
Anzahl der Beobachtungen	1429	1067	1364	1380	1429
Nach dem Lockdown					
Videokonferenz	0,18	0,19**	-0,03	0,00	-0,31***
	(0,22)	(0,08)	(0,09)	(0,07)	(0,11)
Lernmaterial digital bereitgestellt (E-Mail, Cloud)	0,01	0,07	-0,14	-0,03	-0,17*
	(0,20)	(0,09)	(0,12)	(0,09)	(0,10)
Regulärer Schulbesuch	0,03	-0,01	0,16*	-0,01	0,29***
	(0,12)	(0,07)	(0,09)	(0,07)	(0,09)
Stunden-/tageweiser Schulbesuch	0,28	0,01	-0,15	0,02	-0,30***
	(0,20)	(0,08)	(0,09)	(0,08)	(0,11)
Lernmaterial über andere Wege bereitgestellt	0,13	-0,08	-0,00	-0,07	-0,02
	(0,17)	(0,06)	(0,06)	(0,05)	(0,05)
Anzahl der Beobachtungen	383	308	370	375	383

Anmerkungen: Die Tabelle stellt die Abweichung zur jeweiligen Referenzgruppe dar. Die Ergebnisse basieren auf linearen Regressionsmodellen, welche die folgenden Kontrollvariablen einschließen (einzelne Kategorien als Indikatorvariablen): Anzahl der Kinder im Haushalt, Alter des jüngsten Schulkindes, Partner im Haushalt, Migrationshintergrund (ein oder beide Elternteile), Geschlecht und Bildung des befragten Elternteils und Bundesland (nur in den Spezifikationen für Gesamtdeutschland). Die Berechnungen wurden mit dem individuellen Hochrechnungsfaktor gewichtet (siehe Anhang). Signifikanzniveau: *** p<0,01; ** p<0,05; * p<0,1. Quelle: Eigene Berechnungen auf Basis einer Sonderbefragung des Sozio-oekonomischen Panels während der Corona-Pandemie (SOEP-CoV).

Um die dargestellten strukturellen Unterschiede zwischen Schüler*innen an Privatschulen und öffentlichen Schulen sowie in Ganztags- und Halbtagsbetreuung noch differenzierter zu erfassen, wird in den folgenden Analysen auch zwischen Ost- und Westdeutschland unterschieden. Dies ist sinnvoll, da in Hinblick auf die untersuchten Schulmerkmale Unterschiede zwischen Ost- und

Westdeutschland bestehen: So übersteigt z. B. der Anteil der Schüler*innen an Privatschulen in Ostdeutschland leicht den in Westdeutschland (zehn Prozent im Osten und acht Prozent im Westen, vgl. Görlitz et al. 2018).[19] Hinzu kommt, dass im Osten zunehmend einkommensstärkere Familien für ihre Kinder Privatschulen in Anspruch nehmen, während dies in Westdeutschland nicht zu beobachten ist. Eine Unterscheidung zwischen den beiden Landesteilen Deutschlands zeigt das Folgende: Schüler*innen in Ostdeutschland erhielten im Gegensatz zu denen im Westen während des Lockdowns im Frühjahr 2020 signifikant seltener ihr Lernmaterial über Videokonferenzen. Nach dem Lockdown nimmt die Wahrscheinlichkeit von Videokonferenzen in Ostdeutschland weiter ab, was aber mit einem deutlich häufigeren, regulären Schulbesuch einhergeht. Dahingegen berichten Familien in Westdeutschland vermehrt nur von stunden- bzw. tageweisen Schulbesuchen.

Insgesamt ist bei der Interpretation der Ergebnisse zu beachten, dass die analysierten Daten nicht die Nutzungshäufigkeit und die Bearbeitungsqualität sowie die Qualität des zur Verfügung gestellten Materials erfassen. Somit können in dieser Hinsicht keine weiterführenden Aussagen abgeleitet werden, was Lernerfolge betrifft.

---

19 Die Anteile beziehen sich auf das Jahr 2017.

Zugang zu Lernmaterial während des coronabedingten Lockdowns im Frühjahr 2020 nach Schulformen
Anteile in Prozent

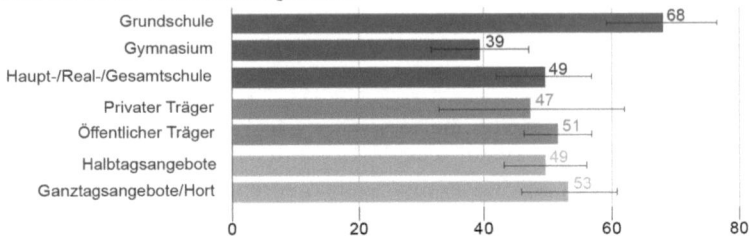

Lernmaterial vor Schulschließung erhalten

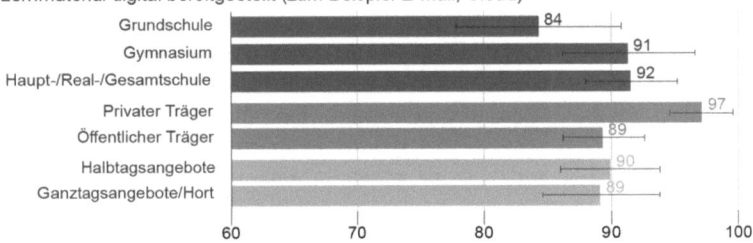

Lernmaterial digital bereitgestellt (zum Beispiel E-Mail, Cloud)

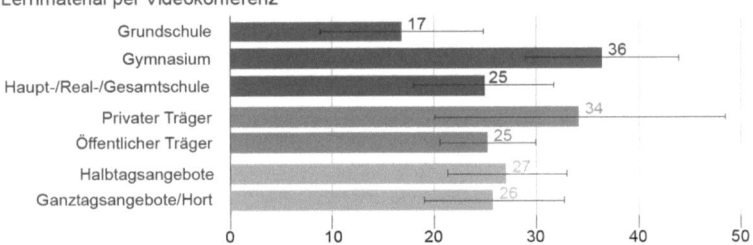

Lernmaterial per Videokonferenz

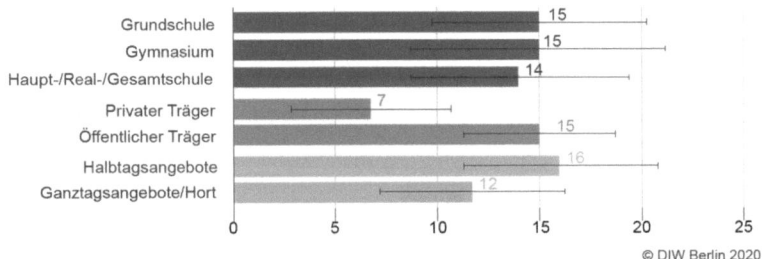

Lernmaterial über andere Wege bereitgestellt

© DIW Berlin 2020

Abbildung 3: Zugang zu Lernmaterial während des Corona-bedingten Lockdowns im Frühjahr 2020 nach institutionellen Merkmalen (Anteile in Prozent).

Anmerkungen: Dargestellt sind Mittelwerte der SOEP-CoV Stichprobe, die mit dem individuellen Hochrechnungsfaktor gewichtet wurden. Die horizontalen Linien stellen das 95-Prozent-Konfidenzintervall dar. Quelle: Eigene Berechnungen auf Basis einer Sonderbefragung des Sozio-oekonomischen Panels während der Corona-Pandemie (SOEP-CoV).

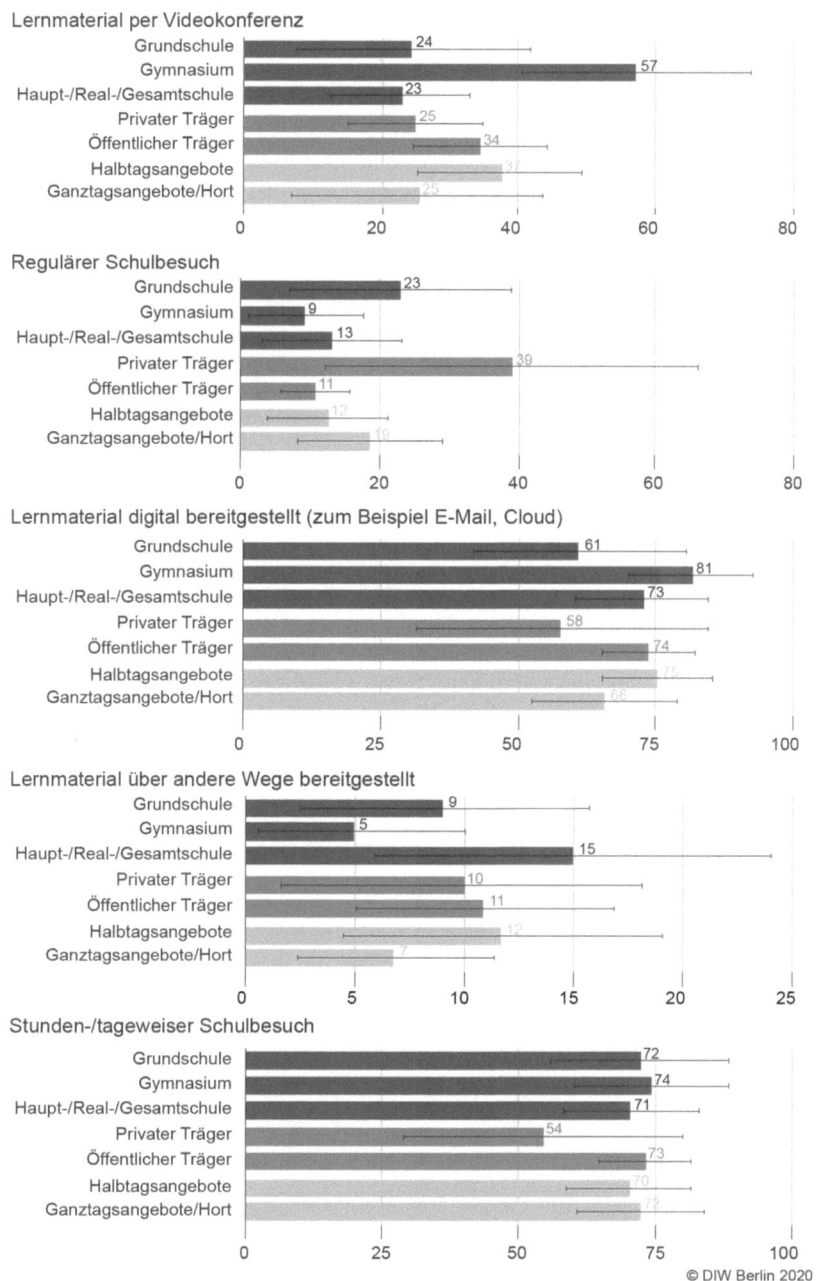

Lernmaterial per Videokonferenz

Grundschule	24
Gymnasium	57
Haupt-/Real-/Gesamtschule	23
Privater Träger	25
Öffentlicher Träger	34
Halbtagsangebote	37
Ganztagsangebote/Hort	25

Regulärer Schulbesuch

Grundschule	23
Gymnasium	9
Haupt-/Real-/Gesamtschule	13
Privater Träger	39
Öffentlicher Träger	11
Halbtagsangebote	12
Ganztagsangebote/Hort	19

Lernmaterial digital bereitgestellt (zum Beispiel E-Mail, Cloud)

Grundschule	61
Gymnasium	81
Haupt-/Real-/Gesamtschule	73
Privater Träger	58
Öffentlicher Träger	74
Halbtagsangebote	75
Ganztagsangebote/Hort	66

Lernmaterial über andere Wege bereitgestellt

Grundschule	9
Gymnasium	5
Haupt-/Real-/Gesamtschule	15
Privater Träger	10
Öffentlicher Träger	11
Halbtagsangebote	12
Ganztagsangebote/Hort	7

Stunden-/tageweiser Schulbesuch

Grundschule	72
Gymnasium	74
Haupt-/Real-/Gesamtschule	71
Privater Träger	54
Öffentlicher Träger	73
Halbtagsangebote	70
Ganztagsangebote/Hort	72

© DIW Berlin 2020

Abbildung 4: Zugang zu Lernmaterial nach dem Corona-bedingten Lockdown im Frühjahr 2020 nach institutionellen Merkmalen (Anteile in Prozent).

Anmerkungen: Dargestellt sind Mittelwerte der SOEP-CoV Stichprobe, die mit dem individuellen Hochrechnungsfaktor gewichtet wurden. Die horizontalen Linien stellen das 95-Prozent-Konfidenzintervall dar. Quelle: Eigene Berechnungen auf Basis einer Sonderbefragung des Sozio-oekonomischen Panels während der Corona-Pandemie (SOEP-CoV).

7 Zusammenfassung und Schlussfolgerungen

Die Gewährleistung des Zugangs zu Lernstoff und eine adäquate Lernumgebung sind wichtige Faktoren, um Lernen während der Corona-bedingten besonderen Beschulungssituation zu ermöglichen, insbesondere in Phasen, in der kein Präsenzunterricht stattfindet. Die Analysen dieses Kapitels zeigen auf der Basis ausgewählter Merkmale, dass bereits vor der Corona-Pandemie Unterschiede in der schulischen Motivation von Schüler*innen und der familialen Lernumgebung zwischen leistungsstärkeren und leistungsschwächeren Schüler*innen existiert haben und diese Gefahr laufen, sich durch die besondere Beschulungssituation während der Pandemie weiter zu verstärken. Bei eingeschränktem Schulbetrieb als Maßnahme zur Eindämmung der Corona-Pandemie vergrößert sich die Abhängigkeit von familialen Ressourcen, wodurch sich Bildungsungleichheiten zwischen leistungsstärkeren und – schwächeren Schüler*innen verstärken könnten. Ferner wurde gezeigt, dass es auch institutionelle Unterschiede in der Bereitstellung von Lernmaterial während und nach dem ersten Lockdown im Frühjahr 2020 gab, die eine Zunahme der Bildungsungleichheit zwischen Schüler*innen verschiedener Schulformen und Schulträgerschaften begünstigen könnten. Dabei bestätigt sich, dass Gymnasiast*innen eher einen Zugang zu Videokonferenzen während des Lockdowns hatten als Schüler*innen, die andere Sekundarschulen besuchten – dies trifft auch auf die Zeit nach dem Lockdown zu. Außerdem zeigt sich, dass Schüler*innen von Privatschulen Lernmaterial eher digital erhielten. Zudem konnten Privatschüler*innen nach dem Lockdown häufiger als andere Schüler*innen wieder regulär die Schule besuchen. Diese Ergebnisse vervollständigen das Bild anderer Studien, die Unterschiede bei Lernaktivitäten während des Lockdowns feststellen, etwa zwischen Kindern von Eltern mit höherem und niedrigerem Bildungsniveau, oder auch zwischen leistungsstärkeren und -schwächeren Schüler*innen. Auch für Kinder mit Migrations- und insbesondere Fluchthintergrund haben Schulschließungen eine besondere Bedeutung: Schule ist für sie nicht nur ein Lernort, sondern auch ein Integrationsort (vgl. z. B. Pagel et al. 2020). Inwiefern ihre Integrationsbemühungen und ihr Lernen durch Schulschließungen betroffen ist, müssen gesonderte künftige Analysen zeigen – hier lässt sich allerdings vermuten, dass es nach der Pandemie im Regelschulbetrieb einiges aufzuholen gilt, z. B. im Bereich des Erwerbs der deutschen Sprache. Der tatsächliche Lernerfolg und der Einfluss der besonderen Beschulungssituation während der Pandemie auf Bildungsungleichheiten hängt schließlich auch mit der Lernstoffrezeption, der Möglichkeit zur Verarbeitung, zum Aufholen und vielen weiteren Faktoren zusammen. Da diese Faktoren sich aber durchaus bedingen, stellt eine Beschreibung der unterschiedlichen Zugangswege zu Lernstoff einen ersten

Indikator dafür dar, wie erfolgreich Lernen in dieser Zeit überhaupt durch Schulen ermöglicht wurde.[20]

Die Pandemie-Situation kann jedoch längerfristig auch eine Chance bieten Bildungsungleichheiten abzubauen: Die durch die Schulschließungen vermehrt angestoßene Digitalisierungswelle an Schulen kann Grundlagen dafür legen, dass Schüler*innen vereinfacht bedarfsgerechte Lernangebote und Unterstützungsmöglichkeiten unterbreitet werden. Dies kann etwa durch die Bereitstellung ergänzender, digitaler Lernkonzepte erfolgen, um Unterricht am individuellen Lernstand und den Lernbedürfnissen der Schüler*innen auszurichten.[21]

Insgesamt deuten bislang vorliegenden Befunde aber eher darauf hin, dass sowohl der Zugang zu Lernmaterialien und die familialen Lernbedingungen während der Corona-Pandemie Bildungsungleichheiten verstärkt haben und damit die ohnehin schon existierenden Bildungsungleichheiten in Deutschland zunehmen werden (vgl. Dietrich et al. 2020, Grewenig et al. 2020, Bach et al. 2020). Neben vielen anderen Herausforderungen, denen sich die deutsche Gesellschaft durch die Pandemie stellen muss, ist und bleibt die Reduktion von Bildungsungleichheiten ein wichtiges Anliegen, dem sich neben der Bildungspolitik auch die Bildungsadministration, die Bildungspraxis und die gesamte Gesellschaft widmen sollte, um eine Verstärkung von Ungleichheiten auch in anderen Bereichen zu vermeiden bzw. zu verringern.

Literatur

Agarwala, Anant (2020): Das Integrationsexperiment: Flüchtlinge an der Schule – eine Bilanz nach fünf Jahren. Bibliographisches Institut GmbH.

Arnold, Partricia/Kilian, Lars/Thillosen, Anne/Zimmer, Gerhard (2018): Handbuch E-Learning: Lehren und Lernen mit digitalen Medien. 5. Auflage. Stuttgart: UTB.

Artelt, Cordula (2006): Lernstrategien in der Schule. In: Mandl, Heinz/Friedrich, Helmut F. (Hrsg.): Handbuch Lernstrategien. Göttingen: Hogrefe, S. 337–351.

Autorengruppe Bildungsberichterstattung (2020): Bildung in Deutschland 2020: Ein indikatorengestützter Bericht mit einer Analyse zu Bildung in einer digitalisierten Welt. Abbildung D3-1 und D3-2, S. 120 ff.

Bach, Maximilian/Neidhöfer, Guido/McNamara, Sarah/Pfeiffer, Friedhelm (2020): Rethinking Schooling. ZEW Expert Brief 20–13.

Champeaux, Hugues/Mangiavacchi, Lucia/Marchetta, Francesca/Piccoli, Luca (2020): Learning at Home: Distance Learning Solutions and Child Development during the COVID-19 Lockdown. IZA Discussion Papers No. 13819.

---

20 Es ist davon auszugehen, dass die Wirkung unterschiedlicher Zugangswege zu Lernstoff auch substantiell danach variiert, wie groß die mögliche Interaktion zwischen Schüler*innen und Lehrkräften war, und welches Feedback zu Lernleistungen der Schüler*innen tatsächlich erfolgte.

21 Denkbar wäre hier z. B. die Nutzung intelligenter Deutsch-als-Zweitsprache Programme, die sich dem Niveau der NutzerInnen anpasst. Vgl. Agarwala (2020).

Dietrich, Hans/Patzina, Alexander/Lerche, Adrian (2020): Social inequality in the homeschooling efforts of German high school students during a school closing period. In: European Societies, S. 1–22.

Eickelmann, Birgit/Drossel, Kerstin (2020): Schule Auf Distanz. Perspektiven und Empfehlungen für den neuen Schulalltag. Eine repräsentative Befragung von Lehrkräften in Deutschland, Vodafone Stiftung. www.vodafone-stiftung.de/wp-content/uploads/2020/05/Vodafone-Stiftung-Deutschland_Studie_Schule_auf_Distanz.pdf._(Abfrage: 06.01.2021).

Goebel, Jan/Grabka, Markus. M./Liebig, Stefan/Kroh, Martin/Richter, David/Schröder, Carsten/Schupp, Jürgen (2018): The German Socio-Economic Panel (SOEP). In: Jahrbücher für Nationalökonomie und Statistik 239, H. 2, S. 345–360.

Görlitz, Katja/Spieß, C. Katharina/Ziege, Elena (2018): Fast jedes zehnte Kind geht auf eine Privatschule: Nutzung hängt insbesondere in Ostdeutschland zunehmend vom Einkommen der Eltern ab. In: DIW Wochenbericht 85, H. 51–52, S. 1103–1111.

Grewenig, Elisabeth/Lergetporer, Philipp/Werner, Katharina/Woessmann, Ludger/Zierow, Larissa (2020): COVID-19 and Educational Inequality: How School Closures Affect Low-and High-Achieving Students. CESifo Working Paper No. 8648.

Huber, Stephan G./Günther, Paula S./Schneider, Nadine/Helm, Christoph/Schwander, Marius/Schneider, Julia A./Pruitt, Jane (2020): COVID-19 und aktuelle Herausforderungen in Schule und Bildung. Erste Befunde des Schul-Barometers in Deutschland, Österreich und der Schweiz. Münster: Waxmann.

Huebener, Mathias/Schmitz, Laura (2020): Corona-Schulschließungen: Verlieren leistungsschwächere Schüler*innen den Anschluss? DIW aktuell 30.

Huebener, Mathias/Spieß, C. Katharina/Zinn, Sabine (2020a): Schüler*innen in Corona-Zeiten: Teils deutliche Unterschiede im Zugang zu Lernmaterial nach Schultypen und-trägern. In: DIW Wochenbericht 87, H. 47, S. 865–875.

Huebener, Mathias/Spieß, C. Katharina/Siegel, Nico A./Wagner, Gert G. (2020b): Wohlbefinden von Familien in Zeiten von Corona: Eltern mit jungen Kindern am stärksten beeinträchtigt. In: DIW Wochenbericht 30/31, S. 5272–537.

Kühne, Simone/Kroh, Martin/Liebig, Stefan/Zinn, Sabine (2020): The need for household panel surveys in times of crisis: The case of SOEP-CoV. In: Survey Research Methods 14, H. 2, S. 195–203.

Nationale Akademie der Wissenschaften (2020): Coronavirus-Pandemie: Für ein krisenresistentes Bildungssystem, 5. Ad-hoc-Stellungnahme zur Coronavirus-Pandemie, herausgegeben von der Nationalen Akademie der Wissenschaften Leopoldina. www.leopoldina.org/publikationen/detailansicht/publication/coronavirus-pandemie-fuer-ein-krisenresistentes-bildungssystem-2020/. (abgerufen am 06.01.2021).

Pagel, Lisa/Schmitz, Laura/Spieß, C. Katharina/Gambaro, Ludovica (2020): In der Schule angekommen? Zur Schulsituation geflüchteter Kinder und Jugendlicher. In: Aus Politik und Zeitgeschichte 51.

Statistisches Bundesamt (2020). Fachserie 11 Reihe 1 Allgemeinbildende Schulen. Schuljahr 2018/2019, Wiesbaden.

Statistisches Bundesamt (2019): Fachserie 11 Reihe 1.1 Private Schulen. Schuljahr 2018/2019, Wiesbaden.

Vodafone Stiftung Deutschland (2020): Unter Druck. Die Situation von Eltern und ihren schulpflichtigen Kindern während der Schulschließungen. www.vodafone-stiftung.de/umfrage-homeschooling-eltern/. (Abfrage: 06.01.21)

Voss, Thamar/Wittwer, Jörg (2020): Unterricht in Zeiten von Corona: Ein Blick auf die Herausforderungen aus der Sicht von Unterrichts-und Instruktionsforschung. In: Unterrichtswissenschaft 48, H. 4, S. 601–627.

Weiß, Manfred (2011): Allgemeinbildende Privatschulen in Deutschland. Schriftenreihe des Netzwerks Bildung der Friedrich-Ebert-Stiftung, Bonn.

Wildemann, Anja/Hosenfeld, Ingmar (2020): Bundesweite Elternbefragung zu Homeschooling während der Covid 19-Pandemie. Erkenntnisse zur Umsetzung des Homeschoolings in Deutschland. www. uni-koblenz-landau. de/de/landau/fb5/bildung-kind-jugend/grupaed/medienordner-grundschulpaedagogik/Wildemann/bericht_homeschooling. (abgerufen am 06.01. 2021).

Wößmann, Ludger/Freundl, Vera/Grewenig, Elisabeth/Lergetporer, Philipp/Werner, Katharina/Zierow, Larissa (2020): Bildung in der Coronakrise: Wie haben die Schulkinder die Zeit der Schulschließungen verbracht, und welche Bildungsmaßnahmen befürworten die Deutschen? In: ifo Schnelldienst 73, H. 9, S. 1–17.

Zinn, Sabine/Bayer, Michael (2020): Subjektive Belastung der Eltern durch Schulschließungen zu Zeiten des Corona-bedingten Lockdowns. SOEPpapers on Multidisciplinary Panel Data Research No. 1097.

Anhang

Tabelle A.1: Deskriptive Statistik der Analysestichprobe SOEP-CoV

	Mittelwert	Standard-abweichung
Zugang zu Lernmaterial		
Lernmaterialien vor Schließung erhalten (N= 1429)	0.52	(0.50)
E-Learning mit Konferenzschaltung (N=1812)	0.27	(0.44)
Lernmaterial digital bereitgestellt (N=1812)	0.86	(0.35)
Schule hat kein Lernmaterial zur Verfügung gestellt (N=1429)	0.02	(0.13)
Regulärer Schulbesuch (N=383)	0.14	(0.35)
Stunden-/tageweiser Schulbesuch (N=383)	0.72	(0.45)
Anderer Zugang zu Lernmaterial (N=1812)	0.14	(0.34)
Schulbezogene Merkmale		
Kind besucht Grundschule	0.30	(0.46)
Kind besucht Haupt-/Real-/Gesamtschule	0.43	(0.49)
Kind besucht Gymnasium	0.27	(0.45)
Schule in privater Trägerschaft	0.10	(0.30)
Ostdeutschland (exkl. Berlin)	0.12	(0.33)
Kind besucht Ganztagsschule/Hort	0.42	(0.49)
Sozio-oekonomische und -demografische Merkmale		
Mutter ist antwortender Elternteil	0.55	(0.50)
Geburtsjahr des antwortenden Elternteils	1978	(9.43)
Anzahl der Kinder im Haushalt	1.88	(0.87)
Alleinerziehender Elternteil	0.12	(0.32)
Kein Migrationshintergrund	0.54	(0.50)
Ein Elternteil mit Migrationshintergrund	0.10	(0.30)
Beide Elternteile mit Migrationshintergrund	0.17	(0.38)
Keine Informationen zum Migrationshintergrund	0.19	(0.39)
Antwortender Elternteil mit (Fach-)Hochschulabschluss	0.27	(0.44)
Antwortender Elternteil mit beruflichem Abschluss oder Fachhochschulreife/Abitur	0.51	(0.50)
Antwortender Elternteil ohne beruflichen Abschluss bis mittlere Reife	0.17	(0.38)
Antwortender Elternteil erwerbstätig in Teilzeit	0.26	(0.44)
Antwortender Elternteil erwerbstätig in Vollzeit	0.47	(0.50)
Antwortender Elternteil nicht erwerbstätig	0.15	(0.35)
Alter des Kindes in Jahren	13.44	(3.28)
Interview wurde in den Schulferien geführt	0.28	(0.45)
Anzahl der Beobachtungen	1812	

Anmerkungen: Dargestellt sind Merkmalsausprägungen in Anteilen an der Gesamtstichprobe, wenn nicht anders vermerkt. Mittelwerte basieren auf Gewichtungen mit dem individuellen Hochrechnungsfaktor.

Gleiche Chancen für alle Kinder und Jugendlichen schaffen

Empfehlungen der FES-Kommission

Burkhard Jungkamp, Kai Maaz

Die Corona-Pandemie hält das Schulsystem weiterhin in Atem. Durch reduzierte Lernzeiten, weniger Lern- und Unterstützungsangebote, fehlende Zugänge zu digitaler Bildung sowie ungünstige häusliche Lernbedingungen können sich Disparitäten vergrößern oder neu entstehen. Eine von der Friedrich-Ebert-Stiftung im Dezember 2020 eingesetzte Kommission zeigt Wege auf, wie dieser Gefahr kurzfristig durch pragmatische Maßnahmen begegnet werden kann. Darüber hinaus verdeutlicht sie beispielhaft, was perspektivisch getan werden sollte, um gleiche Chancen für alle Kinder und Jugendlichen zu sichern. Dass es zum Abbau von Bildungsbenachteiligung weiterer politischer, wirtschaftlicher und gesellschaftlicher Anstrengung braucht, darauf weisen die Expert*innen ausdrücklich hin.

Ausgehend von einer chronologischen Darstellung bisheriger Pandemie-Erfahrungen aus schulischer Perspektive und einem Verständnis von Chancengleichheit als Zugang zu Bildung – ein zentrales, aber noch nicht eingelöstes Versprechen unserer liberalen Demokratie – werden im Folgenden wesentliche Empfehlungen der Kommission vorgestellt und deren Argumentationslinien nachgezeichnet.

1   (Bisherige) Chronologie eines Echtzeit-Experiments

- *Februar 2020:* Schüler*innen lernen in der Schule in allen ihnen zugänglichen Räumen, sie tauschen sich aus, treffen sich, organisieren sich; sie lernen weitgehend unbeschwert, planen die Winterferien und die Zeit danach – alles wie gewohnt und vertraut.
  März 2020: Leere Klassenzimmer, Fachräume und Turnhallen, ungewohnte Stille in den Fluren und auf den Pausenhöfen. Klassenfahrten werden storniert, Wandertage abgesagt, Lehrerkonferenzen fallen aus. In normalen Zeiten würde hier jetzt Unterricht stattfinden, hörte man Stimmen aus den Klassenräumen, Anfeuerungsrufe aus der Sporthalle, sähe man einzelne Schüler*innen und Lehrer*innen in den Gängen. Nun aber ist niemand hier:

Zwangspause für die Schule. Aber das Lernen soll weitergehen, Schulschließung nicht Unterrichtsausfall bedeuten. Lehrer*innen sollen mit ihren Schüler*innen kontinuierlich in Kontakt bleiben. Digitale Technologien geraten in den Fokus. Schulen, die sich bereits auf den Weg gemacht haben, können digitales Lernen leichter ermöglichen. Andere – und das sind nicht wenige – betreten Neuland.

Zahlreiche Lehrer*innen bringen sich hervorragend ein, vernetzen sich, unterstützen einander. Sie lassen ihre Schüler*innen mit Arbeitsmaterialien nicht allein, sondern begleiten deren Lernen, insbesondere wenn Prüfungen anstehen. Mit Eltern kommunizieren sie intensiver als sonst, mal bilden sie WhatsApp-Gruppen, mal wird kurzerhand gemailt – mitunter unabhängig von Wochentag und Uhrzeit. Andere jedoch lassen kaum mehr von sich hören, tauchen ab, delegieren ihren Bildungs- und Erziehungsauftrag wie selbstverständlich an die Eltern; dass das zu familiären Konflikten und zusätzlichen psychischen Belastungen führen kann, nehmen sie in Kauf; dass es ihre Aufgabe ist, Fernunterricht zu gestalten und zu begleiten, ignorieren sie. Aber auch Lehrer*innen sind Eltern und müssen ihre Kinder in dieser Zeit betreuen und für sie da sein. Die Vereinbarkeit von Beruf und Familie war noch nie eine so große Herausforderung und das trifft auch auf Lehrer*innen zu.

Schulen wochenlang geschlossen, Freizeitaktivitäten fallen aus, soziale Kontakte eingeschränkt – der gewohnte Alltag findet nicht mehr statt. Kinder und Jugendliche fallen aus ihrem normalen Gefüge heraus. Manche sind auf sich allein gestellt, sozial isoliert, für manche sind die Tage gleichförmig und lang, ohne Besuch, ohne Plan. Es war die Schule, die vielen in ihrem Alltag Struktur, die ihnen Halt und Verlässlichkeit gab.

Zuhause lernen will eingeübt sein. Wer sich selbst nicht motivieren und organisieren kann und wer keine Hilfe durch die Eltern bekommt, ist im Nachteil, gerät nun in Gefahr, weiter zurückzufallen, vielleicht sogar den Anschluss zu verlieren. Im Vorteil sind oft wieder diejenigen, die in sozial privilegierten Familien leben, jene, die zu Hause Unterstützung erfahren. Und wer nicht über die erforderlichen Laptops oder Tablets verfügt, ist abgehängt. Auch die digitale Spaltung vergrößert die Bildungsungerechtigkeit.

Was wir erfahren: Wenn Menschen nicht mehr zusammenkommen dürfen, schlägt die Stunde der digitalen Kommunikation. Und doch kann die Sehnsucht nach leibhaftiger Nähe dadurch nicht befriedigt werden. Unsere Beziehung zur Welt: zurzeit gestört, auch und gerade die vieler Kinder und Jugendlicher. Entfremdungs- und Defiziterfahrungen belasten die psychosoziale Stabilität.

Einigendes Band ist die Hoffnung, dass die Schulen bald wieder geöffnet sind. Lehrer*innen freuen sich auf ihre Schüler*innen und umgekehrt. Das gemeinsame Lernen im Klassenraum erfährt neue Wertschätzung, die Schule wird als wichtiger sozialer Raum wiederentdeckt. Offensichtlich schärfen Krisen den Blick für das Wesentliche, das Essenzielle; sie können Sehnsucht nach Normalität erzeugen und Solidarität fördern, die Solidarität von Jungen und Alten, nicht zuletzt die von Lehrenden und der Lernenden.

- *Ende April, Anfang Mai 2020:* Es ist soweit, endlich. Die Schulen öffnen sukzessive, zunächst für Prüfungen, dann nach und nach für ausgewählte Jahrgangsstufen. Bis zu den Sommerferien findet Unterricht allerdings ausschließlich in kleineren Lerngruppen statt. Wenn die einen wieder in die Schulen kommen dürfen, müssen die anderen zuhause bleiben. Das Abstandsgebot vergrößert den Abstand zwischen Menschen und verkleinert den Raum, der für alle da ist.

Vieles hat sich geändert. Sich die Hand geben, nebeneinander im Klassenraum oder im Lehrerzimmer sitzen, gemeinsam Sport treiben oder in Gruppen diskutieren – bisher übliche Verhaltensweisen werden in dieser Krisenzeit zu Gefahrenquellen. Wer Nähe zeigen will, muss Distanz halten.

Abschlussfeiern fallen aus, ein gemeinsamer Abschied von der Kindheit nicht möglich. Körperliche Distanzierung als ein Gebot der Stunde, ebenso die Beachtung hygienischer Qualitätsstandards: Schüler*innen und Lehrer*innen tragen Masken. Wer ein Lächeln sucht, muss es in den Augen finden. Die Corona-Pandemie hat gravierende Auswirkungen – auf das Schulsystem, auf die Schulen und ganz besonders auf die dort handelnden Menschen.

- *Juni 2020:* Im neuen Schuljahr sollen möglichst schnell wieder alle Schüler*innen im gewohnten „Regelbetrieb" unterrichtet werden. Darin sind sich die Kultusminister*innen einig. Denn das Recht der fast elf Millionen Schüler*innen auf Bildung könne am besten in der Schule gewährleistet werden.
  Herbst, Winter 2020: Das neue Schuljahr hat längst wieder begonnen. Corona hat uns weiter fest im Griff. Einzelne Schulen mussten zwischenzeitlich geschlossen werden, zahlreiche Lernende und Lehrende befanden sich in Quarantäne. Und nun: Das Licht nimmt ab, die Infektionszahlen steigen rasant, die dunkle Jahreszeit liegt wie ein Tunnel vor uns. Dann plötzlich: Zurück auf Start. Die Schulen werden wieder geschlossen, die Weihnachtsferien verlängert, Weihnachtsfeiern abgesagt, Begegnungen mit Freunden auf unbestimmte Zeit verschoben. Weihnachten 2020 – für viele einsamer als sonst.
  Januar 2021: Begonnene Impfungen als Licht am Ende des Tunnels, Hoffnung auf den Frühling, zumindest auf den Sommer. Über die Frage, wann Schulen vollständig geöffnet werden können, wird wieder heftig debattiert. Dann die Entscheidung auf höchster politischer Ebene: Präsenzunterricht für alle Schüler*innen sei derzeit nicht verantwortbar. Die Klassenräume bleiben leer, bis auf Weiteres, und – was niemand sagt – angesichts neuer

Corona-Mutanten vielleicht auch für länger. Die Pandemie hält uns weiterhin in Atem – seit vergangenem März, seit einer gefühlten Ewigkeit.

Schule in Zeiten der Pandemie: eine Premiere in der bundesdeutschen Geschichte. Seit fast einem Jahr befinden wir uns gleichsam in einem Echtzeit-Experiment. Wir wissen inzwischen zwar etwas mehr über das Corona-Virus, aber noch immer zu wenig, um sicher sagen zu können, was zu tun ist. Wissenschaftliche Befunde etwa zur Rolle von Kindern und Jugendlichen im Infektionsgeschehen sind noch nicht eindeutig, evidenzbasierte Entscheidungen kaum möglich. Forschung braucht Zeit. Andererseits müssen Leben und Gesundheit der Menschen geschützt, Entscheidungen schnell getroffen werden, nach bestem Wissen und Gewissen. Niemand kann ausschließen, dass sie revidiert werden müssen, dass nachjustiert werden muss, weil neue Erkenntnisse verfügbar sind. Politik in Krisensituationen ist Handeln unter beträchtlicher Ungewissheit. In solchen Zeiten ein hohes Maß an Zuverlässigkeit der Planung zu gewährleisten und zugleich eine Anpassung an kurzfristig sich verändernde Bedingungen zu ermöglichen, ist eine Herausforderung von bislang einzigartiger Komplexität.

Die Bekämpfung der Pandemie hat uns eingeschränkt, uns Lebenschancen vorenthalten und auch Bildungschancen junger Menschen beeinträchtigt. Die Wiederkehr vertrauter schulischer Normalität bleibt auf absehbare Zeit Illusion. Zahlreiche Kinder und Jugendliche werden weiterhin zu Hause vor Computern unterrichtet. Diejenigen, die schon vor der Pandemie unter ungünstigen Bedingungen lernten, sind besonders benachteiligt. Daneben haben andere aufgrund ihrer häuslichen Situation günstigere Lernvoraussetzungen. Unbestritten ist: In einer Pandemie ist Vorsicht geboten. Aber Bildung darf kein Privileg sein. Es gilt, gleiche Chancen für alle Kinder und Jugendliche zu sichern.

2 Chancengleichheit in Schule und Unterricht

2.1 Chancengleichheit – ein zentrales Versprechen der demokratischen Leistungsgesellschaft...

Alle Kinder und Jugendlichen in ihrer Unterschiedlichkeit und Vielfalt anzuerkennen und ihnen allen einen bestmöglichen Lern- und Bildungserfolg zu ermöglichen, ist Aufgabe des Bildungssystems und der einzelnen Schulen. Das folgt aus dem Gleichheitsgrundsatz des Grundgesetzes (Art. 3 GG) sowie den Prinzipien von Chancengleichheit und Bildungsgerechtigkeit. Dies ist nicht nur aus ethisch-moralischer, sondern auch aus individueller und gesellschaftlicher Sicht geboten. Denn wer gut gebildet ist, ist eher in der Lage, eine berufliche Existenz aufzubauen und ein selbstbestimmtes Leben zu führen. Wer gut gebildet ist, dem fällt es leichter, sich in die Gesellschaft einzubringen und die liberale Demokratie mitzugestalten, der kann Argumente politischer Konzepte besser bewerten und Manipulationsversuche politischer Rhetorik besser entlarven. Bildung hat somit langfristige Auswirkungen auf individuelle Lebenschancen, auf gesellschaftliche Entwicklungen und das soziale Miteinander (vgl. Autorengruppe Bildungsberichterstattung 2018).

Aus der regulativen Idee der Gleichheit folgt, dass alle Menschen die gleiche Chance haben müssen, die Kompetenzen zu entwickeln, um in und an der Gesellschaft zu partizipieren. Chancengleichheit ist ein zentrales Versprechen unserer freiheitlich-demokratischen Grundordnung, insbesondere des Bildungssystems. Ungleiche Ausgangsbedingungen sollen wo immer möglich durch Bildung kompensiert werden, alle Kinder und Jugendlichen die gleichen Chancen beim Zugang zu Bildung haben – unabhängig von sozialer, ethnischer oder regionaler Herkunft, von Geschlecht, Glauben, Behinderungen, religiösen oder politischen Anschauungen. Dies leitet sich aus dem im Benachteiligungsverbot des Grundgesetzes verankerten Nicht-Diskriminierungsprinzip ab und muss vom Bildungssystem mit aller Kraft angestrebt werden.

Aus dem Gleichheitspostulat des Grundgesetzes in Verbindung mit dem Benachteiligungsverbot folgt als Kernziel schulischer Arbeit die Förderung der individuellen Potenziale aller Schüler*innen unter angemessener Beachtung der jeweiligen Lebens- und Lernvoraussetzungen. Ungleiches ungleich zu behandeln, darum geht es. Denn wo Ungleiches gleichbehandelt wird, kann die Kompensation von ungleichen Startbedingungen ebenso wenig gelingen wie eine bestmögliche individuelle Förderung.

Chancengleichheit meint in diesem Kontext die Gleichheit der Chancen beim Zugang zu Bildung, nicht die Gleichheit der Ergebnisse von Bildungsprozessen. Unterschiede zwischen Menschen werden durch Bildung nicht aufgehoben, Kompetenzen können sich durch Bildung sehr unterschiedlich entwickeln und führen auch zu unterschiedlichen Ergebnissen. Unterschiede in Kompetenzen und Bildungsabschlüssen sollten jedoch möglichst unabhängig von Merkmalen und Lebensumständen sein, die vom Einzelnen nicht zu verändern sind.

Besondere Priorität hat bei aller Unterschiedlichkeit der Kompetenzentwicklungen jedoch die Sicherung einer Grundbildung für alle jungen Menschen. Allen muss der Erwerb jener Kompetenzen ermöglicht werden, die für eine selbstbestimmte Teilhabe an der Gesellschaft notwendig sind.

2.2 … das noch nicht eingelöst ist

Große Anstrengungen auf allen Ebenen des Bildungssystems haben in den letzten Jahren zu positiven Entwicklungen beigetragen. Beispielsweise sind die Betreuungsquoten im Krippen- und Kitabereich gestiegen, die schulischen Ganztagsangebote ausgebaut worden, haben mehr junge Menschen ein Studium aufgenommen. Und der Bildungsstand der Bevölkerung hat sich deutlich erhöht.

Doch trotz dieser Bemühungen, trotz Bildungsreformen und Bildungsexpansion ist Bildungsungleichheit aufgrund von sozialer Herkunft, Migrationshintergrund, Behinderung und Geschlecht empirisch belegt, bei der Bildungsbeteiligung ebenso wie beim Kompetenzerwerb (vgl. Maaz/Dumont 2019). Kinder aus unteren Sozialschichten erhalten bei gleicher Leistung häufig schlechtere Zensuren als andere, seltener eine Übergangsempfehlung für einen Bildungsgang zum Abitur und haben geringere Chancen, ein Gymnasium zu besuchen oder ein Studium aufzunehmen. Soziale Disparitäten werden von der Kita über die Grundschule bis zum Studium bzw. zur Berufsausbildung nicht nur weitertransportiert, sondern können sich von Bildungsstufe zu Bildungsstufe verstärken. Hinzu kommen regionale Disparitäten: Wer in dem einen Land den Weg zum Abitur über das Gymnasium beschreiten darf, dem wird er woanders möglicherweise verwehrt. Gleiches gilt für die Wahl einer Schule für ein beeinträchtigtes Kind: Wer hier am gemeinsamen Unterricht teilnehmen darf, der muss dort eine Förderschule besuchen. Bildungschancen sind auch regional ungleich verteilt.

Offensichtlich gelingt es unserem Bildungssystem nicht hinreichend, den Prinzipien der Chancengleichheit zu entsprechen. Und das Problem ist nicht neu. Die Auseinandersetzung mit sozialen Ungleichheiten im Bildungssystem als sozial- und bildungspolitisches Problem begann bereits mit den in den 1960er Jahren einsetzenden Bildungsreformen. Anschaulich wie kein Zweiter beschrieb Hansgert Peisert 1967 mit der Kunstfigur des „katholischen Arbeitermädchens vom Lande" (Peisert 1967) die Situation in den 1960er Jahren, die all jene Benachteiligungen im Bildungssystem auf sich vereinte. Vor allem die großen internationalen Schulleistungsuntersuchungen der IEA und der OECD haben seit Beginn dieses Jahrtausends dem deutschen Bildungssystem ein beträchtliches Qualifikations- und Gerechtigkeitsdefizit attestiert und damit auch die Frage, wieviel Bildungsungleichheiten eine Gesellschaft verträgt und wie diese Ungleichheiten nachhaltig abgebaut werden können, sowohl in die öffentliche wie auch bildungspolitische Diskussion gebracht.

Bildungsbenachteiligung, darauf haben mittlerweile viele Studien hingewiesen, ist mehrdimensional und lässt sich nicht an einem Merkmal festmachen. Über die Zeit haben sich ferner die Dimensionen der Benachteiligung im Bildungssystem verschoben. Aus dem katholischen Arbeitermädchen vom Lande ist der Migrantensohn aus bildungsschwachen Familien in städtischen Ballungsgebieten geworden (Geißler 2005). Insgesamt hat sich die Kopplung zwischen Merkmalen der sozialen Herkunft eines Heranwachsenden und verschiedener Bildungserfolgsindikatoren in der Grundschule und in den weiterführenden Schulen als äußerst stabil erwiesen, wie aktuelle Studien wie PISA (Programme for International Student Assessment), TIMSS (Trends in International Mathematics and Science Study), ICILS (International Computer and Information Literacy Study) oder die nationalen IQB-Bildungstrends eindringlich zeigen.

Chancengleichheit ist jedoch Legitimationsgrundlage unserer (Leistungs-) Gesellschaft. Es sind nicht nur ökonomische und arbeitsmarktpolitische Gründe – Stichworte: Fachkräftemangel und demografische Entwicklung – die Zusammenhänge wie die zwischen sozialer Herkunft und Bildungschancen hochproblematisch erscheinen lassen, sondern auch normative: Es ist schlichtweg ungerecht, Kinder und Jugendliche mit ungleichen Chancen in eine hochkomplexe und ungewisse Zukunft zu entlassen, in der sie die Folgen persönlich verantworten sollen. Junge Menschen im Stich zu lassen, sie erfahren zu lassen, dass sie im Bildungssystem keine faire Chance haben, sie in diesem Sinn zu diskriminieren, gefährdet zudem den Zusammenhalt der Gesellschaft. Die Entkopplung von Bildungserfolg und sozialer Herkunft, die Verringerung der sozialen Selektivität und die Erhöhung der Durchlässigkeit unseres Bildungssystems sind zentrale Herausforderungen für Politik, Administration und Praxis. Bildung ist eine der drängenden sozialen Fragen des 21. Jahrhunderts.

2.3 Benachteiligungen abbauen, Kompetenzentwicklung fördern, Abschlüsse sichern – ein Gebot der Stunde

Die Maßnahmen zur Eindämmung der Corona-Pandemie haben mehr jungen Menschen als zuvor den Zugang zu Bildungsangeboten erschwert, vielen von ihnen gar unmöglich gemacht. Unter „normalen" Bedingungen ist der Zugang zu Bildung formal weitestgehend gewährleistet. Die allgemeine Schulpflicht regelt, wenn auch unterschiedlich in den 16 Ländern, dass Kinder und Jugendliche in einer bestimmten Alterspanne gesetzlich verpflichtet sind, zur Schule zu gehen. Zugang meint dann die Partizipation an bestimmten Bildungsprogrammen (z. B. als Schulform oder Bildungsgang), die in aller Regel an bestimmte Leistungsvoraussetzungen gebunden sind, die wiederum mit der sozialen Herkunft eines Heranwachsenden korrelieren können. In Zusammenhang mit herkunftsspezifischen Bildungsentscheidungen werden Bildungsungleichheiten an jeder Gelenkstelle individueller Bildungsbiografien sichtbar (vgl. Maaz/Dumont 2019; Maaz/Baumert/Trautwein 2009).

Unter den Bedingungen der Pandemie bekommt der Zugang eine neue Bedeutung. Zuerst muss überhaupt ein Bildungsangebot verfügbar und wählbar sein. Wir haben im ersten Lockdown gesehen, dass Bildungseinrichtungen im vorschulischen Bereich lediglich eine Notbetreuung angeboten haben, aber auch Schulen mitunter Zeit brauchten, um alternative Angebote während der Schulschließungen zu unterbreiten.

Zugang unter pandemischen Bedingungen meint aber auch die Möglichkeit, durch eine entsprechende digitale Infrastruktur an Lernangeboten des Distanzlernens überhaupt erst teilzuhaben. Da Onlineunterricht bislang die Ausnahme war, bedeutet Zugang zu Bildung auch auf Möglichkeiten, z. B. durch elterliche Unterstützung während des Lernens, zurückgreifen zu können und im neuen Lernprozess begleitet zu werden. So erforderlich die getroffenen Maßnahmen auch sein mögen, sie konkurrieren mit dem Gebot der Chancengleichheit. Sie haben im Schnitt, das zeigen erste Studien, die Lernzeiten von Schüler*innen über alle Herkunftsgruppen reduziert (Grewenig/Lergetporer/Werner/Wößmann/Zierow 2020; Nusser/Wolter/Attig/Fackler 2021). Dies kann die Kompetenzentwicklung beeinträchtigen, größere Lernrückstände verursachen, Versetzungen und Bildungsabschlüsse gefährden. Diese zusätzliche Dimension bilden viele theoretische Modelle zur Genese von Ungleichheiten nicht adäquat ab. Es wird daher eine Diskussion brauchen, ob theoretische Modelle zur Genese von Ungleichheiten möglicherweise adaptiert werden müssen. In der Forschung zu Bildungsungleichheiten hat das mikrosoziologische Modell von Boudon (1974) vielfach Anwendung gefunden und wurde auch auf Spezifika verschiedener Bildungsübergänge angepasst (vgl. Maaz/Nagy 2009; Gresch 2012). Analytisch wird bei der Genese von Bildungsungleichheiten an Gelenkstellen individueller Bildungsverläufe danach unterschieden, inwieweit die Wirkungen sozialer Herkunft auf die Bildungsbeteiligung (a) kumulative Effekte der bisherigen Schullaufbahn darstellen (primäre soziale Disparitäten) – dies bezieht sich vor allem auf den Erwerb der für den Bildungsübergang nach der Grundschule vorausgesetzten Kompetenzen, die sich beispielsweise in Schulnoten und Schulleistungen ausdrücken – oder aber (b) auf bildungs- und sozialschichtabhängige Bildungsentscheidungen (sekundäre soziale Disparitäten) zurückgeführt werden können (vgl. Boudon 1974). Die jetzt neuen Dimensionen zur Entfaltung von Ungleichheitseffekten lassen sich zum Teil dem primären Effekt zuordnen, insbesondere wenn es um die familiären Unterstützungsmöglichkeiten geht, fehlende technische Voraussetzungen stellen eine neue Dimension dar, weil sie für den Zugang zu den Lernangeboten notwendig sind und weder im Grundmodell noch in vorliegenden Erweiterungen adäquat abgebildet sind. Hinzu kommt die Varianz auf Schul- oder Klassenebene. Diese gab es auch vor der Corona-bedingten Krisensituation, sie bekommt jetzt aber eine andere Bedeutung, weil vieles darauf hindeutet, dass Schulen, und auch Klassen innerhalb von Schulen, mit der Krise unterschiedlich umgegangen sind. Das bedeutet, dass die Varianz der schulischen Angebote größer geworden ist. Hier wird es Untersuchungen brauchen, um die Größe dieses Effekts abschätzen zu können.

Für Deutschland ist die empirische Lage über die Auswirkungen der letzten Monate auf die Kompetenzen der Schüler*innen aufgrund mangelnder Daten sehr dünn. Auf der Systemebene zeigen Analysen für Hamburg keine grundlegenden Veränderungen in den schulischen Leistungen von Schüler*innenkohorten vor und während der Pandemie (Depping et al. 2021). Auf dieser Datenlage lässt sich auch aber nicht abschließend beurteilen, ob und in welchem Maß soziale Ungleichheiten in Deutschland zugenommen haben.

Internationale Studien deuten auf Lernrückstände und differenzielle Effekte hin. Einer niederländischen Studie zufolge hat der achtwöchige Lockdown in den Niederlanden zu Einbußen in der Lernentwicklung geführt (Engzell/ Frey/Verhagen 2020). Darüber hinaus zeigten sich für Kinder aus sozial schwächeren Familien besondere Nachteile in den Lernleistungen. Auch eine Studie aus Belgien weist auf Lernverluste in sprachlichen und mathematischen Domänen im Corona-Jahr 2020 bei Schüler*innen im letzten Grundschuljahr im Vergleich zu den Jahrgängen zuvor (bis 2015) hin. Ebenfalls deuten die Befunde auf differenzielle Effekte in Abhängigkeit der sozialen Herkunft der Schüler*innen zulasten von Kindern aus sozial schwächeren Familien hin (Maldonado/De Witte 2020).

In der Schweiz haben sich die Lernzuwächse von GrundSchüler*innen während der Schulschließungen im Vergleich zum Lernen in normalen schulischen Settings davor verlangsamt, bei einer größeren Heterogenität (Tomasik/Helbling/Moser 2020). Auch wenn in dieser Studie keine Maße über den sozialen Hintergrund der Schüler*innen vorlagen, kann davon ausgegangen werden, dass die größere Variabilität in den Lernzuwächsen während der Schulschließungen mit der sozialen Herkunft der Schüler*innen kovariiert und so zu einer Vergrößerung sozialer Bildungsungleichheiten beitragen. Diese Effekte sind nicht unerwartet, zeigen doch Analysen zur Lernzeit deutscher Schüler*innen, dass sich diese während der Schulschließungen etwa halbiert hat, wobei sie sich bei leistungsschwachen Schülerinnen stärker reduziert hat als bei leistungsstarken Schüler*innen (Grewenig/Lergetporer/Werner/Wößmann/ Zierow 2020). Auch erste Analysen mit Daten des nationalen Bildungspanels zeigen, dass sich die Lernzeiten während der Schulschließungen deutlich verringert haben (Nusser/Wolter/Attig/Fackler 2021). Und je länger Schule als Ort, der Kinder und Jugendlichen eine Struktur gibt, als Ort und Raum des Lernens wegfällt, umso größer ist die Gefahr, dass insbesondere die Kinder und Jugendlichen mit Lernproblemen und aus sozial belasteten Familien nicht angemessen gefördert werden und zu Verlierern der Gesamtsituation werden.

Der im Grundgesetz (Art. 7 GG) verankerte staatliche Bildungs- und Erziehungsauftrag fordert in Verbindung mit dem Grundsatz der Chancengleichheit, dass Schüler*innen nicht aufgrund ihres familiären Hintergrundes benachteiligt werden. Doch Bildungsbenachteiligungen werden zurzeit gleichsam wie unter einem Brennglas sichtbar. Kinder und Jugendliche, die in beengten Wohnverhältnissen leben, nur geringe Entfaltungsmöglichkeiten im häuslichen Umfeld haben und von ihren Eltern wenig Unterstützung erfahren, haben insgesamt schlechtere Chancen, an Bildung zu partizipieren und auch schlechtere Chancen unbeschadet aus der Krise hervorzugehen, als jene, die ökonomisch, sozial und kulturell vergleichsweise privilegiert aufwachsen. Sie drohen in ihrer Lernentwicklung weiter zurückzufallen oder gar „den Anschluss zu verlieren". Wieder einmal sind die besonders benachteiligt, deren häusliche Lebens- und

Lernbedingungen schwierig sind, insbesondere jene, die in einer sozial herausfordernden Lage oder mit einer Behinderung aufwachsen. Und wieder zeigen sich auch regionale Disparitäten: Wo Breitband oder WLAN fehlen, kann digitale Technologie nicht genutzt werden.

Kurzfristig erforderlich sind *pragmatische* Maßnahmen und *schnell umsetzbare* pädagogische Konzepte, die eine unter den pandemiebedingten schulischen Rahmenbedingungen bestmögliche Kompetenzentwicklung jeder Schülerin, jedes Schülers gewährleisten und solche, die helfen, entstandene Lernrückstände zu beseitigen, Versetzungen und Abschlüsse zu sichern. Ein besonderes Augenmerk verdienen dabei jene Kinder und Jugendlichen, die besonders benachteiligt sind.

Mittelfristig erscheint eine Gesamtstrategie erforderlich, deren Ziel es ist, Benachteiligung wirksam abzubauen. Dabei sollten sowohl Prozess- als auch Strukturaspekte in den Blick genommen werden – von der Qualität und Organisation des Unterrichts über die Professionalisierung des pädagogischen Personals bis hin *zur Steuerung* unseres Schulsystems.

Die Expert*innenkommission der Friedrich-Ebert-Stiftung hat Wege aufgezeigt, um Bildungsbenachteiligung kurz- und mittelfristig zu begegnen. Und sie hat Empfehlungen ausgesprochen, denen eine wichtige Rolle auch im Rahmen der notwendigen Gesamtstrategie zukommen sollte und die im Folgenden skizziert werden (Kommission der Friedrich-Ebert-Stiftung 2021).

3 „Lehren aus der Pandemie: Gleiche Chancen für alle Kinder und Jugendlichen sichern." Zentrale Empfehlungen der von der Friedrich-Ebert-Stiftung eingesetzten Expert*innenkommission[1]

3.1 Benachteiligungen abbauen, Kompetenzentwicklung fördern, Abschlüsse sichern –Was kurzfristig getan werden sollte

Orientierung und Sicherheit, Verlässlichkeit und Planbarkeit

In Zeiten der Corona-Pandemie erfolgreiche Lehr- und Lernprozesse zu gestalten, dabei die Balance zwischen Stabilität und Flexibilität zu halten, sie gegebenenfalls immer wieder neu herzustellen, verlangt sowohl von Politik, Schulaufsicht und Schulträgern als auch von den Schulen selbst Professionalität und einen dauerhaften wechselseitigen Austausch.

---

1   Die folgende Zusammenstellung basiert auf Empfehlungen, die die Kommission der Friedrich-Ebert-Stiftung (2021) im Januar 2021 veröffentlicht hat.

Angesichts des anhaltend hohen Infektionsgeschehens und neuer Virusmutanten können länger andauernde Phasen des Wechsel- oder Distanzunterrichts nicht ausgeschlossen werden. Schulen sind somit gut beraten, auf unterschiedliche Szenarien vorbereitet zu sein. Sie benötigen weiterhin einen Plan B und wohl auch einen Plan C. Aufgabe von Bildungspolitik und Schulaufsicht ist es, Schulen in der aktuellen Situation Orientierung und Sicherheit zu geben, sie zu beraten und zu unterstützen. Sie sollten für das zweite Schulhalbjahr 2020/21 ein Gesamtkonzept mit klaren Regelungen bei gleichzeitig hinreichendem Gestaltungsspielraum für die Schulen vorlegen. Es gilt, zentrale Steuerung und schulische Eigenverantwortlichkeit sachangemessen auszuloten.

Welche Infektionsschutz- und Hygienemaßnahmen müssen eingehalten werden? Welche Mindestanforderungen müssen für den Fernunterricht erfüllt sein, wie kann sichergestellt werden, dass dabei alle Schüler*innen kontinuierlich erreicht werden? Welche Lehr- und Lerninhalte sind weiterhin obligatorisch? Welche inhaltlichen Schwerpunkte sollten gesetzt werden, worauf kann verzichtet werden? Wie sollen die Schulen unterstützt werden, damit durch gezielte Förderung Lernrückstände kompensiert, Mindeststandards erreicht werden? Wie sollen angesichts der aktuell schwierigen, für manche höchst problematischen Lernbedingungen Leistungen festgestellt, wie bewertet werden? Was folgt daraus für die Abschlussprüfungen? Welche Regelungen sollen für die anstehenden Versetzungen bzw. Nichtversetzungen gelten?

Dies sind einige der Fragen, auf die Schulen – falls noch nicht geschehen – kurzfristig möglichst konkrete Antworten benötigen – Antworten, die eindeutige Regelungen beinhalten, ihnen zugleich aber auch Möglichkeiten eröffnen, auf die je eigene Situation angemessen zu reagieren. Denn das Schulsystem ist keinesfalls homogen – im Gegenteil, es ist davon auszugehen, dass durch die Pandemie auch auf systemischer Ebene strukturelle Ungleichheiten eher noch verschärft werden. So sind Länder, Regionen, Schulformen, Schulen und einzelne Klassen in unterschiedlichem Ausmaß von der Pandemie betroffen, sind Schulen unterschiedlich gut in der Lage, auf Herausforderungen zu reagieren, haben Schulen – wie verschiedene Schüler*innengruppen und einzelne Schüler*innen auch – unterschiedliche Unterstützungsbedarfe. Darum sollte die regulative Rahmung eine Ungleichbehandlung von Ungleichem zulassen. Handlungsleitende Maxime sowohl für die politische und administrative Steuerung als auch für schulische Maßnahmen sollte der Ausgleich von Benachteiligung und die Kompensation von Lernrückständen zur Sicherung von Mindeststandards sein.

„Systemrelevanz" von Kita und Schule

Kita und Schule sind für junge Menschen zentrale Lern- und Lebensräume, die es ihnen dank eines großen Anregungspotenzials ermöglichen, ihre Persönlichkeit zu entwickeln und zu entfalten. Sie bieten ihnen die Chance, individuelle wie auch milieuspezifische Schwächen auszugleichen, aber auch besondere Stärken und Interessen zu fördern. Schließlich unterstützen Kitas und Schulen die soziale Integration von Kindern und Jugendlichen. Insgesamt gibt es hinreichend empirische Befunde, die zeigen, dass frühe Bildungsangebote sowohl die kognitive Entwicklung von Kindern z. B. in der Sprache und Mathematik als auch sozio-emotionale Kompetenzen langfristig positiv beeinflussen (z. B. Anders 2013; Melhuish et al. 2015). Kurzum: Kita und Schule sollten als „systemrelevant" anerkannt werden und – solange das Pandemiegeschehen es erlaubt – für alle Kinder und Jugendlichen geöffnet sein.

Wenn wegen hoher Infektionstätigkeit oder einer drohenden Überlastung der Intensivstationen eine vollständige Öffnung nicht möglich ist, sollte im Bereich der frühkindlichen Bildung der Unterstützungsbedarf der Kinder neben der Systemrelevanz beruflicher Tätigkeiten der Eltern ein prioritäres Kriterium für den Anspruch auf Betreuung sein, vor allem für Kinder im letzten Jahr vor der Einschulung. Im Schulbereich sollte der politisch vereinbarte Stufenplan erweitert und auch sozial benachteiligte Kinder und Jugendliche neben GrundSchüler*innen und jenen aus Abschlussjahrgängen vorrangig berücksichtigt werden. Gerade für sie ist der Schulbesuch von größter Bedeutung. Gerade sie leiden unter häuslicher Isolation und benötigen verlässliche Strukturen, Stabilität und ein anregungsreiches Umfeld.

Schule und Elternhaus benötigen auch in der Pandemie Verlässlichkeit und die Möglichkeit vorausschauender Planung. Entscheidungen über vollständige oder teilweise Schließungen von Kitas und Schulen sollten auf Grundlage aktueller wissenschaftlicher Erkenntnis sowie länderübergreifend vereinbarter, eindeutiger und transparenter Kriterien getroffen werden. Empfohlen wird eine Orientierung auch an zuvor festgesetzten Inzidenzwerten. Vor allem aber sollte bei der Entscheidung über eine Schließung von Kita und Schule die Rolle von Kindern und Jugendlichen im Infektionsgeschehen wesentliches Kriterium sein – ist diese gering, sollten sie geöffnet bleiben.

Eine transparente Entscheidungsfindung sowie eine – anders als zuletzt – bundesweit einheitliche Umsetzung des Beschlossenen würde die Akzeptanz getroffener Entscheidungen in der Bevölkerung deutlch vergrößern.

Abbau von Disparitäten im Zugang zu Lerntechnologien und Lernräumen

Die Corona-Pandemie hat einen Digitalisierungsschub ausgelöst. Das gilt auch für das Bildungssystem und hier insbesondere für den Schulbereich. Und doch kann, was lange versäumt worden ist, nicht in kurzer Zeit nachgeholt werden. Die Stärkung digitalen Lehrens und Lernens muss weiter beschleunigt vorangetrieben werden. Das gilt erst recht in Zeiten des Wechsel- und Fernunterrichts. Der im Grundgesetz verankerte staatliche Bildungs- und Erziehungsauftrag in

Verbindung mit dem Grundsatz der Chancengleichheit besagt, dass Schüler*innen nicht aufgrund ihres familiären Hintergrundes benachteiligt werden dürfen. Darum muss – soweit technische Hilfsmittel für den Fernunterricht unabdingbar sind – dafür Sorge getragen werden, dass alle Schüler*innen im Hinblick auf die geforderte Leistungserbringung über die gleichen Voraussetzungen verfügen – gegebenenfalls durch die Bereitstellung entsprechender Hard- und Software. Formal zuständig sind dafür die Schulträger.

Allen Kindern und Jugendlichen muss also schnellstmöglich der Zugang zu digitalen Endgeräten, digitalen Lerninhalten und Anwendungen ermöglicht werden. Um eine Gleichheit der Lernbedingungen zu gewährleisten, sollten sozial benachteiligte und ökonomisch weniger begünstigte Schüler*innen vorrangig mit Endgeräten ausgestattet werden und Schulen in herausfordernden sozialen Lagen primär bedacht werden. Die Lernmittelfreiheit für Schüler*innen sollte auch auf digitale Endgeräte angewendet und digitale Endgeräte als Grundausstattung der Lehrer*innen anerkannt werden.

Die Schulen benötigen eine bedarfsgerechte Ausstattung mit Endgeräten, Mittel für den Erwerb von Lizenzen für sichere Messaging-Systeme sowie eine funktionierende, leistungsfähige schulische IT-Infrastruktur. Die für digitalgestütztes Lehren und Lernen erforderlichen Rahmenbedingungen müssen alsbald gewährleistet sein. Erforderlich sind schnelle Internetanbindungen (Glasfaser), die Einrichtung und Betreuung von schuleigenen Servern bzw. die Bereitstellung von schuleigenen Clouds, von Standardsoftware und digitalem Unterrichtsmaterial sowie von datenschutzkonformen Videokonferenzsystemen. Die zurückliegenden Monate haben zudem eindrucksvoll gezeigt, dass zügig Lernplattformen entwickelt bzw. bereitgestellt werden müssen, die auch bei starker Nutzung funktionieren. Und auch das ist deutlich geworden: Dringlich geboten ist insbesondere die Bereitstellung datenschutzkonformer Software, von Bildungsmedien, deren Urheberrechte geklärt sind, und von Ressourcen für die Administration der Endgeräte.

Zur Stärkung digitalen Lehrens und Lernens sollten die Mittel aus dem Digitalpakt und den 500 Mio.-Euro-Bundesprogrammen deutlich schneller als bisher genutzt werden können, z. B. durch Vereinfachung und Entbürokratisierung des Antragsverfahrens.

Und last, but not least: Damit digital gestützte Lehr- und Lernprozesse von allen Lehrkräften lernförderlich gestaltet werden können, bedarf es eines flächendeckenden Fortbildungsangebots. Es erscheint zwingend, dass alle Lehrkräfte dazu befähigt werden, digitale Formen des Lehrens und Lernens kompetent zu gestalten und über ein unterrichtliches Handlungsrepertoire verfügen, das insbesondere den Abbau von Bildungsungleichheit ermöglicht. Steuerungsseitig bedarf es eines entsprechenden Fort- und Weiterbildungsangebots sowie der Bereitschaft, den Nachweis bestimmter Kompetenzen verpflichtend einzufordern.

Feste Strukturen

Erfolgreiches Lernen basiert nicht zuletzt auf Kontinuität in den Strukturen sowie auf vertrauten und zuverlässigen Beziehungen. Gerade in instabilen familiären Beziehungen oder in unsicheren, prekären Lebenslagen aufwachsende Kinder und Jugendliche brauchen feste Alltagsrhythmen und sozial-emotionale Stabilität – auch um sich kognitiv mit anspruchsvollen Themen auseinandersetzen zu können.

Die Zeit der Pandemie geht jedoch mit Diskontinuitäten in den Erfahrungen junger Menschen, mit veränderten Anforderungen etwa hinsichtlich der Zeit- und Raumstrukturen, der sozialen Beziehungen und der Lernarrangements einher. In Phasen des Wechsel- und Fernunterrichts benötigen vor allem sozial benachteiligte Schüler*innen für die Gestaltung ihres Alltags Halt und Stabilität insbesondere durch verbindliche Wochen- und Stundenpläne sowie eine feste Ansprechperson, die kontinuierlich – wenn möglich täglich – persönlichen Kontakt hält. Längere Phasen fehlenden Präsenzunterrichts sollten sofern möglichst vermieden, das tageweise Wechselmodell dem wochenweisen vorgezogen werden. Diejenigen, die besonders großen Belastungen ausgesetzt sind, sollten täglich betreut werden können - in stabilen Kleingruppen von bis zu vier Schüler*innen und gegebenenfalls durch Studierende oder pädagogische Fachkräfte.

Gestaltung von Wechselunterricht

Der Erfolg schulischen Lernens steht und fällt mit der Qualität des Unterrichts. Guter Unterricht umfasst anspruchsvolle Inhalte und Methoden sowie als Qualitätsdimensionen gute Klassenführung, konstruktive Unterstützung und kognitive Aktivierung. Leitbild ist ein klar strukturierter, störungsfreier Unterricht, in dem die verfügbare Zeit vor allem zur Bewältigung anspruchsvoller Aufgaben genutzt und das Interaktionstempo so gewählt werden kann, dass hinreichend Zeit zum Nachdenken, zur Generierung eigener Gedanken und für gegebenenfalls nötige Unterstützungsleistungen bleibt. Das gilt im Grundsatz nicht nur für Präsenz-, sondern auch für Wechsel- und Fernunterricht.

Zudem hängen Lernerfolge wesentlich vom Vorwissen, von Persönlichkeitsmerkmalen der Lernenden sowie von deren Fähigkeit ab, den eigenen Lernprozess zu regulieren. Sind diese Voraussetzungen nur bedingt gegeben, werden Unterstützungsstrukturen benötigt. Das gilt in besonderer Weise im Fernunterricht. So kann die kognitive Aktivierung beim Lernen auf Distanz gerade leistungsschwächere Schüler*innen überfordern, zumal wenn notwendige Hilfestellungen nicht verfügbar sind. Auch Selbstregulationsfähigkeit wird nicht dadurch gefördert, dass man sie im Fernunterricht als weitgehend vorhanden unterstellt.

Um Schüler*innen bis zu einem gewissen Grad von der Verantwortung für die Selbstregulation des eigenen Lernprozesses zu entlasten, sollten für Phasen des Wechselunterrichts, die Erarbeitung neuer Lerninhalte, die Förderung von Strategien der Motivation und Selbstregulation sowie die Vor- und Nachbereitung häuslichen Lernens im Präsenzunterricht erfolgen, die Übung und Vertiefung des Gelernten mithilfe klar strukturierter Aufgaben hingegen zu Hause. Für Schüler*innen mit geringerem Vorwissen oder geringeren metakognitiven Kompetenzen kann dies stützend wirken, zumal in Verbindung mit einem regelmäßigen Feedback durch die Lehrkräfte. Rückmeldungen, die Zutrauen signalisieren, auf Lernfortschritte aufmerksam machen und weiterhin erforderliche Lernanstrengungen konkret benennen, können Motivation, Interesse und das fachliche Fähigkeitsselbstkonzept fördern.

Das bedeutet zugleich: Von besonderer Bedeutung unter Bedingungen fehlenden Präsenzunterrichts ist die Etablierung fester Kommunikations- und Kooperationsstrukturen, damit sich die Lehrer*innen mit den Schüler*innen, aber auch untereinander sowie mit den Eltern regelmäßig austauschen und abstimmen können.

Was hinzuzufügen wäre: Damit Fernunterricht die an Unterricht gestellten Anforderungen tatsächlich erfüllt, sollten durch Schulaufsicht entsprechende Mindestanforderungen festgelegt werden. Denn das vielbeschworene Recht auf Bildung gilt auch in Zeiten geschlossener Schulen.

Inhaltliche Schwerpunktsetzungen

Die von der Friedrich-Ebert-Stiftung im Frühjahr 2020 eingesetzte Expert*innenkommission ist auch unter den Bedingungen der Corona-Pandemie nicht von einem breiten Bildungsbegriff abgerückt (Kommission der Friedrich-Ebert-Stiftung 2020). Gegebenenfalls erforderliche Stundenplankürzungen sollten „ungeachtet der besonderen Bedeutung der sogenannten Kernfächer für Individuum, Gesellschaft und Wirtschaft" nicht ausschließlich zu Lasten der sogenannten „Nebenfächer" erfolgen. Schulisches Lernen müsse auch unter schwierigen Rahmenbedingungen umfassend angelegt sein und sowohl auf die Persönlichkeitsbildung, auf die Förderung emotionaler und sozialer Kompetenzen, als auch auf die Förderung der kognitiven Leistungsfähigkeit zielen. Weil die Umsetzung der für den schulischen Normalbetrieb entwickelten Lehrpläne inmitten der Pandemie kaum möglich gewesen und auch unmittelbar danach zumindest nicht an allen Schulen realisierbar sei, sollten die Länder schnellstmöglich mithilfe pragmatischer Verfahren Kürzungen in den Lehrplänen vornehmen – eine Anregung, die bislang kaum beherzigt worden ist.

Auch darum greift die Nachfolge-Kommission diese Gedanken auf. Auch sie geht von einem umfassenden Bildungsverständnis aus, betont zugleich jedoch die besondere Bedeutung insbesondere sprachlicher und mathematischer

Basiskompetenzen als Voraussetzung für erfolgreiches Weiterlernen und gesellschaftliche Teilhabe, um daraus die Forderung abzuleiten, dass für leistungsschwache Schüler*innen entsprechende Förderangebote vorrangig anzubieten seien. Schließlich empfiehlt auch sie für den schulischen Unterricht die Konzentration auf fachliche Kerninhalte: Damit trotz reduzierter – und sich möglicherweise weiter reduzierender – Lernzeiten der Qualitätsanspruch eines kompetenzorientierten Unterrichts aufrechterhalten und Schüler*innen gezielt gefördert werden können, sollen die Länder ggf. inhaltliche Schwerpunktsetzungen und Priorisierungen vornehmen. Zeitnah müsse dies zumindest für die besonders versetzungs- und abschlussrelevanten Fächer geschehen.

Reduktionen in der Quantität, darin sind sich beide Kommissionen der Friedrich-Ebert-Stiftung einig, müssen keineswegs zu Nivellierungen des Anspruchs, zu Lasten der Tiefe und Komplexität des Lernens führen. Im Gegenteil: Hier ist weniger mehr, weil dadurch Freiräume für eine pädagogisch-konstruktive, anspruchsvolle Behandlung der Themen und die Förderung benachteiligter Schüler*innen geschaffen werden, was wiederum nicht nur angesichts der Corona-bedingten Einschränkungen der Lehr-/Lernmöglichkeiten erforderlich erscheint.

Stärkung diagnosebasierter Förderung

Die kontinuierliche Erhebung individueller Lernvoraussetzungen (z. B. fachliche Kompetenzen, Lernmotivation, Lernstrategien) ist zentrales Handlungselement eines Unterrichts, in dessen Mittelpunkt Lernprozesse stehen. Ziel ist es, auf den Lernenden zugeschnittene pädagogische Angebote bereitzustellen, Unter- und Überforderung zu vermeiden. Der daraus abzuleitende Lernprozess ist zirkulär angelegt: Er beinhaltet die Beschreibung des aktuellen Lernstandes sowie des nächsten Lernziels; er zeigt Wege zu dessen Erreichung auf und evaluiert schließlich den tatsächlichen Lernfortschritt. Im Kern geht es um die Etablierung einer den Lernprozess begleitenden Diagnostik auf der Basis eines formativen Assessments als notwendige Bedingung auch für den Abbau von Bildungsbenachteiligung.

Da die Lehrer*innen derzeit mit besonders ausgeprägten Unterschieden in Vorwissen und Vorerfahrungen konfrontiert sind, sollten den Schulen kurzfristig bewährte diagnostische Instrumente und Assessmentverfahren zur Einschätzung der Lernstände insbesondere in den Basiskompetenzen zur Verfügung gestellt und umfassende Fördermaterialien auf geschützten Lernplattformen allen Lehrpersonen bereitgestellt werden.

Insbesondere die Eingangskompetenzen der nächstjährigen Erstklässler*innen sollten zeitnah oder spätestens zu Beginn des Schuljahres umfassend diagnostiziert werden, sodass Kinder mit besonderem Unterstützungsbedarf frühzeitig gezielt gefördert werden können.

Generierung zusätzlicher Lernzeit und verbindlicher Förderangebote

Fehlende fachliche Kompetenzen – ganz besonders fehlende Basiskompetenzen – erschweren das weitere Lernen, beeinträchtigen Lernfortschritte und erfolgreiche Abschlüsse. Größere Defizite kurzfristig allein im Regelunterricht zu kompensieren, gelingt häufig nicht. Erforderlich sind dann zusätzliche Lernzeiten und Förderangebote.

Für das zweite Schulhalbjahr 2020/21 bedeutet das: Um für Schüler*innen mit relevanten Lernrückständen zumindest in Kern- oder Prüfungsfächern zusätzliche Lernzeiten generieren und verbindlich zu nutzende Förderangebote einrichten zu können, sollte den Schulen eine flexible Gestaltung der Stundentafel oder der Ganztagsstruktur ermöglicht werden. Zur Absicherung des Personalbedarfs können gegebenenfalls auch Studierende (bevorzugt Lehramtsstudierende, aber auch interessierte Fachstudierende) oder leistungsstarke Schüler*innen höherer Jahrgangsstufen eingebunden werden, sofern die Förderung in enger Absprache mit der Fachlehrkraft erfolgt.

Darüber hinaus haben zahlreiche Länder in den letzten Monaten außerschulische kompensatorische Angebote zur Verfügung gestellt, z. B. als Ferien- oder Wochenendschulen. Diesen Weg gilt es fortzusetzen und qualitativ hochwertige außerschulische Angebote von etablierten Bildungsträgern verstärkt zu nutzen. Diese seien als Maßnahme zur Qualitätssicherung sowie zur Sicherstellung des Lernerfolgs stets in enger Abstimmung mit der Schule durchzuführen, müssten für die Familien kostenneutral und mit nur geringem Antragsaufwand zu realisieren sein. Es sollte geprüft werden, inwieweit die Finanzierung über das Bildungs- und Teilhabepaket der Bundesregierung erfolgen kann.

Nutzung des Präsenzunterrichts als gemeinsame Lernzeit

Lernsituationen unterscheiden sich grundlegend von Leistungssituationen. Während in Lernsituationen Fehler produktiv genutzt werden und erkenntnisfördernd sein können, kurzum: aus ihnen gelernt werden kann, sollten sie in Leistungssituationen, etwa in Tests, Klassenarbeiten und Klausuren, tunlichst vermieden werden. Lernen und Leisten, Fördern und Bewerten sind für die moderne Schule gleichermaßen konstitutiv. Beide haben in ihr einen festen Platz. Primär sollte die Schule jedoch ein Ort des Lernens sein.

Das gilt umso mehr unter den Bedingungen der Pandemie. Schulische Präsenz sollte daher aktuell vor allem zum gemeinsamen Lernen genutzt werden – zur Erarbeitung neuer Lerninhalte, zur Förderung von Strategien der Motivation und Selbstregulation, für die Vor- und Nachbereitung häuslichen Lernens, auch um Erfahrungen zu reflektieren und Sozialkontakte zu intensivieren. Die Anzahl der Leistungsfeststellungen hingegen sollte reduziert werden können, wenn Präsenzunterricht in großem Umfang ausfällt. Und Themen, die ausschließlich im Fernunterricht erarbeitet wurden, sollten zumindest in der Primar- und Sekundarstufe I nicht Gegenstand der Leistungsfeststellung sein, weil Jüngere im Distanzunterricht im Schnitt geringere Lernerfolge erzielen und jene, die zu Hause unter ungünstigen Bedingungen lernen müssen, zusätzlich benachteiligt würden.

Bei der Leistungsbewertung sollten pandemiebedingt schwierige Lernbedingungen angemessen berücksichtigt, also die im Rahmen der einschlägigen Verordnungen oder Verwaltungsvorschriften bestehenden Ermessensspielräume bewusst genutzt und in der Regel zugunsten der Schülerin, des Schülers ausgelegt werden.

Konsequent erscheint vor diesem Hintergrund die Empfehlung auf das klassische „Sitzenbleiben" zu verzichten, Übergangs- und Versetzungsentscheidungen soweit möglich von Zensuren zu entkoppeln und stattdessen stärker auf die individuelle Beratung der Schüler*innen sowie ihrer Eltern zu setzen. Nichtversetzungen sollten demnach freiwillig erfolgen und nicht auf die Höchstverweildauer in der Schule angerechnet werden.

Sicherung fairer Prüfungschancen

Geprüft werden darf nur, was im Unterricht erarbeitet wurde. Schüler*innen haben einen Anspruch auf faire Prüfungsbedingungen, aktuell also auf angemessene Berücksichtigung der veränderten – und angesichts eines seit Monaten lokal sehr unterschiedlichen Infektionsgeschehens keineswegs einheitlichen – Lernbedingungen bei der Gestaltung der diesjährigen Abschlussprüfungen. Darum sollten möglichst schnell die aktuellen Lernstände der Abschlussjahrgängen erhoben und daraus Regelungen für die Gestaltung der diesjährigen Abschlussprüfungen abgeleitet sein. Prüfungstermine sollten verschoben, der Umfang der prüfungsrelevanten Themen und Inhalte eingegrenzt, die Anzahl der zur Auswahl stehenden Prüfungsaufgaben erhöht werden. Falls das Infektionsgeschehen über einen langen Zeitraum Präsenz- oder Wechselunterricht weiterhin nicht zulässt, sollte für Abschlussprüfungen zum Ersten und Mittleren Schulabschluss ein Verzicht auf schriftliche Prüfungen erwogen werden. Wenn der Ausfall von Lernzeit nicht durch zusätzliche Lernangebote in prüfungsrelevanten Fächern kompensiert werden kann, wird eine Verschiebung von Prüfungsterminen um zwei, drei oder auch vier Wochen allein das Problem nicht lösen können.

Auch hier sei daran erinnert: Die Eingrenzung von Prüfungsthemen hat nichts mit einer Senkung des Anforderungsniveaus zu tun. Denn innerhalb eines quantitativ eingeschränkten Themenspektrums können sehr wohl anspruchsvolle Prüfungsaufgaben gestellt werden.

3.2 Gleiche Chancen für alle Kinder und Jugendlichen sichern – Was perspektivisch geboten erscheint

Bildungsauftrag der Kindertagesstätten stärken

Soziale und ethnische Disparitäten in der Beherrschung der deutschen Sprache und früher mathematischer Kompetenzen lassen sich bereits bei Dreijährigen nachweisen. So gesehen waren die Einführung des Rechtsanspruchs auf einen Platz in Kita oder der Tagespflege sowie die Etablierung flächendeckender Sprachförderung ca. ein Jahr vor der Einschulung wichtige Schritte zum Abbau von Bildungsbenachteiligung, zumal in Verbindung mit schon realisierter oder in einigen Ländern zumindest avisierter Beitragsfreiheit. Denn der frühe Beginn und die Dauer des Besuchs der Kindertagesstätten können sich positiv auf die Sprachentwicklung und die allgemeinen kognitiven Kompetenzen auswirken, ebenso die Sprachstanddiagnose mit darauf aufbauender Förderung.

Neben der Entkopplung des Zusammenhangs von Kitabesuch und sozialer bzw. ethnischer Herkunft und der bedarfsgerechten Erweiterung des Platzangebots erscheint es geboten, den Bildungsauftrag der Kindertagesstätten auszuweiten und ihn stärker auf die Förderung und Diagnose früher fachlicher – insbesondere sprachlicher und mathematischer – und anderer lernrelevanter Fähigkeiten sowie auf eine diesbezügliche umfassende Eingangsdiagnostik im Vorfeld des Grundschulbesuchs auszurichten. Damit einhergehend muss eine entsprechende Qualifizierung integraler Bestandteil der Aus- und Fortbildung von Erzieher*innen sein.

Ungleiches ungleich behandeln

Aufgabe der Bildungspolitik und der Schuladministration ist es, diejenigen, die in der Schule die pädagogische Arbeit gestalten und verantworten müssen, zu stärken und zu professionalisieren und Voraussetzungen für eine möglichst hohe Bildungsqualität zu schaffen. Dazu gehört auch, Standards zu setzen und deren Erreichen zu überprüfen.

Ein qualitativ hochwertiges Schul- und Bildungswesen, das für junge Menschen aller Schichten gleichermaßen attraktiv ist und damit soziale Integration ermöglicht, setzt die Einhaltung personeller, räumlicher und finanzieller Mindeststandards voraus. Kompensatorische Maßnahmen werden vor allem dort notwendig, wo finanzielle, soziale oder bildungsbezogene Risikolagen identifizierbar sind. Ungleiches ungleich behandeln ist ein Schlüssel für den Abbau von Bildungsbenachteiligung.

Die Zusammensetzung der Schülerschaft hat Einfluss auf den Lernerfolg der Schüler*innen. Studien belegen: Wo Problemlagen kumulieren, entsteht ein ungünstiges differenzielles Lernmilieu. An Schulen mit vergleichsweise vielen jungen Menschen aus armutsgefährdeten Haushalten, aus Elternhäusern mit formal geringeren Bildungsabschlüssen oder an Schulen mit überdurchschnittlich hohem Migrationsanteil ist die Zusammensetzung der Schülerpopulation pädagogisch gesehen eine besondere Herausforderung.

Davon ausgehend sollten Schulen in besonders herausfordernden Lagen insbesondere personell überdurchschnittlich gut ausgestattet werden, und zwar sowohl quantitativ als auch qualitativ. Die Steuerung von Personaleinsatz und -ressourcen sollte künftig also konsequenter als bislang kompensatorisch angelegt sein. Wenn entsprechende Anreize keine Wirksamkeit zeigen, sollte über eine verbindliche Lenkung des Personaleinsatzes nachgedacht werden.

Ungleiches ungleich zu behandeln bedeutet konsequenterweise auch, darüber nachzudenken, wie Mittel aus Bundesprogrammen, die auf den Abbau von Benachteiligung zielen, bedarfsgerechter verteilt werden können, also zu prüfen, inwiefern der auf Steuereinkommen und Einwohnerzahl der Länder basierende „Königsteiner Schlüssel" weiterhin alleinige Grundlage für Mittelvergabe sein sollte. Schließlich zeigt der Nationale Bildungsbericht 2020, dass sich die Werte für die Risikolagen (1) formal gering qualifizierte Eltern, (2) kein Elternteil ist berufstätig und (3) Haushaltseinkommen liegt unterhalb der Armutsgefährdungsgrenze) der unter 18-Jährigen im Ländervergleich sehr unterscheiden. Von einer Risikolage sind beispielsweise in Bremen 48 Prozent der unter 18-Jährigen betroffen und in Bayern 20 Prozent (Autorengruppe Bildungsberichterstattung 2020, S. 43).

Digitalisierung umfassend denken

Bildung für die digitale Welt ist insbesondere Erziehung zur Mündigkeit auf der Höhe der Zeit. Die persönlichen und gesellschaftlichen Chancen der Digitalisierung zu nutzen und deren Folgen kritisch zu reflektieren, ihren Einfluss sowohl auf das eigene Leben, die eigene Person, als auch auf die soziale Umwelt zu begreifen, darum geht es. Dazu gehört auch der kompetente Umgang mit digitalen Medien als neue Kulturtechnik, die ihrerseits Einfluss nimmt auf traditionelle Kulturtechniken wie das Lesen, Schreiben und Rechnen. Die Förderung digitaler Kompetenz ist Kernaufgabe der modernen Schule.

Digitale Medien sind jedoch nicht Selbstzweck, ihr Einsatz in der Schule muss pädagogisch und psychologisch sinnvoll sein. Für das Lernen und Lehren eröffnen sie große Chancen. Sie können die Selbstständigkeit junger Menschen, insbesondere deren Verantwortungsübernahme für den eigenen Lernprozess, stärken, Potenziale besser zur Entfaltung bringen und die Gestaltungsmöglichkeiten des Unterrichts deutlich vergrößern. Und welche Bedeutung sie in Zeiten einer Pandemie haben können, müssen wir zurzeit erfahren.

Die Potenziale neuer Technologien für die Diagnose von Lernständen, die Begleitung von Lernprozessen sowie die Bereitstellung von lern- und leistungsstandangepassten Materialien und Aufgaben sollten perspektivisch verstärkt genutzt und dabei insbesondere auf die Feststellung und das Aufholen von Lernrückständen ausgerichtet werden. Es wird empfohlen, die Erprobung von Feedback durch (KI-gestützte) Lernsysteme zu fördern und lernprozessunterstützende Lern-Apps weiterzuentwickeln.

Zudem benötigen Schulen Unterstützung nicht nur bei der Anschaffung der Hardware, sondern auch bei der Auswahl digitaler Lernmaterialien. Diese sollten anhand didaktisch-pädagogischer Qualitätskriterien bewertet und anschließend auf öffentlichen Plattformen zugänglich sein. Die Qualitätssicherung durch die Länder sollte in Kooperation mit der universitären Fachdidaktik erfolgen. Mittelfristig sollten den Schulen entsprechende Qualitätskriterien zur Verfügung gestellt werden.

Weitere Beispiele für Einzelmaßnahmen ließen sich leicht anführen. Perspektivisch ist es jedoch erforderlich, eine nachhaltige Gesamtstrategie zur Förderung digitalgestützten Lehrens und Lernens zu entwickeln, die die Vereinbarungen von Bund, Ländern und Kommunen zu ihrer dauerhaften Ausfinanzierung ebenso umfasst wie ländergemeinsame Konzepte zur Entwicklung, Bereitstellung und Qualitätssicherung digitaler Lehr-Lernmaterialien.

Grundbildung verbindlich definieren

Zentrale Aufgabe der Schule ist die Sicherung einer anspruchsvollen Grundbildung für alle Schüler*innen. Die Beherrschung der Muttersprache und mindestens einer Fremdsprache sowie der sichere Umgang mit mathematischen und naturwissenschaftlichen Symbolen, Routinen und Modellen zählen in modernen Gesellschaften zum Kernbestand kultureller Literalität (u. a. Baumert 2008). Allerdings ist Bildung, auch Grundbildung, mehr als das, was zurzeit gemessen wird, und mehr als das, was zurzeit messbar ist. Denn Bildung zielt auf die ganze Person, umfasst die Förderung nicht nur kognitiver, sondern auch personaler und sozialer Kompetenzen.

Zugleich belegen aktuelle Schulleistungsstudien, dass in Deutschland der Anteil derjenigen Schüler*innen, die Mindeststandards in Bereich elementarer Kulturtechniken wie dem Lesen, Rechnen und Schreiben nicht erreichen, nach wie vor vergleichsweise groß ist. Es sollte geprüft werden, wie Grundbildung verbindlich zu definieren ist, z. B., indem im Zusammenhang mit der Überarbeitung der Bildungsstandards neben Regelstandards länderübergreifend kriteriale Mindeststandards entwickelt werden. Dem liegt die Überzeugung zugrunde, dass Mindeststandards auf eine gerechtigkeitstheoretische Position einzahlen und vor allem weniger Privilegierte begünstigen können, weil sie fachliche Basiskompetenzen klar ausweisen und damit zugleich Zeiträume für eine gezielte Förderung verschaffen.

Fördern statt wiederholen

Der Umgang mit Heterogenität wird für Lehrer*innen auch perspektivisch Kernaufgabe von Schule und Unterricht bleiben. Aufgabe der Lehrer*innen wird es sein, die jeweilige Lernausgangslage kontinuierlich zu erfassen, über die Lernprozesse der Schüler*innen informiert zu sein, um passgenaue pädagogisch-didaktische Lernangebote bereitstellen zu können. Gerade zur Förderung leistungsschwacher und benachteiligter Kinder und Jugendlicher sollte formatives Assessment integraler Bestandteil des Unterrichts sein.

Das bedeutet zugleich, dass Diagnose und Förderung als Einheit gedacht werden, dass keine Diagnose ohne Förderung und keine Förderung ohne Diagnose erfolgen sollte. Es empfiehlt sich daher, dass kontinuierliche Lernstanderhebungen künftig verbindlich durchgeführt werden müssen, zumindest zu Beginn eines Schuljahres. Damit einhergehend sind regelmäßig individualisierte Lern- und Entwicklungsgespräche mit Eltern und Schüler*innen zu führen, die auf Grundlage konkreter diagnostischer Informationen Ansatzpunkte der besonderen Unterstützung durch die Lehrkräfte und einer flankierenden Begleitung durch Eltern identifizieren. Voraussetzung dafür ist eine – möglichst länderübergreifende – Entwicklung qualitativ hochwertiger, einfach handhabbarer und digital anwendbarer Diagnoseinstrumente zumindest für die Kernfächer. Denkbar sei auch die Weiterentwicklung summativer Verfahren wie z. B. VERA zu formativen Diagnoseinstrumenten auf Klassen- und Individualebene. Zudem sollte Diagnose- und Fördermaterial auf einer für Lehrkräfte leicht zugänglichen Plattform bereitgestellt werden.

Bundesweit müssen jährlich etwa zwei Prozent (2,3% im Schuljahr 2018/19, vgl. Autorengruppe Bildungsberichterstattung, 2020) der Schüler*innen im Sekundarbereich eine Klassenstufe wiederholen. Nichtversetzungen verstärken die soziale Segregation, betreffen verstärkt Kinder und Jugendliche aus sozial benachteiligten Familien und solchen mit geringeren kulturellen Ressourcen. Positive Effekte zeigen sie eher selten – den meisten Wiederholer*innen gelingt es nicht, dauerhaft an das Leistungsniveau ihrer neuen Lerngruppe anzuschließen –, negative psychosoziale Effekte dagegen eher häufig. Darum erscheint es sinnvoll, nicht nur aktuell, sondern auch perspektivisch auf Nichtversetzungen zu verzichten. Stattdessen sollte in Anlehnung an das Hamburger Modell ein Anspruch auf Förderung bei relevanten Lernrückständen etabliert werden. Finanziert werden sollte dies u. a. mit Mitteln aus dem Bildungs- und Teilhabegesetz.

Ganztagsschulen konsequenter zur Förderung von Basiskompetenzen nutzen

Ganztagsschulen sind Lern- und Lebensräume mit häufig vielfältigen Programmen, die nicht zuletzt Zeit nicht nur für fachbezogenes Lernen, sondern auch für kulturelles, sportliches und soziales Engagement zur Verfügung stellt. Sie sind weit mehr als ein familien- und beschäftigungspolitisches Instrument, sondern erfüllen auch eine Bildungsfunktion.

Perspektivisch sollten Ganztagsschulen stärker als bisher kompensatorisch ausgerichtet sein, ihre spezifischen Möglichkeiten zur Beseitigung von Lernrückständen und zum Abbau von Ungleichheit konsequenter genutzt werden. Kompensatorische Fördermaßnahmen, darunter Hausaufgabenhilfe, gezielte Förderangebote, sonderpädagogische Beratung sowie auch Programme, die das Zusammenspiel von Digitalisierungsprozessen mit Ansätzen ganztägigen Lernens zur Überwindung von Bildungsungleichheiten verbinden, sollten fest etabliert werden.

Es wäre folgerichtig, die Diskussion um die Zielsetzungen und Qualitätserwartungen an die Ganztagsschule zeitnah zu intensivieren. Dabei geht es zum einen um den bedarfsgerechten Ausbau eines Platzangebots, um die Rhythmisierung, die Organisation des Schulalltags, um eine bessere Abstimmung zwischen den Akteuren im Ganztag, um eine Intensivierung der Kooperation von Schule mit Jugendhilfe sowie mit anderen außerschulischen Partnern; dabei sollte es aber ganz besonders auch um die Entwicklung und Implementierung von Konzepten wirksamer individueller Förderung zum Abbau von Bildungsbenachteiligung gehen. Ziel sollte es sein, zum Zeitpunkt der Einführung des Rechtsanspruches auf Ganztagsbetreuung im Grundschulbereich über verbindliche Qualitätskriterien und einheitliche Rahmenvorgaben zu verfügen.

Lernpatenschaften fest etablieren

Hausaufgaben und häusliches Lernen methodisch-didaktisch zu gestalten, ihre Bearbeitung zu begleiten und Rückmeldungen zu den Arbeitsergebnissen zu geben, liegt in der Verantwortung der Lehrkräfte. Aufgabe der Eltern ist es, ihren Kindern verlässliche Ansprechpartner zu sein, sie durch Zuwendung und positive Aufmerksamkeit zu stärken, sie bei der zeitlichen und organisatorischen Strukturierung des häuslichen Lernens zu unterstützen und ihnen – soweit gewünscht und möglich – auch inhaltlich zu helfen. Die Lehrkraft ersetzen, können und sollen sie jedoch nicht. Und verantwortlich für die Erledigung der Hausaufgaben sind letztlich nicht sie, sondern ihre Kinder selbst.

Zahlreiche Eltern wünschen sich regelmäßigere Kontakte mit den Lehrpersonen sowie konkrete Hinweise, handhabbare Konzepte, wie sie ihre Kinder wirksam unterstützen können. Das ist nachvollziehbar, denn häufig fehlen ihnen die dafür erforderlichen fachlichen und pädagogischen Kompetenzen. Was sie benötigen sind niedrigschwellige Kontakt- und Beratungsangebote, etwa regelmäßige Sprechstunden, die persönlich, per Telefon oder online durchgeführt werden können. Was sie auch benötigen sind zusätzliche Materialien und im Einzelfall auch Coaching-Angebote.

Schule und Elternhaus sollten stabile, von Konsens getragene Erziehungs- und Bildungspartnerschaften bilden, nicht nur in Zeiten der Pandemie, sondern grundsätzlich. Mittelfristig sollten Schulen die Zusammenarbeit mit Eltern und die Kooperation mit anderen Akteuren im Sinne der festen Etablierung von Lernpatenschaften weiterentwickeln und über niedrigschwellige Angebote gerade die Eltern derjenigen zu erreichen versuchen, die davon am meisten profitieren: der leistungsschwächeren und weniger privilegierten Schüler*innen.

Lehrkräftefortbildung reformieren

In der ersten und zweiten Phase der Ausbildung können Lehrpersonen nicht vollständig die für ihre gesamte Berufsbiografie erforderlichen Kompetenzen erwerben. Darum ist Fortbildung wesentlicher Teil ihrer beruflichen Qualifikation. Denn auf die zunehmende Berufserfahrung allein zu vertrauen, führt nicht zum Ziel. Sie hat keinen hinreichenden Einfluss auf das Professionswissen, sie reicht nicht aus, um auf gesellschaftlichen Reformdruck oder auf sich verändernde Anforderungen an schulisches Lehren und Lernen angemessen zu reagieren.

Studien, wissenschaftliche Evaluationen wie aktuell für Nordrhein-Westfalen, auch Gutachten von Expert*innenkommissionen (Expertengruppe zur Evaluation der Lehrerfortbildung in NRW 2020), wie sie etwa von Hamburg (Expertenkommission zur Qualität des Mathematikunterrichts in Hamburg 2018) und Berlin (Expertenkommission zur Qualitätskommission zur Schulqualität in Berlin 2020) in Auftrag gegeben worden sind, haben deutlich gemacht, dass die Lehrkräftefortbildung von der Bildungspolitik, der Schulaufsicht und den Schulleitungen zu selten wirklich strategisch verstanden wird, dass ihr häufig eine Zielsteuerung fehlt. Was zumeist existiert, sind kleinformatige, thematisch unsortierte, kurzzeitige und praxisferne Angebote mit geringer Wirksamkeit. Was fehlt, sind inhaltlich abgestimmte, kohärente, längerfristig angelegte Maßnahmen, durchgeführt von hochqualifiziertem Personal.

Auch die Kommission der Friedrich-Ebert-Stiftung empfiehlt eine grundlegende Reform der Lehrkräftefortbildung. Erforderlich sind beispielsweise wirksame Strategien der Bedarfsermittlung, eine Festlegung verbindlich zu nutzender Fortbildungsangebote, die Implementation von Qualitätsstandards sowie der Aufbau von Theorie-Praxis-Verbünden zwischen Schule und Wissenschaft. Schließlich sollte auch der Nachweis bestimmter Kompetenzen verpflichtend eingefordert werden können.

Konzepte zum Umgang mit Heterogenität im kompetenzorientierten Fachunterricht, zum Abbau von Bildungsbenachteiligung, zur Sicherung von Mindeststandards sowie zur pädagogisch reflektierten Nutzung digitaler Technologien sollten in der Lehrkräftefortbildung stärker berücksichtigt werden.

4 Schlussbetrachtung

Abschließend sei ergänzt: Bildung allein wird das Gerechtigkeitsproblem nicht lösen können. Antworten auf die großen Fragen unserer Zeit - Sicherung des Friedens, Schutz der Umwelt, Förderung von Integration und Inklusion, Stärkung der Demokratie und Humanisierung der Gesellschaft, Umgang mit Digitalisierung und Abbau von Benachteiligung – dürfen wir von der Schule nicht erwarten, wohl aber die Auseinandersetzung mit ihnen, um Selbstbestimmung, Mitbestimmung und Solidaritätsfähigkeit zu ermöglichen.

Die Schlüssel zur Entkopplung von Bildungserfolg und Herkunft liegen nicht ausschließlich in der schulischen Bildung, sondern auch in der Beschäftigungslage, dem materiellen Auskommen, in den Lebensumständen sowie im kulturellen Kapital der Elternhäuser, in der Anregung durch die Familie. Wer über den Abbau von Bildungsbenachteiligung spricht, darf also über Armut und Erwerbslosigkeit, über ein geringes Bildungsniveau im Elternhaus und im sozialen Umfeld als zentrale Risikolagen für Bildungserfolg nicht schweigen. Und er muss im Blick haben, dass in Einwanderungsgesellschaften auch mit der nationalen, kulturellen und religiösen Herkunft Disparitäten verbunden sein können, zumal wenn sie mit anderen Risikolagen korrelieren. Das belegt die enorme Komplexität des Gerechtigkeitsproblems. Ohne unterstützende Arbeits-, Sozial- und Stadtentwicklungspolitik, ohne unterstützende Finanz-, Familien- und Jugendpolitik, ohne die verstärkte Kooperation nahezu aller Politikbereiche werden Bildungspolitik und Schule es nicht lösen können.

Was die Bildungspolitik jedoch tun kann und tun sollte: eine Gesamtstrategie zum Abbau von Benachteiligung entwickeln, die einzelne – und darunter vielleicht auch die von der Kommission der Friedrich-Ebert-Stiftung vorgeschlagenen – Maßnahmen zu einem kohärenten Ganzen verbindet und deren Wirksamkeit evaluiert.

Und sie sollte stets bedenken: Innovation ist eine Daueraufgabe. Innovation fängt im Kopf an, bei unserer Bereitschaft zur Veränderung schlechthin, bei unserem Mut, eingefahrene Denkmuster zu verlassen und bei unserem Zutrauen in das eigene Können. Innovation setzt ein Klima der Zuversicht voraus. Vieles ist ja längst auf einem guten Weg. Nicht schlecht reden, sondern besser machen. Auch darum geht es.

Literatur

Anders, Y. (2013): Stichwort: Auswirkungen frühkindlicher, institutioneller Bildung und Betreuung. Zeitschrift für Erziehungswissenschaft, 16 (2), S. 237–275.
Autorengruppe Bildungsberichterstattung (2018): *Bildung in Deutschland. Ein indikatorengestützter Bericht mit einer Analyse zu Wirkungen und Erträgen von Bildung.* Bielefeld: wbv Media.
Autorengruppe Bildungsberichterstattung (2020): *Bildung in Deutschland. Ein indikatorengestützter Bericht mit einer Analyse zu Bildung in einer digitalisierten Welt.* Bielefeld: wbv Media.

Baumert, J. (2008): Schule zwischen Bildungsauftrag und pädagogischem Realismus. In: Wernstedt, R./John-Ohnesorg, M. (Hrsg.): *Der Bildungsbegriff im Wandel. Verführung zum Lernen statt Zwang zum Büffeln*, Berlin: Friedrich-Ebert-Stiftung, S. 18–21.

Boudon, R. (1974): *Education, opportunity, and social inequality: Changing prospects in Western society*. New York: Wiley.

Depping, D./Lücken, M./Musekamp, F./Thonke, F. (2021): Kompetenzstände Hamburger Schüler*innen vor und während der Corona-Pandemie. *Die Deutsche Schule, Beiheft 17*, S. 51–79.

Engzell, P./Frey, A./Verhagen, M.D. (2020): *Learning Inequality During the Covid-19 Pandemic*. https://doi.org/10.31235/osf.io/ve4z7

Expertengruppe zur Evaluation der Lehrerfortbildung in NRW (2020). *Stellungnahme der Expertengruppe*. Düsseldorf.

Expertenkommission zur Qualität des Mathematikunterrichts in Hamburg (2018). *Wissenschaftliche Begleitung des Mathematikunterrichts in Hamburg. Abschlussbericht der Expertenkommission*. Hamburg.

Expertenkommission zur Qualitätskommission zur Schulqualität in Berlin (2020). *Empfehlungen zur Steigerung der Qualität von Bildung und Unterricht in Berlin. Abschlussbericht der Expertenkommission*. Berlin.

Nusser, L./Wolter, I./Attig, M./Fackler, S. (2021): Die Schulschließungen aus Sicht der ElternErgebnisse des längsschnittlichen Nationalen Bildungspanels und seiner Covid-19-Zusatzbefragung. *Die Deutsche Schule, Beiheft 17*, S. 33–50.

Geißler, R. (2005): Die Metamorphose der Arbeitertochter zum Migrantensohn. Zum Wandel der Chancenstruktur im Bildungssystem nach Schicht, Geschlecht, Ethnie und deren Verknüpfungen. In P.A. Berger/H. Kahlert (Hrsg.): *Institutionalisierte Ungleichheiten. Wie das Bildungswesen Chancen blockiert*. Weinheim und Basel: Juventa, S. 71–100.

Gresch, Cornelia (2012): *Der Übergang in die Sekundarstufe I: Leistungsbeurteilung, Bildungsaspiration und rechtlicher Kontext bei Kindern mit Migrationshintergrund*. Wiesbaden: Springer VS.

Grewenig, E./Lergetporer, P./Werner, K./Woessmann, L./Zierow, L. (2020): *COVID-19 and Educational Inequality: How School Closures Affect Low- and High-Achieving Students*. Discussion Paper Series IZA DP No. 13820.

Kommission der Friedrich-Ebert-Stiftung (2020): *Schule in Zeiten der PandemieEmpfehlungen für die Gestaltung des Schuljahres 2020/21*. Berlin: Friedrich-Ebert-Stiftung.

Kommission der Friedrich-Ebert-Stiftung (2021): *Gleiche Chancen für alle Kinder und Jugendlichen sichern Benachteiligungen abbauen, Kompetenzentwicklung fördern, Abschlüsse sichern*. Berlin: Friedrich-Ebert-Stiftung.

Maaz, K./Dumont, H. (2019): Ungleichheiten des Bildungserwerbs nach sozialer Herkunft, Migrationshintergrund und Geschlecht. In: O. Köller/M. Hasselhorn/F. Hesse/K. Maaz/J. Schrader/H. Solga/C.K. Spieß/K. Zimmer (Hrsg.): *Das Bildungswesen in Deutschland: Bestand und Potenziale*. Bad Heilbrunn: Klinkhardt, S. 299–332.

Maaz, K./Nagy, G. (2009): Der Übergang von der Grundschule in die weiterführenden Schulen des Sekundarschulsystems: Definition, Spezifikation und Quantifizierung primärer und sekundärer Herkunftseffekte. *Zeitschrift für Erziehungswissenschaft, Sonderheft 12–2009*, S. 153–182.

Maaz, K./Baumert, J./Trautwein, U. (2009): Genese sozialer Ungleichheit im institutionellen Kontext der Schule: Wo entsteht und vergrößert sich soziale Ungleichheit? *Zeitschrift für Erziehungswissenschaft, Sonderheft 12–2009*, S. 11–46.

Maldonado, J. E./De Witte, K. (2020): *The effect of school closures on standardised student test outcomes*. Faculty of Economics and Business. Discussion Paper Series DPS20.17.

Melhuish, E./Ereky-Stevens, K./Petrogiannis, K./Ariescu, A./Penderi, E./Rentzou, K./Tawell, A./Slot, P./Broekhuizen, M./Leseman, P. (2015): *A review of research on the effects of early childhood education and care (ECEC) upon child development. CARE project; curriculum quality analysis and impact review of European early childhood education and care (ECEC)*. http://www.ecec-care.org/resources/publications/.

Peisert, H. (1967): *Soziale Lage und Bildungschancen in Deutschland*. München: Piper.

Tomasik, M.J./Helbling L.A./Moser, G. (2020): Educational gains of in-person vs. distance learning in primary and secondary schools: A natural experiment during the COVID-19 pandemic school closures in Switzerland. *International Journal of Psychology*, DOI: 10.1002/ijop.12728.

AUSWIRKUNGEN DER PANDEMIE AUF ÜBERGANGSCHANCEN IN AUSBILDUNG UND BERUF

Homeschooling, Digitalisierung und Bildungsungerechtigkeit

Christina Anger, Axel Plünnecke

1 Einleitung

Im aktuellen Gutachten des Sachverständigenrates macht dieser deutlich, dass das Produktivitätswachstum durch zusätzliche Innovationen gestärkt werden solle und betont, dass die Erlangung digitaler Schlüsselkompetenzen wesentlicher Bestandteil der schulischen Bildung sein sollte (vgl. SVR 2020, S. 328). Engpässe an Akademikern und beruflich qualifizierten Kräften in den MINT-Bereichen stellen somit zentrale Innovationshemmnisse dar (vgl. SVR 2020, S. 300).

Der MINT-Herbstreport des Instituts der deutschen Wirtschaft (vgl. Anger et al. 2020a) zeigt jedoch, dass der im Zuge der Corona-Krise verursachte konjunkturelle Einbruch gegenwärtig zu einem starken Rückgang der Engpässe in den MINT-Berufen geführt hat. Mittel- bis langfristig ist aber wieder eine steigende Nachfrage nach MINT-Kräften zu erwarten. So hat zunächst einmal die Digitalisierung während der Corona-Krise weiter an Bedeutung gewonnen. Dies gilt sowohl für den Gesundheitsbereich selbst (Datenanalysen, Mustererkennung, Schnelltests, Bilddaten, Apps) als auch für die Wirtschaft (autonome Logistik, Lieferdienste, Plattformen, eCommerce, Homeoffice, etc.). Eine Befragung von Unternehmen durch die IW Consult zeigt (vgl. Fritsch/Krotova 2020), dass datengetriebene Geschäftsmodelle zunehmend zu einem wettbewerbsentscheidenden Faktor werden und dass sich Unternehmen vor allem von fehlenden Fachexperten bei der Umsetzung dieser Geschäftsmodelle gehemmt fühlen. Darüber hinaus kann die Dekarbonisierung zu einer steigenden Nachfrage nach MINT-Kräften führen. Auswertungen der IW-Patentdatenbank machen deutlich, dass in der Kfz-Industrie die Forschungsschwerpunkte in Technologien der Dekarbonisierung stark an Bedeutung gewonnen haben (vgl. Koppel et al. 2019; Puls/Fritsch 2020). Hier werden vor allem MINT-Kräfte benötigt, um die Produkte der Zukunft zu erforschen und zu entwickeln.

In den kommenden Jahren werden ferner jährlich über 62.200 MINT-Akademiker*innen aus Altersgründen aus dem Arbeitsmarkt ausscheiden. Rund zwei Drittel der Absolvent*innen eines MINT-Studiums werden daher allein dafür benötigt, den Ersatzbedarf zu decken und stehen somit nicht für ein weiteres Wachstum der Erwerbstätigkeit zur Verfügung. Bei MINT-Facharbeiter*innen beträgt der aktuelle demografische Ersatzbedarf rund 270.800. Das jährliche Neuangebot an beruflich qualifizierten MINT-Facharbeiter*innen wird in den kommenden Jahren deutlich unter dem demografischen Ersatzbedarf liegen (vgl. Anger et al., 2020a). Es ist daher von hoher Bedeutung, dass auch zukünftig genügend MINT-Kräfte zur Verfügung stehen. In den Schulen wird hierfür in den mathematisch-naturwissenschaftlichen Fächern die Grundlage dafür gelegt. Weiterhin ist es wichtig, dass alle Bildungspotenziale bestmöglich genutzt werden.

2 Ausgangslage der Bildungsgerechtigkeit in Deutschland

Vor allem die PISA-Erhebungen haben gezeigt, dass der Zusammenhang zwischen Bildungserfolg und sozio-ökonomischer Herkunft in Deutschland relativ hoch ist. Dem Thema „Bildungsgerechtigkeit" kommt somit eine hohe Bedeutung zu. Über mehrere Jahre konnte Deutschland in diesem Bereich auch Verbesserungen erzielen. Der Zusammenhang zwischen Herkunft und Bildungserfolg ist geringer geworden. Dies zeigt sich z. B. daran, dass sich in den letzten Jahren der Anteil junger Menschen aus Nichtakademikerhaushalten, die einen Hochschulabschluss erzielt haben oder sich noch in der Hochschulausbildung befinden, erhöht hat. In den Jahren 2000 bis 2002 betrug dieser Anteil durchschnittlich noch 18,7 Prozent und im Jahr 2018 schon 30 Prozent. Der prozentuale Anstieg der jungen Menschen aus Akademikerhaushalten, die ein Studium absolvieren, fiel geringer aus (Abbildung 1).

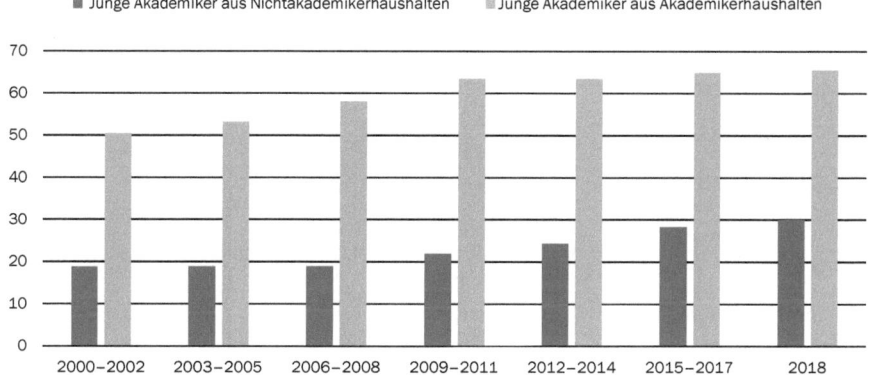

Abbildung 1: *Herkunft junger Akademiker*innen*
Akademiker*innen im Alter von 25 bis 35 Jahren aus Akademiker- und Nichtakademikerhaushalten, in Prozent
Quellen: SOEP v35; eigene Berechnungen

Am aktuellen Rand ist jedoch festzustellen, dass der Zusammenhang zwischen sozioökonomischer Herkunft und Bildungserfolg wieder größer wird. Der Zusammenhang zwischen Herkunft und Bildungserfolg lässt sich unter anderem mit den PISA-Daten (Programme for International Student Assessment) untersuchen. Dort wird der Zusammenhang zwischen dem sozioökonomischen Hintergrund und den Kompetenzwerten im Lesen mithilfe eines Index des ökonomischen, sozialen und kulturellen Status (Economic, Social and Cultural Status – ESCS) gemessen. Es wird zum einen der Zusammenhang zwischen dem ESCS und den Kompetenzwerten untersucht, d. h., es wird berechnet, wie viele Kompetenzpunkte eine Person mehr aufweist, wenn der ESCS um eine Einheit ansteigt. Des Weiteren wird ausgewiesen, welcher prozentuale Anteil an der Varianz der Bildungsleistungen auf den ESCS zurückgeführt werden kann.

Aus Tabelle 1 wird deutlich, dass sich der Zusammenhang zwischen dem ESCS und den Kompetenzen der Schüler*innen in Deutschland über viele Jahre verbessert hat. Während eine Steigerung beim ESCS um eine Einheit im Jahr 2000 noch zu einer Zunahme der Lesekompetenzen um 59 Punkte geführt hat, betrugen die entsprechenden Werte in den Jahren 2006 und 2012 noch 47 beziehungsweise 37 Punkte. Deutschland ist dabei in diesem Zeitraum von einem der letzten Plätze ins Mittelfeld vorgerückt. Bis zum Jahr 2018 verschlechterte sich dieser Zusammenhang jedoch und nahm wieder zu.

Tabelle 1: *Zusammenhang zwischen ESCS und Lesekompetenz*
Steigung des Gradienten in ausgewählten Jahren, in PISA-Punkten

Land	2000	Land	2006	Land	2012	Land	2015	Land	2018
Südkorea	24	Island	24	Mexiko	21	Mexiko	22	Mexiko	25
Island	27	Mexiko	28	Island	30	Island	29	Portugal	31
Finnland	28	Südkorea	28	Kanada	30	Portugal	29	Italien	32
Italien	30	Finnland	29	Italien	31	Dänemark	32	Kanada	32
Griechenland	32	Italien	30	Portugal	31	Italien	33	Island	33
Mexiko	33	Dänemark	32	Finnland	33	Kanada	33	Irland	34
Irland	34	Portugal	33	Südkorea	33	Norwegen	33	Griechenland	35
Kanada	37	Griechenland	34	Norwegen	33	Griechenland	36	Norwegen	35
Schweden	37	Kanada	36	Griechenland	34	Irland	36	Südkorea	37
Portugal	38	Schweden	36	Polen	36	Deutschland	38	Australien	38
Norwegen	41	Norwegen	38	Deutschland	37	Polen	38	Dänemark	38
Dänemark	43	Irland	38	Schweden	38	Finnland	39	Finnland	38
Frankreich	43	Schweiz	39	Schweiz	38	Schweiz	39	Neuseeland	39
Österreich	44	Australien	41	Dänemark	39	Schweden	41	Polen	39

Polen	44	Polen	42	Irland	39	Australien	42	Schweden	39
Neuseeland	46	Ungarn	45	Australien	42	Südkorea	44	Österreich	40
Australien	50	Österreich	46	Österreich	42	Belgien	45	Deutschland	42
Belgien	50	Deutschland	47	Ungarn	42	Neuseeland	45	Schweiz	43
Schweiz	51	Belgien	48	Tschechien	46	Österreich	45	Tschechien	45
Ungarn	57	Frankreich	48	Belgien	47	Ungarn	47	Belgien	46
Deutschland	59	Neuseeland	49	Neuseeland	52	Tschechien	53	Ungarn	46
Tschechien	60	Tschechien	51	Frankreich	58	Frankreich	59	Frankreich	47

Ein um eine Einheit höherer ESCS (Index of economic, social and cultural status) brachte eine um so viel Punkte größere Lesekompetenz mit sich.
Es werden Ergebnisse für die Länder dargestellt, für die in allen Jahren Werte vorliegen.
Quellen: OECD, 2007, S. 131; 2013, S. 175; 2016; Reiss et al. 2019, S. 141.

Auch der Anteil der Unterschiede in den Schülerleistungen, der auf den sozio-ökonomischen Hintergrund der Schüler*innen zurückzuführen ist, ist zunächst geringer geworden. Es ist jedoch festzustellen, dass auch dieser Zusammenhang im Jahr 2018 wieder zugenommen hat. Es haben sich sowohl die entsprechenden Werte verschlechtert als auch die relative Position Deutschlands im Vergleich zu anderen Ländern. Während der Anteil im Jahr 2000 noch 23,6 Prozent betrug, verbesserte sich der Wert bis zum Jahr 2015 auf 12,9 Prozent (vgl. OECD 2007; OECD 2016). Im Jahr 2018 nahm der Anteil jedoch wiederum auf 17,2 Prozent zu. Damit nimmt Deutschland in der PISA-Erhebung aus dem Jahr 2018 wiederum nur einen Platz im unteren Mittelfeld der OECD-Länder ein. Die Stärke des Zusammenhangs zwischen beiden Variablen fällt signifikant höher aus als im OECD-Durchschnitt (vgl. Reiss et al. 2019, S. 141).

Diese Entwicklung kann auch auf die starke Zuwanderung der letzten Jahre zurückgeführt werden. Das Bildungssystem steht vor der Herausforderung, die neu zugewanderten Kinder und Jugendlichen schnell in das Bildungssystem zu integrieren und zu einem Schulabschluss zu führen. Die Bildungschancen der Kinder werden jedoch auch in erheblichem Maße von den Eltern mitbestimmt. In vielen Ländern haben vor allem Eltern mit akademischem Bildungshintergrund in den letzten Jahren ihre materiellen und immateriellen Investitionen erhöht, um ihren Kindern gute Startmöglichkeiten zu verschaffen. Um die daraus resultierenden unterschiedlichen Startchancen anzugleichen, kommt der frühkindlichen Förderung und der Schulbildung eine hohe Bedeutung zu. In diesen Bereichen sind jedoch weitere qualitative und quantitative Verbesserungen vorzunehmen, um die Bildungschancen aller Kinder deutlich zu erhöhen (vgl. Anger/Plünnecke 2021).

3 Der Einfluss der Ressourcen der Eltern auf die Bildungschancen der Kinder

Wie stark das Engagement der Eltern für eine gute Bildung ihrer Kinder ausfällt, hängt von den Zielen und Erwartungen der Eltern ab. Die Eltern orientieren sich dabei auch an den Chancen einer guten Positionierung im Bildungssystem und auf dem Arbeitsmarkt. So zeigen Doepke/Zilibotti (2017), dass die Anwendung eines bestimmten Erziehungsstils auch davon abhängt, wie hoch die Erträge dieses Erziehungsstils ausfallen. Diese wiederum differieren je nach sozioökonomischem Umfeld. Welcher Erziehungsstil vorherrschend ist, kann sich damit auch zwischen verschiedenen Ländern unterscheiden. Die beiden Autoren unterscheiden drei Erziehungsstile: Bei einem autoritären Erziehungsstil schränken die Eltern die Wahlmöglichkeiten der Kinder ein und setzen ihren Willen und ihre Vorstellungen bei den Kindern durch. Dieser Erziehungsstil wird eher in traditionellen Gesellschaften mit einer geringen sozialen und beruflichen Mobilität vorherrschen. Hier ist es vorteilhaft für die Kinder, den Elternberuf zu übernehmen, da in solchen Gesellschaften der Ertrag von Unabhängigkeit gering ist. Im Gegensatz dazu sollte in Gesellschaften mit einem hohen wirtschaftlichen Wert für unabhängige Entscheidungen und einer hohen Rendite auf das Humankapital eine autoritative Elternschaft vorherrschen. Der autoritative Erziehungsstil zählt zu den Formen „intensiver Erziehung". Bei ihm versuchen die Eltern, die Vorlieben ihrer Kinder so zu formen, dass sie Entscheidungen treffen, die die Eltern als förderlich für den Erfolg im Leben ansehen. Schließlich ermöglicht es der permissive Erziehungsstil den Kindern, freie Entscheidungen nach ihren natürlichen Neigungen zu treffen. Eine sehr freizügige Elternschaft ist attraktiv, wenn der Ertrag von Unabhängigkeit hoch und die Rendite für Humankapitalinvestitionen relativ niedrig ist (vgl. Doepke/Zilibotti 2017).

In den letzten Jahren lässt sich in vielen Ländern eine Zunahme eines intensiven Erziehungsstils feststellen. Dieser Erziehungsstil ist sehr aufwendig und erfordert einen hohen Einsatz der Eltern. Die Eltern steigern ihre materiellen und immateriellen Investitionen, um ihren Kindern gute Startbedingungen und bestmögliche Zukunftschancen zu ermöglichen (vgl. Doepke/ Zilibotti, 2017). Vor allem ungleich verteilte Einkommen und bestehende Aufstiegs- oder Abstiegschancen bilden einen Anreiz für die Eltern, stärker in die Kinder zu investieren und die Leistungserwartungen an die Kinder zu erhöhen (vgl. Doepke/Zilibotti 2019, 109). Damit stellt die Familie eine erste Quelle der Ungleichheit hinsichtlich des Bildungserfolgs der Kinder dar, denn es ist nicht allen Eltern in gleichem Umfang möglich, ihre Kinder bestmöglich zu fördern. Ihre finanziellen Voraussetzungen und Bildungsressourcen unterscheiden sich.

In Deutschland ist die Notwendigkeit, eine sehr intensive Elternschaft zu pflegen, nicht so stark ausgeprägt. Am Ende der 1990er Jahre hat sich die

Bildungsrendite verbessert, seitdem verläuft sie in Westdeutschland jedoch weitgehend konstant (Abbildung 2).

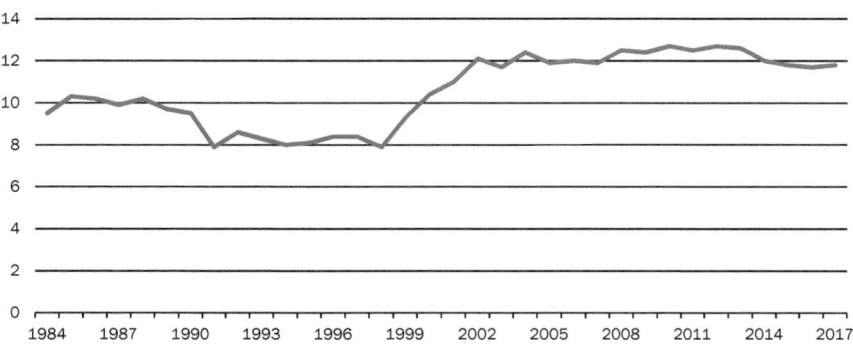

Abbildung 2: *Bildungsrenditen in Westdeutschland*
Zugewinn an Arbeitseinkommen durch zusätzliche Bildungsjahre, in Prozent
Quellen: SOEP35, eigene Berechnungen

Gleichzeitig hat in Deutschland die berufliche Mobilität zugenommen (vgl. Autorengruppe Bildungsberichterstattung 2020, S. 319 ff.). Darum ist auch eine autoritäre Erziehung, die eine ähnliche Berufsentscheidung wie die der Eltern beinhaltet, ebenfalls nicht lohnenswert. Ausdruck findet die gestiegene berufliche Mobilität in Deutschland zudem in der steigenden Akademikerquote und der hohen Berufsmobilität akademischer Abschlüsse (vgl. Doepke et al. 2019, S. 22 ff.).

Auch wenn in Deutschland gegenwärtig der permissive Erziehungsstil noch vorherrschend ist, hat es auch in Deutschland in den letzten Jahren eine Intensivierung der Elternschaft gegeben. Die Zeit- und Bildungsressourcen, die für die Bildung der Kinder aufgewendet werden, unterscheiden sich jedoch zwischen den Eltern. Eine entscheidende Rolle spielt hier der Bildungsstand der Eltern. Eigene Berechnungen mit den PISA-Daten zeigen, dass unabhängig davon, auf welcher PISA-Kompetenzstufe sich die Kinder befinden, Kinder von höher gebildeten Eltern mehr Unterstützung bei ihren Schulaufgaben erhalten als Kinder von Eltern ohne beruflichen Abschluss (Abbildung 3).

Daher ist es von erheblicher Bedeutung, dass diese unterschiedlichen Startchancen durch das Elternhaus im Bildungssystem zumindest ansatzweise ausgeglichen werden. Sind Schulen und Kindertageseinrichtungen jedoch über einen längeren Zeitraum geschlossen, hängt es im Wesentlichen von den Eltern ab, inwieweit die Kinder gefördert werden.

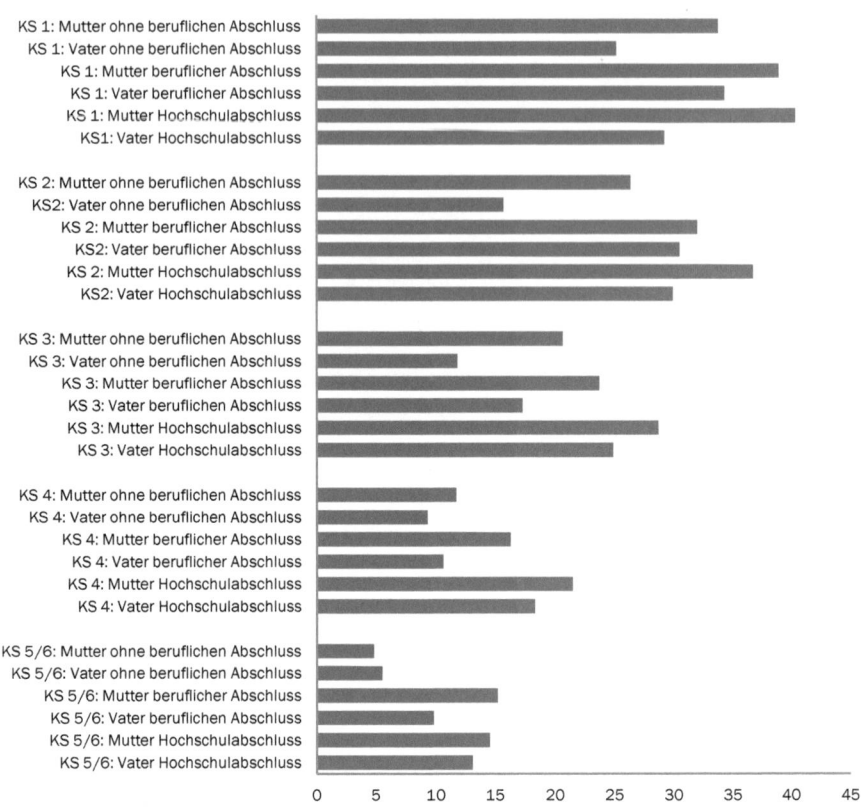

Abbildung 3: *Unterstützung bei den Schulaufgaben durch die Eltern*
Anteil der Eltern, die ihre Kinder in der neunten Klasse mehrmals pro Monat oder
mehrmals pro Woche bei den Schulaufgaben unterstützen, in Prozent
KS = Kompetenzstufe.
Quellen: eigene Berechnungen auf Basis der PISA-Rohdaten 2018; Anger/Plünnecke 2020

4 Schulschließungen und Kompetenzverluste

Anger und Plünnecke (2020) machen deutlich, dass die im Frühjahr 2020 stattgefundenen Schulschließungen trotz Fernunterricht zu erheblichen Lernverlusten in Deutschland geführt haben dürften. Diese gingen insbesondere zu Lasten
der Kinder aus bildungsfernen Haushalten.

Empirisch können die Effekte der Schulschließungen auf die Kompetenzen
der Schüler*innen durch internationale Studien zu Lehrerstreiks abgeschätzt
werden (vgl. Wößmann 2020). Diese Studien zeigen, dass sich längere Schulunterbrechungen in der Grundschulzeit auf Klassenwiederholungen und auf die
späteren Schulabschlüsse der Betroffenen auswirken können. Zudem ist das

durchschnittliche Arbeitseinkommen niedriger und die Gefahr von Arbeitslosigkeit größer. Besonders stark sind die negativen Auswirkungen der Schulschließungen für Kinder aus bildungsfernen Haushalten und von Eltern mit geringeren Einkommen (vgl. Belot/Webbink 2010; Gaete 2018; Jaume/Willén 2019).

Des Weiteren können die Auswirkungen der Schulschließungen auch durch Studien zum sogenannten „Summer Gap" abgeschätzt werden. Karl et al. (2007) zeigen, dass gerade Kinder aus bildungsfernen Haushalten durch längere Phasen ohne institutionelles Bildungsangebot in den Sommerferien im Vergleich zu anderen Kindern deutlich in den gemessenen Bildungsleistungen zurückfallen. Dieser Effekt hat unterschiedliche Gründe: Zum einen haben die Eltern in sozioökonomisch benachteiligten Lebenssituationen häufig selbst eine schwierige Schulbiografie hinter sich und sie finden nur schwer Zugang zur Schule. Zum anderen wissen höher qualifizierte Eltern mehr über die Bedeutsamkeit der Kulturtechniken und unterstützen gerade Grundschulkinder stärker in ihrem Lernprozess (vgl. Langner/Plünnecke 2020). Kuhfeld/Tarasawa (2020) zeigen auf Basis von Projektionen der messbaren Effekte des Summer Gaps für die USA, dass die Schulschließungen in Folge der Corona-Krise zu großen Einbrüchen bei den mathematischen Kompetenzen der Schüler*innen führen dürften. Die Effekte sind dabei bei Drittklässlern und Viertklässlern deutlich größer als in Klasse 8 oder 9.

Eine Metastudie für die EU leitet aus der bestehenden Literatur zu Schulunterbrechungen vor der Corona-Krise zusammenfassend ab, dass eine Schulunterbrechung von 10 Wochen zu Lernverlusten von bis zu 23 Prozent der Standardabweichung der Testergebnisse führen dürfte (vgl. Di Pietro et al. 2020) – übersetzt auf die PISA-Studie wären dies etwa 23 Punkte. Die empirischen Ergebnisse zu den Schulschließungen stellen eine Obergrenze der Abschätzung der negativen Effekte dar, da die Schulen durch digitalgestützten Fernunterricht versuchten, diese Effekte zu kompensieren.

Wößmann (2020) betont darüber hinaus, dass jedes Schuljahr an zusätzlichem Lernen das Lebenseinkommen im Durchschnitt um rund 10 Prozent erhöht. Daraus wird abgeleitet, dass ein Unterrichtsausfall, der einem Drittel eines Schuljahres entspricht, das spätere Erwerbseinkommen der betroffenen Schüler*innen um rund 3–4 Prozent verringern dürfte.

Zu den Auswirkungen der Schulschließungen während der Corona-Krise liegen inzwischen erste Studien vor. Diese zeigen, dass sich während der Schulschließungen die Zeit, die fürs Lernen verwendet worden ist, reduziert hat. Eine Befragung von Schüler*innen der Klassen 11 und 12 an gymnasialen Oberstufen allgemeinbildender Schulen zeigt, dass an einem typischen Homeschooling-Tag rund 37 Prozent der Schüler*innen nur im Zeitumfang von unter zwei Stunden Schulausgaben bearbeitet haben. Die Gymnasiasten, die zu Präsenzzeiten schlechtere Noten hatten, waren dabei weniger aktiv (vgl. Anger et al.

2020b). Wößmann et al. (2020) zeigen auf Basis einer Elternbefragung im Rahmen des ifo-Bildungsbarometers 2020, dass Schulkinder ihre Zeit für schulische Aktivitäten von durchschnittlich 7,4 Stunden vor der Corona-Krise auf 3,6 Stunden während der Schulschließungen mehr als halbierten. Hierbei traten große Unterschiede zwischen leistungsstärkeren und leistungsschwächeren Schüler*innen auf. Vor allem Kinder mit einem hohen Förderbedarf könnten somit Nachteile durch das Homeschooling erleiden. Ähnliche Ergebnisse liegen auch für andere Länder vor. So konnte beispielsweise auch für Großbritannien festgestellt werden, dass während der Zeit der Schulschließungen gerade zwischen Kindern im Grundschulalter aus ärmeren und bessergestellten Familien eine beträchtliche Lücke in der Lernzeit entstanden ist (vgl. Andrew et al. 2020).

Weiterhin deutet sich an, dass auch die Kompetenzen der Schüler*innen während der Phase der Schulschließung zurückgegangen sind. Engzell et al. (2020) untersuchten die Unterbrechung des Präsenzunterrichts an Schulen während der COVID-19-Pandemie auf die Kompetenzen von Grundschüler*innen in den Niederlanden. Die Schulen in den Niederlanden waren im Vergleich zu anderen Ländern nur für einen relativ kurzen Zeitraum geschlossen (acht Wochen). Außerdem ist die technische Ausstattung in den Schulen relativ gut, sodass eigentlich gute Voraussetzungen dafür vorhanden sind, dass auch während des Distanzunterrichts Lernfortschritte erzielt werden können. Es werden die Ergebnisse von nationalen Kompetenztests vor den Schulschließungen und nach den Schulschließungen betrachtet und der Lernfortschritt in dieser Zeit mit den Lernfortschritten in den Vorjahren verglichen. Die Ergebnisse zeigen ein Lernverlust von etwa drei Perzentilpunkten oder 0,08 Standardabweichungen. Die Verluste sind dabei bis zu 55 Prozent größer bei Schüler*innen aus weniger gebildeten Familien. Der durchschnittliche Lernverlust entspricht dem Fünftel eines Schuljahres, also fast genau dem gleichen Zeitraum, in dem die Schulen geschlossen blieben. Diese Ergebnisse legen nahe, dass die Schüler*innen nur geringe oder keine Fortschritte beim Lernen von zu Hause gemacht haben. Gleichzeitig deuten die Ergebnisse auf noch größere Verluste in den Ländern hin, die weniger auf Fernunterricht vorbereitet sind. Eine erste Untersuchung zu den Effekten der Schulschließungen auf in Leistungstests gemessene Kompetenzen während der Corona-Krise liegt auch für Flandern in Belgien vor. Maldonado/De Witte (2020) konnten auf Basis der standardisierten Testergebnisse aus dem Juni 2020 für die Sechstklässler zeigen, dass diese im Vergleich zu früheren Kohorten einen Lernverlust von 0,19 Standardabweichungen in Mathematik und 0,29 Standardabweichungen in den Sprachkompetenzen aufweisen. Übertragen auf die PISA-Erhebung entspricht dies etwa einem Verlust von 19 bis 29 Punkten. Zugleich hat die Ungleichheit stark zugenommen – sowohl innerhalb als auch zwischen Schulen, wobei Schulen mit mehr benachteiligten Schüler*innen größere Einbußen erlitten haben.

Diese ersten Ergebnisse legen nahe, dass der Fernunterricht die Effekte von

Schulschließungen nicht adäquat kompensieren konnte. Ob negative Effekte in ähnlichem Umfang auch in Deutschland zu erwarten sind, kann durch einen Blick auf die Ausgangslage in beiden Ländern abgeschätzt werden.

5   Übertragbarkeit der Effekte auf Deutschland? Ausgangslage der Digitalisierung

Gemäß der International Computer and Information Literacy Study (ICILS) war die Ausstattung der Schulen in Deutschland mit digitalen Geräten im Jahr 2018 deutlich schlechter als im internationalen Durchschnitt. Nur 26,2 Prozent der Schüler*innen in der achten Klasse besuchten 2018 eine Schule, in der sowohl für sie als auch für die Lehrkräfte ein WLAN-Zugang verfügbar war. Dänemark, das Land mit den höchsten computer- und informationsbezogenen Kompetenzen der Schüler*innen in ICILS 2018, erreicht eine Quote von 100 Prozent.

Ein Vergleich des Stands der Digitalisierung in den Schulen in Deutschland und Belgien erlaubt die PISA-Studie aus dem Jahr 2018. Neben Belgien wurde auch die Situation von Dänemark als bestem Land der ICILS-Studie mit in den Vergleich aufgenommen (vgl. Anger/Plünnecke, 2020). Nach Auskunft der Schüler*innen wurden in einer typischen Schulwoche in Deutschland nur selten digitale Geräte eingesetzt (Tabelle 2). Die Schüler*innen in Dänemark berichteten etwas häufiger von entsprechenden Erfahrungen. Relativ groß ist vor allem der Unterschied zu Dänemark.

Tabelle 2: Einsatz von digitalen Geräten in einer typischen Schulwoche in Prozent

	Nie	1-30 Minuten in der Woche	31-60 Minuten in der Woche	Mehr als 60 Minuten in der Woche
Deutschland				
Testsprache	65,7	22,2	5,8	6,0
Mathematik	64,5	19,4	8,1	7,6
Naturwissenschaften	52,9	28,0	11,4	6,3
Dänemark				
Testsprache	1,6	7,1	14,1	76,8
Mathematik	4,3	14,0	20,5	61,0
Naturwissenschaften	4,9	14,2	24,9	55,5
Belgien				
Testsprache	49,9	19,0	8,2	8,0
Mathematik	57,2	12,9	6,0	8,5
Naturwissenschaften	53,3	13,2	7,4	8,2

Anmerkung: Die Angaben addieren sich nicht zu 100, weil einige Schüler*innen das jeweilige Fach nicht belegt haben.
Quelle: Eigene Berechnungen auf Basis PISA 2018, Befragung von Neuntklässlern; Anger/Plünnecke, 2020

Besonders deutlich zeigen sich die Unterschiede beim gemeinsamen Einsatz von digitalen Geräten im Unterricht durch Lehrkräfte und Schüler*innen (Tabelle 3). In Dänemark trifft dies je nach Unterrichtsinhalt auf 77 bis 90 Prozent zu, in Deutschland und Belgien liegen die entsprechenden Anteile eher bei einem Fünftel.

Tabelle 3: Einsatz von digitalen Geräten im Schulunterricht während des letzten Monats nach Nutzer in Prozent

	Nutzung durch Lehrer und Schüler	Nutzung nur durch Schüler	Nutzung nur durch Lehrer	Keine Nutzung
Deutschland				
Testsprache	20,0	9,8	19,3	50,2
Mathematik	20,8	9,0	17,4	51,9
Naturwissenschaften	21,9	11,2	27,1	37,8
Dänemark				
Testsprache	88,9	6,9	2,7	1,2
Mathematik	80,3	11,1	4,4	3,9
Naturwissenschaften	77,3	11,9	6,6	3,5
Belgien				
Testsprache	23,5	7,3	32,0	18,7
Mathematik	15,9	6,5	34,0	23,9
Naturwissenschaften	14,5	5,9	36,1	20,4

Anmerkung: Die Angaben addieren sich nicht zu 100, da einige Schüler*innen das jeweilige Fach nicht belegt haben.
Quelle: Eigene Berechnungen auf Basis PISA 2018, Befragung von Neuntklässlern

Weitere Informationen zur Ausgangslage der Digitalisierung an den Schulen vor der Corona-Krise ergibt sich auch aus der Schulleiterbefragung bei PISA 2018. Die Schulleiter*innen wurden zu verschiedenen Ausstattungsmerkmalen in ihren Schulen befragt. Aus Tabelle 4 wird deutlich, dass der Anteil der Schulleiter*innen, die den jeweiligen Aussagen zustimmen oder voll und ganz zustimmen, in Deutschland in allen Aspekten deutlich niedriger liegt als in Dänemark. Zudem schneidet Deutschland bis auf eine Ausnahme auch schlechter ab als Belgien. So besuchen in Deutschland nur 44,2 Prozent der Schüler*innen Schulen, in denen die Schulleitung die Anzahl der mit dem Internet verbundenen digitalen Geräte als ausreichend bezeichnet. Weiterhin verfügen 31,7 Prozent der besuchten Schulen über eine ausreichende Internetbandbreite, 33 Prozent über eine ausreichende Zahl digitaler Endgeräte, 34,4 Prozent über ausreichend qualifiziertes technisches Assistenzpersonal und 33 Prozent über eine effektive Online-Plattform zur Unterstützung des Lernens. In allen genannten Kategorien waren die entsprechenden Anteilswerte in Dänemark mehr als doppelt so hoch und auch in Belgien deutlich höher (Tabelle 4).

Tabelle 4: Zustimmung zur Digitalisierung an Schulen in Deutschland, Dänemark und Belgien in Prozent (Zustimmung: zustimmen und voll und ganz zustimmen) (Stand: 2018)

	Deutschland	Dänemark	Belgien
Die Anzahl der mit dem Internet verbundenen digitalen Geräte ist ausreichend	44,2	84,7	65,4
Die Internetbandbreite oder -geschwindigkeit der Schule ist ausreichend	31,7	89,9	69,3
Die Anzahl der digitalen Geräte für den Unterricht ist ausreichend	33,0	75,9	63,4
Digitale Geräte sind hinsichtlich der Rechenkapazität ausreichend leistungsfähig	58,8	83,7	71,8
Die Verfügbarkeit angemessener Software ist ausreichend	59,3	83,5	75,1
Lehrer haben die Fähigkeiten, digitale Geräte in den Unterricht zu integrieren	56,7	80,2	55,1
Die Lehrer haben genügend Zeit, um den Unterricht mit digitalen Geräten vorzubereiten	44,3	64,1	70,8
Effektive professionelle Ressourcen für Lehrer, um den Umgang mit digitalen Geräten zu lernen, sind vorhanden	40,8	82,3	65,4
Eine effektive Online-Plattform zur Unterstützung des Lernens ist verfügbar	32,7	91,0	47,0
Die Lehrkräfte erhalten Anreize zur Integration digitaler Geräte in den Unterricht	45,4	88,7	59,6
Die Schule verfügt über ausreichend qualifiziertes technisches Assistenzpersonal	34,4	79,5	54,3

Quelle: eigene Berechnungen auf Basis der PISA-Rohdaten; Befragung der Schulleiter*innen; gewichtet mit Größe der Schulen; Anger et al. (2020a).

Auch bei weiteren Aspekten bezüglich der Digitalisierung liegt Deutschland deutlich zurück. So bejahen nur 39,1 Prozent der Schulleiter*innen die Frage, ob die Schule eine eigene schriftliche Erklärung speziell zur Verwendung digitaler Geräte für pädagogische Zwecke hat. In 45,2 Prozent der Schulen finden regelmäßige Gespräche mit Lehrkräften über den Einsatz digitaler Geräte für pädagogische Zwecke statt, in 20,2 Prozent der Schulen gibt es spezielle Programme zur Förderung der Zusammenarbeit zwischen Lehrer*innen beim Einsatz digitaler Geräte und nur für 12,9 Prozent der Lehrer ist Zeit eingeplant, um sich zu treffen, um Unterrichtsmaterialien zu teilen, zu bewerten oder zu entwickeln. Gerade bei letzterem ist die Zustimmung der Schulen in Dänemark mit 76,8 Prozent deutlich höher. Auch in Belgien liegen die Zustimmungswerte bei den genannten Fragen höher.

Tabelle 5: Zustimmung zur Digitalisierung an Schulen in Deutschland, Dänemark und Belgien, Antwortkategorie: ja in Prozent (Stand: 2018)

	Deutschland	Dänemark	Belgien
Schule hat eine eigene schriftliche Erklärung speziell zur Verwendung digitaler Geräte für pädagogische Zwecke	39,1	41,0	65,5
Regelmäßige Gespräche mit Lehrkräften über den Einsatz digitaler Geräte für pädagogische Zwecke	45,2	88,5	61,9
Schule hat ein spezielles Programm zur Förderung der Zusammenarbeit zwischen Lehrer*innen beim Einsatz digitaler Geräte	20,2	43,0	35,1
Geplante Zeit für Lehrer, um sich zu treffen, um Unterrichtsmaterialien zu teilen, zu bewerten oder zu entwickeln	12,9	76,8	36,2

Quelle: eigene Berechnungen auf Basis der PISA-Rohdaten; Befragung der Schulleiter*innen; gewichtet mit Größe der Schulen; Anger et al. (2020a).

Eine aktuelle Auswertung der PISA-2018-Daten durch die OECD (2020) macht deutlich, dass Deutschland in den betrachteten Indikatoren (Verfügbarkeit einer Online-Lernplattform, entsprechende Ressourcen zur Weiterbildung für Lehrkräfte) deutlich schlechter abschneidet als der OECD-Durchschnitt. Auch bei diesen beiden Indikatoren schneidet Dänemark besser als der OECD-Durchschnitt ab, Belgien weist Werte nah am OECD-Durchschnitt auf.

Es ist somit in Deutschland von ähnlichen Kompetenzeinbußen wie in Belgien auszugehen. Ferner bestanden bereits wie oben gezeigt vor der Corona-Krise erhebliche Unterschiede bei Bildungsressourcen und Erziehungsstil der Eltern und daraus abgeleitet bei der Unterstützung der Hausaufgaben. Im Homeschooling kommen Unterschiede bei der Ausstattung erschwerend hinzu und dürften den Einfluss des sozioökonomischen Hintergrundes des Elternhauses auf die Bildungsergebnisse deutlich verstärken (siehe Beitrag Geis-Thöne in diesem Band).

Damit drohen die Fortschritte bei den PISA-Kompetenzen in den MINT-Fächern seit dem Jahr 2000 und Fortschritte bei der Bildungsgerechtigkeit bis zum Jahr 2015 für eine ganze Schülergeneration verloren zu gehen, wenn nicht Gegenmaßnahmen getroffen werden. Dies würde langfristig die Fachkräftesicherung in den akademischen MINT-Berufen und in den MINT-Facharbeiterberufen belasten. Da gerade Kinder aus bildungsfernen Haushalten und Kinder mit bereits vorhandenen Lernschwierigkeiten besonders durch die Schulschließungen belastet wurden, dürfte es gravierende Probleme bei der Sicherung der Ausbildungsreife der Schulabsolvent*innen geben. Um die Bildungschancen der aktuellen Schülergeneration zu verbessern und die Fachkräftesicherung in den MINT-Berufen zu stärken, ist ein Aufbruch in der Digitalisierung der Schulen nötig.

Schon vor etwa 20 Jahren hat Dänemark mit der Digitalisierung der Schulen begonnen, indem in Infrastruktur (WLAN, Computerausstattungen), Lernplattformen und Software zum gemeinschaftlichen Arbeiten investiert wurde (vgl. Leopoldina 2020). Dadurch konnte Dänemark flexibel in der Corona-Krise reagieren, die Schulen schnell wieder öffnen und auch Wechselmodelle zwischen Präsenz- und Distanzlernen nutzen (vgl. Leopoldina 2020). Die Digitalisierung der Schulen hilft nicht nur bei einem Wechsel von Präsenzunterricht auf hochwertigen Distanzunterricht oder hybride Modelle. Auch für den Regelbetrieb kann sie positive Effekte erzeugen. Hillmayr et al. (2017) zeigen, dass eine Kombination von digitalen mit traditionellen Methoden und eine entsprechende Qualifikation der Lehrkräfte hierbei wichtig sind. Aus der ICILS-Studie geht jedoch hervor, dass im Jahr 2018 nur wenige Lehrkräfte an entsprechenden Weiterbildungen teilnahmen und nur 34,7 Prozent der Lehrkräfte in Deutschland angaben, dass der schulische Einsatz digitaler Medien die Leistungen der Schüler*innen verbessert. In Dänemark betrug der entsprechende Anteil 74,8 Prozent (vgl. Eickelmann et al. 2019).

Seit den Schulschließungen hat es erste wichtige Impulse zur digitalen Transformation der Schulen gegeben. Die Ausstattung mit digitalen Endgeräten bessert sich, Lehrplattformen stehen zur Verfügung, digitale Bildungsinhalte werden entwickelt. Auch der WLAN-Zugang an den Schulen soll in den kommenden Jahren im Zuge der Umsetzung des Digitalpakts verbessert werden. Eine aktuelle Folgebefragung von Lehrkräften für das Deutsche Schulbarometer Spezial zur Corona-Krise (vgl. Deutsches Schulportal, 2021) zeigt jedoch, dass eine große Mehrheit der Schulen mit digitalen Lernplattformen arbeitet und die Lehrkräfte erste Erfahrungen sammeln konnten. Dennoch sind die Fortschritte der Schulen bei der Ausstattung für den digitalen Fernunterricht von April 2020 bis Dezember 2020 vergleichsweise gering. Nur 23 Prozent der Lehrkräfte berichten, dass es an der Schule ein Konzept gibt, Schüler*innen mit Lernschwierigkeiten im Wechsel- und Fernunterricht zu unterstützen (vgl. Deutsches Schulportal 2021). Als nächste Schritte gilt es folglich, Konzepte zu entwickeln, die Lehrkräfte weiterzubilden, Feedback-Mechanismen zum Unterricht zu schaffen, die Lehrkräfte durch IT-Support zu unterstützen und Lerninhalte auf den Plattformen motivierend und effektiv darzureichen, begleitet durch wissenschaftliche Evaluation (vgl. Anger/Plünnecke 2020).

Literatur

Andrew, Alison/Cattan, Sarah/Costa Dias, Monica/Farquharson, Christine/Kraftman, Lucy/ Krutikova, Sonya/Phimister, Angus/Sevilla, Almudena (2020): Inequalities in Children's Experiences of Home Learning during the COVID-19 Lockdown in England. IFS Working Paper 20/26. London.

Anger, Christina/Kohlisch, Enno/Koppel, Oliver/Plünnecke, Axel (2020a): MINT-Herbstreport 2020. MINT-Engpässe und Corona-Pandemie: kurzfristige Effekte und langfristige Herausforderungen, Gutachten für BDA, BDI, MINT Zukunft schaffen und Gesamtmetall.

Anger, Christina/Plünnecke, Axel (2020): Schulische Bildung zu Zeiten der Corona-Krise, in: Perspektiven der Wirtschaftspolitik, Band 21, Heft 4, S. 353–360.

Anger, Christina/Plünnecke, Axel (2021): Bildungsgerechtigkeit. Herausforderungen für das deutsche Bildungssystem, IW-Analysen, Köln.

Anger, Silke et al. (2020): Schulschließungen wegen Corona: Regelmäßiger Kontakt zur Schule kann die schulischen Aktivitäten der Jugendlichen erhöhen, IAB-Forum vom 23. April, Nürnberg.

Autorengruppe Bildungsberichterstattung (2020): Ein indikatorengestützter Bericht mit einer Analyse zu Bildung in einer digitalisierten Welt, Bielefeld.

Belot, Michèle/Webbink, Dinand (2010): Do Teacher Strikes Harm Educational Attainment of Students? In: Labour, Vol. 24, No., 4, S. 391–406.

Deutsches Schulportal (2021): Deutsches Schulbarometer. Sind Schulen jetzt besser auf den Fernunterricht vorbereitet? Eine representative Befragung von Forsa im Auftrag der Robert Bosch Stiftung in Kooperation mit der ZEIT, https://deutsches-schulportal.de/unterricht/lehrer-umfrage-deutsches-schulbarometer-spezial-corona-krise-folgebefragung/ (abgerufen am 14.01.2021).

Di Pietro, Giorgio/Biagi, Federico/Costa, Patricia/Karpinski, Zbigniew/Mazza, Jacopo (2020): The likely impact of COVID-19 on education: Reflections based on the existing literature and recent international datasets, Publications Office of the European Union, Luxembourg.

Doepke, Matthias/Zilibotti, Fabrizio (2017): Parenting with Style: Altruism and Paternalism in Intergenerational Preference Transmission, in: Econometrica, Vol. 85, No. 5, S. 1331–1371.

Doepke, Matthias/Zilibotti, Fabrizio (2019): Love, Money and Parenting, How economics explains the way we raise our kids, Princeton/Oxford.

Doepke, Matthias/Sorrenti, Giuseppe/Zilibotti, Fabrizio (2019): The Economics of Parenting, Working Paper No. 317, Zürich.

Eickelmann, Birgit et al. (Hrsg.) (2019): ICILS 2018, Computer- und informationsbezogene Kompetenzen von Schüler*innen n im zweiten internationalen Vergleich und Kompetenzen im Bereich Computational Thinking, Münster, Waxmann.

Engzell, Per/Frey, Arun/Verhagen, Mark (2020): Learning inequality during the COVID-19 pandemic, https://osf.io/preprints/socarxiv/ve4z7/ (abgerufen am 13.01.2021).

Fritsch, Manuel/Krotova, Alevtina (2020): Wie datengetrieben sind Geschäftsmodelle in Deutschland? Analyse des Status quo, IW-Report 09/20, Köln.

Gaete, Gonzalo (2018): Follow the Leader: Student Strikes, School Absenteeism and Persistent Consequences on Educational Outcomes, SSRN Electronic Journal, http://dx.doi.org/10.2139/ssrn.2988825.

Hillmayr, Delia/Reinhold, Frank/Ziernwald, Lisa/Reiss, Kristina (2017): Digitale Medien im mathematisch-naturwissenschaftlichen Unterricht der Sekundarstufe; Einsatzmöglichkeiten, Umsetzung und Wirksamkeit. Münster.

Jaume, David/Willén, Alexander (2019): The long-run Effects of Teacher Strikes: Evidence from Argentina, in: Journal of Labor Economics, Vol. 37, No. 4, S. 1097–1139.

Karl, Alexander/Entwisle, Doris/Olson, Linda (2007): Lasting Consequences of the Summer Learning Gap, in: American Sociological Review Vol. 72, No. 2, S. 167–180.

Koppel, Oliver/Puls, Thomas/Röben, Enno (2019): Innovationstreiber Kfz-Unternehmen. Eine Analyse der Patentanmeldungen in Deutschland für die Jahre 2005 bis 2016, IW-Analysen, Nr. 132, Köln.

Kuhfeld, Megan/Tarasawa, Beth (2020): The COVID-19 slide: What summer learning loss can tell us about the potential impact of school closures on student academic achievement, NWEA Research, Brief, https://www.nwea.org/content/uploads/2020/05/Collaborative-Brief_Covid19-Slide-APR20.pdf (abgerufen am 22. Juni 2020).

Langner, Anke/Plünnecke, Axel (2020): Folgen der Schulschließungen für Bildungschancen. In: Apfelbacher, Christian/Beblo, Miriam/Böhmer, Michael/Kirchner, Almut/Klös, Hans-Peter/Langner, Anke/Plünnecke, Axel/Schneider, Hilmar/Slembeck, Tilman/Walper, Sabine, Gesundheitliche und soziale Folgewirkungen der Corona-Krise. Eine evidenzbasierte interdisziplinäre Bestandsaufnahme, Koordiniert durch die Prognos AG und das Institut der deutschen Wirtschaft, Basel/Bonn/Dresden/Hamburg/Köln/Magdeburg/München/Zürich.

Leopoldina (2020): Coronavirus-Pandemie: Für ein krisenresistentes Bildungssystem, 5. Ad-hoc-Stellungnahme vom 5. August 2020.

Maldonado, Joana Elisa/De Witte, Kristof (2020): The effect of school closures on standardised student test outcomes, KU Leuven Discussion Paper DPS20.17.

OECD (2007): PISA 2006, Volume 2: Data, Paris.

OECD (2013): PISA 2012 Results, Excellence through equity: Giving every student the chance to succeed, Volume II, Paris.

OECD (2016): PISA 2015 Results, Excellence and Equity in Education, Anhang B1.6, Tabelle I.6.3b, Paris.

OECD (2020): Were schools equipped to teach – and were students ready to learn – remotely? PISA in Focus 2020/108.

Puls, Thomas/Fritsch, Manuel (2020): Eine Branche unter Druck, Die Bedeutung der Autoindustrie für Deutschland, IW-Report 43/2020, Köln.

Reiss, Kristina/Weis, Mirjam/Klieme, Eckhard/Köller, Olaf (Hrsg.) (2019): PISA 2018, Grundbildung im internationalen Vergleich, Münster/New York.

SVR – Sachverständigenrat zur Begutachtung der gesamtwirtschaftlichen Entwicklung (2020): CORONA-KRISE GEMEINSAM BEWÄLTIGEN, RESILIENZ UND WACHSTUM STÄRKEN, Jahresgutachten 2020/2021, Ostbevern.

Wößmann, Ludger (2020): Folgekosten ausbleibenden Lernens: Was wir über die Corona-bedingten Schulschließungen aus der Forschung lernen können, in: ifo Schnelldienst 73(6), S. 38–44.

Wößmann, Ludger/Freundl, Vera/Grewenig, Elisabeth/Lergetporer, Philipp/Werner, Katharina/Zierow, Larissa (2020): Bildung in der Coronakrise: Wie haben die Schulkinder die Zeit der Schulschließungen verbracht, und welche Bildungsmaßnahmen befürworten die Deutschen?, in: ifo Schnelldienst, 73. Jg., S. 25–39.

Der Übergang Schule – Ausbildung: Das Nadelöhr wird enger

Dieter Dohmen

1 Einführung

Der erfolgreiche Übergang in berufliche Ausbildung ist neben der Aufnahme eines Hochschulstudiums eine zentrale Voraussetzung für einen gelingenden Einstieg in eine berufliche Laufbahn. Allerdings zeigen verschiedene Analysen, dass sich die Zahl der dualen Ausbildungsplätze in den vergangenen Jahrzehnten deutlich verringert hat, und sich gleichzeitig die Zahl der Plätze im schulischen Ausbildungssystem trotz eines beträchtlichen Fachkräftemangels nur vergleichsweise wenig erhöht hat (u. a. Dohmen 2020a, 2014). Dies geht einher mit einer, gegenüber der ersten Hälfte der 2010er Jahre, deutlich höheren Zahl von jungen Menschen im sogenannten „Übergangssystem".

In Ergänzung zu den vorhergehenden Beiträgen geht der vorliegende der Frage nach, wie sich das Ausbildungssystem in den kommenden Jahren – auch und insbesondere unter Berücksichtigung der Corona-Pandemie – entwickeln könnte und welche Folgen sich daraus für Jugendliche mit unterschiedlichen Schulabschlüssen ergeben dürften.

2 Entwicklung des Ausbildungssystems

Die nachfolgende Abbildung zeigt, dass sich die Zahl der neuen Ausbildungsverträge in den vergangenen fünfzehn Jahren deutlich verringert hat – wobei der „Buckel" in der Mitte der 2000er-Jahre bereits durch ein spezielles Engagement der Allianz für Ausbildung positiv beeinflusst war. Aber auch unabhängig von der spezifischen Situation in den Jahren 2007/08 ist die Zahl der Ausbildungsverträge erheblich geringer als in früheren Jahren. Es ist ferner erkennbar, dass die Wirtschafts- und Finanzkrise einen besonders ungünstigen, und auch nachhaltigen Effekt auf das duale System hatte (Dohmen 2020a). Die Zahl der Ausbildungsplätze war 2019 um rund 100.000 geringer als noch im Jahr 2008.

Die Zahl der Ausbildungsverträge im vergangenen Jahr 2020 bestätigt die zuvor abgegebene „Prognose" des FiBS (Dohmen 2020a) und legt nahe, dass auch die Corona-Krise zu einem weiteren nachhaltigen Rückgang an neuen Ausbildungsverträgen im dualen System führen wird: Abbildung 1 gibt diese

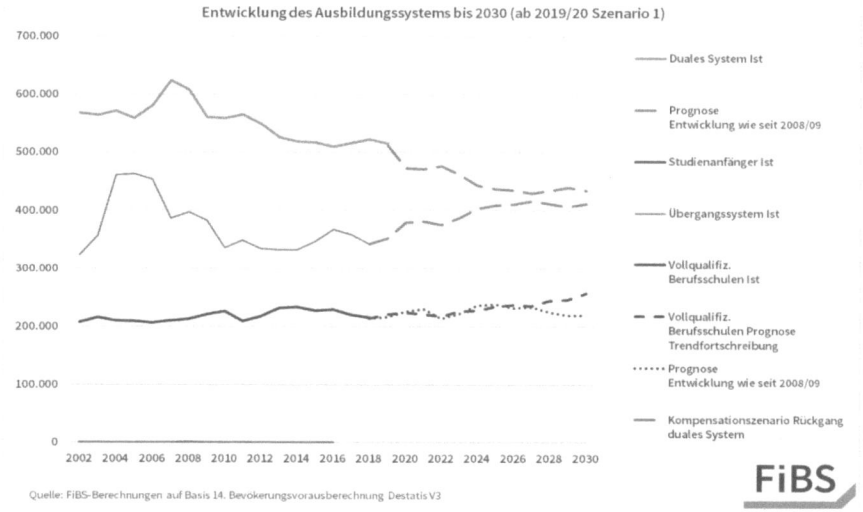

Quelle: FiBS-Berechnungen auf Basis 14. Bevölkerungsvorausberechnung Destatis V3

Abbildung:1: (Geschätzte) Entwicklung der Anfängerzahlen in der beruflichen Bildung

Prognose des FiBS wieder, die im August 2020 veröffentlicht wurde und die die sich abzeichnende Entwicklung bis zum Jahr 2030 aufzeigt. Nach dieser Berechnung wurde für das vergangene Jahr 2020 ein Rückgang der Ausbildungsneuverträge um etwa 8% gegenüber dem Vorjahr erwartet, dies entspricht einer Zahl von etwa 475.000 neu unterschriebenen Verträge.[1] In den Folgejahren würde sich zunächst eine Konstanz auf diesem Niveau einstellen, bevor es in einem weiteren Schritt über 470.000 und 450.000 auf bis zu 435.000 Neuverträge im Jahr 2027 abwärts geht. Erst anschließend zeigt sich aus demografischen Gründen wieder ein temporärer, leichter Aufschwung (siehe dazu auch Dohmen/Thomsen 2018).

Im schulischen Ausbildungsbereich zeigt sich eine weitgehend krisenunabhängige Entwicklung, die mit einem leicht überproportionalen Anstieg einhergeht – vorausgesetzt, die Kapazitäten werden entsprechend erhöht. Da das Übergangssystem eine weitgehend komplementäre und damit kompensatorische Rolle zu den Entwicklungen im dualen System hat (Dohmen 2020a), ist für das vergangene sowie die kommenden Jahre ein beträchtlicher Anstieg von 342.000 (2018)

---

1   Nach Angaben des Bundesinstituts für Berufsbildung lag die Zahl der Ausbildungsverträge zum 30.9.2020 bei 467.500, d. h. 11% unterhalb des Vorjahreswertes (https://www.bibb.de/de/ 133555.php; abgerufen am 28.01.2021). Es ist allerdings anzunehmen, dass sich die Zahl der neuen Ausbildungsverträge noch etwas erhöhen dürfte.
Vor dem Hintergrund der ungünstigeren wirtschaftlichen Entwicklung im vergangenen Jahr im Vergleich zur Wirtschafts- und Finanzkrise 2008/09 wurde auch ein zweites Szenario errechnet, mit einem etwas stärkeren Rückgang (Dohmen 2020a). Der vorläufige Ist-Wert liegt zwischen diesen beiden Szenarien. Es zeigt sich aber auch, dass eine frühere Prognose von Dohmen (2014), die von einer Fortschreibung des sich damals abzeichnenden Trends ausging, der tatsächlichen Entwicklung im vergangenen Jahr 2020 sehr nahekommt.

auf bis zu 415.000 Personen zu befürchten. Erst in der zweiten Hälfte der 2020er Jahre wäre dann mit einem geringfügigen Rückgang zu rechnen.

3 Übergänge von der Schule in die Ausbildung

Über viele Jahrzehnte gab es für Jugendliche mit einfachen oder schwachen Schulabschlüssen die Chance, ohne größere Probleme in das duale berufliche Ausbildungssystem überzugehen. Es stellte in Deutschland bis vor einigen Jahren den Königsweg für den Übergang von der Schule in den Beruf dar – einen Weg, der nicht nur den gut qualifizierten und schulisch erfolgreichen Schüler*innen offenstand, sondern auch den schwächeren.

Auch wenn sich diese Ausgangssituation spürbar verändert, wie die folgenden Analysen zeigen werden, ist das Berufsbildungssystem weiterhin das Herzstück der Qualifizierung in Deutschland.

Allerdings zeigen die folgenden Abschnitte, dass und wie sich die Übergangschancen je nach Schulabschluss unterscheiden. Vorab zeigt die nachfolgende Abbildung, dass und wie sich die Zusammensetzung der Auszubildenden in absoluten Zahlen verändert hat. Unmittelbar wird nicht nur erkennbar, dass die Zahl der neuen Auszubildenden mit Haupt- und Realschulabschluss absolut gesunken ist, sondern auch, dass ihre relativen Anteile gesunken sind. Demgegenüber ist sowohl die Zahl als auch der Anteil der Auszubildenden, die vorab das Abitur erworben haben, angestiegen.

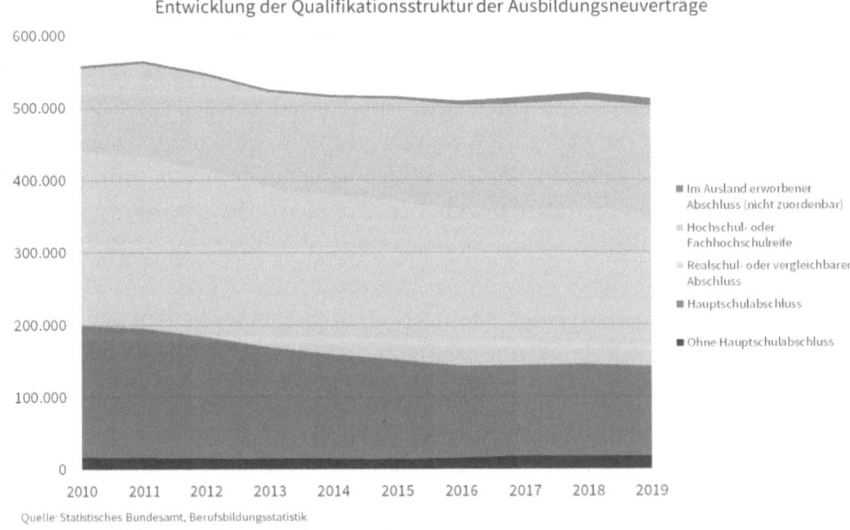

Abbildung 2: Entwicklung der Anfängerzahlen in der beruflichen Bildung nach Schulabschluss

Diese Darstellung der Entwicklungen im deutschen Ausbildungssystem der vergangenen Jahre steht in klarem Widerspruch zur üblichen Behauptung, dass mittlerweile mehr junge Menschen ein Studium aufnehmen würden als eine Berufsausbildung. Diese Aussage war und ist unzutreffend und beschränkt das Berufsbildungssystem einerseits auf die duale Ausbildung und vernachlässigt, dass mittlerweile ein Fünftel der Studienanfänger*innen aus dem Ausland nach Deutschland zum Studieren kommt (Dohmen 2020b). Den rund 400.000 Studienanfänger*innen, die das Abitur in Deutschland erworben haben, stehen etwa 750.000 Ausbildungsanfänger*innen im dualen wie schulischen Ausbildungssystem gegenüber. Tatsächlich beginnen somit fast doppelt so viele in Deutschland aufgewachsene junge Menschen eine Ausbildung und kein Studium. Ein erheblicher Teil der Studienanfänger*innen hat zudem eine abgeschlossene Berufsausbildung.

3.1 Übergangschancen nach dem Schulabschluss

3.1.1 Jugendliche mit Abitur

Die folgende Abbildung 3 betrachtet das Übergangsverhalten von Studienberechtigten in die verschiedenen Ausbildungsbereiche (duale oder schulische Ausbildung) bzw. die Hochschulen. Die Zahlenwerte geben an, in welchem Verhältnis z. B. die Zahl der Studienanfänger*innen bzw. der dualen oder schulischen Ausbildungsverträge (von Abiturient*innen) zur Zahl der Studienberechtigten des entsprechenden Schulabgängerjahrgangs steht. Wenn also die untere orange Fläche in den letzten Jahren seit 2014 Werte von (annähernd) 100% ausweist, dann bedeutet dies, dass in dem entsprechenden Jahr – rein rechnerisch[2] – fast der gesamte Jahrgang an Abiturient*innen ein Studium an einer deutschen Hochschule aufgenommen hat.[3] Die Entwicklung der Werte verweist darauf, dass dieser Anteil um rund 25 Prozentpunkte über den Werten Mitte der 2000er-Jahre liegt und dieser Anstieg vor allem auf die Zeit zwischen den Jahren 2006 und 2014 entfällt. Dieser Zeitraum umfasst die ersten beiden Phasen der Hochschulverträge, die darauf ausgerichtet waren, die Hochschulen

---

2   Rechnerisch bedeutet an dieser Stelle, dass die Zahl der Neuverträge bzw. neuen Auszubildenden in den verschiedenen Ausbildungsbereichen in Relation zur Zahl der Realschulabsolvent*innen des vorhergehenden Schuljahres gesetzt wird. D.h. im Ausbildungsjahr 2020/21 werden die Anfänger*innen einer Ausbildung durch die Zahl der Schulabgänger*innen mit einem Realschulabschluss des Schuljahres 2019/20 dividiert.
3   Der Vollständigkeit halber sei darauf hingewiesen, dass dabei nur die Zahl der Studienanfänger*innen berücksichtigt wird, die ihre Studienberechtigung auch im Inland erworben haben (sogenannte „Bildungsinländer*innen").

in die Lage zu versetzen, die anstehenden doppelten Abiturjahrgänge aufzunehmen. Allerdings berücksichtigen die hier ausgewiesenen Werte diese doppelten Abiturjahrgänge, da sich die Übergangsquoten auf den jeweiligen Schulabgängerjahrgang mit Abitur beziehen; d. h. es ist in dieser Zeit tatsächlich zu einem Anstieg der Studierneigung gekommen. Wie die folgenden Ausführungen nahelegen, handelt es sich dabei insbesondere auch um Abiturient*innen, die vorher eine Berufsausbildung absolviert und abgeschlossen haben.

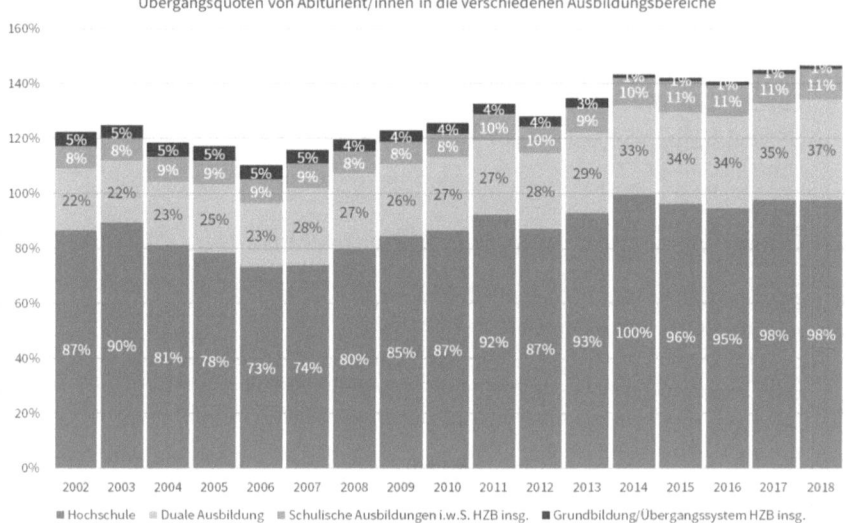

Abbildung: 3: Übergansquoten von Abiturient*innen in die verschiedenen Ausbildungsbereiche

Gleichzeitig ist in diesem Zeitraum aber auch der Anteil der Studienberechtigten, die eine duale Ausbildung aufgenommen haben, von 22% auf 37% angestiegen. Zudem beginnen etwas mehr als 10% des jeweiligen Abiturientenjahrgangs eine schulische Ausbildung, auch hier ist die Tendenz leicht steigend. In der Summe nimmt somit fast die Hälfte aller Abiturient*innen eine berufliche Ausbildung auf, mehr als jede/r Dritte eine duale Ausbildung.

Demgegenüber ist der Anteil der Abiturient*innen, die ins Übergangssystem einmünden, von 5% auf 1% zurückgegangen. Das Übergangssystem, auch Grundbildungsbereich genannt, richtet sich an Jugendliche, die keinen Ausbildungsplatz gefunden haben.

Im Ergebnis ist somit zum einen festzuhalten, dass die Aussage, in Deutschland zähle für Abiturient*innen nur das Studium, nicht stimmt, und zum anderen, dass vielmehr ein immer größer werdender Anteil eine duale Ausbildung aufnimmt. Allerdings steigt offenkundig auch der Anteil an Ausbildungsabsolvent*innen, der anschließend ein Studium aufnimmt.

3.1.2 Jugendliche mit Realschulabschluss

Abbildung 4 zeigt, dass rechnerisch knapp die Hälfte der Realschulabsolvent*innen eines Jahres in eine duale und ein weiteres Drittel in eine schulische Ausbildung übergingen. Trotz eines sukzessiven Rückgangs mündet relativ konstant ein Drittel der Jugendlichen mit einem Realschulabschluss in das sogenannte „Grundbildungs- oder Übergangssystem" ein; ein weiteres Sechstel geht in abiturvorbereitende Berufsschulen, wie insbesondere das Berufsgymnasium, über.

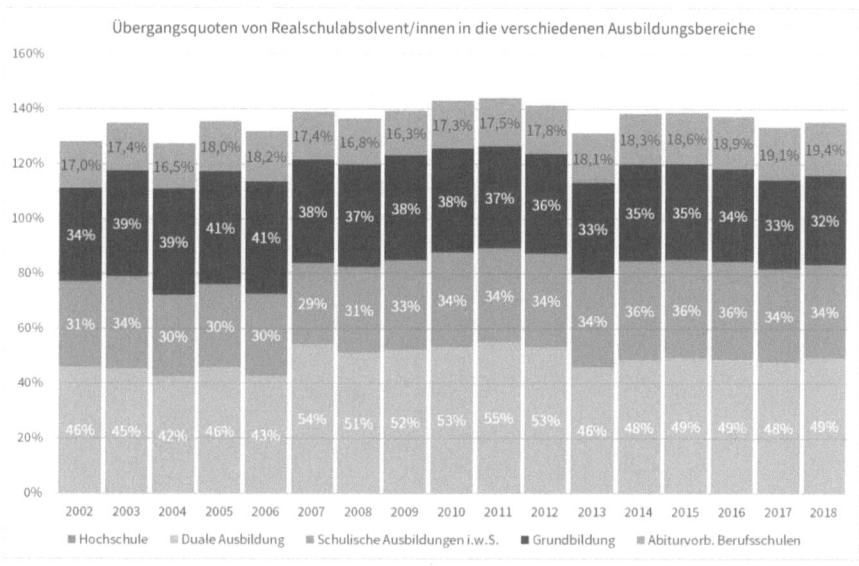

Abbildung: 4: Übergangsquoten von Realschulabsolvent*innen in die verschiedenen Ausbildungsbereiche

Betrachtet man die Entwicklung der Übergangsquoten im Zeitablauf, dann zeigen sich zwei sprunghafte Veränderungen: Im Jahr 2007 steigt die Übergangsquote in die duale Ausbildung um etwa zehn Prozentpunkte von 43 auf 54% an und verbleibt bis einschließlich zum Jahr 2012 auf diesem Niveau. Diese Entwicklung lässt sich vor allem durch das temporär deutlich gestiegene Ausbildungsplatzangebot erklären. Ab 2013 zeigt sich ein deutlicher Rückgang der Übergangsquote in duale Ausbildungen auf 46%, gefolgt von einem leichten Wiederanstieg auf bis zu 49% im Jahr 2018. Hier dürfte neben dem rückläufigen Ausbildungsplatzangebot das gestiegene Ausbildungsinteresse von Studienberechtigten eine zentrale Rolle spielen (Dohmen 2020a). Der Rückgang zwischen 2012 und 2013 bei den Realschulabsolvent*innen steht ein stärkerer Anstieg der Übergangsquoten in Ausbildung von Abiturient*innen gegenüber.

Auch hier widersprechen die Entwicklungen somit dem Mainstream der

Behauptungen: Erstens strebt kein immer größerer Teil der Realschulabsolvent*innen das Abitur an, zweitens haben sich ihre Chancen auf einen (dualen) Ausbildungsplatz nicht verbessert – im Gegenteil.

3.1.3 Jugendliche mit Hauptschulabschluss

Bei den Jugendlichen mit Hauptschulabschluss zeigt sich zunächst ab dem Jahr 2007 eine deutlich positive Entwicklung beim Übergang in die duale Ausbildung (Anstieg von knapp 60% auf 75% und zum Teil sogar bis auf 90% in den Jahren 2011 und 2012), gefolgt von einem Rückgang auf bis zu 74% im Jahr 2016. Auch wenn sich partiell wieder Anstiege bei den Übergängen in Ausbildung zeigen, wie nach 2016 auf knapp 80% bei den Hauptschulabsolvent*innen – und oben auch bei den Realschulabsolvent*innen – , so werden die früheren Werte nicht wieder erreicht, wenngleich die Tiefststände überschritten werden. Höher als noch Anfang der 2000er Jahre ist auch die Einmündung in schulische Qualifikationswege: Waren es seinerzeit rund 5%, sind es mittlerweile relativ konstant 11%.

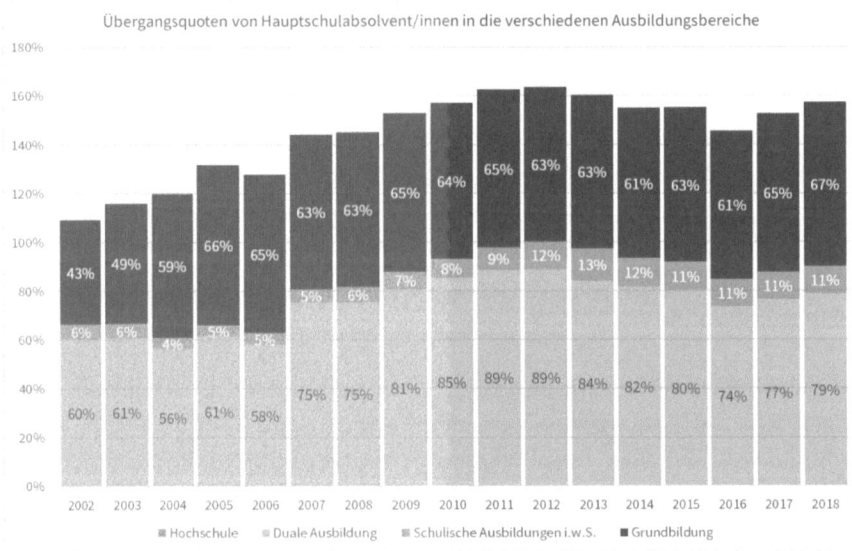

Abbildung 5: Übergangsquoten von Hauptschulabsolvent*innen in die verschiedenen Ausbildungsbereiche

Nahezu konstant münden jedes Jahr rund zwei Drittel der Jugendlichen mit Hauptschulabschluss in das Übergangssystem ein. Auch wenn ein Teil von ihnen dort einen höheren Schulabschluss erwirbt, ist offensichtlich, dass viele von ihnen dort sehr lange verbleiben und wenig Aussicht auf Verbesserung ihrer Qualifikation haben.

Auffallend ist, dass die kumulierten Werte sich auf bis zu 160% addieren, d. h. jede*r Jugendliche mit Hauptschulabschluss beginnt im Schnitt 1,6 Ausbildungsphasen. Das ist noch einmal deutlich mehr als bei den Abiturient*innen und Realschulabsolvent*innen.

3.1.4 Jugendliche ohne Hauptschulabschluss

Besonders ungünstig ist erwartungsgemäß die Situation für Jugendliche ohne Hauptschulabschluss. Zwar finden über 45% von ihnen einen dualen Ausbildungsplatz, allerdings münden sie zu über 100%, punktuell sogar zu fast 200% ins Übergangssystem ein. Mit anderen Worten: Die Zahl der Jugendlichen ohne Schulabschluss, die ins Übergangssystem münden, war phasenweise doppelt so hoch wie die Zahl der Jugendlichen, die in dem entsprechenden Jahr die Schule ohne Schulabschluss verlassen haben. Selbst wenn man die Ausnahmesituation der vergangenen Jahre mit der hohen Zuwanderung im Jahr 2015 außen vorlässt, sind es durchgängig mehr als ein ganzer Schulabgängerjahrgang.

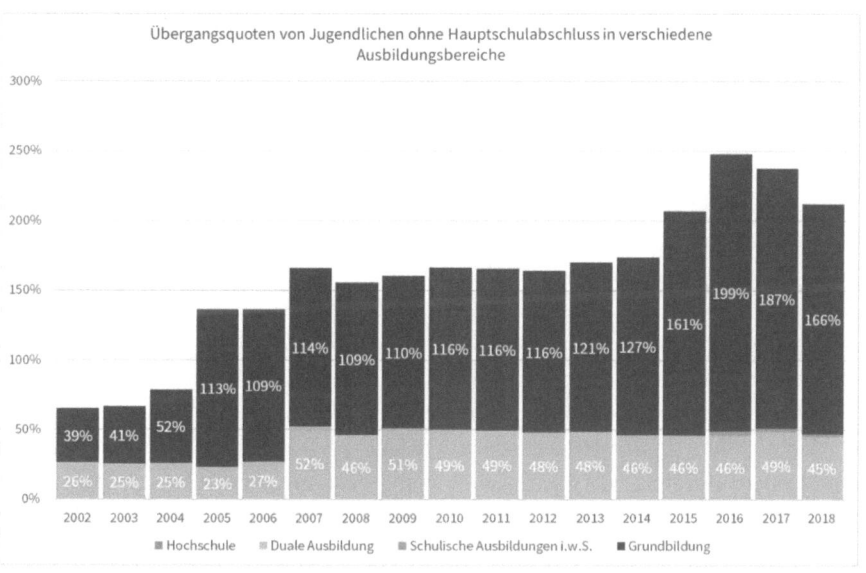

Abbildung 6: Übergangsquoten von Jugendlichen ohne Hauptschulabschluss in verschiedene Ausbildungsbereiche

Wenngleich offenbar für einen Teil der Jugendlichen das Übergangssystem die Voraussetzungen für den Erhalt eines Ausbildungsvertrags verbessert, u. a. weil sie einen Schulabschluss nachholen, münden erhebliche Teile wiederholt darin ein. Hierauf verweist der aufsummierte Gesamtwert, der regelmäßig bei über 150%, teilweise sogar bei über 200% liegt. D.h. jede*r Jugendliche ohne Hauptschulabschluss beginnt im Schnitt mindestens zwei Ausbildungsphasen.

Ein vergleichsweiser marginaler Anteil findet zudem einen Platz im schulischen Ausbildungsbereich.

3.1.5 Zusammenfassung: Ausbildungschancen haben sich für die meisten Schulabgänger*innen verschlechtert

Übergreifend ist somit zu konstatieren, dass auf den ersten Blick große Teile der Schulabgänger*innen erfolgreich in eine duale oder schulische Ausbildung einmünden: Fast 50% der Abiturient*innen, 80% der Realschulabsolvent*innen sowie 90% der Hauptschulabsolvent*innen und auch bei denjenigen ohne Hauptschulabschluss ist es immerhin noch etwa die Hälfte. Auf den zweiten Blick mündet jedoch der größere Anteil der Jugendlichen ohne Hauptschulabschluss ebenso in das Grundbildungs- bzw. Übergangssystem wie zwei Drittel der Jugendlichen mit Hauptschulabschluss und immerhin noch ein Drittel der Realschulabsolvent*innen. Zwar ist der Anteil bei den Realschulabsolvent*innen etwas geringer als in früheren Jahren, bei den beiden anderen Gruppen mit und ohne Hauptschulabschluss, ist der Anteil hingegen gewachsen, der schlechte Aussichten auf einen (dualen) Ausbildungsplatz hat und deshalb mit dem Übergangssystem vorliebnehmen muss.

Dieser Befund ist vor dem Hintergrund der wiederholt als Problem herausgestellten demografischen Entwicklung sowie der angeblichen Fokussierung auf ein Hochschulstudium irritierend; dies gilt umso mehr, als laut Datenreport zum Berufsbildungsbericht 2019 über 800.000 junge Menschen ein Ausbildungsinteresse bekundet haben. Dennoch finden jedes Jahr, je nach Abgrenzung, zwischen 250.000 (Nationaler Bildungsbericht 2020) und 350.000 junge Menschen (Dohmen 2020a) keinen Ausbildungsplatz, sondern müssen anderweitig versorgt werden. Gelingt diese anderweitige Versorgung, z. B. im Übergangssystem, dann tauchen sie in der Arbeitslosenstatistik nicht mehr auf und zeichnen somit prinzipiell ein geschöntes Bild (ebd.). Zwar zählen diese jungen Menschen nicht zu denjenigen, die „nicht in (Aus-) Bildung oder Beschäftigung sind", allerdings heißt dies noch lange nicht, dass sich ihre Lebenschancen oder zumindest Chancen auf einen Ausbildungsplatz dadurch verbessern.

Diese, insbesondere mit Blick auf die demografische Entwicklung unerwartete Tendenz wirft die Frage nach den Ursachen für die sich insgesamt wenig verändernden bzw. sich für Jugendliche ohne Abitur oder Realschulabschluss sogar tendenziell verschlechternden Übergangsquoten in die duale Ausbildung auf. Die folgenden Erklärungsansätze stehen dabei neben- und nicht alternativ zueinander (und sind möglicherweise noch unvollständig):

1. Die Anforderungen in der dualen Ausbildung steigen, sodass in zunehmendem Maße nur noch Abiturient*innen für die Ausbildungsberufe infrage kommen: Für diese These spricht sowohl der steigende Anteil an den Aus-

bildungsplätzen, den Abiturient*innen bekommen, als auch die rückläufigen Anteile der Jugendlichen mit niedrigeren Schulabschlüssen, einschließlich der Realschulabsolvent*innen.

2. Betriebe und Jugendliche finden in beträchtlichen Größenordnungen am Ausbildungsmarkt nicht (mehr) zusammen: Hierbei sind auf der einen Seite insbesondere kleine Unternehmen im Nachteil und auf der anderen Seite haben insbesondere Jugendliche ohne Abitur und Jugendliche mit einem Migrationshintergrund dabei offenkundig zunehmende Probleme. Auffallend ist dabei, dass es sich gerade bei der letztgenannten Gruppe von Jugendlichen mit einem Migrationshintergrund nicht nur um Jugendliche aus benachteiligten und bildungsfernen Familien handelt, sondern auch um solche, die aus bildungsnahen Familien kommen (siehe hierzu auch die Darstellung in der Zusammenfassung).

3. Das Bildungssystem inklusive des Übergangssystems ist nicht in der Lage, ein Fünftel bis ein Viertel eines Altersjahrgangs soweit zu qualifizieren, dass sie ausbildungsfähig sind. Obwohl der hohe Anteil an Jugendlichen mit sehr geringen und unzureichenden Lese-, Schreib- und Rechenkompetenzen bereits in der ersten PISA-Studie thematisiert wurde (OECD 2001), ist dies auch weiterhin für fast 20% der 15-Jährigen ein Problem (zuletzt OECD 2019). Dieser Anteil hat sich in den letzten Jahren sogar wieder etwas erhöht, teilweise sicherlich auch beeinflusst durch die hohe Zuwanderung in der Mitte des vergangenen Jahrzehnts.

4. Die Berufsorientierung in den Schulen sowie auch außerhalb davon bzw. für Jugendliche allgemein ist unzureichend und erfüllt die Anforderungen und Bedürfnisse junger Menschen nicht. Dies gilt möglicherweise in besonderem Maße für Jugendliche aus benachteiligten Familien, die wenig Unterstützung von ihren Eltern bekommen. In Teilen könnten hierbei auch begrenzte Sprachkompetenzen der Eltern und/oder die begrenzte Kenntnis des deutschen Ausbildungssystems eine Rolle spielen. Letzteres insbesondere auch mit Blick auf die Tatsache, dass berufliche und gerade duale Ausbildungen in den Herkunftsländern eine untergeordnete bis marginale Rolle spielen. Ersteres, die teilweise geringen Sprachkompetenzen der Eltern, hat auch insofern eine besondere Bedeutung, als fast alle Materialien zur Berufsorientierung in deutscher Sprache abgefasst sind.

5. Der zunehmende Anteil an Jugendlichen mit einem Migrationshintergrund könnte zudem eine grundsätzlichere Bedeutung haben und die zunehmenden Passungsprobleme wie auch die Nachfrage nach Ausbildungsplätzen grundsätzlich beeinflussen:
   - Jugendliche mit Migrationshintergrund haben eine stärkere Orientierung auf das Hochschulstudium, wie die entsprechende Abbildung in der Zusammenfassung weiter unten zeigt – ihre Anteile bei den Abitu-

rient*innen wie auch Studierenden sind etwas höher als bei den „einheimisch deutschen" Jugendlichen.

– Studien zeigen, dass junge Migrant*innen auch bei gleicher Qualifikation geringere Chancen auf einen Ausbildungsplatz haben (Beicht/Walden 2019).

– Das Interesse an einer dualen Ausbildung ist tendenziell etwas geringer, was zumindest zum Teil durch die Bildungstradition im Herkunftsland erklärt werden kann.

– Ein Teil von ihnen ist selbst aufgrund unzureichender Deutschkenntnisse von den wesentlichen Informationsquoten faktisch ausgeschlossen sind; dies gilt häufig noch stärker für ihre Eltern, die eine wichtige Rolle bei der Berufswahl bzw. den Bildungsgängen haben.

– Aufgrund begrenzter Literalität (in deutscher Sprache) sowie der daraus resultierenden begrenzten Neigung zur Nutzung von Komm-Angeboten auf der einen Seite und der auf der anderen Seite ausgeprägte Holstruktur der Informationsangebote (in deutscher Sprache) fehlen wichtige Informationen bzw. Informationsquellen. Das gilt insbesondere für die Eltern, die eine wichtige Rolle bei der Berufswahl- und Ausbildungsentscheidung spielen.

– Es fehlen die Netzwerkstrukturen, die auch weiterhin eine der wichtigsten Voraussetzungen für die erfolgreiche Ausbildungsplatzsuche sind.

Die Aufzählung ist der Versuch, die verschiedenen Erklärungsansätze für die beschriebenen und beobachtbaren Entwicklungen am Übergang Schule – Ausbildung zu bündeln und ggf. auch systemische Faktoren zu identifizieren, die das Gesamtgeschehen beeinflussen. Entscheidend ist dabei einerseits, dass das allgemeine Narrativ hinsichtlich zentraler Entwicklungen offenkundig nicht zutrifft – es gibt weder einen Akademisierungswahn noch ein mangelndes Interesse junger Menschen an Ausbildung. Andererseits finden große Teile junger Menschen seit Jahrzehnten keinen Ausbildungsplatz, obwohl es ausbildungsbereite Betriebe gibt, die ihre Ausbildungsplätze nicht besetzen können. Die Ausführungen zeigen deutlich, dass es insgesamt gesehen unzureichende Ausbildungskapazitäten gibt und infolgedessen jedes Jahr ein rechnerischer Anteil von 30% bis 40% eines Schulabgängerjahrgangs unversorgt mit qualifizierenden Ausbildungschancen bleibt.

Die Ausbildungschancen bzw. der erfolgreiche Ausbildungsabschluss hat erhebliche Auswirkungen auf die Berufs- und Lebenschancen von jungen wie erwachsenen Menschen, wie die folgenden Betrachtungen zur Entwicklung der Jugendarbeitslosigkeit in Deutschland zeigen.

3.2 Die Entwicklung der Jugendarbeitslosigkeit

Abbildung 7 stellt die Jugendarbeitslosenquote nach Geschlecht und Bildungsniveau dar und zeigt anhand der Linien mit den jeweils etwas dunkleren Farb-
schattierungen, dass die Arbeitslosenquote der 15- bis 24-jährigen Männer fast
durchgängig höher ist als die der gleichaltrigen und gleich qualifizierten Frau-
en.[4] Dabei zeigt sich auch, dass es ausschließlich die gering- bzw. beruflich
qualifizierten jungen Männer sind, bei denen die Arbeitslosenquote infolge der
Wirtschafts- und Finanzkrise anstieg. Dieses Phänomen ist im Übrigen nicht
nur in Deutschland zu beobachten, sondern europaweit (Dohmen/Kasrin/
Yelubayeva 2020).

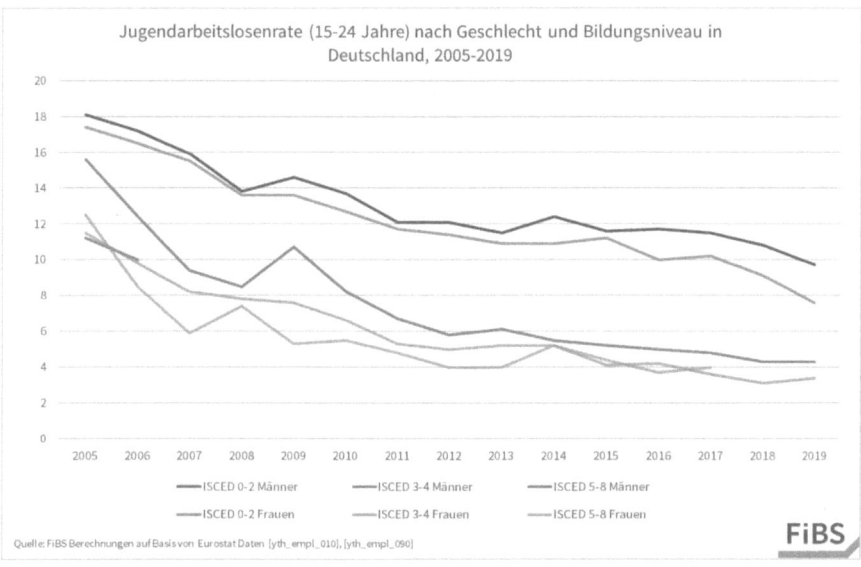

Abbildung 7: Jugendarbeitslosenanteil (15 bis 24 Jahre) nach Geschlecht und
Bildungsniveau in Deutschland, 2005 bis 2019

Männer mit mittlerem Bildungsniveau weisen ursprünglich eine Arbeitslosenquote auf, die mit 16% vergleichsweise wenig unter der Quote für die Geringqualifizierten liegt (18%), allerdings vergrößert sich der Abstand im Laufe der
Jahre, da der Wert für die beruflich Qualifizierten im Jahr 2019 nur noch leicht
über der Marke von 4% liegt, der Wert für die Geringqualifizierten hingegen bei

---

4 Die einzige Ausnahme betrifft die Hochschulabsolvent*innen (ISCED 5–8) zu Beginn des
   Betrachtungszeitraums; für diese Gruppe sind zudem in der geschlechterdifferenzierten Betrachtung nur partiell Daten verfügbar – bedingt durch die Fallzahlen, insbesondere bei den
   männlichen Akademikern.

knapp 10%. D.h. der Abstand ist auf rund 5,5 Prozentpunkte angestiegen. Allerdings hat die Linie der beruflich qualifizierten Männer den mit Abstand größten Anstieg im Jahr 2009 aufzuweisen, sie stieg von 8,5% auf 10,7%, d. h. um 2,2 Prozentpunkte bzw. ein Viertel. Demgegenüber sank die Arbeitslosigkeit junger Frauen mit beruflicher Ausbildung fast kontinuierlich und dabei insbesondere auch in den Nachkrisenjahren.

Bei den geringqualifizierten Männern stieg die Arbeitslosigkeit nicht nur im Krisenjahr 2009 (Anstieg um 0,8 Prozentpunkte auf 14,6%), sondern auch – und sogar noch leicht stärker, um 0,9 Punkte – in 2014. Demgegenüber sank die Arbeitslosenquote der geringqualifizierten Frauen durchgängig und fast ausnahmslos. Lediglich im Jahr 2016 zeigt sich ein marginaler Anstieg.

Bei den Hochqualifizierten liegen lediglich bei den jungen Frauen ausreichend hohe Fallzahlen vor, die eine Analyse über fast den gesamten Zeitraum erlauben. Übergreifend sank die Arbeitslosenquote von über 12% im Jahr 2005 auf 4% im Jahr 2017, wobei sich ein vergleichsweise unsteter Verlauf zeigt. Hierbei zeigen sich relativ starke Anstiege in Jahr 2008 (+1,5 Punkte auf 7,4%) sowie in den Jahren 2014 (+1,2 Punkte auf 5,2%) und 2017 (+0,3 Punkte auf 4,0%).

Zusammenfassend ist daher festzuhalten, dass der im Kontext der Wirtschafts- und Finanzkrise zu beobachtende, geringfügige Anstieg der allgemeinen Jugendarbeitslosenquote 2009 vor allem auf die beruflich qualifizierten Männer sowie zum geringeren Teil auf die geringqualifizierten Männer zurückzuführen ist, während die Frauen überwiegend sinkende Quoten ausweisen und zwar auch in den Krisenjahren.

Die in diesem Abschnitt beschriebene Entwicklung der über alle Qualifikationsgruppen hinweg grundsätzlich abnehmenden Jugendarbeitslosigkeit ist in dieser Form erstaunlich, auch wenn die wirtschaftliche Entwicklung der vergangenen Jahre überaus positiv war und eine deutliche Ausweitung der Erwerbstätigenzahlen nach sich gezogen hat. Die ausführlichere Analyse der Hintergründe für diese Entwicklung zeigt, dass dafür weder die demografische Entwicklung noch das erhebliche Beschäftigungswachstum der vergangenen Jahre oder ein besserer Übergang in die berufliche, insbesondere duale Ausbildung verantwortlich sind (siehe dazu Dohmen et al. 2020).

Stattdessen zeigte Abbildung 1 (oben), dass insbesondere das Übergangssystem dafür maßgeblich ist, indem es eine Auffangrolle übernimmt und dafür Sorge trägt, dass junge Menschen, die keinen Ausbildungsplatz gefunden haben, nicht arbeitslos werden. Diese durchaus sinnvolle Aufgabe führt zugleich dazu, dass die Jugendarbeitslosigkeit sich positiv entwickelt zu haben scheint. Ohne dieses System würde die Zahl der geringqualifizierten arbeitslosen 15- bis 24-Jährigen von knapp 150.000 auf fast 500.000 ansteigen, d. h. sich mehr als verdreifachen. Die folgende Abbildung verdeutlicht, welche Effekte sich ansonsten auf die Jugendarbeitslosigkeit ergeben würde: Sie hätte im Jahr 2019 nicht bei 9% gelegen, sondern bei 26%, d. h. sie wäre fast dreimal so hoch gewesen, wie die offizielle Quote. Gleichzeitig hätte sich auch hier die („korrigierte") Arbeitslosenquote der geringqualifizierten Jugendlichen von 35% auf 26% reduziert, allerdings bliebe der Abstand zur offiziellen Quote, die von 18% auf 9% sank, beträchtlich. Ferner würde das bedeuten, dass sich der relative Abstand zur allgemeinen Jugendarbeitslosigkeit vom doppelten auf das dreifache erhöht hat.

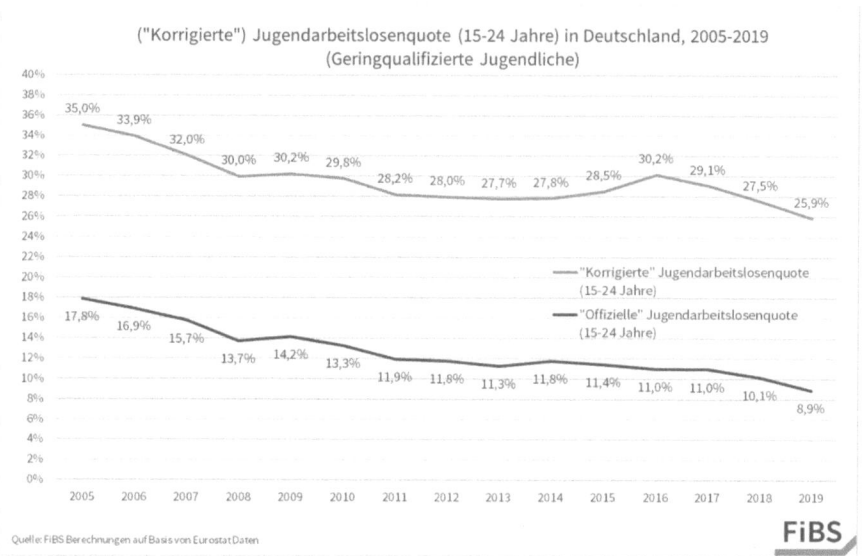

Abbildung 8: „Korrigierte" Jugendarbeitslosenquote i.w.S. (geringqualifizierte Jugendliche) (15–24-Jährige), 2005–2019

3.3 Gibt es eine „Generation Corona" am Übergang in die Ausbildung?

Während das Hochschulsystem im kommenden Jahrzehnt weiterwachsen dürfte (Dohmen 2020b), deutet vieles darauf hin, dass das qualifizierende Ausbildungssystem und insbesondere das duale System im kommenden Jahrzehnt kleiner wird – beides folgt den Trends der vergangenen Jahre und Jahrzehnte.[5]

Auf Basis unserer Berechnungen ist von einem weiteren Anstieg der (rechnerischen) Übergangsquote in die Hochschulen auf bis zu 110% des jeweiligen

---

5   Ein Abgleich der – voraussichtlichen – Zahl der neuen Ausbildungsverträge im Jahr 2020 von knapp 470.000 mit einer früheren Prognose des FiBS (Dohmen 2014) zeigt, dass diese Zahl ziemlich genau der seinerzeitigen Prognose, die auf einer Trendfortschreibung beruhte, entspricht.

Abiturientenjahrgangs auszugehen, d. h. dass in erheblichem Maße jüngere und möglicherweise zunehmend auch „ältere" Menschen nach einer Ausbildung und/oder Zeit der Erwerbstätigkeit, ggf. wieder, an die Hochschulen gehen. Wie weiter oben gezeigt, ist es bereits heute der Fall, dass große Teile der Studienanfänger*innen eine Berufsausbildung absolvieren und anschließend ein (oft: berufsbegleitendes) Studium beginnen. Gleichzeitig zeigt die Fortschreibung der bisherigen Trends auch im dualen System einen Anstieg der Übergangsquote von Abiturient*innen von zuletzt 37% im Jahr 2018 auf bis zu 47% im Jahr 2030; sie wäre damit um zehn Prozentpunkte höher als im Jahr 2018. Diese Entwicklung scheint sowohl vor dem Hintergrund der steigenden Bedeutung des dualen Studiums als auch der steigenden Anforderungen in anderen Ausbildungsbereichen nicht unplausibel.

Unabhängig von steigenden Abiturientenquoten im dualen Ausbildungssystem ist aber für das Gesamtsystem von sinkenden Zahlen beim Abschluss von Ausbildungsverträgen auszugehen. Vor dem Hintergrund des zu erwartenden Anstiegs der Übergangsquoten der Abiturient*innen folgt daraus zwangsläufig, dass sich die verbleibenden Ausbildungsplätze auf die anderen Qualifikationsgruppen von Schulabgänger*innen verteilt. Es liegt dabei die Vermutung nahe, dass diese geringeren Übergangschancen negativ mit dem Schulabschluss zusammenhängen: So würde beispielsweise eine – hypothetische – Verringerung der Übergangschancen von Jugendlichen mit Realschulabschluss pauschal um 2,5%, die von Hauptschulabsolvent*innen um 15% sowie von Jugendlichen ohne Hauptschulabschluss um ein Viertel dazu führen, dass die Zahl der Ausbildungsverträge den oben prognostizierten Gesamtzahlen relativ nahekäme. Ohne hier ins Detail der Berechnungen zu gehen, erscheint es naheliegend, dass die Folgen für die Übergangschancen von Jugendlichen ohne Studienberechtigung sich umso stärker verschlechtern, je geringer die schulische Qualifikation ist.

Da oben herausgearbeitet wurde, dass sich die Übergangsquoten in das duale System einerseits und das Übergangssystem andererseits nahezu komplementär verhalten, folgt daraus im Umkehrschluss, dass sich die Einmündungsquote in das Übergangssystem entsprechend erhöht.

Mit Blick auf die Frage, welche spezifischen Gruppen von Jugendlichen in Zukunft noch schlechtere Übergangschancen in qualifizierende Ausbildung hätten, gehören dazu insbesondere die Jugendlichen, die bereits heute besonders ungünstige Bildungs- und Lebensverläufe haben. D.h. es sind – unabhängig von ihrem Migrationsstatus – junge Menschen aus der unteren Schicht und unteren Mittelschicht sowie die Jugendlichen ohne deutschen Pass, die selbst dann Probleme im Bildungssystem oder am Übergang zum Ausbildungssystem haben, wenn sie eigentlich zu den bildungsnahen Familien der höheren Schichten zählen. Sie dürften große Teile der Jugendlichen stellen, die trotz Realschulabschluss keinen Ausbildungsplatz finden und ins Übergangssystem münden.

Sollten sich die in den vorhergehenden Artikeln dargestellten Auswirkungen auf das schulische Leistungsvermögen von Jugendlichen aus sozio-ökonomisch- und bildungsbenachteiligten Familien wirklich einstellen, und es keine hinreichenden Angebote zur Schließung der Lernlücken geben, dann ist zu befürchten, dass der Übergang für Jugendliche mit einem niedrigen bzw. schwachem Schulabschluss noch deutlich schwieriger wird. Es könnte zu einer durch zwei Faktoren getriebenen Abwärtsspirale kommen: sinkende Ausbildungsplatzangebote und schwächere Schülerleistungen.

Literatur

Autorengruppe Bildungsberichterstattung (2020): Bildung in Deutschland 2020. Ein indikatorengeschützter Bericht mit einer Analyse zur Bildung in einer digitalisierten Welt. https://www.bildungsbericht.de/static_pdfs/bildungsbericht-2020.pdf (abgerufen am 08.10.2020).

Beicht, U./Walden, G. (2019): Der Einfluss von Migrationshintergrund, sozialer Herkunft und Geschlecht auf den Übergang nicht studienberechtigter Schulabgänger/-innen in berufliche Ausbildung, hrsg. vom BIBB, Wissenschaftliche Diskussionspapiere, Nr. 198, Bonn.

Bundesinstitut für Berufsbildung (2019): Datenreport zum Berufsbildungsbericht 2019, Bonn.

Dohmen, D. (2014): Berufsausbildung unter Druck – Prognose zum deutschen Berufsbildungssystem bis 2025, FiBS-Forum Nr. 52 (https://www.fibs.eu/fileadmin/user_upload/Literatur/FiBS-Forum_052_Berufsausbildung_unter_Druck_140903.pdf).

Dohmen, D. (2020a): Berufsausbildung in Krisenzeiten nachhaltig unter Druck: Was bedeutet die Corona-Krise für die Berufsbildung? FiBS-Forum Nr. 73, Berlin.

Dohmen, D. (2020b): Studienanfängerprognose 2020: Mythos Akademisierungswahn. FiBS-Forum Nr. 74, Berlin.

Dohmen, D./Kasrin, Z./Yelubayeva, G. (2020): Jugendarbeitslosigkeit in Deutschland in Krisenzeiten. FiBS-Forum 75. https://www.fibs.eu/fileadmin/user_upload/Literatur/FiBS_Forum_072_Final_FiBS_Youth_Unemployment_in_times_of_Crises_200724_Final.pdf (abgerufen am 29.07.2020).

Dohmen, D./Yelubayeva, G./Firzlaff, C./Cordes, M. (2020): Jugendarbeitslosigkeit in Krisenzeiten in der EU 27. FiBS-Forum 72. https://www.fibs.eu/fileadmin/user_upload/FiBS_Forum_075_Jugendarbeitslosigkeit_in_Deutschland_final_erg.pdf (abgerufen am 05.02.2021).

Dohmen, D., Thomsen, M. (2018): Prognose der Schüler*innenzahl und des Lehrkräftebedarfs an berufsbildenden Schulen in den Ländern bis 2030, hrsg. von der Gewerkschaft Erziehung und Wissenschaft, Frankfurt/Main. https://www.gew.de/fileadmin/media/publikationen/hv/GEW/GEW-Stiftungen/MTS_-_Geoerderte_Projekte/2018-11_Prognose_Schuelerzahl_Lehrkraeftebedarf_BB-Schulen.pdf (abgerufen am 02.02.2021).

OECD (2001): Knowledge and Skills for Life – First Results from PISA 2000, Paris.

OECD (2019): PISA 2018, Ergebnisse (Band I): Was Schüler*innen wissen und können, Bielefeld: WBV media.

DER EINFLUSS DER PANDEMIE AUF GESUNDHEIT UND WOHLBEFINDEN

Psychische Gesundheit und Lebensqualität von Kindern und Jugendlichen während der COVID-19-Pandemie

Ulrike Ravens-Sieberer, Anne Kaman, Christiane Otto,
Adekunle Adedeji, Janine Devine, Michael Erhart,
Ann-Kathrin Napp, Marcia Becker, Ulrike Blanck-Stellmacher,
Constanze Löffler, Robert Schlack, Klaus Hurrelmann

1 Einleitung

Durch den Ausbruch der COVID-19-Pandemie und die Implementierung drastischer Infektionsschutzmaßnahmen wie Isolation und Kontaktbeschränkungen erleben Menschen weltweit massive Einschränkungen und Veränderungen ihres täglichen Lebens. Mitte März 2020 hat sich auch das Leben für die Kinder und Jugendlichen in Deutschland schlagartig verändert. Schulen und andere Bildungseinrichtungen wurden geschlossen, der Kontakt zu Freunden und Angehörigen war oftmals nur noch über das Telefon bzw. soziale Medien möglich und die Kinder und Jugendlichen konnten vielen gewohnten Freizeitaktivitäten nicht mehr nachgehen.

Diese massiven Veränderungen können als kritisches Lebensereignis aufgefasst werden. Forschung hat gezeigt, dass kritische Lebensereignisse zu psychischen Belastungen bei Kindern und Jugendlichen führen können (Brooks et al. 2020; Reiss et al. 2019). Erste Studien aus China zeigen, dass die Isolations- und Lockdownmaßnahmen der COVID-19-Pandemie mit psychischen Belastungen und Stress bei Kindern einhergehen: Zwischen 23% (Xie et al. 2020) und 44% (Zhou et al. 2020) der Kinder und Jugendlichen litten unter depressiven Symptomen, 19% (Xie et al. 2020) bis 37% (Zhou et al. 2020) unter Angstsymptomen und ein Drittel der Kinder war während der Pandemie anhänglich, unaufmerksam und gereizt (Jiao et al. 2020). Diese Ergebnisse konnten von Duan et al. (2020) repliziert werden. Eine deutschlandweite Studie mit 1.000 befragten Eltern fand heraus, dass sich 18% der 10- bis 17-Jährigen häufig Sorgen wegen der Corona-Krise machten (Langmeyer/Guglhör-Rudan/Naab/Urlen/Winklhofer 2020). Weitere größtenteils nicht repräsentative, internationale Studien, in denen Kinder aus unterschiedlichen Altersgruppen sowie vielfach auch nur die Eltern befragt wurden, folgten aus Indien, Brasilien, den USA, Spanien und Italien. Die Ergebnisse dieser Studien zeigen ähnliche und weitere psychische

Belastungen der Kinder und Jugendlichen während der COVID-19-Pandemie auf: Sie berichten von einer Zunahme von Sorgen, Hilflosigkeit und Angst (Garcia de Avila et al. 2020; Saurabh/Ranjan 2020; Yeasmin et al. 2020), einer Verschlechterung des psychischen Wohlbefindens und einer Zunahme von Verhaltensauffälligkeiten (Gassman-Pines/Ananat/Fitz-Henley 2020; Patrick et al. 2020) sowie von häufiger Langeweile und Einsamkeit während der Pandemie (Orgilés/Morales/Delvecchio/Mazzeschi/Espada 2020). Eltern beobachteten zudem eine Zunahme ungesunder Verhaltensweisen (erhöhter Medienkonsum, Verschlechterung des Schlaf- und Essverhaltens), eine Verschlechterung der sozialen Beziehungen und des elterlichen Erziehungsstils während der Pandemie (Ezpeleta/ Navarro/de la Osa/Trepat/Penelo 2020).

Da Kinder und Jugendliche meist einen eher milden oder asymptomatischen Krankheitsverlauf haben, zählen sie nicht zu den Risikogruppen für eine Erkrankung mit COVID-19 (Walker/Tolentino 2020). Sie sind jedoch in Bezug auf ihre psychische Gesundheit gefährdet. Kinder und Jugendliche sind entwicklungsbedingt eine vulnerable Bevölkerungsgruppe. In der Kinderheit und Jugend sind entwicklungsbezogene Herausforderungen wie etwa der Bildungserwerb, der Aufbau und die Pflege von Freundschaften sowie die Identitätsbildung zu bewältigen (Arnett 2016). Die COVID-19-Pandemie und die damit verbundenen Veränderungen können für Kinder und Jugendliche daher besonders belastend sein. Die Untersuchung der psychischen Gesundheit von Kindern und Jugendlichen während der COVID-19-Pandemie ist somit von hoher Relevanz.

Vor diesem Hintergrund wurde die COPSY-Studie (**Co**rona und **Psy**che) initiiert. Nach bester Kenntnis ist dies europaweit die erste bundesweite repräsentative Studie zur psychischen Gesundheit und Lebensqualität von Kindern und Jugendlichen während der COVID-19-Pandemie. Ziel der COPSY-Studie ist es, zu erfahren, wie es den Kindern und Jugendlichen in der Corona-Krise ergeht und welche Auswirkungen die Pandemie auf ihre psychische Gesundheit und Lebensqualität hat. Die COPSY-Studie nutzt dabei das Befragungsinventar der repräsentativen longitudinalen BELLA-Studie (**Be**fragung zum seelischen Wohlbefinden und Verhalten). Auf diese Weise ist es möglich, Unterschiede in der psychischen Gesundheit der Kinder und Jugendlichen vor und während der Pandemie zu evaluieren. Darüber hinaus wird untersucht, welche Gruppen von Kindern und Jugendlichen während der Pandemie besonders stark belastet sind und welche Ressourcen die Belastungen der Pandemie abmildern und so die psychische Gesundheit von Kindern und Jugendlichen stärken können.

2 Methoden

Studiendesign und Stichprobe

Das Studiendesign und die Methodik der COPSY-Studie wurden in Anlehnung an die repräsentative longitudinale BELLA-Studie konzipiert. Die BELLA-Kohortenstudie ist das Modul zur psychischen Gesundheit und Lebensqualität der Studie zur Gesundheit von Kindern und Jugendlichen in Deutschland (KiGGS) und wird seit 2003 in Kooperation mit dem Robert Koch-Institut durchgeführt (Lange et al. 2018; Otto et al. 2020). In der BELLA-Studie wurden Kinder und Jugendliche sowie deren Eltern mittels etablierter und validierter Instrumente zur psychischen Gesundheit und Lebensqualität befragt. Nähere Informationen zur BELLA-Studie sind an anderer Stelle beschrieben (Otto et al. 2020; Ravens-Sieberer et al. 2015). Die umfangreichen Datensätze der BELLA-Studie wurden als bevölkerungsbasierte Referenzdaten vor der COVID-19-Pandemie zum Vergleich mit der COPSY-Stichprobe herangezogen.

Die bundesweite COPSY-Studie wurde vom 26. Mai bis zum 10. Juni 2020 vom Universitätsklinikum Hamburg-Eppendorf (UKE) in Zusammenarbeit mit infratest dimap durchgeführt. In diesem Zeitraum befand sich Deutschland noch unter einem moderaten Lockdown infolge der ersten COVID-19 Infektionswelle. Es wurden $n = 3.597$ Familien mit Kindern im Alter von 7 bis 17 Jahren zur Teilnahme an der COPSY-Studie eingeladen. Die Familien wurden umfassend über die Studie informiert und um ihre Einwilligung zur Teilnahme gebeten. Insgesamt haben $n = 1.586$ Eltern von Kindern und Jugendlichen im Alter von 7 bis 17 Jahren (per Fremdeinschätzung) sowie $n = 1.040$ Kinder und Jugendliche im Alter von 11 bis 17 Jahren (per Selbsteinschätzung) an der Studie teilgenommen und die Online-Befragung ausgefüllt. Die gewichtete Stichprobe entspricht in den wesentlichen Merkmalen der Struktur der Grundgesamtheit der Eltern von 7- bis 17-jährigen Kindern in Deutschland (laut Mikrozensus 2018). Die COPSY-Studie hat ein positives Ethikvotum der Lokalen Psychologischen Ethikkommission am Zentrum für Psychosoziale Medizin des UKE erhalten und wurde vom Datenschutzbeauftragten des UKE begleitet.

Erhebungsverfahren

Den teilnehmenden Kindern und Jugendlichen sowie deren Eltern wurden neu entwickelte Fragen zu Veränderungen in den Bereichen Schule, Familie und Freunde sowie zum Gesundheitsverhalten während der COVID-19-Pandemie gestellt. Darüber hinaus wurden in Anlehnung an die Empfehlungen des *International Consortium for Health Outcomes Measurement* (ICHOM; Krause et al. 2021) mit international anerkannten und validierten Fragebögen Angaben zu folgenden Bereichen erhoben: psychosomatische Beschwerden, gesundheitsbezogene Lebensqualität (KIDSCREEN-10; Ravens-Sieberer/The European KID-SCREEN Group 2006), psychische Auffälligkeiten (Strenghts and Difficulties Questionnaire (SDQ); Goodman 1997), generalisierte Ängstlichkeit (Screen for Child Anxiety Related Emotional Disorders (SCARED); Birmaher et al. 1999) und depressive Symptome (Center for Epidemiological Studies Depression Scale for Children (CES-DC); Barkmann/Erhart/Schulte-Markwort/The BELLA Study Group 2008). Zudem wurden Angaben zu Risiken (elterliche Bildung, Migrationshintergrund, Wohnfläche) und zu personalen, familiären und sozialen Ressourcen (Optimismus, Familienklima und soziale Unterstützung) erfragt.

Statistische Analysen

Die Datenauswertung erfolgte mithilfe deskriptiver Statistiken (absolute und relative Häufigkeiten, Mittelwerte und Standardabweichungen), bivariater Tests (Chi-Quadrat- und t-Tests) sowie multivariater linearer Regressionsanalysen. Signifikante Unterschiede zwischen Gruppen wurden bei einem Signifikanzniveau von $p < 0{,}05$ angenommen. Alle Analysen wurden mit IBM SPSS Version 26 durchgeführt.

3   Ergebnisse

Die Teilnehmer*innen der Kinder- und Jugendstichprobe ($n = 1.040$) waren durchschnittlich 14,3 Jahre alt (51,1% Mädchen; 15,5% mit Migrationshintergrund). Die Teilnehmer*innen der Elternstichprobe ($n =1.586$) waren durchschnittlich 43,9 Jahre alt (Altersdurchschnitt der Kinder: 12,2 Jahre). Die meisten Eltern hatten ein mittleres Bildungsniveau (55,7%), waren in Vollzeit angestellt (51,7%) und verheiratet (69,2%). Weitere Charakteristika der Stichprobe sind in Tabelle 1 beschrieben.

Tabelle 1: Beschreibung der Stichprobe

	Eltern von Kindern im Alter von 7 bis 17 Jahren ($n = 1.586$)		Kinder und Jugendliche im Alter von 11 bis 17 Jahren ($n = 1.040$)	
	n (%)	M (SD)	n (%)	M (SD)
Alter des Kindes		12,25 (3,30)		14,33 (1,86)
Geschlecht des Kindes				
Männlich	791 (49,9)		508 (48,8)	
Weiblich	793 (50,0)		531 (51,1)	
Divers	1 (0,1)		1 (0,1)	
Keine Angabe	1 (0,1)		-	

Alter der Eltern	43,99 (7,36)	46,28 (6,74)
Migrationshintergrund		
Nein	1332 (84,0)	879 (84,5)
Ja	254 (16,0)	161 (15,5)
Elterliche Bildung		
Niedrig	288 (18,2)	192 (18,5)
Mittel	884 (55,7)	548 (52,7)
Hoch	383 (24,1)	277 (26,6)
Keine Angabe	31 (2,0)	23 (2,2)
Familienstand		
Ledig	140 (8,8)	87 (8,4)
Verheiratet	1097 (69,2)	717 (68,9)
In einer festen Beziehung	216 (13,6)	125 (12,0)
In einer eingetragenen Lebenspartnerschaft	13 (0,8)	8 (0,8)
Geschieden	108 (6,8)	92 (8,8)
Verwitwet	12 (0,8)	11 (1,1)
Berufstätigkeit		
Angestellt in Vollzeit	820 (51,7)	561 (53,9)
Angestellt in Teilzeit	453 (28,6)	286 (27,5)
Selbstständig	67 (4,2)	49 (4,7)
Anderes Beschäftigungs- verhältnis	32 (2,0)	22 (2,1)
Hausfrau/Hausmann	109 (6,9)	61 (5,9)
Rentner/Pensionär	34 (2,1)	27 (2,6)
In Elternzeit	29 (1,8)	7 (0,7)
Nicht berufstätig	42 (2,6)	27 (2,6)

Anmerkung: M = Mittelwert, SD = Standardabweichung (aus: Ravens-Sieberer et al. 2021)

COVID-19-bedingte Belastungen und Auswirkungen auf den Alltag

Zwei Drittel (71%) der Kinder und Jugendlichen gaben an, sich durch die Kontaktbeschränkungsmaßnahmen der COVID-19-Pandemie und die damit einhergehenden Veränderungen belastet zu fühlen. 65% der Kinder und Jugendlichen erlebten die Schule und das Lernen anstrengender als vor der Corona-Krise. Sie hatten Schwierigkeiten, den schulischen Alltag zu bewältigen und empfanden diesen als belastend. Ein Viertel (27%) der Kinder und Jugendlichen berichtete, sich häufiger zu streiten als vor der Corona-Krise. Ein Drittel (37%) der Eltern gab zudem an, dass Streitigkeiten zwischen ihnen und ihren Kindern öfter eskalierten. Darüber hinaus berichteten 39% der Kinder und Jugendlichen, dass sich das Verhältnis zu ihren Freunden durch den eingeschränkten persönlichen Kontakt verschlechtert hat, wodurch sich fast alle Befragten belastet fühlten (Ravens-Sieberer et al. 2020). Auch das Gesundheitsverhalten der

Kinder und Jugendlichen hat sich verschlechtert. Zwei Drittel (70%) der Kinder und Jugendlichen berichteten eine Zunahme ihres Medienkonsums, ein Fünftel (19%) gab an, gar keinen Sport zu machen und ein Viertel (26%) berichtete, mehr Süßigkeiten als vor der Pandemie zu essen (Ravens-Sieberer et al. 2021).

Auswirkungen der Pandemie auf die psychische Gesundheit und Lebensqualität

Die Lebensqualität der Kinder und Jugendlichen hat sich im Vergleich zu der Zeit vor der COVID-19-Pandemie deutlich verschlechtert. So gaben während der Corona-Krise 40% der Kinder und Jugendlichen eine geminderte gesundheitsbezogene Lebensqualität an, in der BELLA-Studie vor der Krise war dies nur bei 15% der Fall (Abbildung 1; Ravens-Sieberer et al. 2020).

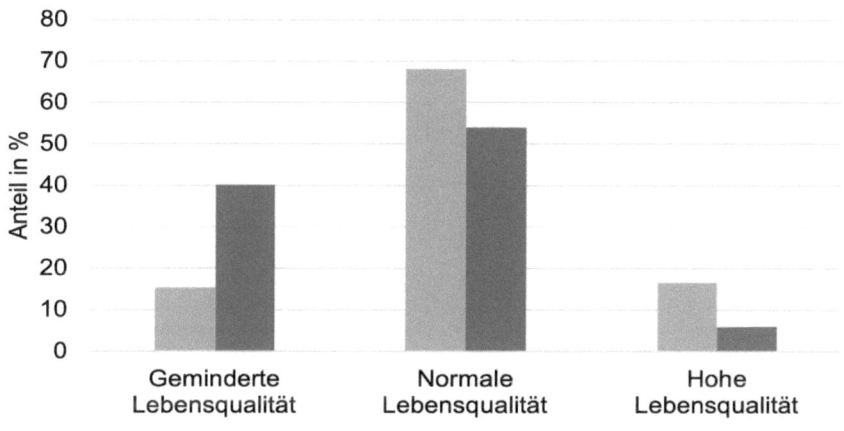

Abbildung 1: Selbstberichtete Lebensqualität von Kindern und Jugendlichen vor und während der COVID-19-Pandemie (geminderte Lebensqualität: Skalenwert mindestens eine Standardabweichung (*SD*) unter dem Populationsmittelwert (*M*), hohe Lebensqualität: Skalenwert mindestens eine SD über dem Populationsmittelwert). Der Unterschied in den Lebensqualitätswerten zwischen beiden Studien wies eine mittlere Effektstärke auf (Cohens f^2 = 0,14) (in Anlehnung an Ravens-Sieberer et al. 2020).

Das Risiko für psychische Auffälligkeiten stieg von 18% vor der COVID-19-Pandemie auf 30% während der Krise. Damit wurden während der Pandemie für fast jedes dritte Kind psychische Auffälligkeiten berichtet, während vor der Pandemie etwa jedes fünfte Kind betroffen war. Darüber hinaus berichteten 24% der 11- bis 17-Jährigen in der COPSY-Studie Symptome einer generalisierten Angststörung, vor der Krise war dies nur bei 15% der Fall. Im Hinblick auf die Häufigkeit depressiver Symptome ergab sich kein interpretierbarer Unterschied (p > 0,05) im Vergleich zum Zeitraum vor der Pandemie (Ravens-

Sieberer et al. 2020). Dennoch gab ein Viertel (27%) der Kinder und Jugendlichen an, zumindest an einzelnen Tagen unter Niedergeschlagenheit, Schwermut oder Hoffnungslosigkeit zu leiden und mehr als die Hälfte (58%) berichtete, dass sie zumindest an einzelnen Tagen weniger Interesse oder Freude an Tätigkeiten hatten (Ravens-Sieberer et al. 2021). Zudem traten während der Pandemie vermehrt psychosomatische Beschwerden wie Gereiztheit (54% vs. 40%), Einschlafprobleme (44% vs. 39%), Kopfschmerzen (40% vs. 28%), Niedergeschlagenheit (34% vs. 23%) und Bauchschmerzen (31% vs. 21%) auf (Abbildung 2; Ravens-Sieberer et al. 2020).

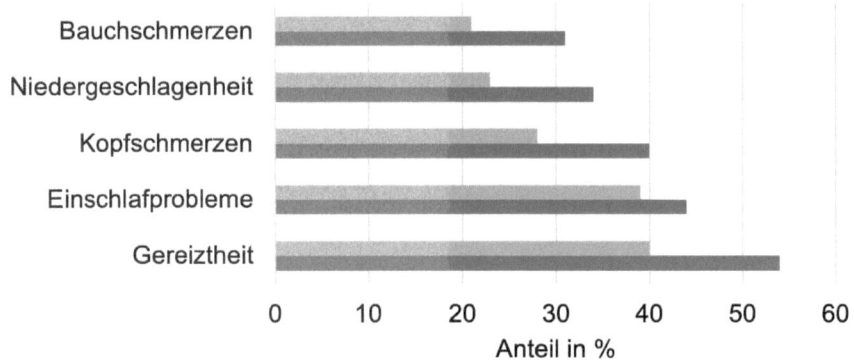

■ Vor der COVID-19 Pandemie ■ Während der COVID-19 Pandemie

Abbildung 2: Psychosomatische Beschwerden von Kindern und Jugendlichen vor und während der COVID-19-Pandemie. Angegeben sind die Prozentanteile der Kinder und Jugendlichen mit entsprechenden Beschwerden mindestens einmal pro Woche während der COVID-19-Krise und aus der Zeit davor (in Anlehnung an Ravens-Sieberer et al. 2020).

Risiken und Ressourcen für die psychische Gesundheit und Lebensqualität

Die Ergebnisse zeigen, dass Kinder und Jugendliche die Veränderungen durch die COVID-19-Pandemie als besonders belastend erlebten, wenn sie ein schlechtes Familienklima berichten und wenn gleichzeitig i) ihre Eltern einen niedrigen Bildungsabschluss haben, ii) sie einen Migrationshintergrund haben, oder iii) sie auf beengtem Raum leben (weniger als 20qm Wohnfläche pro Person). Insgesamt erfüllten $n = 126$ Kinder und Jugendliche diese Kriterien. Diese Risikogruppe von Kindern und Jugendlichen zeigte eine deutlich stärkere Belastung durch die Pandemie (43% vs. 27%, $p = 0{,}005$), signifikant häufiger psychosomatische Beschwerden (d-Effektstärke [d-ES] = 0,67; $p < 0{,}001$), eine signifikant geminderte Lebensqualität (d-ES = 0,67; $p < 0{,}001$) sowie ausgeprägtere Symptome generalisierter Ängstlichkeit (d-ES = 0,37; $p < 0{,}001$) und Depression (d-ES = 0,64; $p < 0{,}001$).

Im Hinblick auf Ressourcen zeigen die Ergebnisse eines multivariaten linearen Regressionsmodells ($n = 1.016$; $F (8, 1.007) = 122,36$; $p < 0,001$; korrigiertes R^2 = 0,49; mit den Kontrollvariablen Alter, Geschlecht, Interaktion zwischen Alter und Geschlecht, elterliche Bildung und Migrationshintergrund), dass persönliche, familiäre und soziale Ressourcen die gesundheitsbezogene Lebensqualität stärken können. So hatten Kinder und Jugendliche, die optimistisch und zuversichtlich in die Zukunft schauen (persönliche Ressource; $B = 7,58$ [95%-Konfidenzintervall: 6,82; 8,33]; $p < 0,001$) sowie jene, die viel gemeinsame Zeit mit ihren Eltern verbringen (familiäre Ressource; $B = 1,46$ [0,91; 2,02]; $p < 0,001$) jeweils eine höhere gesundheitsbezogene Lebensqualität. Der Effekt für die untersuchte familiäre Ressource war klein (Cohens $f^2 = 0,14$), der Effekt für die persönliche Ressource war groß (Cohens $f^2 = 0,39$) (Ravens-Sieberer et al. 2020).

4 Diskussion

Die COPSY-Studie ist die bundesweit erste repräsentative Studie zur Untersuchung der psychischen Gesundheit und Lebensqualität von Kindern und Jugendlichen während der COVID-19-Pandemie. Die Ergebnisse zeigen, dass sich über zwei Drittel der Kinder und Jugendlichen durch die Pandemie belastet fühlten. Der Anteil der Kinder und Jugendlichen mit geminderter gesundheitsbezogener Lebensqualität hat sich im Vergleich zum Zeitraum vor der Pandemie etwa verdoppelt, ebenso der Anteil derjenigen mit psychischen Auffälligkeiten. Besonders stark haben dabei Hyperaktivitätsprobleme und Probleme mit Gleichaltrigen zugenommen. Besonders betroffen waren vor allem Kinder aus sozial benachteiligten Verhältnissen. Gleichzeitig zeigen die Ergebnisse, dass Kinder und Jugendliche häufig über Ressourcen verfügen, die sie schützen und seelisch stabilisieren können.

Die Resultate der COPSY-Studie bestätigen die Ergebnisse der im letzten Jahr zunehmenden Studien zu den psychischen Belastungen von Kindern und Jugendlichen während der COVID-19-Pandemie. Auch in China wurde ein hohes Belastungs-/Stress- und Angsterleben gefunden (Duan et al. 2020; Jiao et al. 2020; Xie et al. 2020; Zhou et al. 2020). Allerdings scheinen die Kinder und Jugendlichen in Deutschland während der ersten Infektionswelle unter geringer ausgeprägten depressiven Symptomen gelitten zu haben als die Kinder und Jugendlichen in China. So berichteten die Kinder und Jugendlichen in der COPSY-Studie zwar depressive Symptome, eine signifikante Zunahme im Vergleich zu vor der Pandemie konnte jedoch nicht gefunden werden. Ein Grund für diesen Unterschied könnte sein, dass die behördlichen Infektionsschutzmaßnahmen in Deutschland im Vergleich zu China moderater waren. Außerdem kann vermutet werden, dass depressive Reaktionen klinisch mitunter erst nach längeren Phasen der Angst und des Stresses auftreten und sich eine Zunahme depressiver Symptome womöglich erst zeitverzögert zeigt. Während der aktuellen zweiten Infektionswelle wird eine Folgebefragung der COPSY-Studie durchgeführt, in der dies näher untersucht wird.

Des Weiteren zeigen unsere Ergebnisse, dass Kinder häufiger an psychischen Auffälligkeiten wie Hyperaktivität und Problemen mit Gleichaltrigen litten, der Medienkonsum zugenommen hat und sich das Bewegungs- und Essverhalten verschlechtert haben. Vor dem Hintergrund, dass sich diese Faktoren gegenseitig negativ verstärken können und Risikofaktoren für psychische Erkrankungen als auch für Übergewicht und konsekutive Folgeerkrankungen sind, gilt es diese Entwicklungen ernst zu nehmen.

Die Ergebnisse der COPSY-Studie zeigen weiterhin, dass Kinder und Jugendliche die Schulschließungen und Kontaktbeschränkungen während der COVID-19-Pandemie als belastend empfunden haben. Wenngleich diese Maßnahmen wichtig waren, um die Ausbreitung des Coronavirus zu verlangsamen, sollten politische Entscheidungsträger die Bedürfnisse von Kindern und Jugendlichen im Rahmen der aktuellen zweiten und eventueller zukünftiger Infektionswellen stärker im Blick behalten (Edmunds 2020). Für eine gesunde Entwicklung von Kindern und Jugendlichen ist der Kontakt zu Gleichaltrigen essenziell. Die Schule ist dabei nicht nur ein Ort des Lernens, sondern auch eine wichtige Möglichkeit, Freunde zu sehen und soziale Beziehungen aufzubauen.

Weiterhin deuten die Ergebnisse der COPSY-Studie darauf hin, dass sich die Stimmung in den Familien verschlechtert hat und Streitigkeiten öfter eskalieren. Aktuelle Studien beschreiben starke Belastungen der Eltern in der Pandemie sowie Verschlechterungen des Familienklimas und des Erziehungsstils, v.a. von Eltern, die junge und viele Kinder haben, alleinerziehend sind, die Kinderbetreuung verlieren, finanziell belastet sind oder eine psychische Vorerkrankung haben (Fontanesi et al. 2020; Mazza et al. 2020). Dies kann zu einer Zunahme von Gewalterfahrungen an Kindern führen (UNICEF 2020), mancherorts mit bereits klarer Dokumentation von körperlichen Folgeschäden (Campbell 2020; Green 2020; Sidpra/Abomeli/Hameed/Baker/Mankad 2020). UNICEF und der Deutsche Kinderschutzbund fordern daher dringende Unterstützung vom öffentlichen Erziehungs- und Bildungssystem sowie eine stärkere Berücksichtigung familienpolitischer sowie kinder- und jugendhilferechtliche Perspektiven bei zukünftigen Entscheidungen der Regierung (Deutscher Kinderschutzbund 2020; UNICEF 2020).

In der COPSY-Studie konnte auch gezeigt werden, dass sozial benachteiligte Kinder und Jugendliche während der COVID-19-Pandemie besonders stark belastet sind. Soziale Ungleichheiten hinsichtlich der psychischen Gesundheit wurden bereits in zahlreichen nationalen und internationalen Studien belegt (Reiss 2013; Reiss et al. 2019). Es werden daher dringend zielgruppenspezifische, niedrigschwellige und flächendeckende Angebote der Gesundheitsförderung und Prävention benötigt.

Die Ergebnisse der COPSY-Studie weisen auch darauf hin, dass Kinder und Jugendliche während der COVID-19-Pandemie weniger stark belastet sind, wenn sie über Ressourcen verfügen. Aus früheren Studien ist bekannt, dass sich eine hohe Selbstwirksamkeit, ein positives Familienklima und eine ausgeprägte soziale Unterstützung positiv auf die Lebensqualität und die psychische Gesundheit auswirken (Otto et al. 2017; Otto et al. 2016; Wüstner et al. 2019). Die Stärkung dieser Ressourcen in Krisenzeiten hat daher eine hohe Relevanz. In diesem Zusammenhang haben die Bundeszentrale für gesundheitliche Aufklärung (BzgA 2020) und das Bundesamt für Bevölkerungsschutz und Katastrophenhilfe (BBK 2020) Informationen und Empfehlungen zur Unterstützung von Familien in der Corona-Zeit veröffentlicht. Es wird empfohlen, dass Eltern mit ihren Kindern über die Situation und ihre Sorgen sprechen. Ein strukturierter Tagesablauf mit festen Schlaf- und Essenszeiten vermittelt Kindern Halt und Sicherheit. Zeit an der frischen Luft und Bewegung helfen Anspannung und Stress abzubauen.

Zu den Stärken der vorliegenden Studie zählen der Einsatz validierter und international etablierter Instrumente, die Erfassung der untersuchten Indikatoren aus subjektiver Sicht der Kinder und Jugendlichen sowie der Vergleich der Ergebnisse mit entsprechenden Resultaten der repräsentativen longitudinalen BELLA-Studie vor der Pandemie. Limitierend ist jedoch anzumerken, dass aufgrund des Querschnittdesigns keine kausalen Zusammenhänge untersucht werden konnten und dass psychische Auffälligkeiten nicht mit klinischen Interviews diagnostiziert, sondern mit Screening-Fragebögen erfasst wurden.

Insgesamt lassen sich aus den Ergebnissen der COPSY-Studie wertvolle Schlüsse für die Versorgung in Form von Anregungen für Präventions- und Gesundheitsförderungsprogramme ableiten, um die mögliche Gefahr der Entwicklung psychischer Störungen aus den beschriebenen psychischen Reaktionen abzuwenden bzw. die psychische Gesundheit von Kindern und Jugendlichen während der COVID-19-Pandemie sowie in zukünftigen Krisensituationen zu erhalten und zu fördern. Dabei sollten vor allem die Bedürfnisse sozial benachteiligter und vulnerabler Gruppen von Kindern berücksichtigt werden. Bei der aktuellen zweiten Infektionswelle und möglichen zukünftigen Krisen sollten Versorgungsstrukturen und politische Entscheidungsträger die Bedürfnisse von Familien und Kindern noch stärker im Blick behalten und präventive Maßnahmen etablieren.

Literatur

Arnett, J. J. (2016): *The Oxford handbook of emerging adulthood.* New York, NY, US: Oxford University Press.

Barkmann, C./Erhart, M./Schulte-Markwort, M./The BELLA Study Group. (2008): The German version of the centre for epidemiological studies depression scale for children: psychometric evaluation in a population-based survey of 7 to 17 years old children and adolescents – results of the BELLA study. *Eur Child Adolesc Psychiatry, 17 Suppl 1*, S. 116–124. doi:10.1007/s00787-008-1013-0.

Birmaher, B./Brent, D.A./Chiappetta, L./Bridge, J./Monga, S./Baugher, M. (1999): Psychometric properties of the screen for child anxiety related emotional disorders (SCARED): a replication study. *J Am Acad Child Adolesc Psychiatry, 38*(10), S. 1230–1236. doi:10.1097/00004583-199910000-00011

Brooks, S.K./Webster, R.K./Smith, L.E./Woodland, L./Wessely, S./Greenberg, N./Rubin, G. J. (2020): The psychological impact of quarantine and how to reduce it: rapid review of the evidence. *The Lancet, 395* (10227), S. 912–920. doi:10.1016/S0140-6736(20)30460-8

Bundesamt für Bevölkerungsschutz und Katastrophenhilfe (2020): COVID-19: Tipps für Eltern. Retrieved from https://www.bundesregierung.de/resource/blob/975226/1730356/979bf922c90656afc235fe67f1e7e00d/2020-03-15-bbk-tipps-eltern-data.pdf?download=1

Bundeszentrale für gesundheitliche Aufklärung (2020): BZgA: Unterstützung für Familien in Corona-Zeiten. Retrieved from https://www.bzga.de/presse/pressemitteilungen/2020-05-12-bzga-unterstuetzung-fuer-familien-in-corona-zeiten/

Campbell, A.M. (2020): An increasing risk of family violence during the Covid-19 pandemic: Strengthening community collaborations to save lives. *Forensic Science International. Reports, 2*, 100089–100089. doi:10.1016/j.fsir.2020.100089

Deutscher Kinderschutzbund (2020): *Stellungnahme des Deutschen Kinderschutzbundes Bundesverband e. V. zur „Situation von Kindern und Jugendlichen in der Corona-Krise".*

Duan, L./Shao, X./Wang, Y./Huang, Y./Miao, J./Yang, X./Zhu, G. (2020): An investigation of mental health status of children and adolescents in china during the outbreak of COVID-19. *Journal of affective disorders, 275*, S. 112–118. doi:10.1016/j.jad.2020.06.029

Edmunds, W.J. (2020): Finding a path to reopen schools during the COVID-19 pandemic. *The Lancet Child & Adolescent Health, 4*(11), S. 796–797.

Ezpeleta, L./Navarro, J.B./de la Osa, N./Trepat, E./Penelo, E. (2020): Life Conditions during COVID-19 Lockdown and Mental Health in Spanish Adolescents. *Int J Environ Res Public Health, 17*(19). doi:10.3390/ijerph17197327

Fontanesi, L./Marchetti, D./Mazza, C./Di Giandomenico, S./Roma, P./Verrocchio, M.C. (2020): The effect of the COVID-19 lockdown on parents: A call to adopt urgent measures. *Psychological Trauma: Theory, Research, Practice, and Policy, 12*(S1), S79–S81. doi:10.1037/tra0000672

Garcia de Avila, M.A./Hamamoto Filho, P.T./Jacob, F./Alcantara, L.R.S./Berghammer, M./Jenholt Nolbris, M./Nilsson, S. (2020): Children's Anxiety and Factors Related to the COVID-19 Pandemic: An Exploratory Study Using the Children's Anxiety Questionnaire and the Numerical Rating Scale. *Int J Environ Res Public Health, 17*(16). doi:10.3390/ijerph17165757

Gassman-Pines, A./Ananat, E.O./Fitz-Henley, J. (2020): COVID-19 and Parent-Child Psychological Well-being. *Pediatrics, 146*(4). doi:10.1542/peds.2020-007294

Goodman, R. (1997). The strengths and difficulties questionnaire: a research note. *J Child Psychol Psychiatry, 38*(5), S. 581–586. doi:10.1111/j.1469-7610.1997.tb01545.x

Green, P. (2020). Risks to children and young people during covid-19 pandemic. *Bmj, 369*, m1669. doi:10.1136/bmj.m1669

Jiao, W.Y./Wang, L.N./Liu, J./Fang, S.F./Jiao, F.Y./Pettoello-Mantovani, M./Somekh, E. (2020): Behavioral and Emotional Disorders in Children during the COVID-19 Epidemic. *J Pediatr, 221*, S. 264–266.e261. doi:10.1016/j.jpeds.2020.03.013

Krause, K.R./Chung, S./Adewuya, A.O./Albano, A.M./Babins-Wagner, R./Birkinshaw, L./Wolpert, M. (2021): International consensus on a standard set of outcome measures for child and youth anxiety, depression, obsessive-compulsive disorder, and post-traumatic stress disorder. *The Lancet Psychiatry, 8*(1), S. 76–86. doi:10.1016/S2215-0366(20)30356-4

Lange, M./Hoffmann, R./Mauz, E./Houben, R./Gößwald, A./Schaffrath Rosario, A./Kurth, B.M. (2018): KiGGS Wave 2 longitudinal component – data collection design and developments in the number of participants in the KiGGS cohort. *Journal of Health Monitoring, 3*(1), S. 92–107. doi:10.17886/RKI-GBE-2018-035

Langmeyer, A./Guglhör-Rudan, A./Naab, T./Urlen, M./Winklhofer, U. (2020): Kindsein in Zeiten von Corona. Erste Ergebnisse zum veränderten Alltag und zum Wohlbefinden von Kindern. Retrieved from https://www.dji.de/fileadmin/user_upload/dasdji/themen/Familie/DJI_Kindsein_Corona_Erste_Ergebnisse.pdf.

Mazza, C./Ricci, E./Marchetti, D./Fontanesi, L./Di Giandomenico, S./Verrocchio, M.C./Roma, P. (2020): How Personality Relates to Distress in Parents during the Covid-19 Lockdown: The Mediating Role of Child's Emotional and Behavioral Difficulties and the Moderating Effect of Living with Other People. *Int J Environ Res Public Health, 17*(17). doi:10.3390/ijerph17176236

Orgilés, M./Morales, A./Delvecchio, E./Mazzeschi, C./Espada, J.P. (2020): Immediate psychological effects of the COVID-19 quarantine in youth from Italy and Spain. *PsyArXiv., doi:10.31234/osf.io/5bpfz.*

Otto, C./Haller, A.C./Klasen, F./Hölling, H./Bullinger, M./Ravens-Sieberer, U. (2017): Risk and protective factors of health-related quality of life in children and adolescents: Results of the longitudinal BELLA study. *PLoS One, 12*(12), e0190363. doi:10.1371/journal.pone.0190363

Otto, C./Petermann, F./Barkmann, C./Schipper, M./Kriston, L./Hölling, H./Klasen, F. (2016): Risiko- und Schutzfaktoren generalisierter Ängstlichkeit im Kindes- und Jugendalter. *Kindheit und Entwicklung, 25*, S. 21–30. doi:10.1026/0942-5403/a000185

Otto, C./Reiss, F./Voss, C./Wüstner, A./Meyrose, A.-K./Hölling, H./Ravens-Sieberer, U. (2020): Mental health and well-being from childhood to adulthood: design, methods and results of the 11-year follow-up of the BELLA study. *European child & adolescent psychiatry*, S. 1–19.

Patrick, S.W./Henkhaus, L.E./Zickafoose, J.S./Lovell, K./Halvorson, A./Loch, S./Davis, M.M. (2020): Well-being of Parents and Children During the COVID-19 Pandemic: A National Survey. *Pediatrics, 146*(4). doi:10.1542/peds.2020-016824

Ravens-Sieberer, U./Kaman, A./Otto, C./Adedeji, A./Devine, J./Erhart, M./Hurrelmann, K. (2020): Mental health and quality of life in children and adolescents during the COVID-19 pandemic—results of the COPSY study. *Dtsch Arztebl Int, 117*, S. 828–829. doi:10.3238/arztebl.2020.0828

Ravens-Sieberer, U./Kaman, A./Otto, C./Adedeji, A./Napp, A.-K./Becker, M./Hurrelmann, K. (2021): Seelische Gesundheit und psychische Belastungen von Kindern und Jugendlichen während der COVID-19-Pandemie – Ergebnisse der COPSY-Studie. *Bundesgesundheitsblatt Gesundheitsforschung Gesundheitsschutz.* doi:10.1007/s00103-021-03291-3

Ravens-Sieberer, U./Otto, C./Kriston, L./Rothenberger, A./Döpfner, M./Herpertz-Dahlmann, B./Schulte-Markwort, M. (2015): The longitudinal BELLA study: design, methods and first results on the course of mental health problems. *European child & adolescent psychiatry, 24*(6), S. 651–663. doi:10.1007/s00787-014-0638-4

Ravens-Sieberer, U./The European KIDSCREEN Group (2006): *The KIDSCREEN Questionnaires – Quality of life questionnaires for children and adolescents – Handbook*: Lengerich: Pabst Science Publisher.

Reiss, F. (2013): Socioeconomic inequalities and mental health problems in children and adolescents: a systematic review. *Soc Sci Med, 90*, S. 24–31. doi:10.1016/j.socscimed.2013.04.026

Reiss, F./Meyrose, A.K./Otto, C./Lampert, T./Klasen, F./Ravens-Sieberer, U. (2019): Socioeconomic status, stressful life situations and mental health problems in children and adolescents: Results of the German BELLA cohort-study. *PLoS One, 14*(3), e0213700. doi:10.1371/journal.pone.0213700

Saurabh, K./Ranjan, S. (2020): Compliance and Psychological Impact of Quarantine in Children and Adolescents due to Covid-19 Pandemic. *The Indian Journal of Pediatrics, 87*(7), S. 532–536. doi:10.1007/s12098-020-03347-3

Sidpra, J./Abomeli, D./Hameed, B./Baker, J./Mankad, K. (2020): Rise in the incidence of abusive head trauma during the COVID-19 pandemic. *Arch Dis Child.* doi:10.1136/archdischild-2020-319872

UNICEF (2020): COVID-19: Children at heightened risk of abuse, neglect, exploitation and violence amidst intensifying containment measures. Retrieved from https://www.unicef.org/guineabissau/press-releases/covid-19-children-heightened-risk-abuse-neglect-exploitation-and-violence-amidst

Walker, D./Tolentino, V. (2020): COVID-19: The impact on pediatric emergency care. *Pediatric emergency medicine practice, 17*, S. 1–27.

Wüstner, A./Otto, C./Schlack, R./Hölling, H./Klasen, F./Ravens-Sieberer, U. (2019): Risk and protective factors for the development of ADHD symptoms in children and adolescents: Results of the longitudinal BELLA study. *PLoS One, 14*(3), e0214412. doi:10.1371/journal.pone.0214412

Xie, X./Xue, Q./Zhou, Y./Zhu, K./Liu, Q./Zhang, J./Song, R. (2020): Mental Health Status Among Children in Home Confinement During the Coronavirus Disease 2019 Outbreak in Hubei Province, China. *JAMA Pediatrics.* doi:10.1001/jamapediatrics.2020.1619

Yeasmin, S./Banik, R./Hossain, S./Hossain, M.N./Mahumud, R./Salma, N./Hossain, M.M. (2020): Impact of COVID-19 pandemic on the mental health of children in Bangladesh: A cross-sectional study. *Child Youth Serv Rev, 117*, 105277. doi:10.1016/j.childyouth.2020.105277

Zhou, S.J./Zhang, L.G./Wang, L.L./Guo, Z.C./Wang, J.Q./Chen, J.C./Chen, J.X. (2020): Prevalence and socio-demographic correlates of psychological health problems in Chinese adolescents during the outbreak of COVID-19. *Eur Child Adolesc Psychiatry, 29*(6), S. 749–758. doi:10.1007/s00787-020-01541-4

Jugend und Corona in Deutschland und Österreich: Junge Menschen im Lockdown

Simon Schnetzer, Klaus Hurrelmann,
Martina Leibovici-Mühlberger

1 Einführung

Seit Beginn der Corona-Pandemie kursieren in den Medien immer wieder vorwurfsvolle Schlagzeilen und Bilder von Party-Exzessen feierwütiger Jugendlicher. Den jungen Leuten wird vorgeworfen, durch ihr leichtsinniges Verhalten die älteren Bevölkerungsgruppen zu gefährden und sich auf diese Weise unsolidarisch zu verhalten. In oft reißerischen Schlagzeilen wird der Vorwurf erhoben, Jugendliche würden maßgeblich zur Verbreitung des Corona-Virus beitragen. Weniger häufig sind Berichte, in denen um Verständnis für das Freiheitsbedürfnis von Jugendlichen geworben wird, verbunden mit dem Appell, Alt und Jung nicht gegeneinander auszuspielen.

Unklar war bislang, für wie viele junge Menschen und welche Teilgruppen von ihnen diese Vorwürfe tatsächlich zutreffen und in welcher Weise sich die Corona-Pandemie auf die Lebens- und Arbeitssituation junger Menschen auswirkt. Dieser Beitrag soll diese Fragen beantworten, empirisch belastbare Erkenntnisse für Deutschland und Österreich vorlegen und einen Lösungsvorschlag für junge Menschen in der Krise aufzeigen. Die Daten basieren auf einer Corona-Sonderauswertung der repräsentativen Studien „Junge Deutsche 2021" und „Junge Österreicher 2021". Für die Studien wurden in Deutschland insgesamt 1.602 und in Österreich 1.001 Jugendliche und junge Erwachsene im Alter zwischen 14 und 39 Jahren befragt.

Unseres Wissens nach liegt damit sowohl für Deutschland als auch für Österreich eine der ersten Untersuchungen vor, aus der genaue Informationen über die Einstellungen und Verhaltensweisen der Angehörigen der jungen Generation in Zeiten der Corona-Pandemie abgelesen werden können. Sie vermitteln ein differenziertes Bild, in welchem Maß Jugendliche und junge Erwachsene der Altersgruppen zwischen 14 und 39 Jahren bereit sind, auf andere Bevölkerungsgruppen Rücksicht zu nehmen und in welcher Weise sie von der Corona-Pandemie betroffen sind. Zudem zeigt diese Studie die Zusammenhänge zwischen Alter, Geschlecht und Bildung auf.

Die für die Studie gewählte Altersspanne zwischen 14 und 39 Jahren ermöglicht es, zwischen unterschiedlichen Generationen in der Jugend zu unterscheiden. In die Studie gehen Angehörige der „Generation Z" ein, die jünger als 25 Jahre sind, und ebenso Angehörige der Generation Y, die 25 Jahre und älter sind. An einigen Stellen werden wir auf Unterschiede zwischen diesen beiden Generationen hinweisen.

2 Die Ergebnisse im Überblick

Die Jugendlichen und jungen Erwachsenen wurden danach gefragt, wie sie sich in Zeiten der Corona-Pandemie verhalten und wie sie ihr Risiko einschätzen, durch das Corona-Virus infiziert zu werden.

Die große Mehrheit hält sich an die AHA-Regeln

Die Ergebnisse zeigen ein klares Bild: Wie Abbildung 1 deutlich macht, hält es die überwiegende Mehrheit der jungen Leute, nämlich 73%, für wichtig, sich an die AHA-Regeln von Abstand, Hygiene und Alltagsmaske zu halten. 23% sind hier abwägend, und 4% antworten mit einem glatten Nein. Fast genauso eindeutig fallen die Antworten zu der Frage aus, ob man sich rücksichtsvoll verhält, um Familie und Freunde nicht zu gefährden. Weiterhin zeigt die Abbildung, dass es fast zwei Drittel für wichtig halten, wegen der Corona-Pandemie auf Feiern und Partys zu verzichten; hier sind es 26% mit einer abwägenden Haltung und 8%, die mit einem klaren Nein antworten.

Es ist nicht zu übersehen, dass die Bereitschaft und Einsicht junger Menschen, auf Feiern und Partys zu verzichten (66%) geringer ist, als sich allgemein an die Hygieneregeln zu halten (73%). Da es nicht üblich ist, bei Partys und beim Feiern sämtliche Hygieneregeln einzuhalten, gibt es hier einen interessanten Unterschied in der Selbstwahrnehmung junger Menschen. Es sind weniger Angehörige der Generation Z (unter 25 Jahre alt) bereit, auf das Feiern zu verzichten (38%), als Angehörige der Generation Y (32%). Das ist wenig verwunderlich, wenn man sich bewusst macht, welche zentrale entwicklungspsychologische Rolle das Miteinander und Feiern in der Jugendphase für die Entwicklung von Sozialverhalten, Beziehungs- und Kontaktfähigkeit, Emotion, Empathie und Sexualität spielt.

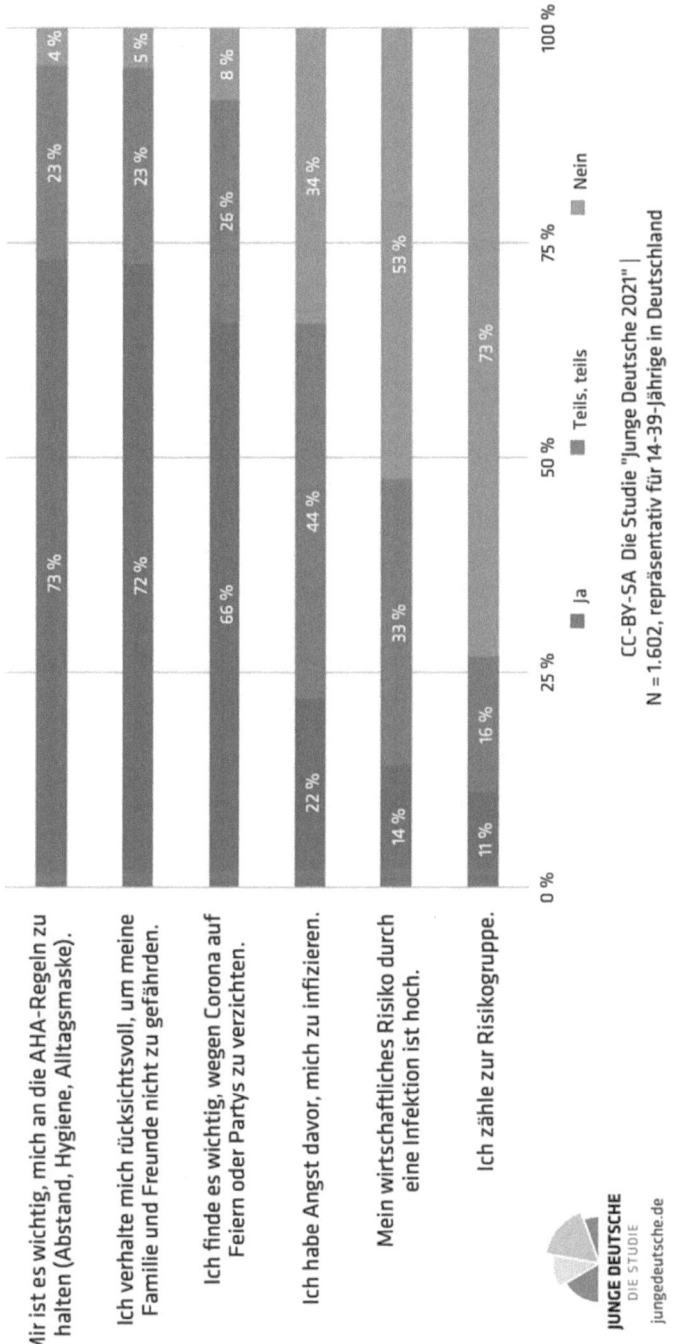

Abbildung 1: Die Einstellung von Jugendlichen und jungen Erwachsenen zu Corona und der Pandemie-Bekämpfung

Nur wenige haben Angst vor einer Infektion

Diese Ergebnisse müssen vor dem Hintergrund bewertet werden, wie groß die Angst der jungen Leute ist, sich mit dem Corona-Virus zu infizieren, und wie hoch sie ihr eigenes Risiko einschätzen, an einer Corona-Infektion zu erkranken.

Hier sind die Ergebnisse ebenfalls recht klar: Es sind nur 22%, die eine erklärte Angst vor der Infektion haben, 44% sind sich unsicher und 34% geben an, keine Angst zu verspüren. Die eigene Einschätzung als Risikogruppe fällt zurückhaltend aus: Die weitaus meisten jungen Leute gehen davon aus, dass sie durch eine Infektion lange nicht so stark belastet werden und insgesamt mit nicht so hohen Folgeschäden rechnen müssen wie ältere. Es ist deswegen nicht überraschend, dass sich nur 11% zur Risikogruppe zählen und weitere 17% in dieser Hinsicht unsicher sind. Die große Mehrheit von 73% der Befragten gibt an, im Falle einer Infektion keinem großen Risiko ausgesetzt zu sein.

Die Jugendlichen und jungen Erwachsenen wurden auch danach gefragt, ob sie durch eine Infektion einem hohen wirtschaftlichen (beruflichen) Risiko ausgesetzt sind. Hier geben sich mehr als die Hälfte der Befragten zuversichtlich: Nur ein kleiner Teil von 14% gibt an, ein hohes wirtschaftliches Risiko durch die Infektion zu haben, 34% sind unsicher und 53% sehen kein hohes Risiko. Bemerkenswert daran ist, dass etwa ein Drittel die Auswirkungen nicht absehen oder einschätzen kann.

Insgesamt zeigen die Ergebnisse der Studie „Junge Deutsche 2021" damit sehr deutlich: Die große Mehrheit der jungen Leute hält sich selbst für wenig gefährdet durch die Corona-Pandemie und ihre Folgen, ist aber dennoch bereit, sich an die Hygiene- und Abstandsregeln zu halten, auf Familie und Freunde Rücksicht zu nehmen und auf Feiern und Partys zu verzichten.

Die Ergebnisse der Studie „Junge Österreicher 2021" fallen ganz ähnlich aus: Auch hier hält sich die große Mehrheit der jungen Leute selbst gesundheitlich für wenig gefährdet durch die Corona-Pandemie und ist dennoch bereit, sich an die Hygiene- und Abstandsregeln zu halten, auf Familie und Freunde Rücksicht zu nehmen und auf Feiern oder Partys zu verzichten. Auf die Mehrheit der jungen Generationen Z und Y in beiden Ländern trifft deswegen der oft erhobene Vorwurf nicht zu, sie würden sich unsolidarisch gegenüber den älteren und durch die Infektion gefährdeteren Gruppen der Bevölkerung verhalten.

Wer sind die Rücksichtslosen unter den jungen Leuten?

Es gibt aber auch eine Minderheit von gut einem Viertel der jungen Leute, die sich nicht oder nur teilweise an die AHA-Regeln halten, nicht auf Partys verzichten und wenig Rücksicht nehmen. Wer sind diese Rücksichtslosen? Am Beispiel der Antwort auf das Statement „Mir ist es wichtig, mich an die AHA

Regeln zu halten" lassen sie sich in der Studie für Deutschland identifizieren. Diejenigen, die mit der Antwort „Teils, teils" oder „Nein" antworten,

- sind eher männlich:
  32% der jungen Männer und 22% der jungen Frauen
- leben eher in Kleinstädten als in Großstädten:
  31% in Kleinstädten, 28% in Mittelstädten, 27% in Dörfern/ländlichem Raum und 25% in Großstädten
- haben ein eher niedriges Bildungsniveau
  - 34% der jungen Menschen mit einem Hauptschul- oder Realschulabschluss als höchstem Bildungsabschluss verhalten sich nicht oder nur zum Teil rücksichtsvoll.
  - Bei denen mit Lehre/Ausbildung sind es 27%, bei denen mit Fach (-Abitur) 25%. (Techniker-/Meisterschule 24%, Bachelor- oder Masterabschluss 22%)

Andere Merkmale wie Beziehungsstatus, Elternschaft oder Zufriedenheit im Leben haben nach unserer Analyse keinen oder nur einen sehr geringen Einfluss auf den Aspekt der Rücksichtnahme. Auch in Österreich sind die Rücksichtslosen eher jünger und männlich. Allerdings haben wir der Auswertung für Österreich weniger Bedeutung beigemessen, da junge Menschen dort in den Medien kaum angeschuldigt wurden.

Spürbare Verschlechterung der Zukunftsperspektiven

In einem zweiten Block von Fragen untersuchten wir, welche Veränderungen sich bei den Befragten im alltäglichen Leben durch die Corona-Pandemie ergeben haben und in welchem Ausmaß sie das als eine Verbesserung oder Verschlechterung empfinden (Tabelle 2).

Positiv ist festzuhalten, dass die Mehrheit der befragten jungen Leute bei fast allen Antwortkategorien angibt, es habe sich keine gravierende Veränderung ergeben. Das gilt besonders stark für das Verhältnis zu Heimat und Familie, aber auch das Verhältnis zu den Freunden. Das gilt auch für die befragten jungen Leute in Österreich. Die allermeisten Jugendlichen und jungen Erwachsenen sind also privat gut verankert und lassen sich auch durch eine große Gesundheitskrise mit sehr starken Einschnitten in das alltägliche Leben nicht irritieren. Obwohl sie sich in einer Umbruchsituation ihres Lebens befinden und viele schwierige Übergänge von der Schule in die Ausbildung oder das Studium und anschließend in den Beruf bewältigen müssen, können sie sich demnach flexibel auf die veränderte Lebenssituation einstellen. Die gute Verankerung im familiären Kreis, in der Freundesgruppe und in der Region gibt ihnen offenbar den nötigen Halt.

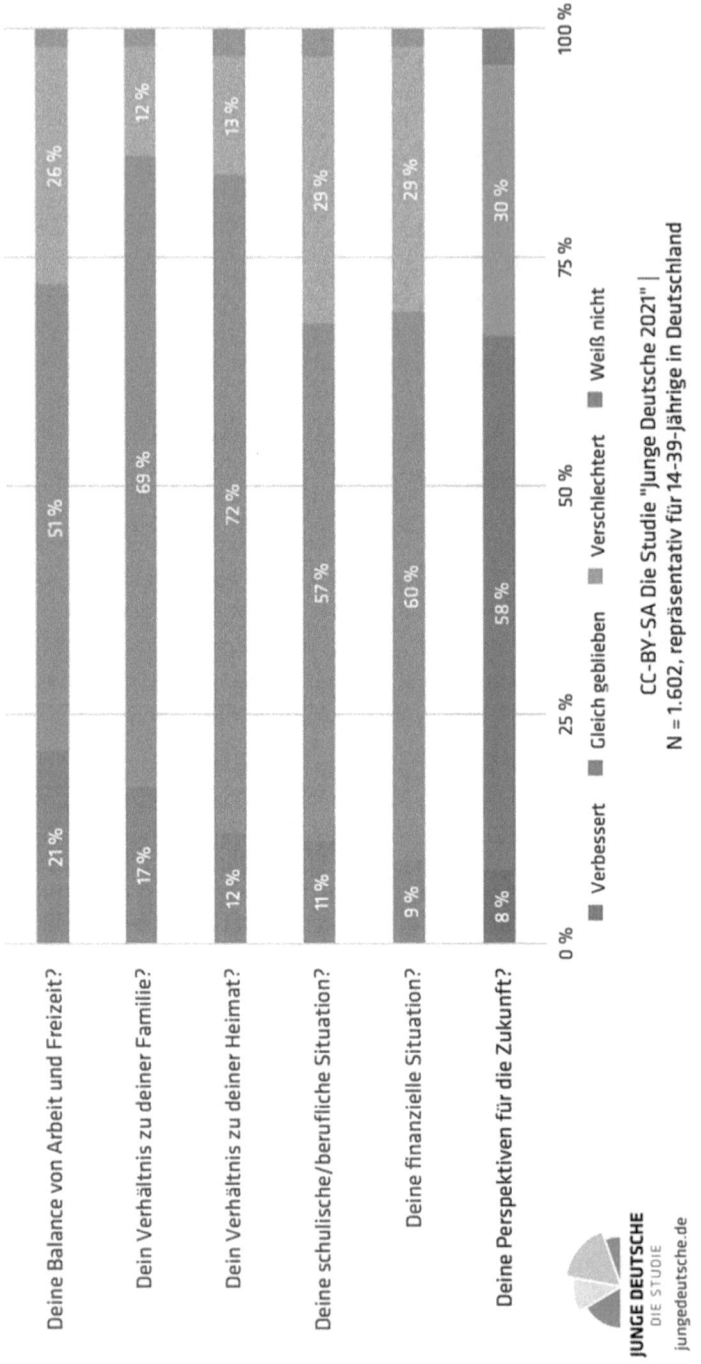

Abbildung 2: Die Auswirkungen der Corona-Krise auf Jugendliche und junge Erwachsene

Jenseits des privaten Lebensbereiches aber sieht die Situation kritischer aus. Jeweils etwa 30% der Befragten empfinden nämlich Verschlechterungen in Hinsicht auf ihre finanzielle Lage, bei den Perspektiven für die Zukunft und in Bezug auf ihre schulische und berufliche Situation. Auch bei der Balance von Arbeit und Beruf berichten 31% der Befragten von einer Verschlechterung.

Dieses Ergebnis ist durchaus alarmierend: Fast ein Drittel eines jeden Jahrgangs werden durch die Corona-Pandemie in einer empfindlichen Phase des Lebenslaufs getroffen, in der sie gerade dabei sind, ihre Position für die künftige Ausbildung und die Berufstätigkeit aufzubauen. Die von ihnen zu Protokoll gegebene deutliche Verschlechterung in vier wichtigen Bereichen weist auf eine empfindliche Beeinträchtigung ihrer Chancenstruktur beim Übergang in das Erwachsenenalter hin.

Im Jugendalter und jungen Erwachsenenalter entscheidet sich, ob man die Hürden für wichtige Übergänge schafft oder nicht. Gelingt die Bewältigung eines Übergangs (z. B. in die berufliche Ausbildung) nicht, kann das negative Folgen für den nächsten Übergang (z. B. in eine feste Berufsposition) haben. Langfristig können sich daraus schwere persönliche Beeinträchtigungen wie etwa ein gemindertes Selbstwertgefühl und ein beeinträchtigtes Selbstvertrauen ergeben. Auch die finanziellen und wirtschaftlichen Einschränkungen können sich über einen langen Zeitraum des weiteren Lebens erstrecken, wie einschlägige Untersuchungen zeigen. Ein frühes Scheitern in der Bildungs- und Berufslaufbahn hinterlässt sozusagen lebenslange „soziale Narben".

Die Jüngeren aus der Generation Z leiden stärker

Damit sieht sich fast ein Drittel der jungen Leute durch die Corona-Pandemie selbst und die wirtschaftlichen Auswirkungen der Pandemie benachteiligt. Der genauere Blick auf die Daten zeigt, dass sich die Perspektiven für die Zukunft für die Generation Z in stärkerem Maß verschlechtert hat als für die Generation Y. In beiden Ländern trifft es die unter 25-Jährigen härter, sie leiden stärker. In Deutschland hat sich z. B. bei 37% von ihnen die schulisch-berufliche Situation verschlechtert, bei der Generation Y sind es nur 25%. Dieser Unterschied dürfte damit zusammenhängen, dass die über 25- bis 39-Jährigen schon in der Lage waren, ihre Position im Berufsleben zu festigen, während die Jüngeren erst an der Schwelle zum Übergang in den Beruf stehen und durch die negativen wirtschaftlichen Auswirkungen der Pandemie stärker betroffen sind. Darauf weist auch der Befund hin, dass die jungen Leute mit einer abgeschlossenen beruflichen Ausbildung hinsichtlich der Sorge vor der Verschlechterung ihrer Perspektiven besser abgeschnitten haben als diejenigen, die sich noch in schulischer, beruflicher oder hochschulischer Ausbildung befinden.

Bei nur einer Frage zeigt sich die interessante Tendenz, dass die Verbesserungen die Verschlechterungen überwiegen: Beim Verhältnis zur Familie. Hier geben 17% eine bessere Lage während der Corona-Pandemie an, während nur 12% von einer Verschlechterung sprechen. Durch die Restriktionen in Bildung, Ausbildung und Beruf hat sich bei ihnen offenbar die Chance ergeben, sich stärker um das Leben in der Familie zu kümmern. Das hat möglicherweise bei einem Teil der Befragten dazu geführt, dass sich das Verhältnis zu ihrer Familie verbessert hat.

Spürbare Veränderung der Work-Live-Balance

Bemerkenswert sind die Antworten auf die Frage zur Balance von Arbeit und Freizeit. Hier zeigt sich in beiden Ländern die größte Veränderung durch die Corona-Pandemie. So gibt in Deutschland nur eine knappe Mehrheit an, die Lage sei gleichgeblieben, während 25% von einer Verschlechterung und 21% von einer Verbesserung sprechen. Das Ausmaß der Verbesserung deutet wie bei der Einschätzung der Familiensituation darauf hin, dass durch die Restriktionen des Berufslebens bei einem Teil der jungen Leute die Chance entstanden ist, zu einem besseren Ausgleich der Anforderungen von Beruf und Freizeit zu kommen. Das etwas höhere Ausmaß der Verschlechterung weist auf die Unsicherheiten der Zukunftsperspektive hin, die sich in vielen beruflichen Branchen ergeben hat. Viele junge Leute müssen, wie schon erwähnt, befürchten, dass sich der Eintritt in die Ausbildung und den Beruf verzögert oder sie von Arbeitslosigkeit betroffen werden.

Auch hier ergeben sich Alters- und damit Generationsunterschiede. Für unter 25-Jährige (Generation Z), hat sich die Balance von Arbeit und Freizeit besonders häufig verschlechtert. 33% der Angehörigen der Generation Z geben an, dass sich diese Balance für sie verschlechtert hat, im Vergleich zu 21% bei den über 25-Jährigen (Generation Y). Auch hier können wir vermuten, dass es den Älteren besser gelungen ist, auf die Auswirkungen der Pandemie zu reagieren, weil sie beruflich und familiär schon besser etabliert sind und bereits krisenfestere Routinen der Alltagsgestaltung entwickelt haben.

Akuter Handlungsbedarf in Deutschland und Österreich

Insgesamt attestiert die vorliegende Studie den jungen Leuten in Deutschland und Österreich eine beruhigende soziale Haltung, die einen hohen Grad an gesellschaftlichem und Generationen übergreifenden Zusammenhalt vermuten lässt. Andererseits zeichnet sich in der Studie eine besorgniserregende Entwicklung für die untersuchte Bevölkerungsgruppe der Generation Z und Generation Y ab, die ein ernstzunehmendes Bedrohungsszenario für die Entwicklungszukunft der Gesamtgesellschaft darstellt. Wenn rund ein Drittel der Befragten davon ausgeht, dass sich ihre Perspektiven für die Zukunft verschlechtert haben, was Befragte in Interviews als „graues Grundgefühl" oder „Gefühl der

Sinnentleerung" beschreiben, so manifestiert sich darin ein biopsychosozialer Stressor mit fundamentalem Sprengpotenzial für die Gesellschaft.

Einer Stabilisierung der Einschätzung von schlechten Zukunftsperspektiven im Sinne einer verfestigten Grundüberzeugung (einer sogenannten „Social Mood") bei einem namhaften Anteil der jungen Generation muss unserer Einschätzung nach dringend entgegengewirkt werden. Insbesondere, weil sich daraus eine Grundhaltung entwickeln könnte, die Motivation und Antrieb dämpft und in der Folge als „selbsterfüllende Prophezeiung" dazu führt, dass natürlichen Karriereherausforderungen oder Rückschlägen nicht mehr mit der notwendigen Hartnäckigkeit begegnet werden kann. Die daraus resultierende Einnistung in einem Gefühl geringen Selbstwerts befördert, wie vielfach referenziert, geringe Produktivität, sowie Passivität und Resignation.

In der Analyse hervorzuheben ist auch die besondere entwicklungspsychologische Betroffenheit der Generation Z, also der unter 25-Jährigen durch die Corona-Pandemie. Die in diese Altersspanne fallenden wesentlichen entwicklungspsychologisch relevanten Aufgaben (Autonomie, soziale Interaktion und Positionierung in der Bezugsgruppe) werden durch die Gegebenheiten und Maßnahmen der Corona-Pandemie derzeit bereits nachhaltig ihrer wesentlichsten Bühnen beraubt. Die Angabe von 33%, dass sich die Balance von Freizeit und Arbeit verschlechtert hat (41% in Österreich) und von 37%, dass sich die schulische/berufliche Situation verschlechtert hat (38% in Österreich), ist als „Aufschrei" eines Mangels an „sozialer Selbsterprobung" zu werten. Auch hier bleibt es zum gegenwärtigen Stand der Erkenntnisse offen, aber wesentlich für die weitere Beobachtung, inwieweit daraus negative soziale Effekte für die zukünftige Erwachsenengeneration entstehen und wie diese abwendbar sind.

Um derartige negative Langzeitfolgen persönlicher, wirtschaftlicher, wie gesamtgesellschaftlicher Art zu vermeiden, sind, im Lichte des gegenwärtigen Stands der Forschung bzgl. der Auswirkungen der Corona-Pandemie auf die junge Generation, das folgende Handeln dringlich angezeigt:

1. Konkrete Initiativen starten, die junge Menschen in wertschätzender, den Selbstwert und Zuversicht stärkender Form einbinden und somit persönlichen Zukunftsängsten entgegenwirken.
2. Weiterführende Detailforschung durchführen, um sowohl eine Clusterung der spezifischen, situationsgebundenen Stressoren zu ermöglichen, wie auch erfolgreiche Strategien „Coping Strategies" jener Probanden zu erfassen, die sich als weitgehend resilient oder sogar positiv stimuliert durch die Corona-Pandemie erleben.

3 Wege aus der Krise: sinnstiftende Perspektiven mit dem Corona-Stipendium

Es ist wichtig schnell zu handeln und gerade den jungen Menschen, die jetzt in den Übergängen stecken bleiben, eine sinnvolle Beschäftigung und Perspektive zu bieten. Eine rein finanzielle Hilfe, wie Arbeitslosengeld oder Sozialhilfe kann zwar den finanziellen Druck lindern, doch erstens steht es vielen der aktuell Perspektivlosen (noch) nicht zu und zweitens fühlt sich „Sozialhilfe" für viele an wie persönliches Versagen. Dabei sind diese jungen Menschen voller Ideen und Kompetenzen, die Kommunen, Arbeitgeber, Vereine, etc. gerade jetzt gut gebrauchen könnten.

Deswegen schlagen wir als einen demonstrativen politischen Schritt ein „Corona-Stipendium" vor. Es soll jungen Menschen mit Problemen bei Übergängen Perspektiven bieten und sie an der aktiven Gestaltung der Zukunft beteiligen.

Das ist die Idee: Das Stipendium richtet sich an junge Leute im Alter zwischen 16 und 26 Jahren, die ihre Schul- oder Berufsausbildung beendet, aber noch keinen Anschluss gefunden haben. Die Stipendien sind auf sechs Monate und eine Förderung von etwa 1.000 € pro Monat beschränkt. Stipendiaten-Projekte können von privaten und gemeinnützigen Unternehmen, sozialen Einrichtungen oder eigeninitiativ von jungen Menschen, beantragt werden. Das Stipendium folgt der Idee der freiwilligen sozialen Dienste und sollte sich auf drei Zielsetzungen konzentrieren: Sozialen Zusammenhalt fördern, Auswirkungen der Corona-Pandemie bewältigen und Zukunftsfähigkeit gestalten.

Die Vergabe des Stipendiums veranschaulichen wir an drei Beispielen, die sich auf Modernisierung und Digitalisierung beziehen:

1. Junge Leute bewerben sich selbst um ein Corona-Stipendium, um innovative Konzepte für hybriden Unterricht in Schulen zu entwickeln und Vorschläge für die Lehrerfortbildung zu erarbeiten.
2. Der Träger eines Seniorenheims bewirbt sich um ein Corona-Stipendium, um die Angebote der Einrichtung zu digitalisieren und bei den Bewohnern beliebte Unterhaltungsangebote über eine Online-Plattform erlebbar zu machen.
3. Ein regionales Maschinenbau-Unternehmen bewirbt sich um Corona-Stipendiaten, um die aus der Krise resultierenden Herausforderungen der Digitalisierung von Vertriebskanälen und Mitarbeiterführung zu überwinden.

Bestehende Verwaltungsstellen für Freiwilligendienste könnten die Vermittlung und Vergabe der Corona-Stipendien übernehmen, die Arbeit der Stipendiaten begleiten und die Ergebnisse evaluieren.

Für die Pilotphase sollte aus Steuermitteln eine Charge von 10.000 solcher Stipendien finanziert und durch den Bundespräsidenten ausgelobt werden.

Bereits während der Pilotphase soll mit den Stipendiaten und Einsatzstellen evaluiert werden, wie Konzept, Organisation und Wirkung des Corona-Stipendiums verbessert werden können. Dass die Beteiligung junger Menschen sich lohnen kann, zeigt die Erfahrung aus zahlreichen Zukunftsgestalter-Workshops, in denen Jugendliche und junge Erwachsene regelmäßig Arbeitgeber, Verbände und Kommunen damit überraschen, wie viel Kreativität, Ehrgeiz und Power in ihnen steckt. Mit dem Corona-Stipendium wird jungen Menschen eine Chance gegeben, diese Energie auf die Gestaltung ihrer eigenen Zukunft zu lenken. Wenn sich das Corona-Stipendium in der Pilotphase bewährt hat, sollte das Konzept in der nächsten Phase massiv ausgeweitet werden.

4 Zusammenfassung

Obwohl sich nur 11% der Jugendlichen und jungen Erwachsenen im Alter zwischen 14 und 39 Jahren zur Risikogruppe bei der Corona-Pandemie zählen, hält es mit 73% die große Mehrheit von ihnen für wichtig, sich an die AHA-Regeln (Abstand, Hygiene, Alltagsmaske) zu halten. Fast ebenso viele (72%) geben an, sich rücksichtsvoll zu verhalten, um die Mitglieder ihrer Familie nicht zu gefährden. Ein weiteres Ergebnis der Studie bestätigt diese Erkenntnis: Zwei Drittel der jungen Leute finden es wichtig und richtig, wegen der COVID-19-Pandemie auf Feiern zu verzichten, ein Viertel antwortet abwägend und nur 8% mit einem klaren Nein.

Entgegen allen Vorurteilen in der Öffentlichkeit und in vielen Medien zeigt die Befragung, dass sich der allergrößte Teil der jungen Generation in der Corona-Pandemie verantwortungsvoll verhält. Etwas mehr als ein Viertel der jungen Leute allerdings hält sich nicht an die AHA-Regeln und nimmt keine Rücksicht auf die Risiko-Gruppen in der Bevölkerung. Unter ihnen überwiegen die jungen Männer.

Ein alarmierendes Ergebnis der Studie ist, dass fast ein Drittel eines jeden Jahrgangs durch die Corona-Pandemie in einer empfindlichen Phase des Lebenslaufs negativ betroffen ist. Es trifft insbesondere Jugendliche in Übergängen, die gerade dabei sind, ihre Position für die künftige Ausbildung und die Berufstätigkeit aufzubauen. Die von ihnen zu Protokoll gegebene deutliche Verschlechterung in wichtigen Bereichen weist auf eine empfindliche Beeinträchtigung ihrer Chancenstruktur beim Übergang in das Erwachsenenalter hin.

Insgesamt widerlegen die Ergebnisse der Studie den negativen Eindruck, den Teile der medialen Berichterstattung verbreiten. Die Studie macht deutlich, dass eine pauschale Beschuldigung der jungen Generation absolut unberechtigt ist. Zudem zeigen die Ergebnisse, dass dringendes Handeln erforderlich ist, um zu verhindern, dass ein Drittel der jungen Menschen sich in einer Perspektivlosigkeit einnistet. Als erforderliche Maßnahmen identifizieren die Autoren einerseits, jungen Menschen Perspektiven zu bieten und andererseits, einen Fokus auf die Sicherung der Arbeitsfähigkeit zu legen, um die psychischen, sozialen und körperlichen Fähigkeiten von jungen Mitarbeitenden zu erhalten.

Anlage und Methodik der Studie

Die Studie *Junge Deutsche* wird seit 2010 in regelmäßigem Abstand durchgeführt, seit 2018 für die Schweiz und seit 2020 auch für Österreich. Die Studien *Junge Deutsche 2021*, *Junge Österreicher 2021* und *Junge Schweizer 2021* wurden im Februar 2021 veröffentlicht.

Das Studien- und Beteiligungsprojekt *Junge Deutsche/Österreicher/Schweizer* wird von dem Jugendforscher Simon Schnetzer als Geschäftsführer geleitet. Beratung für die inhaltliche und methodische Entwicklung des Fragebogens erfolgte durch Prof. Dr. Dagmar Hoffmann (Universität Siegen) und Prof. Dr. Klaus Hurrelmann (Hertie School of Governance Berlin). Kooperationspartner für die Studie in Österreich ist Heinz Herczeg und in der Schweiz die jim & jim AG. Die Quoten für die Repräsentativität der Studien (D, AT) wurden vom Institut für Demoskopie Allensbach erstellt. Die Teilnehmerinnen und Teilnehmer für die quantitative Studienerhebung (D, AT) hat die Respondi AG über ein Access Panel rekrutiert.

Die Studie basiert auf einer repräsentativen Online-Befragung. In die Befragung für Deutschland gehen insgesamt Aussagen von 1.602 und für Österreich 1.001 Personen im Alter von 14 bis 39 Jahren ein. Die Stichprobe wurde so zusammengestellt, dass sie den soziodemografischen Strukturen der deutschsprachigen Gesamtbevölkerung in Deutschland bzw. Österreich im Alter von 14 bis 39 Jahren entspricht. Der Erhebungszeitraum der Befragungen erstreckte sich vom 15. Oktober 2020 bis zum 2. Dezember 2020.

Den Jugendlichen und jungen Erwachsenen werden Fragen vorgelegt, bei denen es mehrere Antwortmöglichkeiten gibt. Daneben werden auch offene Fragen gestellt, die eine freie Beantwortung im Textformat ermöglichen. Die Auswertung der Daten erfolgt mit MS-Excel und dem Online-Befragungstool SurveyMonkey, um Thesen zu überprüfen, Trends zu identifizieren und Ergebnisse zu visualisieren. Verantwortlich für die Datenauswertung und Überprüfung der Datenqualität ist Simon Schnetzer.

Das Studien- und Beteiligungsprojekt *Junge Deutsche* wird finanziert durch Studien- und Themenpartnerschaften mit Unternehmen und Verbänden, Schulen und Hochschulen, Städten und Gemeinden. Themenpartner der Studie *Junge Deutsche 2021* ist die Katholische Kirche in Deutschland, vertreten durch das Erzbistum Paderborn. Auftraggeber der Studien ist Simon Schnetzer.

Für die hier vorliegende Sonderauswertung der Studie wurde Professor Klaus Hurrelmann von der Hertie School als wissenschaftlicher Berater und

Mitautor hinzugezogen. Für die Betrachtung der psychologischen Auswirkungen wurde zudem die Professorin Martina Leibovici-Mühlberger als Mitautorin hinzugezogen.

Literatur

Andresen, L./Lips, A./Möller, R./Rusack, T./Schröer, W./Thomas, S./Wilmes, J. (2020): Erfahrungen und Perspektiven junger Menschen während der Corona-Maßnahmen. Hildesheim: Universitätsverlag Hildesheim.

Andresen, S./Heyer, L./Lips, A./Möller, R./Rusack, T./Schröer, W./Thomas, S./Wilmes, J. (2020): Jugendalltag 2020. Hildesheim: Universitätsverlag Hildesheim.

Bundeszentrale für politische Bildung (Hrsg.) (2020): Sinus Jugendstudie 2020. Schriftenreihe Band Nr. 10531. Berlin: Bundeszentrale für politische Bildung.

Hurrelmann, K./Albrecht, E. (2020): Generation Greta: Was sie denkt, wie sie fühlt und warum das Klima erst der Anfang ist. Weinheim und Basel: Beltz.

Leibovici-Mühlberger, M. (2020): Startklar: Aufbruch in die Welt nach Covid-19. Wien: edition a.

Schnetzer, S. (2019): Junge Deutsche 2019 – Die Lebens- und Arbeitswelten junger Menschen in Deutschland. Kempten: Datajockey

Shell Deutschland Holding (Hrsg.) (2019): Jugend 2019. Eine Generation meldet sich zu Wort. Weinheim und Basel: Beltz.

ZUSAMMENFASSUNG UND ÜBERGREIFENDE EINORDNUNG

Wird es eine „Generation Corona" geben?

Dieter Dohmen, Klaus Hurrelmann

Ungleiche Bildungschancen gab es schon vor der Corona-Pandemie

Deutschland hatte bereits vor Beginn der Corona-Pandemie eine beträchtliche sozio-ökonomische Schieflage im Bildungssystem: Spätestens seit der 1995 durchgeführten Third International Maths and Science Studie (TIMSS), die von der International Association for the Evaluation of Educational Achievement verantwortet wurde (siehe hierzu für Deutschland: Baumert/Lehmann et al. 1997), sowie der Organisation für wirtschaftliche Zusammenarbeit und Entwicklung (OECD), mit ihren sogenannten „PISA-Studien", ist bekannt, wie stark die schulischen Leistungen von Kindern und Jugendlichen von ihrer sozialen Herkunft abhängen. Kommen sie aus bildungsfernen Elternhäusern, dann ist ihre Chance gering, sich im schulischen System erfolgreich zu bewegen und gute Schulabschlüsse zu erwerben. Dies hat sich auch in den letzten Jahrzehnten nur wenig geändert: So sind auch nach der bislang letzten Pisa-Studie, die im Jahr 2018 durchgeführt wurde (OECD 2019), weiterhin knapp 20% der 15-Jährigen funktionale Analphabet*innen, d. h. sie können allenfalls rudimentär lesen, schreiben und rechnen. Dieser Wert ist zwar niedriger als bei der ersten Pisa-Studie (OECD 2001), allerdings war er zwischenzeitlich noch etwas niedriger – mit anderen Worten, der Anteil derjenigen, die unzureichend rechnen, schreiben und lesen können, ist wieder größer geworden (siehe dazu ausführlicher den Beitrag von Anger und Plünnecke in diesem Band). Auch wenn die verstärkte Zuwanderung der vergangenen Jahre hierbei eine gewisse Rolle spielt, ist dies nicht der alleinige Grund für diese Entwicklung.

Weitere Indikatoren für unzureichende Bildungschancen sind die sehr ungleichen und ungünstiger werdenden Übergangschancen junger Menschen ohne Abitur in (duale) Ausbildung sowie der damit einhergehende hohe Anteil an jungen Menschen, die im Anschluss an die Schule ins sogenannte „Übergangssystem" einmünden. In den letzten Jahren betraf dies regelmäßig ungefähr 350.000 junge Menschen, rechnerisch entspricht dies einem Anteil von 30% bis 40% eines Jahrgangs, der eine Bildungsabschnitt im beruflichen Bildungssystem beginnt (siehe hierzu den Beitrag von Dohmen in diesem Band). Dieser Anteil ist damit zugleich deutlich größer als der Anteil der funktionalen Analphabet*innen.

Dies ist die Ausgangslage unabhängig von der Corona-Pandemie, die im vergangenen Jahr das Bildungssystem in bisher kaum gekannter Weise beeinträchtigt hat: Zwischen Mitte März und Mitte Mai 2020 waren Kitas und Schulen geschlossen, anschließend wurden sie in unterschiedlicher Geschwindigkeit und unterschiedlichem Umfang wieder geöffnet. Nach den Sommerferien wurde wieder normal unterrichtet, bis es dann im Dezember 2020 zu erneuten Schulschließungen bzw. zur Aufhebung der Präsenzpflicht kam, was nach Stand Anfang Februar 2021, dem Zeitpunkt, zu dem das Manuskript dieses Sammelbands abgeschlossen wurde, voraussichtlich noch bis mindestens Mitte Februar, wenn nicht gar länger der Fall sein dürfte.

Die Risiken der Verwendung des Begriffes „Generation Corona"

Während des vergangenen Jahres wurde immer wieder – und möglicherweise auch immer häufiger und schneller – von einer „Generation Corona" gesprochen, und dieser Begriff wurde auf bisweilen sehr unterschiedliche Gruppen von Kindern und Jugendlichen angewandt. Egal, ob das lange geplante Auslandsjahr nach dem Abitur ausfallen musste, ob Jugendliche keinen Ausbildungsplatz fanden, den Studienplatz nicht an der Wunschhochschule bekamen und/oder sich nicht wie gewohnt mit Freundinnen und Freunden treffen und feiern konnten – der Begriff „Generation Corona" wurde zum geflügelten Schlagwort und immer schnell in den Raum geworfen, wenn es irgendeine ungünstige Entwicklung gab, die mit der Corona-Pandemie in Verbindung gebracht werden konnte. Vereinzelt wurde auch pauschal davon gesprochen, dass Kinder und Jugendliche Schäden für ihr ganzes weiteres Leben davontragen würden.

Wir halten diesen leichtfertigen Umgang, verbunden mit dem oft dramatisierenden Unterton, für wenig sinnvoll. Natürlich ist es ärgerlich, wenn etwas lange Geplantes nicht wie vorgesehen umgesetzt werden kann, es mit dem Ausbildungs- oder Studienplatz nicht klappt – jedoch gehören solche Brüche und Verzögerungen leider auch zum Leben dazu; sie sind ein ganz normaler Bestandteil des Aufwachsens und eine wichtige Grundlage für persönliche Weiterentwicklung; sie können die Resilienz stärken. Es ist daher nicht angemessen, dies auf eine Stufe mit möglicherweise wirklich einschneidenden und weitreichenden Folgen für bestimmte Gruppen der Gesellschaft zu stellen.

Vor diesem Hintergrund fassen wir den Begriff „Generation Corona" deutlich enger und wollen ihn nur dann verwenden, wenn sich grundlegendere und nachhaltige strukturelle Einschränkungen bzw. Verschlechterungen der Zukunftschancen einer größeren Gruppe von Kindern, Jugendlichen und jungen Erwachsenen identifizieren lassen und diese ganz überwiegend auf die Umstände während der Corona-Pandemie zurückzuführen sind.

Entsprechend zielen die verschiedenen Beiträge im vorliegenden Sammelband darauf ab, dieser Frage nachzugehen und aus unterschiedlichen Perspektiven zu beleuchten. Angefangen von einer Bestandsaufnahme potenzieller Risikosituationen, die bereits vor Corona Auswirkungen auf Bildungschancen junger Menschen hatten, betrachten die anschließenden Beiträge die Auswirkungen von Kita- und Schulschließungen – bzw. genauer in den Schulen: Aussetzung des Präsenzunterrichts und Verlagerung auf den Distanzunterricht – aus unterschiedlichen Perspektiven und auf unterschiedliche Gruppen von Kindern und Jugendlichen.

Fasst man die übergreifenden Befunde zusammen, dann muss man konstatieren: Ja, es gibt eine größere Gruppe von jungen Menschen, deren Zukunftschancen sich durch die Entwicklungen des vergangenen Jahres höchstwahrscheinlich deutlich verschlechtert haben; die viel ungünstiger dastehen, als dies ohne die Corona-bedingten Einschränkungen in den Kitas und Schulen der Fall gewesen wäre.

In den Kitas werden wichtige sprachliche, wie auch andere kognitive und nicht-kognitive Grundlagen für nachfolgende Lernprozesse gelegt. Da diese aufgrund der Schließung der Kitas über längere Zeit nicht bzw. nur sehr eingeschränkt stattfinden konnten, haben die Kinder nunmehr für nachfolgende Lernphasen, insbesondere in der Schule, erheblich ungünstigere Ausgangsvoraussetzungen. Das gilt insbesondere für Kinder aus Familien mit Migrationshintergrund, aber auch bei Kindern aus einheimischen Familien unterer sozialer Schichten.

Die Aussetzung des Präsenzunterrichts in den Schulen und die sehr unterschiedliche Umsetzung des Distanzunterrichts verlagert das Lernen weitgehend in die Familien, die sehr unterschiedliche räumliche und mehr oder weniger lernförderliche Rahmenbedingungen haben.

Die sozialen Unterschiede verstärken sich

Alle vorliegenden Studien – unabhängig davon, ob sie in diesem Band abgedruckt wurden oder nicht – verweisen darauf, dass der Distanzunterricht mit sehr großer Wahrscheinlichkeit die bereits bestehende soziale Spaltung in der Schülerschaft verstärkt: Auf der einen Seite stehen die Schüler*innen, die aus bildungsnahen, sozio-ökonomisch privilegierten und einkommensstärkeren Haushalten kommen, die bessere räumliche und digitale Voraussetzungen haben, deren Eltern ihnen im Zweifel beim Lernen helfen können und oft auch motiviert sind, dies zu tun. Diese Kinder und Jugendlichen sind tendenziell eher lerninteressiert und finden auch an den Schulen eher eine stärkere Unterstützung, auch in Zeiten der Corona-Pandemie. Dies gilt insbesondere, wenn sie (bereits) am Gymnasium oder einer anderen Schule sind, die zum Abitur führt.

Auf der anderen Seite stehen die Schüler*innen aus bildungsfernen und unterprivilegierten Familien, die häufiger mit (mehreren) Geschwistern, in beengten räumlichen Verhältnissen und mit einer schlechteren digitalen Infrastruktur leben. Haben die Eltern, vor allem die Mütter, zudem selbst nur einen niedrigen Schulabschluss und sprechen kein oder kaum Deutsch, dann ist die Lernunterstützung ausgesprochen schwierig. Die vorliegenden Studien zeigen deutlich, dass die schulische Unterstützung in der Pandemiezeit an anderen Schulen als den Gymnasien im Schnitt deutlich weniger intensiv war und eher „old fashioned". Auch die digitalen Voraussetzungen der Schule und/oder der Lehrkräfte waren meist deutlich ungünstiger. Die vorliegenden Studien deuten daher sehr stark darauf hin, dass es durch die Corona-Pandemie aus unterschiedlichen Gründen zu einer Verstärkung der ohnehin bereits bestehenden sozialen Segregation im Bildungssystem gekommen sein dürfte.

Besonders problematisch ist dabei insbesondere die Situation an Grund- und Förderschulen, die einerseits aufgrund des Alters der Schüler*innen und deren zwangsläufig begrenzter digitaler Ausstattung und Kompetenzen und andererseits aufgrund deutlich schlechterer Ausstattung der Schulen und möglicherweise auch digitaler Kompetenzen der Lehrkräfte besonders schwierige Ausgangsvoraussetzungen für Distanzunterricht haben. Sie haben zudem auch stärker mit Personalmangel sowie Lehrkräften zu tun, die kein Lehramtsstudium für die Primarschulen, sondern für das Lehramt an weiterführenden Schulen, oft das Gymnasium, haben und somit das „Handwerk des Unterrichtens" für die Grundschule nicht unmittelbar gelernt haben. Hinzu kommen bisweilen auch überproportional hohe Anteile an Quer- und Seiteneinsteiger*innen, die ebenfalls meist ohne einschlägige Vorqualifizierung an die Grundschulen kommen und oft ins kalte Wasser geworfen werden.

Negative Zugangs- und Qualifikationseffekte kumulieren

Auch wenn man nicht automatisch von der fehlenden formalen Qualifikation der Lehrkräfte auf unzureichende Kompetenzen schließen kann und sollte, folgt aus dem Zusammenspiel verschiedener Faktoren: Gerade die Grundschulen, die in der kommenden Zeit vor der zentralen Aufgabe stehen, eventuelle Corona-bedingte Lernlücken wieder zu schließen, sind hierauf unzureichend vorbereitet – und eine kurz- oder mittelfristige Beseitigung des Lehrkräftemangels ist trotz entsprechender Bemühungen nicht absehbar. Zudem zeigt die Lehrkräfte-Umfrage für die Robert-Bosch-Stiftung im Frühjahr 2020 (Forsa 2020), dass gerade die Grundschüler*innen möglicherweise eine noch geringere Unterstützung vonseiten der Schulen und Lehrkräfte erfahren haben als die Schüler*innen in weiterführenden Schulen. Wenn das zutreffend ist, und sich nicht kurzfristig beheben lässt, dann folgt daraus, dass noch größere Gruppen von Kindern bereits in dieser frühen Phase von besseren Lernchancen, und damit auch längerfristig von Zukunftschancen ausgeschlossen werden.

Die Kumulation negativer Zugangs- und Qualitätseffekte in den Kitas, durch spätere Einmündung in zielgerichtete oder gesteuerte frühkindliche Bildungsprozesse wie auch die häufig geringeren Präsenzzeiten in der Kita, werden dann in den Grundschulen nicht aufgefangen, sondern möglicherweise sogar noch verstärkt, sodass nicht auszuschließen ist, dass hier eine dauerhafte Verschlechterung ohnehin ungünstiger Bildungschancen entsteht.

Darüber hinaus verweisen Ravens-Sieberer et al. (in diesem Band) auch darauf, dass die psychische Belastung der Kinder und Jugendlichen aus benachteiligten Familien durch die Corona-Pandemie stärker ist als bei anderen Kindern. Anger und Plünnecke (in diesem Band) verweisen zudem auf die unterschiedlichen Erziehungsstile und deren Auswirkungen auf Bildungschancen. Das heißt übergreifend: Egal aus welcher Perspektive man die Auswirkungen der Corona-Pandemie auch betrachtet, die Ergebnisse passen zusammen und verstärken den Befund, dass es vor allem die Kinder und Jugendlichen aus sozial benachteiligten Familien sind, die von der Pandemie überproportional beeinträchtigt sind und somit Gefahr laufen, zur Generation Corona zu zählen.

Es sind also vor allem die Kinder und Jugendlichen besonders von den Rahmenbedingungen der Corona-Pandemie beeinträchtigt, welche bereits vor Corona sehr ungünstige Voraussetzungen vorgefunden haben. Die soziale Schieflage des deutschen Bildungssystems, die Schüler*innen, die ganz überwiegend aus sozial schwächeren Familien ohne oder mit Migrationshintergrund kommen, unzureichend unterstützt, verstärkt sich noch. Jugendliche aus migrantischen Familien sind zudem deutlich stärker auch dann betroffen, wenn sie aus bildungsnahen Familien stammen – das Risiko des sozialen Abstiegs ist bei ihnen deutlich ausgeprägter (Dohmen/Hurrelmann/Yelubayeva 2021).

Es stellt sich zugleich aber angesichts der Tatsache, dass es sich um eine Verstärkung ohnehin ungünstiger Bildungschancen handelt, auch die Frage, ob man wirklich von einer Generation Corona sprechen sollte oder nicht. Aus unserer Sicht spricht dieser starke Zusammenhang zwischen der ohnehin bereits bestehenden Benachteiligung und der weitergehenden Benachteiligung aufgrund des Corona-bedingt ausgefallenen Präsenzlernens dagegen, ganz allgemein von einer Generation Corona zu sprechen. Man könnte allenfalls diejenigen, die ohne die Einschränkungen der Corona-Pandemie nicht ungünstig beeinträchtigt worden wären, als zu dieser Gruppe gehörig betrachten. Sie lassen sich aber kaum übergreifend identifizieren und halbwegs eindeutig abgrenzen.

Hinzu kommt, dass die Befunde aus den Hamburger Daten zur Entwicklung von Kompetenzen der Schüler*innen (Depping et al. 2021) stark darauf hindeuten, dass es durch geeignete Fördermaßnahmen möglich ist, auf den Umfang der Lernlücken Einfluss zu nehmen und diese – zumindest weitgehend

– zu schließen. Es ist daher eine zentrale Aufgabe der Bildungspolitik, die Voraussetzungen dafür zu schaffen, dass den betroffenen Kindern zielgerichtet und umfassend durch geeignete Maßnahmen geholfen wird.

Das Risiko eingeschränkter Zukunftschancen

Gelingt dies nicht – oder werden diese Maßnahmen gar nicht erst ergriffen – dann hat ein Großteil der Kinder und Jugendlichen, die auch ohne die Corona-Pandemie kaum eine Zukunftschance gehabt hätten, nun noch geringere Chancen. Zudem hätte eine weitere, jedoch nur schwer abgrenzbare Gruppe von Kindern und Jugendlichen ebenfalls schlechtere Chancen, die bei ihnen dazu führen würden, dass sie nunmehr an die Grenzen stoßen und z. B. keinen Ausbildungsplatz mehr bekommen. Zum einen würde das Nadelöhr am Übergang in die Ausbildung noch enger: einerseits aufgrund der zu erwartenden längerfristigen Auswirkungen der Corona-Krise auf das Ausbildungsplatzangebot (siehe den Beitrag von Dohmen in diesem Band), andererseits aufgrund möglicherweise sinkender Chancen, einen ausreichend guten Schulabschluss zu erreichen, der ihnen diese Chance auf einen Ausbildungsplatz erst verschafft hätte. Dies hat nicht nur Auswirkungen auf die grundlegende Fachkräftesicherung (siehe den Beitrag von Anger und Plünnecke in diesem Band), sondern bedeutet auch, dass diese jungen Menschen auf eine geringqualifizierte Beschäftigung zusteuern, verbunden mit einem überdurchschnittlichen Arbeitslosigkeitsrisiko und einem geringen Einkommen.

Es ist daher berechtigt, diese Gruppe als „Generation Corona" zu bezeichnen: Sie tragen ein sehr großes Risiko, dass sich ihre schulischen Leistungen verschlechtern, bedingt vor allem durch die Auswirkungen der Schulschließungen auf die Kenntnisse in der deutschen Sprache, wie auch anderer kognitiver und nicht-kognitiver Fähigkeiten und damit indirekt auf die Chancen, dem Unterricht auch in anderen Fächern folgen zu können. Sie könnten in eine sich verstärkende Abwärtsspirale am Übergang in die duale Ausbildung geraten, wenn – insbesondere kleinere Unternehmen – zunehmend weniger Bewerber*innen auf ihre Ausbildungsplätze bekommen, die ihren Anforderungen entsprechen, und als Folge darauf verzichten, Ausbildungsplätze anzubieten. Für benachteiligte Jugendliche würde dies bedeuten, dass sie noch geringere Chancen auf einen Ausbildungsplatz haben, und umgekehrt ihre Anstrengungen in der Schule mangels Motivation entsprechend verringern.

Die folgenden Abschnitte führen wesentliche Ergebnisse der in diesem Band zusammengetragenen Beiträge zusammen und verdeutlichen, warum wir zu diesem Schluss kommen. Es wird erkennbar, dass der übergreifende Befund kein Zufall ist, sondern grundlegende, strukturelle Ursachen hat, die es – völlig unabhängig von der Corona-Pandemie – endlich zu adressieren gilt, will

Deutschland sich nicht länger damit abfinden, dass ein großer und potenziell zunehmender Anteil an jungen Menschen kaum Aussichten auf eine bessere Zukunft hat.

Eltern zwischen Homeoffice und Arbeitsplatz

Zwischen einem Viertel (Möhring et al. 2020) und einem Drittel der Eltern (Schröder et al. 2020) war im ersten Lockdown im Homeoffice, die meisten hingegen waren ganz normal am Arbeitsplatz, darunter insbesondere medizinisches Personal, Beschäftigte im Einzelhandel, zunehmend aber auch Erzieher*innen. Bis zu 20% der Erwerbstätigen waren zeitweise in Kurzarbeit, ein geringer Teil wurde arbeitslos. Überproportional betroffen waren geringfügig Beschäftigte und Soloselbstständige in bestimmten Branchen, u. a. Kunst, Kultur, Dozent*innen im Bildungswesen, etc. Im Homeoffice waren eher die Akademiker*innen und Menschen, die im Dienstleistungsbereich beschäftigt waren, während Personen mit beruflichen Qualifikationen ebenso wie Geringqualifizierte eher am Arbeitsplatz anwesend sein mussten.

Auch wenn das Homeoffice für Eltern eine große und nicht zu unterschätzende Herausforderung darstellt, sind sie damit dennoch in einer günstigeren Position als Eltern, die tagsüber normal am Arbeitsplatz sein müssen und erst abends nach Hause kommen. Sie können sich erst anschließend um die Lernbegleitung ihrer Kinder kümmern, die ansonsten während des ganzen Tages mehr oder weniger allein zuhause sind. Bereits diese Rahmenbedingungen legen die Vermutung nahe, dass sozio-ökonomisch stärkere Familien tendenziell bereits strukturell günstigere Voraussetzungen hatten, ihren Kindern während der Corona-Pandemie und den Kita- bzw. Schulschließungen ein günstigeres (Lern-)Umfeld zu bieten.

Insbesondere zu Beginn des ersten Lockdowns waren die Möglichkeiten, dass die Kinder die Notbetreuung in Anspruch nehmen konnten, sehr eingeschränkt. Erst nach und nach wurde die Notbetreuung etwas ausgeweitet, nachdem sich herausstellte, dass von den geltenden Regelungen die eine oder andere Gruppe von Eltern, die die Notversorgung sicherstellen mussten, nicht erfasst war. Vorrang hatten grundsätzlich Kindern, deren Eltern aufgrund der Beschäftigung in sogenannten „versorgungsrelevanten Berufen" die Betreuung nicht eigenständig bzw. innerfamiliär organisieren konnten.

Dementsprechend war der Anteil der Kinder, die in der Notbetreuung in einer Kita oder Schule waren, sehr unterschiedlich und tendenziell über den Zeitraum des Lockdowns ansteigend. Auch das Alter der Kinder spielte, insbesondere in den älteren Jahrgängen, eine erhebliche Rolle. Laut Langmeyer et al. (in diesem Band) nutzten 12% der Familien mit Kindern im Kindergartenalter und 6% im Grundschulalter die Notbetreuung. Waren die Kinder im Sekundar-

282

schulalter, sank die Quote auf 2%. Alleinerziehende griffen dabei häufiger auf die Notbetreuung zurück als Paareltern.

Allerdings zeigen sich auch jenseits der formalen Nutzungsmöglichkeit und der tatsächlichen Inanspruchnahme erhebliche Unterschiede: Nur knapp jeder siebte Haushalt, in denen beide Eltern in systemrelevanten Berufen arbeiteten, nahm die institutionelle Notbetreuung in Anspruch, ein größerer Teil griff auf private Optionen zurück. Andere wiederum entschieden, die Kinder nicht dem gesundheitlichen Risiko auszusetzen. Abhängig von der konkreten Betreuungssituation kam es zu einem mehr oder weniger komplexen Zusammenspiel von individuellen, innerfamiliären und institutionellen Einflussfaktoren, die das Lernumfeld beeinflussten (siehe hierzu u. a. die Beiträge von Huebener et al., Anger und Plünneke sowie Wößmann et al. und Huber et al.), und die im Folgenden etwas genauer beleuchtet werden.

Die strukturelle Überforderung der Kitas und Schulen

Wenn der Großteil der Kinder nicht in die Kita oder Schule gehen kann, dann hängt die Lernunterstützung zum einen davon ab, in welchem Umfang die Eltern die Aufgabe als Lernbegleiter/in übernehmen können, und zum anderen, wie die Kita oder Schule digital aufgestellt ist. Das Bildungssystem in Deutschland ist sehr heterogen, das gilt für den Kita-Bereich genauso wie für die Schulen.

Bezogen auf den frühkindlichen Bereich zeigt insbesondere der Beitrag von Oppermann et al. (in diesem Band), dass das Engagement der Kitas und Erzieher*innen sehr unterschiedlich ist, während der Schließung den Kontakt zu den Eltern und Kindern aufrechtzuerhalten, die nicht in der Notbetreuung in der Kita sind. Darüber hinaus schränken auch sprachliche Möglichkeiten der Eltern den Kontakt bzw. die Kommunikation mit diesen ein – wenn sie der deutschen Sprache unzureichend mächtig sind. Sofern die Erzieher*innen bzw. die Leitung diese andere Sprache nicht beherrschen, scheitert die Kommunikation – noch stärker als ohnehin schon – an dieser Barriere. „Tür- und Angelgespräche" beim Bringen oder Abholen entfallen in der Regel.

Es gab aber auch Einrichtungen, die ihren Morgenkreis ins Internet verlegt haben, und auf diesem Wege den Kontakt gehalten und/oder den Kindern auf andere Weise Lernanregungen haben zukommen lassen. Den Ergebnissen von Oppermann et al. folgend haben sich die lernbezogenen Kontakte zwischen Kitas und Eltern aber offenbar in recht engen Bahnen bewegt und waren eher punktuell. Das Gros der Kontakte war organisatorisch ausgerichtet, insbesondere mit Blick auf die Gestaltung der Notbetreuung.

Im Schulsystem zeigen sich sehr große und teilweise systemisch bedingte Unterschiede. So sind die Gymnasien insgesamt sowohl technisch als auch mediendidaktisch besser ausgestattet als andere weiterführende Schulen, insbesondere Grund- und Förderschulen (siehe die Beiträge von McElvany et al. sowie Klein in diesem Band). Zudem wurden bereits vor der Corona-Pandemie in Gymnasien häufiger digitale Medien im Unterricht eingesetzt. Während es im Grundschulbereich aufgrund des Alters der Kinder naheliegend ist, dass die Digitalisierung in den Schulen noch nicht soweit fortgeschritten ist, führen diese Unterschiede in den weiterführenden Schulen dazu, dass entsprechende Divergenzen weiter verstärkt werden.

Allerdings ist bemerkenswert, dass die überwiegende Mehrheit der Lehrkräfte auch Ende 2020, also nach einem dreiviertel Jahr der Unterrichtsorganisation im Corona-Modus, nicht digital affin ist: Konkret sind weniger als 40% gut oder sogar sehr gut mit digitalen Medien vertraut und technisch für den Fernunterricht vorbereitet (siehe den Beitrag von Klein in diesem Band). Selbst wenn man die spezifischen Rahmenbedingungen an Grund- und Förderschulen berücksichtigt, sind die Werte dort erschreckend gering. Dieser Befund wird auch dadurch bestätigt, dass Ende 2020 bzw. Anfang 2021 gerade einmal 20% der Mittel aus dem Digitalpakt bewilligt sind.[1] Dies ist zwar ein Fortschritt gegenüber Anfang 2020, allerdings wäre angesichts der Umstände mit einer deutlich stärkeren Zunahme zu rechnen gewesen.

Betrachtet man die Veränderungen der Kommunkationswege zwischen Lehrkräften und Schüler*innen bzw. Lehrkräften und Eltern zwischen April und Dezember 2020, dann zeigt sich (lediglich) eine grundlegende Veränderung: Mittlerweile kommunizieren fast drei Viertel der Lehrkräfte über digitale Lern-/Arbeitsplattformen mit ihren Schüler*innen (Klein, in diesem Band). Es wird zudem mehr über das Telefon kommuniziert als im Frühjahr. Ansonsten bleibt es bei der E-Mail-Kommunikation als zentralem Weg, während zugleich der normale Postweg oder das Abholen von Unterlagen eine beträchtliche Rolle spielen.

Abschließend ist noch von Interesse, in welchem Umfang Lehrkräfte und Schüler*innen tatsächlich in Kontakt sind: Laut der Forsa-Umfrage für die Robert Bosch Stiftung (2020) standen weniger als 40% der Lehrkräfte mit fast allen Schüler*innen in Kontakt, ein Fünftel mit mehr als der Hälfte und ein weiteres Fünftel nur mit sehr wenigen Schüler*innen. Auch hier gilt: An den Gymnasien ist der Anteil der Lehrkräfte, der mit fast allen bzw. mindestens der Hälfte der Schüler*innen in Kontakt steht, höher als an anderen Schulformen. Fast die Hälfte der Lehrkräfte an Grundschulen steht höchstens mit 50% der Schüler*innen in Kontakt. Im Ergebnis heißt der Befund: Ein sehr großer Teil der Schüler*innen hat keinen oder nur wenig Kontakt zu den Lehrkräften

---

1   https://www.zeit.de/digital/2021-01/digitalpakt-schule-fernunterricht-homeschooling-tablets-foederalismus-digitale-bildung? (abgerufen am 04.02.2021).

(siehe hierzu Wößmann et al. sowie Huebener et al.). Wenn es aber keinen Kontakt gibt, dann stellt sich Frage, wie Unterricht hier überhaupt stattfinden kann.

Die mangelnde digitale Ausstattung der Schulen

Mehrere Befragungen haben übereinstimmend bestätigt, dass die Gymnasien deutlich besser ausgestattet sind als andere Schulformen. So gaben beispielsweise in der Lehrerbefragung der Robert-Bosch-Stiftung (2020), 60% der Lehrkräfte an Gymnasien, aber nur 36% derer an Haupt-, Real- oder Gesamtschulen und gerade einmal jede/r sechste an Grundschulen an, dass ihre Schule gut oder sehr gut mit digitalen Medien und technischen Voraussetzungen auf die derzeitigen Herausforderungen vorbereitet sei. Umgekehrt geben 44% der Lehrkräfte an Grundschulen, ein Viertel derer an Haupt-, Real- und Gesamtschulen und nur jede/r Achte an Gymnasium an, das ihre Schule schlecht vorbereitet sei. Dieser Befund wird von den Beiträgen von McElvany et al. und Klein bezogen auf die Lehrkräfte und Wößmann et al. aus der Elternperspektive grundsätzlich bestätigt.

Der Beitrag von Klein belegt, dass sich diese Werte bis zum Dezember 2020 zwar etwas erhöht, aber strukturell nicht grundlegend verändert haben. Eher im Gegenteil: Fast alle Lehrkräfte an Gymnasien berichten, dass ihre Schule eine Lernplattform hat, gegenüber 87% der Haupt-, Real- oder Gesamtschulen und nicht einmal 60% an den Grund- und Förderschulen. 60% der Gymnasien können Videokonferenzen durchführen, was für knapp die Hälfte der Haupt-, Real- oder Gesamtschulen, aber nur für ein Drittel der beiden anderen Schultypen gilt. Aber: Lediglich 43% der Lehrkräfte an Gymnasien und 31% an den anderen Schulen sagen, dass die Schule einen ausreichend leistungsfähigen Internetzugang habe.

Bereits die Anteilswerte für die Möglichkeit, Videokonferenzen abzuhalten, sind erstaunlich, insbesondere aber die Werte zur Internetanbindung sind nach einem dreiviertel Jahr Corona-Pandemie und Umstellung auf Distanzunterricht verwunderlich. Entsprechend sagen dreiviertel der Lehrkräfte, dass es bei der Kommunikation im Fernunterricht über eine Lernplattform noch Verbesserungsbedarf gebe, gefolgt von jeweils knapp 60%, dass es bei der technischen Ausstattung der Schulen, der Lehrkräfte sowie den digitalen Kompetenzen der Lehrkräfte hapere. Die Werte sind zwar durchgängig etwas geringer als im Frühjahr 2020, allerdings halten sich die Verbesserungen in Grenzen. Am ehesten gilt das noch für ein gemeinsames Verständnis an der Schule zum Medieneinsatz sowie die Bereitschaft der Lehrkräfte, digitale Lernformate im Unterricht einzusetzen.

Es liegt die Vermutung nahe, dass diese Faktoren eine wichtige Rolle beim

Festhalten und der Fokussierung der Politik auf uneingeschränkten Präsenzunterricht hatten; hybrider Wechsel- und umfänglicher Distanzunterricht sind unter diesen Voraussetzungen nicht oder nur sehr eingeschränkt möglich.

Die geringen digitalen Kompetenzen der Lehrkräfte

Neben der weiterhin unzureichenden technischen Ausstattung der meisten Schulen spielen auch die digitalen Kompetenzen der Lehrkräfte eine wichtige Rolle, wenn es darum geht, Distanz- und insbesondere digitalen Unterricht umzusetzen. In der Lehrkräftebefragung für die Bosch-Stiftung im Frühjahr 2020 sagten 11% der Lehrkräfte an Grundschulen, 14% an Haupt-, Real- oder Gesamtschulen sowie 22% an Gymnasien, dass fast alle Lehrer*innen mindestens einmal pro Woche digitale Medien gemeinsam mit den Schüler*innen eingesetzt haben. Auf der anderen Seite: 49% der Lehrer*innen an Grundschulen geben an, dass dies weniger als ein Viertel tue, ein Viertel an Haupt-, Real- oder Gesamtschulen und 16% an Gymnasien. Das heißt, an allen Schulformen ist auch im Jahr 2020 noch ein beträchtlicher Teil der Lehrkräfte fast ausschließlich analog unterwegs. Mag man das an den Grundschulen noch ansatzweise mit dem Alter der Schüler*innen erklären, so gilt dies für Haupt-, Real- oder Gesamtschulen und insbesondere auch Gymnasien deutlich weniger bzw. nicht mehr.

Zu diesem Befund passt, dass im Frühjahr 2020 noch fast 70% der Lehrkräfte angaben, dass sie Verbesserungsbedarf bei ihren eigenen digitalen Kompetenzen hätten; im Dezember 2020 waren es immerhin noch fast 60%. Auch ist die Einsicht in die Notwendigkeit, digitale Lernformate im Unterricht einzusetzen, von zwei Drittel auf gut drei Viertel angestiegen; umgekehrt bedeutet das aber, dass immer noch ein knappes Viertel der Lehrkräfte keine Bereitschaft zeigt, sich damit auseinanderzusetzen bzw. diese einzusetzen.

Auffallend ist ferner, dass im Frühjahr 2020 Aufgabenblätter das zentrale Unterrichtsformat sind, und sechs von sieben Lehrkräften sie nutzten, gefolgt von Erklärvideos (einschließlich flipped classroom) (40%). Nur jede sechste Lehrkraft nutzt Präsentationen, jede Siebte Videokonferenzen, jeweils weniger als fünf Prozent digitale Lernplattformen/Lernsoftware oder Lern-Apps – bei vergleichsweise geringen Unterschieden zwischen den Schulformen. Auch wenn offenkundig viele Lehrkräfte mehrere Formate einsetzen, ist davon auszugehen, dass sich die Schüler*innen in vielen Fällen selbst überlassen bleiben. Für diese These spricht auch der hohe Anteil an Lehrkräften, der mit weniger als der Hälfte der Schüler*innen in Kontakt steht.

Kinder und Jugendliche mit schwierigen familiären Rahmenbedingungen

Aufgrund des Lockdowns mit den Kita- und Schulschließungen wurden die Eltern noch stärker in die Pflicht genommen, um die Kinder nicht nur zu betreuen, sondern vor allem auch beim Lernen zu unterstützen. Das galt für Eltern mit Kindern im Kita-Alter noch viel stärker als Eltern von Kindern im Grundschul- und Sekundarschulalter.

Im ersten Beitrag hat Geis-Thöne die Ausgangslage für unterschiedliche familiären Einflussfaktoren zusammengefasst: Alleinerziehende, Migrationshintergrund, bildungsferne Eltern, Mehrkindfamilien und Familien im Sozialleistungsbezug. Diese fünf Gruppen sind bereits unter normalen Umständen mit erheblichen Herausforderungen konfrontiert, den Alltag zu bewerkstelligen und/oder ihre Kinder beim Lernen zu unterstützen. Alleinstehende sind stärker auf außerhäusliche Betreuungsangebote angewiesen und müssen den Alltag meist alleine bewältigen; umgekehrt nehmen die Kinder darauf Rücksicht und greifen bisweilen weniger auf den alleinerziehenden Elternteil als Unterstützungsressource zurück.

Ein größerer Teil der Eltern mit Migrationshintergrund hat selbst ein geringeres Bildungsniveau und/oder spricht die deutsche Sprache nicht oder nur eingeschränkt. Letzteres betrifft jedes achte Kind unter 12 Jahren – in diesen Fällen fallen die Eltern als Lernunterstützung für ihre Kinder weitgehend aus. Das gilt insbesondere bezogen auf das „Homeschooling"; allenfalls ältere Geschwister können hier helfen. Bei kleineren Kindern beeinträchtigt das auch den Spracherwerb vor der Einschulung.

Die beiden letztgenannten Faktoren beeinträchtigen nicht nur die Kinder von Eltern mit Migrationshintergrund, sondern auch die aus einheimischen bildungsfernen Haushalten. Wie sehr die Zugehörigkeit zur unteren Schicht die Lebenschancen beeinträchtigt, zeigt auch die nachfolgende Grafik, die einer Re-Analyse der Shell-Jugendstudie 2019 entstammt (siehe Abbildung 1): sie zeigt, dass die einheimisch deutschen Jugendlichen unter allen Jugendlichen der unteren Schicht sogar den höchsten Anteil haben, der keine abgeschlossene Berufsausbildung hat. Deutlich wird aber auch, dass bei den Jugendlichen mit Migrationshintergrund die Einmündungschancen in eine qualifizierende Ausbildung ungünstiger als bei einheimisch deutschen Jugendlichen sind, wenn sie aus höheren Schichten kommen. Das gilt auch jenseits eines traditionell bedingten stärkeren Fokus auf hochschulische Bildung.

Weitere Analysen von Dohmen/Hurrelmann/Yelubayeva (2021) belegen, dass nicht überzogene Erwartungen an den Schulabschluss für diese ungünstigeren Chancen maßgeblich sind, sondern schulstrukturelle Faktoren hier eine wichtige Rolle spielen. Diese Jugendlichen sind meist nicht am Gymnasium, sondern in weiterführenden Schulen mit mehreren Bildungsgängen – wo sie überproportional häufig sitzenbleiben etc.

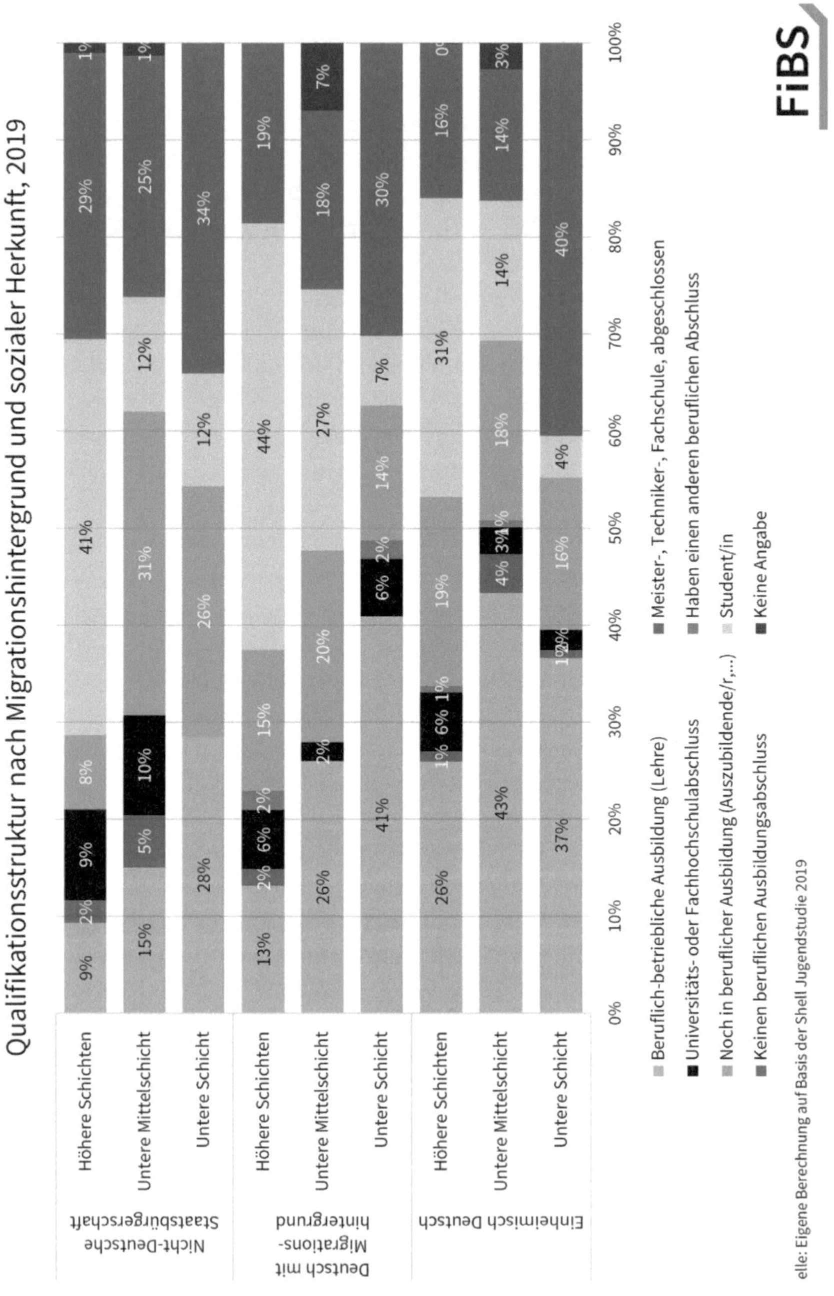

Qualifikationsstruktur nach Migrationshintergrund und sozialer Herkunft, 2019

Nicht-Deutsche Staatsbürgerschaft
- Höhere Schichten: 9% | 2% 9% | 8% | 41% | 29% | 1%
- Untere Mittelschicht: 15% | 5% 10% | 31% | 12% | 25% | 1%
- Untere Schicht: 28% | 26% | 12% | 34% | 1%

Deutsch mit Migrationshintergrund
- Höhere Schichten: 13% | 2% 6% 2% | 15% | 44% | 19%
- Untere Mittelschicht: 26% | 2% | 20% | 27% | 18% | 7%
- Untere Schicht: 41% | 6% 2% | 14% | 7% | 30%

Einheimisch Deutsch
- Höhere Schichten: 26% | 1% 6% 1% | 19% | 31% | 16% | 0%
- Untere Mittelschicht: 43% | 4% 3% 4% | 18% | 14% | 14% | 3%
- Untere Schicht: 37% | 2% 2% | 16% | 4% | 40%

Legend:
- Beruflich-betriebliche Ausbildung (Lehre)
- Universitäts- oder Fachhochschulabschluss
- Noch in beruflicher Ausbildung (Auszubildende/r,...)
- Keinen beruflichen Ausbildungsabschluss
- Meister-, Techniker-, Fachschule, abgeschlossen
- Haben einen anderen beruflichen Abschluss
- Student/in
- Keine Angabe

elle: Eigene Berechnung auf Basis der Shell Jugendstudie 2019

Abbildung 1: Zusammenhang von Migrationsstatus und sozialer Herkunft mit Ausbildungsstatus

Die beiden im Beitrag von Geis-Thöne noch betrachteten Faktoren, Mehrkind-familien und Sozialleistungsbezug, interagieren stark mit den drei vorher erwähnten Einflussfaktoren und verstärken diese meist noch. So haben beispielsweise 37% der Zwölfjährigen, deren Mütter keine abgeschlossene Berufsausbildung haben, kein eigenes Zimmer, während es ansonsten nur 12% sind. Laut einer Studie der Bertelsmann-Stiftung (2020) haben zwei Drittel der Kinder in Familien, die in Armut leben, nicht ausreichend Zimmer in der Wohung und ein Viertel keinen Computer mit Internetanschluss.

In diesen Fällen treffen also Rahmenbedingungen, die das Lernen erschweren (kein eigenes Zimmer, ggf. kein eigener Schreibtisch) und Eltern, die mangels eigener Bildung beim Lernen für die Schule kaum helfen können, zusammen. Wenn dann auch noch fehlende eigene Sprachkompetenzen hinzukommen, dann wird sowohl das fundamental wichtige Erlernen der deutschen Sprache wie auch die Kommunikation mit Kita oder Schule unmöglich. Die Kinder und Jugendlichen, die unter diesen Umständen leben, sind die Gruppe, die auch von den Kita- und Schulschließungen überproportional stark betroffen sind – wie die an Geis-Thöne anschließenden Beiträge überdeutlich belegen (siehe hierzu insbesondere Huebener et al., Anger/Plünneke sowie Wößmann et al.).

Die Auswirkungen familiärer Rahmenbedingungen auf die Lernchancen

Sowohl in den Beiträgen von Oppermann et al. als auch von Langmeyer et al. und Wößmann et al. (jeweils in diesem Band) zeigt sich, dass Eltern während der Lockdownzeit viele gemeinsame Aktivitäten mit ihren Kindern verstärkt haben, sei es im Rahmen der Tagesorganisation sowie bei vielen (indirekten) lernbezogenen Aktivitäten (draußen spielen, vorlesen und/oder basteln etc.). Es stellt sich aber auch heraus, dass dies erheblich variiert und es einen, wenn auch geringen Teil von Eltern gibt, die den Umfang dieser Aktivitäten in unterschiedlichem Umfang verringert haben. Letzteres kann auch mit dem höheren Aufwand zur Organisation von Familie und Beruf zu tun haben. Erwartungsgemäß zeigen Langmeyer et al. und Wößmann et al., dass Art und Umfang der Aktivitäten der Kinder von sozio-ökonomischen Faktoren beeinflusst werden, und Kinder aus Familien, in denen es keine oder weniger Risikolagen gab, weniger Zeit am Bildschirm oder Smartphone nutzen, mehr draußen spielten, mehr in Bücher guckten oder bastelten oder weniger „abhingen".

Ferner zeigen die Analysen, dass das Mehr an gemeinsamer Zeit mit den Eltern für etliche Kinder auch positive Effekte hatte (siehe hierzu insbesondere Langmeyer et al. sowie Ravens-Sieberer et al.). Sie genossen es, mit Mutter und Vater lange Zeit zusammen zu verbringen und waren entsprechend entspannter. 70% der Eltern ohne Risikolagen berichten, dass ihre Kinder insgesamt gut oder sehr gut durch den Lockdown gekommen sind; bei Familien mit einer (finanziellen oder bildungsbezogenen) Risikolage waren es noch 55% und bei denjenigen mit zwei Risikolagen nur gut 40%. Komplementär dazu liegen grundsätzlich die Werte, in denen die Eltern den Eindruck haben, dass die Kinder eher oder nicht gut durch den Lockdown gekommen wären. Besonders bedeutsam sind dabei die 15% der Kinder, deren Familie zwei Risikolagen hat, die gar nicht gut mit der Situation zurechtkamen, gegenüber 3% bzw. 7% bei den Familien mit keiner oder einer Risikolage.

Mehrere Beiträge verweisen darauf, dass insbesondere Kinder von Sozialleistungsempfänger*innen in deutlich geringerem Umfang die erforderliche digitale Ausstattung für ein Homeschooling haben (siehe in diesem Band u. a. Geis-Thöne/Huebener et al.; Anger/Plünneke). Konkret hatten 2017/18 nur rund drei Viertel dieser zwölf- bzw. vierzehnjährigen Jugendlichen aus diesen Haushalten Zugang zu einem Computer, gegenüber rund 90% der Jugendlichen in anderen Familien. In vielen Fällen ist dabei zudem davon auszugehen, dass es sich nicht um ein „eigenes" Gerät handelt, sondern sich oft mehrere Familienmitglieder ein Gerät teilen müssen.

Wie unterschiedlich die Nutzung des Internets in Abhängigkeit verschiedener Rahmenbedingungen ist, zeigt zudem die Shell Jugendstudie. So lassen sich die Jugendlichen hinsichtlich des Umfangs der Internetnutzung in drei Gruppen einteilen: Jeweils rund ein Drittel ist bis zu zwei, zwei bis vier und mehr als vier Stunden im Internet unterwegs. Andererseits verbringen fast zwei Drittel (62%) täglich mehr als drei Stunden im Internet (Shell-Jugendstudie 2019, S. 225). Auch in einer detaillierten Betrachtung nach Schichten und Migrationshintergrund unterscheiden sich die Jugendlichen in den verschiedenen sozialen Schichten bzw. nach Migrationshintergrund vergleichsweise wenig. Insbesondere der Beitrag von Wößmann et al. (in diesem Band) zeigt, dass sich diese zum Teil hohen täglichen Zeiten vor dem Computer in vielen Fällen deutlich erhöht haben und dies einerseits überproportional Kinder aus bildungsferneren Familien sowie andererseits die Jungen stärker betrifft.

Ein weiterer Faktor, der hierbei nicht übersehen werden soll, ist, dass es erhebliche Gruppen unter den Jugendlichen gibt, die das Internet noch nie für ihre Ausbildung genutzt haben (Dohmen/Hurrelmann/Yelubayeva 2021). Dies betrifft bis zu 20% der Jugendlichen aus den unteren Schichten; weitere bis zu 25% benutzen das Internet höchstens einmal pro Woche für diesen Zweck. Wenig überraschend sind Hauptschüler*innen (insg. 28%) und Realschüler*innen (23%) überrepräsentiert.

Die digitalen Kompetenzen von Eltern und Schüler*innen

Es reicht nicht, einen Computer oder ein Smartphone zu haben, sondern es kommt auch darauf an, diese Geräte entsprechend nutzen zu können. Wiederholt wurde dabei die „digitale Readiness" Deutschlands in internationalen Studien kritisch bewertet: So liegt Deutschland in einem EU-weiten Vergleich an letzter Stelle (CEPS, 2019). Auch wenn diese Platzierung nicht unbedingt auf die unmittelbare digitale Leistungsfähigkeit und die Fähigkeit, das Internet zu nutzen, zurückzuführen ist, sondern eine Reihe von institutionellen und politischen Rahmenfaktoren, ist dies ein erstaunliches Ergebnis.

Hinsichtlich der digitalen Kompetenzen von Eltern liegen bisher keine empirischen Informationen vor. Allerdings lassen sich gewisse Rückschlüsse aus der PIAAC-Studie (Rammstedt 2013) ziehen: danach hatten nur 36% der Erwachsenen im Jahr 2012 eine mittlere oder hohe digitale Kompetenz. Das ist zwar über dem Durchschnitt der beteiligten OECD-Länder, und selbst die Top-Nationen Schweden, Finnland und die Niederlande hatten nur Werte von bis zu 44%, allerdings legt dies nahe, dass auch große Teile der Elternschaft nur begrenzte digitale Kompetenzen haben dürften. Dabei sind auch die bisweilen begrenzten sprachlichen Kompetenzen zu beachten, die auch hinsichtlich der Fähigkeit, sich im Internet bewegen oder kommunizieren zu können, von zentraler Bedeutung sind.

Bezüglich der Schüler*innen hat die ICILS-Studie ergeben, dass rund ein Drittel allenfalls rudimentäre digitale Kompetenzen hat und nur einfache Aufgaben ausführen kann. Wenig überraschend ist, dass es einen positiven Zusammenhang zwischen digitaler Kompetenz und sozialem Status gibt (Eickelmann et al. 2019). Zu diesen Ergebnissen passen auch die Einschätzungen von Lehrkräften und Schüler*innen während der Corona-Pandemie, die zu beträchtlichen Teilen darauf verweisen, dass sowohl die technische Ausstattung der Schüler*innen als auch deren digitale Kompetenzen häufig (sehr) begrenzt seien.

Die Sprachkompetenzen von Eltern und Schüler*innen

Wie weiter oben berichtet, kommunizieren Schulleiter*innen und Lehrkräfte mit den Eltern in aller Regel in deutscher Sprache. Dies ist so lange kein Problem, wie die Eltern hinreichend deutsch sprechen – dies ist aber sowohl bei bildungsfernen als auch bei bildungsnahen Eltern mit Migrationshintergrund nicht unbedingt der Fall. Neben der großen Zahl an Zuwandernden aus den alten Gastarbeiterländern, die zu erheblichen Teilen einen geringen oder keinen Bildungsabschluss haben, sind in den vergangenen Jahren und Jahrzehnten in zunehmendem Maße auch hochqualifizierte Personen nach Deutschland gekommen, die kein oder nur wenig Deutsch sprechen, wie die PIAAC-Studie (Rammstedt 2013) nahelegt.

Da von Ausnahmen abgesehen weder Kitas oder Schulen noch Behörden oder Ministerien ihre Mitteilungen in anderen Sprachen als Deutsch veröffentlichen, sind diese Eltern von der üblichen Kommunikation ausgeschlossen, und es ist auch nicht selbstverständlich, dass Erzieher*innen oder Lehrkräfte andere Fremdsprachen – außer (vielleicht) Englisch – sprechen. Eltern mit Migrationshintergrund können also von der Kommunikation ausgeschlossen sein, was in Zeiten wie aktuell, in denen die Kommunikation zwischen Kita oder Schule und Elternhaus noch wichtiger als ohnehin, besonders problematisch ist. Sie können mitunter weder die Aufgabenstellungen noch andere Information lesen und sind somit von einer geeigneten Unterstützung der Kinder ausgeschlossen.

Die pädagogischen und fachlichen Kompetenzen von Eltern

Neben den Sprachkompetenzen sind auch die fachlichen und pädagogischen Kompetenzen der Eltern nicht ausreichend, um ihre Kinder zu unterstützen. Zwar wird vergleichsweise häufig darauf hingewiesen, dass Eltern nicht die Lehrerrolle übernehmen sollten, allerdings ist keine Unterstützung auch keine Option. Das gilt insbesondere, wenn es nur wenig oder keine Kommunikation zwischen Lehrkräften und Schüler*innen gibt. In der ersten Phase der Schulschließungen hatte etwa die Hälfte der Schüler*innen keinen oder nur sehr wenig Austausch mit den Lehrkräften. Ein Teil der Lehrkräfte, insbesondere an Grundschulen, war für die Schüler*innen offenbar nicht zu sprechen.

Hier kommen verschiedene Anforderungen zusammen, die die Eltern oft gleichzeitig – und zusätzlich zu ihren eigenen anderen beruflichen und sonstigen Herausforderungen bewältigen müssen: Eltern müssen wissen, welche schulischen Aufgaben die Kinder gerade bearbeiten müssen, sie müssen die Aufgabenstellungen sprachlich verstehen und inhaltlich bearbeiten können und dabei gleichzeitig die Kinder pädagogisch angemessen und mit hinreichender Geduld unterstützen. Diese Anforderungen sind schon in normalen Zeiten eine erhebliche Herausforderung. Kommt es in Krisenzeiten zu weiter steigenden Anforderungen oder gar Konflikten, dann wird dies schnell zur Überforderung.

Mehrere der in diesem Band vorliegenden Beiträge zeigen aus unterschiedlichen Blickwinkeln, dass es hier erhebliche sozio-ökonomische und weitere Einflussfaktoren gibt, die bereits bestehende Nachteile verstärken: Eltern mit einem geringeren Bildungsniveau haben selbst wenig positive Lernerfahrungen, die sie an ihre Kinder weitergeben, sie haben häufig einen wenig motivierenden Erziehungsstil (siehe den Beitrag von Anger und Plünneke in diesem Band), sie können ihre Kinder weniger unterstützen (siehe die Beiträge von Wößmann et al. sowie Huebener et al. in diesem Band) und sie reagieren häufig unglücklicher, sodass die psychische Belastung ihrer Kinder entsprechend höher ist und es auf häufiger zu Konflikten kommt (siehe insbesondere den Beitrag von Ravens-Sieberer et al. in diesem Band). Eine Folge davon könnte auch sein, dass es eher die Jugendlichen und jungen Erwachsenen sind, die sich etwas weniger an die Corona-bezogenen Regelungen und Einschränkungen halten (siehe den Beitrag von Schnetzer et al. in diesem Band). Dies soll jedoch nicht verdecken, dass sich der Großteil der jungen Menschen selbstverständlich an die Regelungen hält und unter ihnen leidet.

Gibt es einen empirisch nachweisbaren Leistungsabfall?

Nachdem in den bevorstehenden Abschnitten die Befunde aktueller Studien zu den schulischen und familiären Rahmenbedingungen sowie zur technologischen Ausstattung von Schulen, Elternhaus und den digitalen Kompetenzen aller Beteiligten dargestellt wurden, steht abschließend noch die Frage im Raum, ob sich Leistungsunterschiede gegenüber früheren Jahrgängen zeigen oder nicht.

Das Gros der Lehrkräfte beobachtet Lernrückstände bei Schüler*innen, allerdings mit erheblichen Unterschieden hinsichtlich des betroffenen Personenkreises. So sagen laut der Lehrkräfte-Befragung im Dezember gut 10% der Lehrkräfte, dass sie Leistungsrückstände bei (fast) allen Schüler*innen wahrnehmen würden, gut jede/r vierte sieht dies bei mehr als der Hälfte und knapp 30% bei weniger als der Hälfte der Schüler*innen. Ein Fünftel beobachtet Lernrückstände nur bei wenigen Schüler*innen. Fast erwartungsgemäß verlaufen die Unterschiede bei den Schulformen: nur 7% der Lehrkräfte an Gymnasien, 10% an Grundschulen und 12% an Haupt-, Real- und Gesamtschulen sehen einen Lernrückstand bei (fast) allen Schüler*innen; an den Förderschulen sind es etwa ein Viertel (Klein, in diesem Band).

Empirische Studien, die die Frage nach dem Leistungsunterschied gegenüber den Vorgängerjahren anhand von Schulleistungsdaten beantworten können, sind noch selten. Sie kommen nahezu übereinstimmend zu dem Befund, dass sich Leistungsrückstände beobachten lassen, die unterschiedliche Umfänge haben. Übereinstimmend wird zudem berichtet, dass Schüler*innen aus benachteiligten Familien davon stärker betroffen sind (siehe die Zusammenfassungen in den Beiträgen von Chenier et al. und Anger/Plünneke in diesem Band). Anhand von Daten aus Flandern (Belgien) zeigen Chenier et al. (in diesem Band) auf, dass der Umfang bzw. die Anzahl der Tage, an denen die Schulen geschlossen sind, zu Leistungsunterschieden in Mathematik und Niederländisch führen, allerdings die Differenz in Mathematik statistisch nicht signifikant ist. In Niederländisch zeigen sich hingegen statistisch signifikante Unterschiede, die vor allem auf die leistungsschwächeren Schüler*innen zurückzuführen sind. Dies würde bedeuten, dass es gerade bei der wichtigen Sprachentwicklung zu den befürchteten ungünstigen Auswirkungen auf leistungs- bzw. sozialschwächere Schüler*innen kommt und es hier tatsächlich jeden einzelnen Tag ankommt.

Vor dem Hintergrund der sich abzeichnenden „Dominanz" von Studien, die ungünstige Auswirkungen von Schulschließungen bzw. die Umstellung auf Distanzunterricht belegen, sind die Ergebnisse einer Studie von Depping et al. (2021) für Hamburg fast schon überraschend. Danach zeigen sich zwar leichte Abweichungen zwischen den Testergebnissen Mitte 2020 von früheren Kohorten. Allerdings bewegen sich die Unterschiede in einer Größenordnung, die durch normale Schwankungen zwischen zwei Kohorten bedingt sein können und nicht auf systematisch schwächere Leistungen. Allerdings gibt es möglicherweise auch Einflussfaktoren, die in eine andere Richtung interpretiert werden könnten: a) der Anteil an vorzeitig beendeten Test war etwas höher als im Vorjahr und wies dabei auch in die erwartete Richtung, d. h. sie waren bei Schulen in einem sozial schwächeren Umfeld etwas höher; b) die Tests wurden aufgrund der Umstände zu einem etwas späteren Zeitpunkt im Jahr und teilweise nach den Sommerferien durchgeführt. Es ist daher möglich, dass es durch Lernangebote in den Sommerferien, die ausweislich Depping et al. (2021) gut genutzt wurden, gelungen ist, den Lernrückstand, der ansonsten möglicherweise zu beobachten gewesen wäre, aufzufangen. Dies würde seinerseits jedoch darauf verweisen, dass zielgerichtete Maßnahmen zur Schließung eventueller Lernrückstände von Erfolg gekrönt gewesen wären. Auch wären bzw. sind diese Ergebnisse nicht auf alle Bundesländer übertragbar, und es muss weiteren Studien vorbehalten bleiben, bundesweite Ergebnisse zu den Effekten von Schulschließungen bzw. Distanzunterricht zu bekommen.

Unter Berücksichtigung der speziellen Umstände stehen damit die Ergebnisse der Hamburger Studie (Depping et al. 2021) nicht im Widerspruch zu denen von Chenier et al. (in diesem Band), wie auch die von weiteren Studien aus anderen Ländern. Der zentrale Schluss daraus wäre vielmehr, dass es möglich ist, eventuell auftretende Lernrückstände durch geeignete Maßnahmen zumindest weitgehend, wenn nicht gar vollständig aufzufangen. Damit wäre Politik nicht machtlos, sondern es käme vielmehr auf die Bildungspolitik an, die entsprechenden kompensatorischen Maßnahmen – gemeinsam mit Schulen und anderen Organisationen – anzugehen und dafür Sorge zu tragen, dass es nicht zu langfristig negativen Effekten der Umstellung auf Distanzunterricht aufgrund der Corona-Pandemie kommt.

Es muss zudem darauf hingewiesen werden, dass die vorliegenden Schulleistungsstudien einen sehr verengten Fokus auf bestimmte Leistungen aufweisen und somit nicht überbewertet werden sollten. Sie messen lediglich eine einzige Variable, die zwar wichtig im Hinblick auf einen Teil der schulischen Kompetenzvermittlung ist, aber nur von eingeschränkter Relevanz für weitergehenden Aussagen hat. Die Befunde sollten somit nicht überbewertet und als alleiniges Kriterium für die Folgen der Schulschließungen bzw. der Umstellung auf Distanzunterricht herangezogen werden.

Wer wird zur Generation Corona gehören?

Die verschiedenen Beiträge in diesem Band zeigen sehr deutlich, dass die schulischen und familiären Voraussetzungen für eine einigermaßen gelingende Teilhabe an Lernprozessen sehr unterschiedlich sind. Gymnasien sind grundlegend besser aufgestellt als Haupt-, Real- und Gesamtschulen oder gar Grundschulen, bildungsnahe Familien besser in der Lage, ihre Kinder zu unterstützen. Ferner wird auch sichtbar, dass die Corona-Krise Familien und Eltern sehr unterschiedlich und keineswegs „gleichermaßen" trifft. Weniger qualifizierte Eltern sind mehr am „regulären" Arbeitsplatz, besser qualifizierte deutlich häufiger im Home office – trotz hoher Belastungen ist letzteres eine bessere Voraussetzung, um die Kinder beim täglichen Lernen zu unterstützen.

Aus den Beiträgen in diesem Band kann deshalb auch geschlossen werden, welche Gruppen der jungen Generation Sorge tragen müssen, zu einer „Generation Corona" zu werden. Es sind insbesondere die Jugendlichen, die bereits vor dem Ausbruch der Pandemie besonders ungünstige Bildungs- und Lebensverläufe hatten. Es sind junge Menschen aus der unteren Schicht, zu einem kleinen Teil auch aus der unteren Mittelschicht, sowie die Jugendlichen ohne deutschen Pass, die selbst dann Probleme im Bildungssystem oder am Übergang zum Ausbildungssystem haben, wenn sie eigentlich zu den bildungsnahen Familien der höheren Schichten zählen. Sie dürften große Teile der Jugendlichen stellen, die trotz Realschulabschluss keinen Ausbildungsplatz finden und ins Übergangssystem münden.

Die Spreizung des Leistungsniveaus, mit einem wachsenden Abstand zwischen den Starken und den Schwachen ist charakteristisch für die Entwicklung der letzten Jahrzehnte. Während für hoch qualifizierte Tätigkeiten die Gehälter steigen, brechen den Geringqualifizierten die Beschäftigungsmöglichkeiten weg, oder die finanzielle Entlohnung ihrer Arbeit sinkt auf ein Niveau, auf dem sie ohne staatliche Unterstützung kaum noch auskommen können. Das spüren schon Jugendliche, und das schlägt sich in sinkendem Zukunftsoptimismus, niedrigem Selbstvertrauen, geringer Lebenszufriedenheit, hohen gesundheitlichen Risiken und zunehmender materieller Armut bei dem etwa einem Drittel von ihnen mit schlechter Ausgangsposition nieder. Vor allem die materielle Armut bildet die Basis für ihre zunehmende gesellschaftliche Exklusion.

Wenn keine grundlegende Veränderung im dualen beruflichen Ausbildungssystem oder durch neue Qualifizierungswege erfolgt, dann wird das Übergangssystem in Deutschland in den kommenden Jahren noch bedeutsamer werden als zuvor. Dann werden noch mehr junge Menschen als bisher hier „geparkt" werden, da sie keinen Ausbildungsplatz im dualen oder schulischen System gefunden haben. Nach den bisherigen Erfahrungen ist sehr zu bezweifeln, dass das duale System den ohnehin schon sozial benachteiligten jungen Leuten am Ende bessere Bildungschancen bietet. Stattdessen enden viele Hoffnungen junger Menschen spätestens am Übergang Schule – Ausbildung, was gleichbedeutend ist mit dem Ende der Hoffnung auf aussichtsreiche Erwerbs- und Lebenschancen. Statt der Chance für die jungen Menschen, deren akademischen Fähigkeiten nicht so stark ausgeprägt sind, wird das Ausbildungssystem in Deutschland zum Nadelöhr.

Bildungsferne Jugendliche haben große Schwierigkeiten, mit den gesellschaftlichen und beruflichen Anforderungen des Lebens in der modernen Gesellschaft zurechtzukommen. Im historischen Vergleich ist ihre Situation schwieriger geworden: Wer heute keinen Erfolg im Bildungssystem hat, wer keinen oder nur einen sehr schwachen Schulabschluss erwirbt, hat noch weitaus schlechtere Chancen als vor 20 oder 30 Jahren, in eine berufliche Ausbildung, den Arbeitsmarkt und in eine einigermaßen sichere Berufsposition hinein zu kommen.

Die vorliegenden Beiträge machen deutlich, wie schwierig und teilweise aussichtslos die Situation von bildungsfernen Jugendlichen in Deutschland ist. Im historischen Vergleich scheint es heute sehr viel schwieriger zu sein, ohne einen Schulabschluss oder mit einem schwachen Schulabschluss den Weg in Ausbildung und Beruf zu finden. Diese Benachteiligung hat sich über Jahrzehnte hinweg gehalten. Schon vor dem Ausbruch der Corona Pandemie war das Schulsystem in Deutschland nicht in der Lage, den leistungsschwächeren Jugendlichen die erforderlichen Kompetenzen zu vermitteln. Es ist dem Bildungssystem in Deutschland offenkundig bisher nicht gelungen, die zentralen Hemmnisse und ungünstigen Einflussfaktoren zu beseitigen, die vor allem in den Herkunftsfamilien zu verorten sind. Durch die Auswirkungen der Corona Pandemie wird dieser Effekt noch verstärkt. Ein Drittel des jeweiligen Jahrgangs an Realschulabsolvent*innen, zwei Drittel der Hauptschulabsolvent*innen und praktisch ein ganzer Jahrgang an Jugendlichen ohne Hauptschulabschluss mündet in das sogenannte „Grundbildungs- und Übergangssystem" ein. Diese Jugendlichen beginnen also ganz überwiegend keine Ausbildung, die mit einem regulären Abschluss endet, sondern haben keinen Ausbildungsplatz gefunden und müssen sich mit anderen Optionen abfinden. Auch wenn ein Teil davon über diesen Weg den Hauptschulabschluss nachholt oder einen höheren Abschluss erreicht, ist das Übergangssystem für die Mehrzahl von ihnen ein Auffangbecken, ohne dass sich ihre beruflichen Chancen strukturell verbessern. Durch die Corona Pandemie wird dieser Prozess weiter verstärkt. In diesem Sinne kann man bei den hiervon betroffenen Jugendlichen von einer „Generation Corona" sprechen.

Literatur

Bertelsmann-Stiftung (2020): Materielle Unterversorgung von Kindern, Gütersloh. https://www.bertelsmann-stiftung.de/fileadmin/files/Projekte/Familie_und_Bildung/Studie_ WB_Materielle_ Unterversorgung_von_Kindern_2020.pdf (abgerufen am 04.02.2021).

CEPS – Centre for European Policy (2019): Index of Readiness for Digital Lifelong Learning: Changing how Europeans upgrade their Skills (Miroslav Beblavý, Sara Baiocco, Zachary Kilhoffer, Mehtap Akgüç, and Manon Jacquot). https://www.ceps.eu/ceps-publications/index-of-readiness-for-digital-lifelong-learning/ (abgerufen am 04.02.2021).

Depping, D./Lücken, M./Musekamp, F./Thonke, F. (2021): Kompetenzstände Hamburger Schüler*innen vor und während der Corona-Pandemie, DDS – Die Deutsche Schule, Beiheft 17, S. 51–79.

Dohmen, D./Hurrelmann, K./Yelubayeva, G. (2021): Sozial benachteiligte Jugendliche am Übergang in Ausbildung: Werden sie zur „Generation Corona"? FiBS-Forum Nr. 76 (im Erscheinen).

Eickelmann, B./Gerick, J./Goldhammer, F./Schaumburg, H./Schwippert, K./Senkbeil, M./Vahrenhold, J. (Hrsg.) (2019): Computer- und informationsbezogene Kompetenzen von Schüler*innen im zweiten internationalen Vergleich und Kompetenzen im Bereich Computational Thinking, ICILS 2018 – Deutschland, Münster: Waxmann.

Forsa (2020): Die Schulen und die Corona-Krise. Ergebnisse einer Befragung von Lehrer*innen an allgemeinbildenden Schulen, durchgeführt für die Robert-Bosch-Stiftung.

Möhring, K./Naumann, E./Reifenscheid, M./Blom, A.G./Wenz, A./Rettig, T./Lehrer, R./Krieger, U./Juhl, S./Friedel, S./Fikel, M./Cornesse, C. (2020): Die Mannheimer Corona-Studie: Schwerpunktbericht zu Erwerbstätigkeit und Kinderbetreuung. https://www.uni-mannheim.de/media/Einrichtungen/gip/Corona_Studie/2020-04-05_ Schwerpunktbericht_Erwerbstaetigkeit_und_Kinderbetreuung.pdf (abgerufen am 05.02.2021).

OECD (2001): Lernen für das Leben: Erste Ergebnisse der ersten internationalen Schulleistungsstudie, Paris: OECD. http://www.oecd.org/education/school/programmeforinternationalstudentassessmentpisa/336 91612.pdf. (abgerufen am 04.02.2021).

OECD (2019): PISA 2018 Ergebnisse (Band I): Was Schüler*innen wissen und können. Bielefeld: WBV media.

Rammstedt, B. (Hrsg.) (2013): Grundlegende Kompetenzen Erwachsener im internationalen Vergleich. Ergebnisse von PIAAC 2012. Münster: Waxmann.

Reiss, K./Weis, M./Klieme, E./Köller, O. (Hrsg.) (2019): PISA 2018 – Grundbildung im internationalen Vergleich. Münster: Waxmann.

Schröder, C./Entringer, T./Goebel, J./Grabka, M.M./Graeber, D./Kroh, M./Kröger, H./Kühne, S./Liebig, S./Schupp, J./Seebauer, J./Zinn, S. (2020): Erwerbstätige sind vor dem Covid-19-Virus nicht alle gleich, SOEPpapers 1080. https://www.diw.de/de/diw_01.c.789533.de/publikationen/soeppapers/2020_1080/erwerbstaeti ge_sind_vor_dem_covid-19-virus_nicht_alle_gleich.html (abgerufen: 04.02.2021).

Shell Deutschland Holding (Hrsg.) (2019), Shell-Jugendstudie 2019. Albert, M./Hurrelmann, K./Quenzel, G./Kantar. Weinheim und Basel: Beltz.

Autor_innenverzeichnis

Dr. Adekunle Adedeji ist Gesundheitswissenschaftler und Life Coach. Seine Arbeit konzentriert sich darauf, verschiedene Einflussfaktoren von Gesundheit auf die Lebensqualität zu identifizieren und zu erforschen. Sein Ziel ist es, Wissen zu verbreiten, das positive Lebensweisen und Lebenserfahrungen fördert.

Prof. Dr. Yvonne Anders ist Inhaberin des Lehrstuhls für Frühkindliche Bildung und Erziehung an der Otto-Friedrich-Universität Bamberg. Ihre Forschungsprojekte befassen sich mit den Auswirkungen vorschulischer und schulischer Bildungsqualität auf die kindliche Entwicklung, professionellen Kompetenzen von (früh-) pädagogischen Fachkräften, internationale Vergleichsstudien und Evaluationsstudien sowie dem Thema der Zusammenarbeit von Kindertageseinrichtungen und Familien.

Dr. rer pol. Christina Anger, geboren 1974 in Hildesheim; Studium der Volkswirtschaftslehre und Promotion in Trier; seit 2004 im Institut der deutschen Wirtschaft, Senior Economist im Kompetenzfeld „Bildung, Zuwanderung und Innovation".

Marcia Becker ist seit 2016 Studentin der Humanmedizin am Universitätsklinikum Hamburg-Eppendorf und promoviert seit 2020 im Rahmen der COPSY-Studie in der Forschungssektion Child Public Health zu depressiven Symptomen bei Kindern und Jugendlichen während der COVID-19-Pandemie.

Ulrike Blanck-Stellmacher ist Fachärztin für Kinder- und Jugendmedizin und Neonatologin. Sie ist seit 17 Jahren im kinderärztlichen Bereich tätig.

Thomas Brüggemann ist Psychologe und arbeitet als wissenschaftlicher Mitarbeiter am Institut für Schulentwicklungsforschung an der TU Dortmund. Seine Forschungsschwerpunkte sind die motivationalen und kognitiven Effekte von Digitalisierung in Leistungssituationen.

Marc-André Chénier ist Forscher am Forschungszentrum 'Leuven Economics of Education Research' (LEER) an der Universität Leuven in Belgien. Er promoviert in Wirtschaftswissenschaften mit einem Forschungsschwerpunkt in der Anwendung von Machine Learning Techniken im Bereich Bildungsökonomik.

Prof. Dr. Franziska Cohen ist Inhaberin des Lehrstuhls für Kindheitspädagogik an der Pädagogischen Hochschule Freiburg und forscht zu den Themenschwerpunkten Elternzusammenarbeit, Digitalisierung und familienunterstützende Interventionen.

Kristof De Witte ist Professor an der Fakultät für Wirtschaftswissenschaften der Universität Leuven, in Belgien, und Inhaber des Lehrstuhls 'Effectiveness and Efficiency of Educational Innovations' der United Nations University (UNU-MERIT) an der Universität Maastricht, in den Niederlanden. Er ist Gründer und Direktor des Forschungszentrums 'Leuven Economics of Education Research' (LEER) an der Universität Leuven.

Dr. Janine Devine ist Senior Wissenschaftlerin der Forschungssektion Child Public Health unter Leitung von Prof. Dr. Ravens-Sieberer und psychologische Psychotherapeutin mit langjähriger klinischer Erfahrung.

Dr. Dieter Dohmen ist Inhaber und Direktor des FiBS Forschungsinstituts für Bildungs- und Sozialökonomie in Berlin und Geschäftsführender Gesellschafter der FiBS ElternHotline gGmbH, einem social EduTech start-up. Er arbeitet seit über 30 Jahren als Forscher und Berater und ist Analyst, Visionär und sozialer Unternehmer.

Prof. Dr. Michael Erhart ist Professor für Gesundheits- und Rehawissenschaften an der Alice Salomon Hochschule, Berlin. Daneben ist er in Teilzeit Professor für Psychologie, insbesondere Diagnostik an der Apollon Hochschule für Gesundheitswirtschaft, Bremen und Mitarbeiter der Forschungssektion Child Public Health am Universitätsklinikum Hamburg-Eppendorf.

Vera Freundl ist Fachreferentin am ifo Zentrum für Bildungsökonomik in München.

Dr. Wido Geis Thöne ist Senior Economist für Familienpolitik und Migrationsfragen am Institut der deutschen Wirtschaft in Köln. Er beschäftigt sich in seiner Forschung seit über 10 Jahren mit den Lebenslagen von Familien und Kindern.

Elisabeth Grewenig ist seit 2016 Doktorandin am ifo Zentrum für Bildungsökonomik in München. Ihre Forschungsinteressen liegen in den Bereichen der Bildungs- und Arbeitsmarktökonomik.

Dr. Angelika Guglhör-Rudan ist wissenschaftliche Referentin in der Fachgruppe „Lebenslagen und Lebenswelten von Kindern" am Deutschen Jugendinstitut München (DJI). Als Sozialwissenschaftlerin beschäftigt sie sich mit dem Well-Being von Kindern, Kinderrechten und vielfältigen Themen der Kindheits- und Jugendforschung.

Paula Sophie Günther ist seit 2020 freie Projektmitarbeiterin am Institut für Bildungsmanagement und Bildungsökonomie der Pädagogischen Hochschule Zug tätig. Insbesondere ist sie beteiligt am Schul-Barometer sowie im Projektcluster „Leading Quality" (LeadQ).

Assoz.-Prof. Dr. Christoph Helm hat an der Johannes Kepler Universität Linz im Fach Bildungsforschung promoviert und habilitiert. Er arbeitet seit 1. März 2020 am Institut für Bildungsmanagement und Bildungsökonomie IBB der Pädagogischen Hochschule Zug, insbesondere in den Schwerpunkten Schul- und Unterrichtsqualität und im Projektcluster „Leading Quality" (LeadQ).

Prof. Dr. Dr. Stephan Gerhard Huber leitet seit 2006 das Institut für Bildungsmanagement und Bildungsökonomie IBB der Pädagogischen Hochschule Zug, das sich mit Forschung und Wissenstransfer in den Themenschwerpunkten Leadership, Qualitätsmanagement, Personalmanagement und dem Sonderforschungsbereich Jugendforschung beschäftigt.

Dr. Mathias Huebener ist wissenschaftlicher Mitarbeiter der Abteilung Bildung und Familie am DIW Berlin. Er arbeitet als Volkswirt zu Themen im Bereich der Bildung und Gesundheit von Kindern, sowie zur Vereinbarkeit von Erwerbs- und Sorgearbeit von Eltern.

Prof. Dr. Klaus Hurrelmann ist Senior Professor of Public Health and Education an der Hertie School of Governance in Berlin und Senior Expert beim FiBS Forschungsinstitut für Bildungs- und Sozialökonomie. Seine Arbeitsschwerpunkte liegen in der Bildungs- und Sozialisationsforschung mit einem Schwerpunkt auf der Entwicklung von Kindern und Jugendlichen.

Burkhard Jungkamp, StS a.D., Moderator des Netzwerk Bildung der Friedrich-Ebert-Stiftung, Mitherausgeber der „Schulverwaltung NRW", Lehrbeauftragter an der FU Berlin und der WWU Münster.

Anne Kaman, M.Sc., ist wissenschaftliche Mitarbeiterin in der Forschungssektion Child Public Health an der Klinik für Kinder- und Jugendpsychiatrie, -psychotherapie und -psychosomatik am Universitätsklinikum Hamburg-Eppendorf. Sie arbeitet in nationalen und internationalen Forschungsprojekten zur Kinder- und Jugendgesundheit mit Fokus auf psychische Gesundheit und Verhaltensauffälligkeiten.

Werner Klein leitete beim Sekretariat der Kultusministerkonferenz in Berlin die Abteilung Qualitätssicherung, internationale und europäische Angelegenheiten und Statistik. Der Pädagoge war als Leiter des Referats Qualitätsentwicklung an Schulen und im Landesinstitut im Bildungsministerium Schleswig-Holstein tätig. Er gehört zum Programmteam der Deutschen Schulakademie.

Dr. Alexandra Langmeyer ist Leiterin der Fachgruppe „Lebenslagen und Lebenswelten von Kindern" am Deutschen Jugendinstitut München (DJI). Die Forschungsschwerpunkte der Sozialwissenschaftlerin beziehen sich auf Fragen der Kindheits- und Familienforschung, insbesondere auf die Diversität von Familien, Eltern-Kind-Beziehungen, Erziehung und das Well-Being von Kindern.

Prof. Dr. Martina Leibovici-Mühlberger ist praktische Ärztin, Fachärztin für Gynäkologie und Geburtshilfe, Ärztin für Psychosomatik. Sie trägt als Psychotherapeutin das European Certificate of Psychotherapy und ist seit 2005 Geschäftsführerin der ARGE Erziehungsberatung und Fortbildung GmbH, Ausbildungs-, Beratungs- und Forschungsinstitut mit sozialpsychologischem Fokus Kind, Jugend und Familie sowie der ARGE Bildung und Management OG sowie seit 2007 Mitglied der Working Group on the Quality of Childhood im EU Parlament.

Chantal Lepper (M.A.) ist wissenschaftliche Mitarbeiterin am Institut für Schulentwicklungsforschung der TU Dortmund. Ihre Forschung fokussiert auf die Qualität von Lehr-Lernprozessen im Unterricht.

Philipp Lergetporer ist wissenschaftlicher Mitarbeiter am ifo Zentrum für Bildungsökonomik in München. Er hat 2014 an der Universität Innsbruck promoviert und forscht in den Bereichen Bildungsökonomik, Finanzwissenschaft, Verhaltensökonomik, und politische Ökonomie.

PD Dr. Ramona Lorenz ist Akademische Rätin am Institut für Schulentwicklungsforschung an der TU Dortmund. Ihre Forschungsschwerpunkte liegen im Bereich der Schul- und Unterrichtsentwicklung, insbesondere im Kontext der Digitalisierung in Lehr- und Lernsituationen.

Constanze Löffler ist Ärztin mit Erfahrungen auf dem Gebiet der Frauenheilkunde. Seit mehr als 15 Jahren arbeitet sie als Medizin- und Wissenschaftsjournalistin. Ihre Texte veröffentlicht sie in Publikumsmedien genauso wie in Fachzeitschriften - verständlich geschrieben, auf den Punkt formuliert.

Prof. Dr. Kai Maaz ist Professor für Soziologie mit dem Schwerpunkt Bildungssysteme und Gesellschaft an der Johann Wolfgang Goethe-Universität Frankfurt am Main und Geschäftsführender Direktor am DIPF | Leibniz-Institut für Bildungsforschung und Bildungsinformation Frankfurt am Main/Berlin.

Joana Elisa Maldonado ist Forscherin am Forschungszentrum 'Leuven Economics of Education Research' (LEER) an der Universität Leuven in Belgien. Ihre Promotion im Bereich Bildungsökonomik befasst sich mit der Beteiligung von Eltern und finanzieller Bildung.

Prof. Dr. Nele McElvany ist seit 2010 Professorin für Empirische Bildungsforschung mit dem Schwerpunkt Lehren und Lernen im schulischen Kontext an der TU Dortmund und leitet dort als Geschäftsführende Direktorin das Institut für Schulentwicklungsforschung. Als habilitierte Psychologin beschäftigt sie sich in ihren Forschungen mit schulischen Bildungsprozessen aus psychologischer und pädagogischer Perspektive.

Dr. Thorsten Naab ist wissenschaftlicher Referent am Deutschen Jugendinstitut München (DJI) in der Fachgruppe „Lebenslagen und Lebenswelten von Kindern". Seine Arbeitsschwerpunkte sind die Mediennutzung und Medienerziehung in der Kindheit.

Ann-Kathrin Napp ist seit 2020 studentische Mitarbeiterin in der Forschungssektion Child Public Health am Universitätsklinikum Hamburg Eppendorf und studiert derzeit im Masterstudiengang Gesundheitswissenschaften an der HAW Hamburg.

Dr. Elisa Oppermann ist wissenschaftliche Mitarbeiterin am Lehrstuhl für Frühkindliche Bildung und Erziehung an der Otto-Friedrich-Universität Bamberg. Ihre Forschungsthemen umfassen familiale und institutionelle Bildungsprozesse und deren Einfluss auf kindliche sozial-emotionale und motivationale Kompetenzen, professionellen Kompetenzen von Fach- bzw. Lehrkräften sowie Gender im Kontext früher (MINT-) Bildung.

PD Dr. Christiane Otto ist in der Forschungssektion Child Public Health der Klinik für Kinder- und Jugendpsychiatrie, -psychotherapie und -psychosomatik des Universitätsklinikums Hamburg-Eppendorf beschäftigt. Sie forscht zur psychischen Gesundheit und zum Wohlbefinden von Kindern und Jugendlichen. Ihr Schwerpunkt liegt im methodisch/ statistischen Bereich, Frau Otto beschäftigt sich vor allem mit der Entwicklung und Validierung von Erfassungsinstrumenten sowie mit komplexen Analysen längsschnittlicher Daten.

Prof. Dr. rer. pol. Axel Plünnecke, geboren 1971 in Salzgitter; Studium der Volkswirtschaftslehre in Göttingen und Promotion in Braunschweig; seit 2003 im Institut der deutschen Wirtschaft, Leiter des Kompetenzfelds „Bildung, Zuwanderung und Innovation"; seit 2010 zudem Professor für Wirtschaftswissenschaften an der Deutschen Hochschule für Prävention und Gesundheitsmanagement in Saarbrücken.

Prof. Dr. Ulrike Ravens-Sieberer ist Forschungsdirektorin der Klinik für Kinder- und Jugendpsychiatrie, -psychotherapie und -psychosomatik am Universitätsklinikum Hamburg-Eppendorf und Leiterin der Forschungssektion Child Public Health. Unter ihrer Leitung werden in der Forschungssektion nationale und europäische Gesundheitssurveys zur Kinder- und Jugendgesundheit mit Fokus auf psychische Gesundheit und gesundheitsbezogene Lebensqualität durchgeführt. Weitere Schwerpunkte der Forschungssektion liegen in der psychosozialen Versorgungsforschung sowie in der Entwicklung von Methoden für die Messung von gesundheitsbezogener Lebensqualität und psychischer Gesundheit.

Dr. Robert Schlack ist Senior Researcher am Robert Koch-Institut, Berlin, im Bereich Public Mental Health von Kindern und Jugendlichen. Er hat die bundesweite KiGGS-Langzeitstudie zur Gesundheit von Kindern und Jugendlichen mit aufgebaut und forscht schwerpunktmäßig zu externalisierenden Verhaltensauffälligkeiten und ADHS.

Laura Schmitz ist wissenschaftliche Mitarbeiterin der Abteilung Bildung und Familie am DIW Berlin. Sie promoviert im Bereich der Bildungsökonomie an der Freien Universität Berlin.

Julia Alexandra Schneider ist seit 2020 Wissenschaftliche Mitarbeiterin in der Arbeitsgruppe „Professionalisierung pädagogischer Führungskräfte" der Erfurt School of Education (ESE) an der Universität Erfurt und seit 2019 freie Projektmitarbeiterin im Institut für Bildungsmanagement und Bildungsökonomie IBB der Pädagogischen Hochschule Zug.

Nadine Schneider ist wissenschaftliche Mitarbeiterin in der Arbeitsgruppe „Bildungsmanagement" der Erfurt School of Education (ESE) an der Universität Erfurt und freie Projektmitarbeiterin im Institut für Bildungsmanagement und Bildungsökonomie IBB der Pädagogischen Hochschule Zug. Ihre Arbeitsschwerpunkte sind die Professionalisierung von Lehrerinnen und Lehrern sowie Schulleitungen und Angebote der Fort- und Weiterbildung/ Führungskräfteentwicklung, Beratung sowie die Kooperation zwischen Eltern und Schule.

Simon Schnetzer ist Jugendforscher, Speaker, Trainer und leitet seit 2010 die Studien Junge Deutsche / Österreicher / Schweizer. Er ist gefragter Experte für die Generationen Y, Z, Alpha und Generationenmiteinander. Sein Motto ist: Junge Menschen beteiligen und Zukunft gestalten.

Marius Schwander ist seit Dezember 2009 am Institut für Bildungsmanagement und Bildungsökonomie IBB der Pädagogischen Hochschule Zug tätig, seit 2012 als Wissenschaftlicher Mitarbeitender. Er arbeitet in diversen Projekten, u.a. Arbeitsplatzanalyse, Neue Ressourcierung Volksschule und vor allem im Rahmen des Projekts Kompetenzprofil Schulmanagement KPSM.

Univ.-Prof. Dr. C. Katharina Spieß ist Leiterin der Abteilung Bildung und Familie am DIW Berlin und Professorin für Bildungs- und Familienökonomie an der Freien Universität Berlin. Sie arbeitet seit 30 Jahren zu Themen insbesondere im Bereich der Bildung und Betreuung von Kindern.

Magdalena Stacheder studiert Psychologie im Master und ist als studentische Hilfskraft am Lehrstuhl für Frühkindliche Bildung und Erziehung an der Otto-Friedrich-Universität Bamberg tätig.

Dr. Marc Urlen ist Medienwissenschaftler und promovierte zu den "Bildern der Massenmedien". Am Deutschen Jugendinstitut München (DJI) betreute in der Fachgruppe „Lebenslagen und Lebenswelten von Kindern" das Projekt "Apps für Kinder".

Dr. Katharina Werner ist wissenschaftliche Mitarbeiterin am ifo Zentrum für Bildungsökonomik in München.

Ursula Winklhofer, M.A., Dipl.-Soz.päd., ist wissenschaftliche Referentin in der Fachgruppe „Lebenslagen und Lebenswelten von Kindern" am Deutschen Jugendinstitut München (DJI). Die Kommunikationswissenschaftlerin, die auch Pädagogik, Psychologie und Sozialpädagogik studiert hat, beschäftigt sich mit unterschiedlichen Fragen der Kindheitsforschung, Kinderrechten und Partizipation von Kindern und Jugendlichen.

Prof. Dr. Ludger Wößmann ist Professor für Volkswirtschaftslehre an der Ludwig-Maximilians-Universität München und leitet das ifo Zentrum für Bildungsökonomik. Darüber hinaus ist er Distinguished Visiting Fellow der Hoover Institution an der Stanford University und Mitglied der Nationalen Akademie der Wissenschaften Leopoldina, des Wissenschaftlichen Beirats beim Bundeswirtschaftsministerium und der International Academy of Education.

Dr. Larissa Zierow ist stellvertretende Leiterin am ifo Zentrum für Bildungsökonomik in München. Ihre Forschung widmet sich den Themenfeldern frühkindliche Bildung, Evaluierung von Schulreformen, und Chancengerechtigkeit. Sie hält regelmäßig Vorlesungen an der volkswirtschaftlichen Fakultät der Ludwig-Maximilians-Universität München.

Univ.-Prof. Dr. Sabine Zinn ist Professorin für Sozialwissenschaftliche Methoden an der Humboldt-Universität zu Berlin und leitet den Bereich Surveymanagement und -methoden am Sozio-oekonomischen Panel.

Klaus Hurrelmann | Gudrun Quenzel
Lebensphase Jugend
Eine Einführung in die
sozialwissenschaftliche Jugendforschung
14. Aufl. 2021, ca. 270 Seiten, broschiert
ISBN: 978-3-7799-2624-5
Auch als E-BOOK erhältlich

Dieses Buch ist eine Einführung in die sozialwissenschaftliche Jugendforschung. Es nimmt eine Analyse der Phase »Jugend« im menschlichen
Lebenslauf vor. Für diese Analyse werden insbesondere soziologische und
psychologische Theorien herangezogen. Außerdem spielen erziehungs-
wissenschaftliche und gesundheitswissenschaftliche Aspekte eine große Rolle.
Die verschiedenen Positionen werden zu einem umfassenden, interdisziplinär
orientierten sozialisationstheoretischen Ansatz zusammengezogen.

www.beltz.de
Beltz Juventa · Werderstraße 10 · 69469 Weinheim

Christoph Butterwegge
Die zerrissene Republik
Wirtschaftliche, soziale und politische
Ungleichheit in Deutschland
2., aktual. Aufl. 2020, 414 Seiten, broschiert
ISBN: 978-3-7799-6309-7
Auch als E-BOOK erhältlich

Seit geraumer Zeit ist das Problem wachsender Ungleichheit das Kardinalproblem unserer Gesellschaft, wenn nicht der gesamten Menschheit. Während daraus im globalen Maßstab ökonomische Krisen, Kriege und Bürgerkriege resultieren, die wiederum größere Migrationsbewegungen nach sich ziehen, sind in Deutschland der soziale Zusammenhalt und die repräsentative Demokratie bedroht. Daher wird nicht bloß thematisiert, wie soziale Ungleichheit entsteht und warum sie zugenommen hat, sondern auch, weshalb die politisch Verantwortlichen darauf kaum reagieren und was getan werden muss, um sie einzudämmen.

www.beltz.de
Beltz Juventa · Werderstraße 10 · 69469 Weinheim

Nina Degele
**Political Correctness
– Warum nicht alle
alles sagen dürfen**
2020, 234 Seiten, broschiert
ISBN: 978-3-7799-3996-2
Auch als E-BOOK erhältlich

Vor einem halben Jahrhundert segelte die Forderung nach anerkennungsorientiertem Sprechen und der Berücksichtigung von Minderheiten unter der Flagge Political Correctness. Über viele Jahre aus dem öffentlichen Diskurs fast verschwunden, steht der Begriff spätestens mit der Popularität rechter Regierungen, Parteien und Bewegungen als Kampfbegriff gegen vermeintlich übertriebene Rücksichtnahme auf Frauen und Minderheiten wieder auf der Agenda.

Wie sich Verständnisse und Kontroversen dazu herausgebildet haben, was davon heute aktuell ist, und warum nicht alle alles sagen dürfen, zeigt Nina Degele in diesem Buch. Mit einem Vorwort von Renate Künast.

www.beltz.de
Beltz Juventa · Werderstraße 10 · 69469 Weinheim

Erwin Jordan | Stephan Maykus |
Eva Maria Stuckstätte
Kinder- und Jugendhilfe
Einführung in Geschichte und
Handlungsfelder, Organisationsformen
und gesellschaftliche Problemlagen
4. Aufl. 2015, 528 Seiten, broschiert
ISBN: 978-3-7799-2182-0
Auch als E-BOOK erhältlich

Die Kinder- und Jugendhilfe ist ein bedeutsames Feld sozialpädagogischer Arbeit mit
Kindern, Jugendlichen und ihren Familien. Es umfasst Aufgaben der allgemeinen
Förderung – zum Beispiel Kindergarten und Jugendarbeit –, Beratung, Unterstützung
und Krisenintervention ebenso wie Leistungen zur Erziehung außerhalb der eigenen
Familie, im Zusammenhang der Jugendgerichtsbarkeit und des Vormundschaftswesens.
In gesellschaftlichen Krisensituationen, im Falle von Arbeitslosigkeit, Armut oder allge-
meiner Perspektivlosigkeit, werden diese Aufgaben noch bedeutsamer. Sie schließen
Strukturkritik, politische Interessenvertretung und grenzüberschreitende Angebote mit
ein. In dieser grundlegenden Darstellung wird ein orientierender Einblick in dieses
Handlungsfeld, seine Geschichte, seine Organisationsformen und die auslösenden
gesellschaftlichen Problemlagen gegeben. Die arbeitsfeldbezogenen Berichte und Über-
sichten liefern fundierte Sachinformation, beleuchten Entwicklungstrends, markieren
Grenzen und zeigen Widersprüche zwischen Anspruch und Wirklichkeit auf.
Der Band ist ein Basistext für Ausbildung und Praxis der Jugendhilfe.

www.beltz.de
Beltz Juventa · Werderstraße 10 · 69469 Weinheim